哲学诠释学研讨课教程

〔德〕汉斯-格奥尔格·伽达默尔　编
　　　戈特弗里德·伯姆

洪汉鼎　高语含　译
郝琛宠　校

商务印书馆
The Commercial Press

Herausgegeben von Hans-Georg Gadamer und Gottfried Boehm
SEMINAR: PHILOSOPHISCHE HERMENEUTIK
© Mohr Siebeck Tübingen

Rudolf Bultmann: *Das Problem der Hermeneutik*, 1952

Hans-Georg Gadamer: *Die philosophischen Grundlagen des 20. Jahrhunderts*, 1967

Hans-Georg Gadamer: *Das hermeneutische Problem der Anwendung*, 1975

全书根据苏尔坎普出版社 1976 年版译出

译者导读[*]

洪汉鼎

《哲学诠释学研讨课教程》是伽达默尔与他的学生——时任波鸿鲁尔大学艺术史教授戈特弗里德·伯姆[†]——应德国苏尔坎普出版社（Suhrkamp Verlag）之邀所编写的一部哲学诠释学研讨班课程教本，出版于1976年。该课程分为四部分，第一部分是浪漫主义诠释学的前史，实际上就是讲西方古典诠释学，它包括西方神学诠释学或解经学，特别是宗教改革以来的新教诠释学，以及古代法学诠释学。第二部分是浪漫主义诠释学，这是指近代探究型诠释学，主要是十九世纪德国诠释学家阿斯特和施莱尔马赫，以及历史学派。第三部分是狄尔泰和狄尔泰学派，这部分实际上是一个过渡，即从近代浪漫主义诠释学到当代哲学诠释学的过渡，它包括狄尔泰

---

[*] 本文中，部分内容出自洪汉鼎：《论哲学诠释学的阐释概念》，载于《中国社会科学》，2021年第7期。

[†] 戈特弗里德·伯姆（Gottfried Boehm）：1942年出生于波希米亚的布劳瑙。曾在科隆、维也纳和海德堡学习艺术史、哲学、德语和文学。1968年获哲学博士学位，导师是伽达默尔，论文题目是《透视研究：早期近代的哲学与艺术》（"Studien zur Perspektivität. Philosophie und Kunst in der frühen Neuzeit"）。1975年至1979年在波鸿鲁尔大学任艺术史教授，1979年至1986年在吉森大学（Justus-Liebig-Universität Gießen）任艺术史教授。1986年起任巴塞尔大学现代艺术史教授，2010年起成为德国莱奥波尔迪纳科学院院士，2011年起成为巴伐利亚美术学院通讯院士。2011年担任美因茨大学约翰内斯-古腾堡终身教授，2012年起担任名誉教授。

及其相关学派。第四部分是哲学诠释学，这是关于当代哲学诠释学的研究，它包括海德格尔和伽达默尔等的论述。

这部教程由两大内容组成，一是伽达默尔的导论，由伽达默尔关于上述四部分每一部分所作的四个引言合并而成；二是四个部分分别所选的经典文献。这些文献非常重要，是我们了解西方诠释学每一发展时期的重要文本依据。在编者伯姆 2023 年 7 月 18 日与 22 日两次给我们译者的书信中，他告诉我们，他们当时"考虑了哪些文本经典对学习诠释学有用，将其编订在一起"，并说"该选辑对于当前的意义体现在它为深入研究提供了必需的文本"。我们非常感谢伽达默尔和伯姆教授在众多西方诠释学文本中为我们精选了如此重要因而必读的章节，使得我们能够对西方诠释学的发展有更深一层的了解和把握。

* * *

为了便于读者了解此教程的核心内容，我想在这里以诠释学发展的三个阶段来概述本教程的内容。我们说三阶段，是因为本教程的四部分，除去狄尔泰及其学派作为过渡时期之外，实际上指诠释学发展的三阶段，即古典诠释学、近代浪漫主义诠释学和当代哲学诠释学。

诠释学的希腊文词源是 ἑρμηνεύειν，德文是 Hermeneutik。从词源学上看，interpretatio 可能是最接近 Hermeneutik 这个德文写法的希腊文的拉丁文翻译。例如亚里士多德的 *Peri Hermeneias*（《论诠释》）就被译成拉丁文 *De Interpretatione*。因而 Hermeneutik 就是"解释的艺术"（ars interpretandi）。

因此对于诠释学的发展，我们可以从 interpretatio 这一概念的发展来研究。在西方诠释学的发展史上，interpretatio 这一概念的意义变迁经历了很重要的正反合之转变：从最初解经学的"阐释"（Auslegung）这一意义，后经近代启蒙运动的"说明"（Erklärung）意义，最终在更高层次上回到"阐释"（Auslegung）这一意义。由于 interpretatio 概念的这种三阶段的意义变迁，诠释学史上发生了三次重大转变，形成了三种性质完全不同的诠释学，即古典独断型（教义学）诠释学、近代浪漫主义-探究型诠释学，以及当代哲学诠释学。

一、神学诠释学或解经学——阐释

伽达默尔在本书导言中说：

> 属于现代诠释学讨论这一前史的特征：前史中的文本对于自身活动的根本意义从未达到意识。因此要给这些文本的观点以力量，需要一些开拓工作。[†]

阐释（Auslegung），其希腊文词源有 ἐξήγησις，拉丁文词源有 explicatio、interpretatio。在早期希腊宗教诗歌解释中（如荷马），它是诸神信息的翻译，而新柏拉图主义通过阐释（qua explicatio）将精神与事物理解为展开的数，阐明存在者的多与存在的神性的一之间的关系。因此在古代和中世纪，以及特别是在宗教改革以来的新教诠释学，即伽达默尔所谓浪漫主义前史时期，诠释学很

[†] 见本书边码8。（本书边码即为《哲学诠释学研讨课教程》德文本页码，余同。）

多著作的德文译本都是使用 Auslegung 作为翻译 interpretatio 的主要用词，如本教程所收录的巴鲁赫·斯宾诺莎《神学政治论》（1671）里的《论经文的阐释》一章，德译本就译为"Auslegung der Schrift"。[†] 另外，从约翰·马丁·克拉登尼乌斯的著作名《导论：合理性言谈与文本的正确阐释》(*Einleitung zur richtigen Auslegung der vernünftigen Reden und Schriften*, 1742)，以及安东·弗里德里希·尤斯图斯·蒂鲍特的著作名《罗马法的逻辑阐释理论》(*Theorie der logischen Auslegung des römischen Rechts*, 1806 年)，也可看出这一点。[††]

伽达默尔在《古典诠释学和哲学诠释学》一文中说：

> 从神学上讲，"诠释学"表示一种正确阐释圣经的技术，这门本身相当古老的技术早在教父时代就被用到方法论的思考上，这首先表现在奥古斯丁的《论基督教学说》一书里。……奥古斯丁的《论基督教学说》一书中借助新柏拉图主义的观点讲述了灵魂如何超越语词和道德的意义而上升到精神意义的过程，由于他用一种统一的观点把古代的诠释学遗产联系起来，从而他解决了教义学的问题。[†††]

[†] Baruch De Spinoza, *Theologisch-Politischer Traktat*, Felix Meiner Verlag, Hamburg, 1976, S. 114. 同时也可参见〔荷〕斯宾诺莎《神学政治论》，温锡增译，商务印书馆 1963 年版，第 7 章，论解释《圣经》，第 106—128 页。

[††] 参见本书收录的第 4 篇和第 8 篇。

[†††] 〔德〕伽达默尔：《真理与方法》第 II 卷，洪汉鼎译，商务印书馆 2010 年版，第 116—117 页。

译者导读

Auslegung（阐释）来源于可分动词 aus/legen，即从某处把某物摆放-出来（aus-legen），也就是通过某种根据或前提把该物不明显的、隐藏的东西阐发出来。Auslegung 不同于 Einlegung，后者是把自己的某种东西放进去，即 legen ein，因而 Auslegung 和 Einlegung 虽然都是在阐发意义上的解释，但 Einlegung 主要是把自己的东西加进去，而 Auslegung 则主要强调从某处，也就是从前理解进行阐释，所以它为文本阐释（Auslegung von Texten）提供了另一种解释模式。

Auslegung 在古代神学解经学（Exegese），特别是虔信派诠释学那里具有怎样一种性质呢？圣经的 Exegese 来源于 eksegesis（ἐξήγησις），eks 就是德文 aus（从…出来），egesis 对应于古希腊文 ήγησις，即神的命令或旨意，因此 eksegesis 就是从神那里把圣经经文的旨意引导出来。我们知道，中世纪神学注释中有所谓文字四重意义学说，即文字具有字面的（wörtlich）、譬喻的（allegorisch）、道德的（moralisch）和通往的（hinführend）意义。尼拉的尼古拉（Nicholas of Lyra）在关于《加拉太书》（*Galatian*）的信的注释中，曾以诗的形式报道了这四重意义："字面的意义说明事实，譬喻的意义说明信仰的内容，道德的意义指明应当要做的事情，而通往的意义则反映你应当努力争取的东西。"[†] 这里可以看出，相对于字面的意义，信仰和道德以及神圣、通往上帝的意义在解经学里是最根本的东西，而 Auslegung（阐释）正好适用于这一点，因为阐释正好用于展现神的意志和命令，它具有一种权威的强制性的性质，因而

[†] Maurizio Ferraris, *History of Hermeneutics*, Luca Somigli trans. New Jersey: Humanities Press, 1996, p. 16.

一定与阐释者的虔诚、顺从和信仰紧密联系。

这样，我们可以看到，阐释在古代解经学和虔信派诠释学里首先是一种对上帝带有敬仰和顺从感情的虔诚性的理解，我们特别在当时的阐释理论中体验到这种情感因素。我们可以引证本教程收录的一些早期文献：马提亚斯·弗拉齐乌斯·伊吕里库斯[†]在其《论神圣经文的认识基础》(*De Ratione Cognoscendi Sacras Literas*, 1567) 中说：

> 由于人们现在必须将虔诚与顺从的意义一并带入所有事业中，因此这一点在此就格外必要：考虑首要之物 (das eine) 并祈愿，你想要获得神圣经文的真实而本来的意义，并意欲凭着最殊胜的信仰，将这种意义用于神的荣耀与你的或旁人的，特别是属灵的与永恒的益处。既非为了吹嘘，亦非为了获利，更不是为了真理的斗争，就像教宗的拥趸们阅读神圣经文那样。[††]

另外，约翰·雅克布·兰巴赫 (J. J. Rambach) 在《关于他自己〈神圣诠释学引论〉(1723) 的说明》中也同样写道：

> 人们不可能彻底地理解与说明一篇文本的言辞，倘若人们不清楚作者在其说出这些言语——无论他是悲伤抑或喜乐、战栗不已抑或满怀希望——或在其写下这些言语时的心境中与之相绑定的乃是何种情感，因为情感在哪里，诸言语的意义

[†] 学界简称其为"弗拉齐乌斯"(Flacius)，"伊吕里库斯"为古罗马 Illyricum 地区的拉丁化地理标识。

[††] 见本书边码 43。

（sensus）便在哪里。†

对此观点，伽达默尔曾在这本哲学诠释学研讨课读本的导言中说：

> 虔信派诠释学中最精华的部分乃是关于激情（Affekten）的学说。虔信派运动正是产生于对死灰复燃的新教经院主义之反动：激情性的东西就这般走到了台前。正如基督乃是神圣经文的内核一样，爱乃是一切激情之内核。为了理解神圣经文，首先便需要对诸激情的理解。因为这一点是普遍的诠释学真理：言说给予激情以表达，并从它那儿经验到自己的终极规定。††

其次，我们看到阐释在早期神学解释里也是一种应用性的理解，也就是说，阐释与应用相统一。例如弗拉齐乌斯在上引书中继续说：

> 虔诚的人须得在事实上对神圣经文这般加以崇敬，并如此献身于其中地去认识它，以至于他要假定，可以说他所阅读的并非一本死书，也并非在钻研某个如此圣洁、令人敬畏或是智慧之人的著作，而是在研究活生生的神自身的言语，这神此时正在彼处与他进行商榷。那位也就是诸言语的作者，他如一位总是想要通过这部书直接与人们交谈，并教诲他们关乎自己与他们自

---

† 见本书边码63。
†† 见本书边码21—22。

身永恒福祉的那样，已将这神圣经文向人类加以了阐释。[†]

约翰·雅可布·兰巴赫同样在上述文章中，一方面强调"意义依赖情感"，另一方面确认阐释（explicatio）就是"对其他人解释自己由于研究而理解的东西的行为"。这是一种两种意义的应用：一是规劝的应用，这涉及读者在神圣文本中能发现的教导性的规劝和举止；一是实践的应用，这则与信仰者的生活有关，信仰者通过阅读必须使其道德行为符合基督教范式。

虔诚的理解加上应用的理解，这就构成古代教义学诠释学中阐释的本质特征，这种特征就是虔信派诠释学所谓三种要素，即理解、阐释与应用三者统一的技巧。伽达默尔在其《真理与方法》中写道：

> 即使在古老的诠释学传统里（后期浪漫主义科学学说的历史自我意识是完全忽视这种传统的），应用（Anwendung）这一问题仍具有其重要的位置。诠释学问题曾按下面方式进行划分：人们区分了一种理解的技巧（Subtilitas intelligendi），即理解（Verstehen），和一种解释的技巧（Subtilitas explicandi），即阐释（Auslegung）。在虔信派里，人们又添加了应用的技巧（Subtilitas applicandi），即应用（Anwenden），作为第三种要素（例如在 J. J. 兰巴赫那里）。理解的行动曾被认为就是由这三种要素所构成。所有这三个要素很有意义地被当时的人们称为"技巧"（Subtilitas），也就是说，它们与其说被理解为我们

[†] 见本书边码 43。

可以支配的方法，不如说被理解为一种需要特殊优异精神造就的能力（Können）。†

阐释概念的这种用法我们同样也可在当时解经学中所谓间接的、遥远的、玄奥的意义中看出，如本教程第一部分收录的西格蒙德·雅克布·鲍姆加通的《论神圣经文之意义》一文中说：

> 对这类意义之命名，于此以双重的方式被表明。1) 之所以称之为间接的，是因为它并非在言语中或借助言语，而是于诸经由言语而被描述的事物中被寻着的。所以，当人们在铁蛇的叙事中与关乎基督及其救赎的真理相遇时，这一更加遥远的意义并不是在言语及其含义中，而是在经由言语而被表象的事物中发现的。与这前一种对间接意义之命名相符的，另有一种同样并非陌生的命名，它在那里被称为更遥远的遥远意义（sensus remotior），而与邻近意义（sensus proximo）相区别，后者所理解的是直接之物（immediatus）。2) 按照希腊语，玄奥的意义无非意味着秘密的意义（sensus occultus），即隐秘的意义。††。

这里我们想到了西方解经学有一种努力追溯上帝原始启示之痕迹的研究方法，即 figurism，其原始形态可以溯源至希腊后期犹太神学中的寓意释经传统。神学家为了调和犹太宗教与希腊文化，

---

† 〔德〕伽达默尔：《真理与方法》第Ⅰ卷，商务印书馆2010年版，第434—435页。
†† 见本书边码81—82。

试图从犹太教的原始启示解释希腊文化，后来亚历山大学派继承了这一犹太教释经传统，开创了基督教的figurism，这一词我们翻译为"索隐法"。因为我国《易经》里说"探赜索隐，钩深致远，以定天下之吉凶，成天下之亹亹者，莫大乎蓍龟"（《周易·系辞上》）。

这里我们清楚了，为什么新教神学家首先推进了诠释学问题的某种意识。理解和相互理解、误解、对误解的避免和对误解的澄清，虽然贯通着整个人类共同生活，但通过布道解释圣经却提供一种更高的理解和相互理解的技艺，它帮助了每一个人获得真诚信仰和生活经验。神学诠释学并非用来对圣经进行科学理解，而是用作布道的实践，使福音通达个人，从而使人们意识到那里所谈论的和所意指的乃是他们自身。因此，正是文字理解这一特别事件——绝非偶然地是圣经和经典文本的理解——唤醒了诠释学问题的意识。因为文字是陌生的精神，它在传承的僵死符号上的苏醒和复活乃是一种可以特别学到的技艺，是一种教导书写和阅读的语法的姐妹艺术：它是引向文本理解的阐释艺术。

马提亚斯·弗拉齐乌斯·伊吕里库斯致力于给出人们应当如何阅读神圣经文的指南，作为这门指南的诠释学包含两重元素，它们具有全然不同的来源与同样迥异的历史性意义。第一重元素诞生于新教世界中宗教体验的深度。它因此于僵化而死硬的外壳中包藏着某种核心，未来的神学便要将之从壳中剥出并使其发挥效用。这门诠释学的第二重元素则源于整个人文主义时期的大趋势，要达到清楚、明晰而稳妥的对经文之理解，在其中语文学-历史学知识已然是初步奠基。所以伽达默尔在本教程导论中说：

只有处于某些特殊的情况下,我们才会清醒地意识到这一任务的伟大和艰难。神学-解经学的和神学-独断论(教义学)研究在学者世界和博学教会的学院关系中的单纯练习,与日常生活的理解实践,都共享着未经反思的自明性。正如那里彼此互对立的统治观点会达到平衡,即引导形成一个共同的观点一样,圣经的阐释也被一种传统所承担,该传统在教会的学说里获得不同的培养并最终获得权威。只有当由路德开启的信仰分裂对这种传统产生了干扰,并且对抗罗马教会学术权威的圣经原则(即仅以圣经为准 [*sola scriptura* 唯独圣经])出现时,才使人们意识到了诠释学问题。虽然在路德那里是:*sacra scriptura sui ipsius interpres*(圣经是自己解释自身),即为了解释圣经我们不需要任何外来的、由教会教义学提供的帮助——圣经解释自身。但这更多是一种论战性宣言,而非对在阐释中真实发生之事的描绘。[†]

这种以 Auslegung(阐释)来解释神圣文本的观点,最后被安东·弗里德里希·尤斯图斯·蒂鲍特在其《论依照法律之根据的逻辑阐释》一文中作了总结:

> 每一个进行言谈的人,都意在通过言谈描述一些特定的对象,而这些被思考为言谈对象的客体在实际的理解中被称为言谈的意义(Sinn)。倘若这一意义是出于某些根据而发展出

[†] 参见本书边码 8—9。

来的，人们便称之为阐释（Auslegung [interpraetatio]）。现在言谈就其自身而言乃是晦暗的，就此而言，它便需要一种说明（*Erklärung*），或者不需要。一个由对法律的阐释之规则所构成的系统，被称作法学的诠释技艺（*hermeneutica juris*）。†

蒂鲍特在这里把阐释规定为从某种根据发展出来的解释，把说明规定为对晦涩言谈的澄清，正表明解释（Interpretation）这一概念既具有 Erklärung 这一说明的弱的意义，又具有 Auslegung 这一阐释的强的意义。

解释的这两种强弱不同的意义需要引起我们的注意。尽管是同一个拉丁词 *interpretatio*，但按照德国学者的理解，它具有两种不同强弱意义的理解。正如德文杜登大辞典（*Duden*）所说明的，Interpretation 可分为说明（Erklärung）和阐释（Auslegung）两种意义。Interpretation 一词是一个总概念，它可以分为两种不同程度的解释，一种是说明（Erklärung），这是一种比较客观性的解释，也可以说是一种弱的解释，它是通过逻辑方法和规则推导对被解释对象作描述性和中立性的说明，也就是我们在自然科学中常用的"解释"，如自然科学的因果解释是 kausale Erklärung，决不能写成 kausale Auslegung。而另一种 Auslegung（阐释），它是一种比较彻底性的解释，这也可以说是一种强的解释，即通过解释主体的努力和发掘，从某种先天的根据和前提把被解释对象未能明显表示出来的东西加以揭示的阐释。如果说弱的一种解释比较平实和中庸，那

---

† 参见本书边码 100。

么强的一种解释则显得激进和强制。

古代神学诠释学和法学诠释学就是依据Auslegung（阐释）这一强的强制意义，从而实现它们的实践活动。贝蒂曾把这两种诠释学归于规范功能的阐释类型（Auslegungstypen），他说：

> 法律阐释，即对社会行为准则的阐释，这种阐释必须被视为一项决定或行为的准则，一般作为根据适用的法律制度对行为进行评估的一种衡量标准。神学阐释，其中神圣的经文所给出的对象，解释者对宗教信条的依恋，以及由教会传统确立的教条和观点体系对阐释过程施加了限制和指导；这些教条和观点体系设想了末世论视野对道德良知和社会生活中实际行为的道德的影响。这将是一件有趣的事情——但这将导致——指出阐释过程与一个以前被接受并包括和规范这一过程的系统的相互依赖性，这会引发一个法律阐释和神学阐释具有相互可应用的问题。在我们看来，这两种阐释类型的规范功能也很接近。[†]

同样，伽达默尔在《真理与方法》第Ⅰ卷导言中说：

> 自古以来，就存在一种神学的诠释学和一种法学的诠释学，这两种诠释学与其说具有科学理论的性质，毋宁说它们更适应于那些具有科学教养的法官或牧师的实践活动，并且是为

[†] Emilio Betti, *Zur Grundlegung einer allgemeinen Auslegungslehre*, J. C. B. Mohr (Paul Siebeck) Tübingen, 1988, S.65-66.

这种活动服务的。因此，诠释学问题从其历史起源开始就超出了现代科学方法论概念所设置的界限。理解（*Verstehen*）文本和阐释（*Auslegen*）文本不仅是科学深为关切的事情，而且也显然属于人类的整个世界经验。①

二、近代浪漫主义诠释学——说明

由于近代自然科学的发展及其所开启的思想革命，那种从神学来进行的教义学阐释受到了批判，从而诠释学从神学的阐释走向科学的说明。关于这段诠释学历史，伽达默尔在《古典诠释学和哲学诠释学》一文中是这样说的：

> 由于宗教改革派激烈地反对教会理论的传统及其用多种文字意义方法处理圣经经文，他们就转回到圣经的文字研究，从而诠释学获得了一种新的促进。尤其是寓意的方法受到他们的抨击，寓意的理解仅限于比喻的意义——例如在耶稣的讲话中——能自我证明的情况下才被采用。于是诠释学内部就出现了一种新的方法学意识，这种意识试图成为客观的、受对象制约的、摆脱一切主观意愿的方法。††

说明（Erklärung），拉丁文为 explicatio。此词来源于 klären,

---

† 〔德〕伽达默尔：《真理与方法》第Ⅰ卷，第3页。
†† 〔德〕伽达默尔：《真理与方法》第Ⅱ卷，第117—118页。

即"弄清楚",因此解释就是澄清、搞清,这是一种具有客观性、描述性的解释,是近代随着自然科学的发展以及随之而来的启蒙运动而被使用的解释概念。我们可以想一下,培根所谓的对自然进行认识的自然解释(interpretatio naturae),此种解释就是试图通过概括和归纳法对自然进行说明(erklären)。我们可以从康德《判断力批判》中找到这种说明的本质特征。在该书中康德区分了规定性判断力与反思性判断力,他说:

> 判断力一般是把特殊的东西包含在普遍的东西之下来思维的机能。如果普遍的东西(法则、原理、规律)给定了,那么把特殊的东西归纳在普遍的东西之下的判断力……就是规定性判断力,但是,假使给定的只是特殊的东西,并要为了它而去寻找那普遍的东西,那么这种判断力就是反思性判断力。[†]

这两种判断力实际上就说明在经验科学或自然科学中,我们既可按照每一事件必有一确定原因这样一个先天原则来规定任何经验的先天有效性,同时也可以从经验中发现在某个范围内实际得到的那些特殊的原则来对被给予事物进行说明。后一种反思性判断力值得我们注意,因为:

> 反思性判断力的任务是从自然中的特殊的东西上升到普遍的东西,所以需要一个原则,这原则不能从经验中借来,因

[†] Kant, *Kritik der Urteilskraft*, Reclam,1945, S.30,参阅〔德〕康德:《判断力批判》上卷,商务印书馆1963年版,第14—15页,译文有改动。

为它恰恰应当建立一切经验性的原则在同样是经验性的但却更高的原则之下的统一性，并且为这些原则相互之间的系统隶属关系的可能性提供根据。所以这样一个先验原则，只能是反思性判断力自己给自己确立作为原则的东西，它不能从别处取来（否则它将是规定性判断力）。†

实际上这种反思性判断力就是说明这一概念的功能。康德说："说明（Erklären）就是从某一原则而进行的推导，而这一原则是我们必须明确认识并能清楚指出的。"†† 尽管康德对这一科学说明的原则尚有保留，认为它并不能如目的论原则那样使我们更加理解自然的产生方式，但他还是认为该原则乃是我们探究自然的特殊法则的一个启发性原则。†††

康德这种关于说明的本性的观点，在当时德国哲学界是比较普遍的，譬如鲍姆加通就试图在解释（Interpretation）中让说明（Erklärung）从阐释（Auslegung）中摆脱出来，伽达默尔在其第一部

---

† Kant, *Kritik der Urteilskraft*, Reclam, S. 31. 同上，第15页，译文有改动。

†† ibid., S. 354. 参阅〔德〕康德：《判断力批判》下卷，商务印书馆1964年版，第73页，译文有改动。

††† 自康德把 Erklärung 确立为从我们所认识和确立的普遍原则而进行的推导之后，德国思想家和哲学家均以这样的方式使用 Erklärung。克洛格（W. T. Krug）把 Erklärung 描述为阐明一个概念并指出其特征的逻辑过程；弗里斯（J. F. Fries）把 erklären 称为理解在概念形成过程中的真正功能。在叔本华看来，所有 Erklärung 的原则都是"根据律"，因为"说明"（erklären）一个事实就是"在个别情况里证明那种通过它（根据律）所表达的观念关系"。按照赫尔姆霍茨的看法，Erklärung 就是"把一个个别事件追溯到在一定条件下产生某种结果的力量"；胡塞尔把"理论意义上的 erklären"理解为对个别事物由普遍法则来加以理解，而普遍法则又是由根据法则来加以理解。（参见德文《哲学历史辞典》（*Historisches Wörterbuch der Philosopie*）E 字母卷，第690页）

分导言中引狄尔泰关于鲍姆加通"阐释与说明的区分"的讲法：

> 然而除此之外重要的是，他［指鲍姆加通］将（在第六部分详尽讨论了的）对经文的说明与作为先前诠释学操作之对象的阐释进行了区别处理。"对［要阐释的言说之］内容进行说明，这是将其个别的诸概念及其关系进行彼此相对的研究，亦即并非只扮演翻译者的角色。学习阐述一个文本与学习说明一个文本乃是截然不同的事情。"……他严格地完成了语法学说明与教义学说明的二分。……它的技巧是双重的，先是逻辑技巧，随后是平行文本的技巧。由此，弗拉修斯的诠释学已然活动于其中的循环在此彻底得到了描述。诠释学建立于从教义学那里借来的诸命题上，并反过来重新为之奠基。[†]

这里我们清楚看到说明不同于阐释，它试图以科学认知与逻辑推理作为解释的基础，以摆脱原先解经学那种独断型阐释方式。

解释概念这种从 Auslegung 到 Erklärung 的语词转变，最为明显的例子就是斯宾诺莎《神学政治论》一书的用词。当斯宾诺莎在该书第 7 章写明标题为"论《圣经》解释"时，他是在沿用传统《圣经》解释的用词 interpretatione，德国译者格布哈特将其译为 Auslegung。但作为近代科学启蒙时代的理性主义哲学家，斯宾诺莎坚决反对当时罗马教会对圣经做出的那种所谓权威的强势阐释（Auslegung），而主张像自然科学的说明（Erklärung）那样的理

[†] 参见本书边码 25—26。

性解释，因此他在那章里说，《圣经》本是上帝的话，教人以真正的幸福和得救的方法，可是神学家却用圣经原文来附会他们自己的虚构和言语，用神的权威为自己之助，以致以为宗教不在尊敬圣灵的工作，而在为人的幻觉做申辩，所以不再把宗教和仁爱当作一件事，而是以宗教散布倾轧，假借热心于主与赤诚之名来传播最暴虐的仇恨。为了反对此种错误的神学阐释，斯宾诺莎提出自己与自然科学说明相一致的解释《圣经》的真正方法，即《圣经》说明（Schrifterklärung），他写道：

> 一言以蔽之，我说：《圣经》经文的说明方法（Methode der Schrifterklärung）与自然的说明方法（Methode der Naturerklärung）没有什么不同，是完全一样的。因为，正如自然的说明方法一样，其要点在于概述自然历史，然后我们以这种历史作为确切材料（Daten）推导出自然事物的定义。同样，对于《圣经》经文说明，必要的乃是深入研究该经文的可靠历史，以便从这种历史（作为确实材料和原则）中合乎正确规则地推导出《圣经》经文作者的意义。[†]

斯宾诺莎为何要摆脱原先解经学惯用的 Auslegung（阐释）而取近代科学所使用的 Erklärung（说明）呢？这可以从斯宾诺莎当时与

[†] 参见本书边码53。这里我们要说明的是拉丁文 interpretatio（解释）在西方诠释学发展史上的变化，德文 Auslegung 是 interpretatio 强的意义，而德文 Erklärung 则是 interpretatio 弱的意义。我们查了一下斯宾诺莎原拉丁文，Auslegung 是 interpretatio，Erklärung 是 interpretare，德国译者格布哈特之所以译成这两个不同的德文词，就是因为他了解了 interpretatio 的这种意义差异。

一位虔信派教徒威廉·凡·布林堡（Willem van Blyenbergh）的通信中看出来。布林堡站在解经学的立场，说他致力于哲学思考的两个基本原则，一为我的理智所清楚而且明晰的理解，一是天启的圣经或神的旨意。一旦这两个原则发生矛盾时，他就宁可怀疑他认为清楚的观念，而遵循天启圣经或神的旨意。斯宾诺莎在回信中说：

> 我很清楚，我们的分歧不仅在于那些最终可以从第一原则推出的结论方面，而且也在于这些原则本身。我几乎不相信我们的通信能增进我们相互的了解。……如果您认为，神通过圣经比通过自然理智之光——这也是神授予我们的，并继续坚实而不可动摇地保存在它的神圣的智慧中——更能清楚和更有效地讲话，那么您完全有理由按照您归给圣经的意见去塑造您的理智。而我自己是无能为力的。就我自己来说，虽然我研究圣经多年，但我却坦白直率地承认，我对圣经还是不理解的。既然我也注意到，假如我有充足的论证，我是不会对圣经有所怀疑的，所以我就完全默认我的理智显示给我的东西，而绝不怀疑我会受骗上当，或怀疑我未能探究的圣经会与它相抵牾。因为真理与真理是不矛盾的。[†]

很显然，斯宾诺莎这里就是以圣经说明（Schrifterklärung）这一原则，反对解经学的圣经阐释（Schriftsauslegung）原则。

伽达默尔在此书里对斯宾诺莎的评价是：

[†]《斯宾诺莎书信集》，洪汉鼎译，商务印书馆1993年版，第115—116页。

……斯宾诺莎对诠释学的贡献就意味着一种历史性思考的准备。所涉及的是唯一一部由斯宾诺莎自己出版（但却是匿名）的著作，《神学政治论》，一部政治论争性著作。人们须得提防，不可将一个段落的真实意义与其内容的真理相混淆。关于每一卷作者之生平、习惯与企图的知识乃是必要的：这些是为斯宾诺莎所举出的作为神圣经文之"历史"的要素。现在的主要意图是，这一经文的"历史"为其理解给出了坚实的方法学基础，它与一种可靠的自然认识之基础与方法若合符契。作者们及其观点与意见的历史真实性乃是与自然事实一样的自然出发点，并导向值得信赖的认识。在此，就在历史性思考的曙光中，自然科学与历史性认识紧密地站在了一起。与一切诉诸"超自然"灵感的做法相反，他们依循理性与方法之路而行。[†]

这可以说是一种新构成的诠释学的出现。根据那个时代的学术特征，如狄尔泰所说，只有当诠释学从服务于一种教义学任务——对于基督教神学家来说，这是一项正确宣告新教福音的任务——转向历史推理法作用时，它才获得自己真正的本质。这里实际上就是神学家与历史语文学家两条道路之争。对于普遍诠释学来说，传承物的特殊典范性不再表现为诠释学任务的先决条件。诠释学必须摆脱一切教义学的限制，解放自己，以自我提升从而获得作为历史研究原则的普遍意义。

"诠释学"第一次作为书名出现是在1654年，作者是J. C. 丹

[†] 参见本书边码19—20。

恩豪尔（Johann Conrad Dannhauer），其书名为《圣经诠释学或圣书文献解释方法》（*Hermemeutica sacra sive methodus exponendarum sacrarum litterarum*）。此后除丹恩豪尔外，还有克劳贝格（Johannes Clauberg）、克鲁修斯（Christian August Crusius）、克拉登尼乌斯（Johann Martin Chladenius）、迈尔（Georg Friedrich Meier）以及一些其他人。我们在他们那里都能找到这样的解释理论。他们有时称其理论为一般诠释学（*hermeneutica generalis*）或普遍诠释学（*hermeneutica universalis*），以便与神学和法学的解释理论划清界限。

普遍诠释学此时在科学的框架中占据了一个新的、更重要的地位，并且还要求一种新的方法论进路。施莱尔马赫是其首要推动者，不过在施莱尔马赫之前还有两位前驱：沃尔夫（F. A. Wolf）和阿斯特（Friedrich Ast）。施莱尔马赫在 1829 年曾发表了一篇名为《就 F. A. 沃尔夫的提示和阿斯特的教本论诠释学概念》的文章，其中他写道：

> 沃尔夫越是在我们中表现出最精致的精神与最自由的语文学天才，阿斯特先生越是追求到处像一位进行哲学推理的语言学家那样行事，将二者并置在一起也就越富启发、越有裨益。[†]

显然，施莱尔马赫想综合沃尔夫和阿斯特这两位先驱的语文学和诠释学成就。沃尔夫是德国著名的语文学家和古典学学者，他的成

[†] 见本书边码 132。

名主要由于他1795年所写的博士论文《荷马绪论》(*Prolegomena ad Homerum*)，在此书中他并不把荷马的诗看作单独作者的作品，而是将其视为一种精神的产品，一种民族的产品。对于沃尔夫来说，"诠释学或解释艺术，所意指的就是……把作者的思想，无论写下的还是口头说的，都作为作者想理解它们的那样加以领会的艺术"[†]。解释的有效性就在于解释符合作者的意图。另外，沃尔夫与迈耶尔一样，认为文本诠释学只是一般符号诠释学的一部分，他说："诠释学就其最广泛的意义而言，乃是对符号所指称的东西的理解艺术。"[††] 也正由于这一看法，沃尔夫把诠释学归于逻辑学。

浪漫主义诠释学家阿斯特，应当说正是康德这种说明-解释的主要代表。在阿斯特的《语法学、诠释学和批评学基础》(*Grundlinien der Grammatik, Hermeneutik und Kritik, Landshut*, 1808)一书中，他无视神学解经学和虔信派诠释学那种带有虔诚性、信仰和应用合一的 Auslegung 一词，而是通篇 Erklärung 一词。正如自然科学对自然现象的解释是把自然现象还原为某个普遍规律的特例一样，阿斯特对文本的解释，也是把它看作是某个普遍精神的特殊表现。他说，我们既要表现作者所体现的普遍精神，又要呈现作者自身的特殊表现："对古代文本的理解不仅需要对古代精神本身的领悟，而且也特别需要对作者个人精神的认识"[†††]。例如对古代诗人品达之作品的理解，既要说明它们表现了古代的崇高精神，又

[†] Maurizio Ferraris, *History of Hermeneutics*, Luca Somigli, trans. New Jersey: Humanities Press, 1996, P. 82.

[††] ibid.

[†††] 见本书边码115。

要说明它们表现了品达自身的特殊精神。因而他说："对理解的发展和阐明被称为说明（erklärung），当然，说明以理解为前提，并建基于理解之上；因为只有已经真正被把握和领悟即被理解的东西，才能被传达和昭示给他人"[†]，而且他还说："对作品的理解和说明乃是对已经被形成的东西的真实的再生产或再形塑"[††]。阿斯特这里对 verstehen 和 erklären 的连用显然与后来狄尔泰对 verstehen 和 erklären 的分离形成显明的对照。

17和18世纪的传统诠释学大都表现出对认知的逻辑学功能的重视，认知的诠释只有通过传授正确的理解才能发挥同样的功能，这始终基于如下前提，即有学术水平的著作已经包含了真理。尽管施莱尔马赫首先从圣经阐释（Bibelauslegung）的角度概述了他有关诠释学的思想——正是在这一历史背景下，我们看到施莱尔马赫用的"解释"一词常是 Auslegung，或者 Interpretation/Auslegung，这一点与他的先驱阿斯特有所不同——但他的观点主要归功于他对柏拉图著作的翻译工作，因而他的解释观念实际上仍是 Erklärung（说明）的内容。按照他的观点，理解包含对语言表达的理解，也包含对语言表达的作者及其思想的理解，由于这种双重的理解，解释作为一门技艺（Kunst），其"外延"包括语法解释和心理学（技术）解释，语法解释关注的是某种文化共同具有的语言特性，而心理学解释关注的则是作者的个性和特殊性。语法解释是从语言的统一性和确定性方面去理解语言表达，而心理学解释则是去理解作者的思想和个性。语法解释是外在的，而心理学解释则是内在的，但这

[†] 见本书边码118。

[††] 见本书边码120。

两者同样重要,相互结合。如果只强调语法解释,那么我们就会因考虑共同的语言而忘记了作者,如果只强调心理学解释,那么我们就会因理解一个个别作者而忘记了语言的共同性。唯有把这两种解释结合起来,我们才能获得真正的理解。二者构成诠释学的重构之法。语言表达越具有客观确定性,就越需要语法解释,反之,越具有个性化的主观特征,则越需要心理学解释。解释的目标始终是原义/原意,甚至是"比作者理解得更好"的原义/原意,澄清作者本人未曾意识到却潜在地包含于其意图和作品之中的思想。

传统诠释学首先集中于这样一个问题:人们如何能够释出文本中单独的、不可理解的段落?传统诠释学就此给出了建议。这种诠释学之所以能这么做,是因为相应的文本类型已通过特定的惯例被决定,即人们知道这是关于道德的论文还是关于历史的报告。但是因为新诠释学也关心全然陌生的文本,而且因为它也希望非常准确地理解,所以它就提出了将某个文本的部分始终置于总体语境的框架下进行观察的要求,这就导致了著名的"诠释学循环",其首先由阿斯特表达出来。当时一些逻辑学家尖锐地批判了这种循环,因为其循环式的操作方法不能扩展知识。但对阿斯特而言,循环并非逻辑错误,因为文本整体决定诸部分,而且文本整体能在阅读中被预知和逐渐具体化。正如康德所言,在活的有机体中,部分既是整体的手段又是整体的目的,类似地按照阿斯特的看法,在一个文本中,部分和整体也是彼此关联的。施莱尔马赫虽然避免使用"循环"一词,并警告不要过早进入整体,但较之阿斯特,他甚至更为坚定地强调"循环"所指的事情。另外,施莱尔马赫始终仍然强调理解活动对于知识扩展的重要性。不同于认识论的经典作家笛卡尔、休谟和康德，对施莱尔马赫而言，"科学"是一个交往过程，它发生在"认识共同体"即科学共同体中。因此，根据施莱尔马赫的观点，归属于个人有成效思想的始终还有他人的理解活动。因此，诠释学在他这里迈出了辩证法的一步，迈出了认识论的一步。过去的诠释学大多只出现在对逻辑的增补中，而施莱尔马赫则给予诠释学在科学系统中的一席之地：在他那里，诠释学属于所谓的"技术学科"。

施莱尔马赫发展了一种"普遍诠释学"（allgemeine Hermeneutik）。按照施莱尔马赫的看法，在他之前的诠释学都不是普遍的诠释学，而是特殊的诠释学。他说："作为理解的诠释学还不是普遍地（一般地）存在的，迄今存在的其实只是许多特殊的诠释学。"[†] 对于他这句话，我们可以从两方面来理解：一方面指诠释学的对象领域，过去的诠释学的对象主要是《圣经》和法律文本，因而只有神学诠释学和法学诠释学；另一方面指过去诠释学所发展的解释方法只是零散片段的，并没有形成一种普遍的解释方法论。因此他要克服他先驱的缺陷，努力构造一门适用于一切文本解释的普遍诠释学。按照狄尔泰的看法，施莱尔马赫诠释学最大的功绩就在于把诠释学从独断论的教条束缚中解放出来，并使之成为一种文本解释工具和无偏见的方法论。对于神学来说，这种从教条中得到解放意味着《圣经》的解释不再是基督福音的宣告；对于语文学来说，这种解放标志着对古典作品的解释不再是模仿或仿效。当诠释学摆脱为教义服务而变成一种普遍的解释工具和方法论时，它就走上了自己独立发展的道路。

[†]〔德〕施莱尔马赫：《1819年讲演》，参见《理解与解释——诠释学经典文选》，洪汉鼎编译，东方出版社2001年版，第47页。

对此，伽达默尔在本书关于近代浪漫主义诠释学这一部分的导言中说：

> 浪漫主义诠释学的真正建立者是弗里德里希·施莱尔马赫。他的目的是，通过把神学诠释学证明为一般理解理论的一种特殊应用，从而证明神学尤其是圣经解经学的科学性。所以在他的诠释学理论中，集合了他先驱的神学和哲学工作的整个总和，因为他坚决地返回到人类理解的基本现象，特别是人类避免误解的基本现象。……跟随他自己特有的在极端之间进行中介的思想风格，施莱尔马赫以这种方式为一种普遍诠释学的任务定位，并确保圣经阐释以反对灵感神学的要求。[†]

三、哲学诠释学——阐释

20世纪初哲学诠释学对Auslegung（阐释）概念的重新启用，是与狄尔泰对于说明与理解（阐释）以及自然科学与精神科学的区分相联系的。狄尔泰继承康德的观点，主张自然科学就是为各种自然现象找到原因；现象是被给予之物，是个别的、生成的和偶然的，知性则试图超出现象的这种偶然性和个别性。一方面，知性可以按先天因果律判断现象间的关联，在此关联中每一个别现象都是相互制约的现象中的一个必然成员，不过这种关联不是被给予的，而是知性的先天构造。另一方面，知性也可以从自身经验出发，对自然

[†] 参见本书边码31。

现象添加"补充"(Ergänzung)，从而给予观察现象一种后天经验的关联。按照狄尔泰的看法，Erklärung（说明）就是这样一种知性的假设程序(hypothetisches Verfahren)。知性从自然的经验关联中找寻对个别现象的解释，从而补充了知性的先天规定。在自然科学中，假设概念就构成了自然科学认识条件的基础。狄尔泰进而把自然科学中的"假设性的说明方法"与精神科学中的"理解和阐释方法"加以区分。作为精神科学对象的生活与历史的关联不需要任何假设性的说明，因为它是直接和原始地给出的，因此本身可以直接地被理解和阐释。狄尔泰说：

> 现在，自然科学与精神科学存在区别，是由于自然科学以事实为自己的对象，而这些事实是从外部作为现象和一个个给定的东西出现在意识中的。相反，在精神科学中，这些事实是从内部作为实在和作为活的联系较原本地出现的。人们由此对自然科学得出这样一个结论：在自然科学中，自然的联系只是通过补充性的推论和假设的联系给定的。相反，人们为精神科学得出的结论则是：在精神科学中，精神的联系作为一种本源上给定的联系，是理解的基础，它作为理解的基础无处不在。我们说明(erklären)自然，我们理解(verstehen)心灵生命。[†]

精神科学与自然科学的不同之处首先在于，自然科学有这样的事实作为其对象，它在意识中是作为从外在来的、作为现象和个别

[†] Dilthey, *Gesammelte Schriften*, Band V, 1914-1936, S.143-144.

被给予的东西而出现的,而精神科学的事实则是作为内在的、活生生的联系与原始的东西而呈现。由此可见,在自然科学中,只有通过有结论、借助假设的补充,才能获得自然界的联系;反之,在精神科学中,根本的基础则是灵魂生命的关联之作为最初被给予的东西。自然的联系是抽象的,而灵魂的联系是鲜活的、充满生命。在自然科学领域,联系是通过形成假说而产生的;而在精神科学领域,联系恰恰是原初的,存在于体验之中,生命只是作为联系而存在。因此狄尔泰得出这样的结论:"我们说明自然,我们理解灵魂生命。"

显然,狄尔泰正是在强调"说明"和"理解(阐释)"的方法论的对立中建立起了自然科学与精神科学的根本区别,并为人文精神科学确立了诠释学的普遍方法论。按照狄尔泰的看法,阐释不同于说明,说明只是通过观察与实验对自然进行描述性和因果性的解释,而阐释乃是一种通过体验或活的经验对我们人类精神产品的本真理解。他说:

> 我们把有关持续稳定的生命表现的技术性的理解称为阐释。因为只有在语言中,精神生命才能得到完全、彻底的表达,而这种表达使一种客观的理解成为可能,所以,阐释是在对残留于著作中的人类生存的解释中完成的。这种技术是文献学的基础,而关于这一技术的科学就是诠释学。[†]

这种把人文精神科学通过体验和活的经验对我们人类精神产

[†] 〔德〕狄尔泰:《对他人及其生命表现的理解》,见《理解与解释——诠释学经典文选》,东方出版社2001年版,第106页。

品(如话语、文本、作品、行为)的理解称为阐释的观点,得到了当代现象学家的赞同,我们在胡塞尔的《笛卡尔式的沉思》(Cartesianische Mediationen)和《逻辑研究》(Logische Untersucungen)中就看到了这种对阐释的强调。利科曾把胡塞尔这种对阐释的强调说成是"现象学的诠释学前提"。他说:"所谓诠释学前提,我主要指现象学必须把它的方法看作阐释(Auslegung),注释(exegesis),阐述(explication),解释(interpretation)。"[†] 因为阐释对于胡塞尔来说,就是把直观带到面前,对那种不具有偶缘方面的意义的说明,必须以最显著的方式求助于阐释。胡塞尔看到了直观和阐释的同时并存关系,虽然他不能由此推出所有的结论。一切现象学都是明见性的阐释和阐释的明见性。被阐释的明见性,展示明见性的阐释:这就是现象学的经验。正是在这个意义上,现象学只能作为诠释学才得以完成。海德格尔在1927年出版的《存在与时间》(Sein und Zeit)中对此观点做出了结论性的陈述:

> 现象学描述的方法论意义就是阐释(Auslegung)。此在现象学的逻各斯具有诠释(ἑρμηνεύειν)的性质。通过诠释,存在的本真意义与此在特有的存在的基本结构就向属于此在本身的存在理解宣告出来。此在的现象学就是诠释学。这是就"诠释学"这个词的源始含义来说的,按此意义,诠释学标志着阐释工作。[††]

[†] Ricoeur, *Hermeneutics and the human Sciences, Essay on Language, Action and Interpretation,* Chmbridge University Press,1981, p.120.

[††] Heidegger, *Sein und Zeit,* Max Niemeyer Verlag, Tübingen,1979, S. 37.

这样，诠释学就成了此在存在的阐释。

在该书中，海德格尔可以说为理解（Verstehen）和阐释（Auslegung）作了哲学诠释学的奠基。狄尔泰在其精神科学的建构中把理解与阐释作为精神科学所普遍使用的方法，把理解和阐释看成是理解者和阐释者通过外在感官所接受的符号而对符号所表现的心理状态的把握，从而为理解与阐释进行一种认识论和心理学的奠基。而海德格尔正是在这里批判了狄尔泰，为理解与阐释进行存在论的奠基。按照他的观点，理解根本不是主体意识在认识论上去把握外在对象的思想，而是理解者根据自身的生活世界去把握他自己存在可能性，因此理解是我们在被抛状态中对自己生存可能性的筹划，而阐释正是我们此在为自身存在可能性筹划的何所向。因此阐释并不是中立的客观的认知对象的被动行为，而是积极的把握和改变客观对象的主动行为。关于理解与阐释的这种生存论深层关系，海德格尔在《存在与时间》里有段深刻的说明，他说：

> 作为理解的此在向着可能性筹划它的存在。由于可能性作为展开的可能性反冲到此在之中，这种理解着的向着可能性的存在本身就是一种能在（Seinkönnen）。理解的筹划活动具有造就自身的本己可能性。我们把理解的造就自身的活动称为阐释（Auslegung）。在阐释中，理解把其所理解的东西理解性地归给了自身。理解在阐释过程中并不成为别的东西，而是成为它自身。从生存论上说，阐释植根于理解，而理解并不生自阐释。阐释并不是要对被理解的东西有所认识，而是把理解中所筹划的可能性加以整理。按照对日常此在的准备性分析的进程，我

们将就对世界的理解，也即就非本真的理解来论述阐释现象，而且我们是从非本真理解的真实样式来进行论述的。†

按照狄尔泰的看法，理解是理解者通过符号对外在对象的心理思想的把握，而这种把握的合乎艺术的活动就是阐释；反之，按照海德格尔的观点，理解乃是理解着的此在通过理解对象向着可能性的存在对自身的筹划，理解的筹划活动具有造就自身的本己可能性，而这种理解造就自身的活动就是阐释。这里一个重要的观点，即此在作为理解存在的存在者，他对作为理解对象的存在者的理解，离不开他自身的生存处境以及他自身的可能性（能在），他用自身的处境和可能性对理解对象进行筹划，因而理解就是造就自身的本己可能性，而阐释就是理解此种造就自身的活动。海德格尔写道：

> 把某某东西作为某某东西加以阐释，这在本质上是通过先有、先见和先把握来起作用的。阐释从来不是对先行给定的东西所作的无前提的把握。如果按照正确的本文阐释的意义，阐释的特殊具体化固然喜欢援引"有典可稽"（dasteht）的东西，然而最先的"有典可稽"的东西只不过是阐释者的不言自明的无可争议的先入之见（Vormeinung）。任何阐释工作之初都必然有这种先入之见，它作为随着阐释就已经"设定了的"东西是先行给定了的，这就是说，是在先有、先见和先把握中先行

---

† ibid., S. 148.

给定了的。[†]

这样，海德格尔就把阐释纳为诠释学的核心事业。[††]

对于海德格尔，阐释（Auslegung）的问题，即阐述（explication）或解释（Interpretation）的问题，与解经学（exegesis）的问题很少有共同之处，我们是要从存在者的境遇来探讨存在的意义。理解某一文本，不是去发现包含在该文本中僵死的意义，而是去揭示由该项文本所指示的存在的可能性。理解本质上就是在先行的被抛状态中对自己存在的筹划。这样，阐释就是这样一种行动，通过这种行动，被阐释对象的新意义被释放出来。伽达默尔说：

> 所谓阐释正在于：让自己的前概念发生作用，从而使文本的意思真正为我们表述出来。……文本应该通过阐释而得到表述。……传承物的历史生命就在于它一直依赖于新的占有和阐释……一切阐释都必须受制于它所从属的诠释学境况。[†††]

[†] ibid., S. 150.

[††] 很高兴看到青年学者牛文君教授《当代方法论诠释学对"Auslegung"概念的廓清与重塑——兼论贝蒂、赫施与伽达默尔之争》（《学术月刊》，2022）一文，她把海德格尔阐释概念的内涵分为三种意义：(1) 从理解与阐释的关系来看，一如"此在"是"去存在"（zu sein），理解就是向着可能性存在、进行筹划活动的能在（Seinkönnen）；理解造就自身的活动即是阐释（Auslegung）。(2) 从阐释的结构来看，它具有"作为"（als）结构，即"把……作为……来阐释"，这种"作为"揭示了源始的、与上手之物打交道的关系，阐释不是将某种含义以"贴标签"的形式附加在现成之物上，所谓的现成之物本身就处于世界理解的因缘关系（Bewandtnis）中，"这种因缘关系通过阐释被揭示出来"。(3) 从阐释的条件来看，它奠基于前拥有、前视见和前把握之中，这就是本体论意义上的诠释学循环。

[†††] 〔德〕伽达默尔：《真理与方法》第Ⅰ卷，第401页。

这里我们看到一种实践哲学所要求的现实性，伽达默尔说："无论如何，文字的现实化（Aktualisierung）总是要求一种在阐释着的理解意义上的解释（Interpretation im Sinne des deutenden Verstehens），就像那种对说给某个人的语词的解释。"[†]

很显然，过去我们对解释概念只考虑到它的认知功能，只考虑到它对客观世界的说明（Erklärung）作用，现在阐释概念重新出现在诠释学舞台，它不仅是认知，而且是筹划，解释概念从而发生了革命。对于阐释这一解释概念在现当代哲学中获得的重大意义，伽达默尔在《20世纪的哲学基础》中曾这样写道：

> 这里有一个词可以给我们以正确的暗示，使我们认识到这种对主观意识的有效性范围的研究到底深入到何种程度。这就是解释（*Interpretation*）概念，一个哲学-人文科学概念，它在近代开端曾以一种完全天真的方式作为对自然的解释（interpretatio naturae）被运用于自然科学，如今它却获得了一种极高的（很难驾驭的）反思意义。自尼采以来，与此概念相联系的是这样一种主张，即解释以合法的认知目的和解释目的去把握超越一切主观意见的真实的东西（das Eigentliche）。当尼采写道："根本没有道德现象，只有对现象的道德解释"之时，我们可以想一下他的解释概念在心理学领域和道德领域所起的作用。

[†] Gadamer, *Gesammelte Werke, Band 10: Hermeneutik im Rückblick*, J. C. B. Mohr, Tübingen: Paul Siebeck, 1995, S.129.

这个思想在我们这个世纪才开始完全被感觉到。如果说解释在以前无非只想阐释（Auslegung）作者的真实意图（我有自己的理由相信这总是某种过于狭窄的自我主张），那么现在这是完全明确的，即解释应当把握真正在意见主观性后面的东西。我们必须学会返回到所指东西表面的后面。无意识（弗洛伊德），生产关系及其对真正的社会现实的决定性意义（马克思），生命概念及其"思想构造的工作"（狄尔泰和历史主义），以及克尔凯郭尔用来反对黑格尔的生存概念——所有这些都是本世纪提出的解释观点，即一种走到主观意识所意指的东西的后面的方式。[†]

这一点我们可以从海德格尔二三十年代的著作中得知，在1923年的《存在论（实际性的诠释学）》讲演中，他说：

这就是实际性的诠释学试图要走的道路。它将自己称为阐释（Auslegung），即它不只是根据事情最初显现出来的方面来描述它们，每个阐释都是根据某个东西的解释。要阐释的先有（Vorhabe）必须在对象关系中来审视。我们必须从最初被给予的东西走向它的基础。[††]

[†] Hans-Georg Gadamer, *Gesammelte Werke, Band 4: Neuere Philosophie*, II, J. C. B. Mohr, Tübingen: Paul Siebeck, 1987, S. 11. 见本书368—369页，为译者补充译文。

[††] 参见〔德〕海德格尔：《存在论（实际性的解释学）》，何卫平译，商务印书馆2016年版，第92页，译文有改动。

在1929年出版的《康德与形而上学疑难》一书中，他更加明确地说道：

> 如果一种解释（Interpretation）只是重新给出康德所明确说过的东西，那么这种解释从一开始就绝不是阐-释（Auslegung），因为阐-释一直被赋予的任务在于：将康德在其奠基活动中所揭示的那些超出明确表述之外的东西原本地加以展现。†

这里海德格尔明确把 Auslegung 与 Interpretation 加以区分，认为 Auslegung 是把康德未加明确说出的东西加以揭示，这是一种远比 Interpretation 只是把已经明确说出的东西加以说明的意思更为深刻的阐释活动，并且为了表明这种阐释是一种深入的揭示活动，他把 Auslegung 这一可分动词写成 Aus-legung。另外，海德格尔还强调 Auslegung 那里具有一种强制性质，他说："为了从语词所说出的东西那里获取它想要说的东西，任何解释都一定必然地要使用强制力。"††

当然，这种强制力不能是任意的，而是有某种在先照耀着的观念指引着阐释活动。海德格尔说：

> 唯有在这种观念的力量之下，一种解释才可能冒险放肆，

---

† Heidegger, *Kant und das Problem der Metaphysik*, Vittovio Klostermann, Frankfurt am Main, 1991, S.201.

†† ibid.

将自己委身于一部作品中隐藏着的内在激情，从而可以由此被置入那未曾说出的东西，被迫进入未曾说出的东西的言说之中。[†]

按照海德格尔的看法，阐释乃是一条"主导观念自身以其光芒四射的力量显露出来"[††]的道路。[†††]

海德格尔这种阐释观点确实使解释概念发生了创造性的革命：旧的事物可以释放新的意义，并能进行改变。在本书关于哲学诠释学这一部分的导论中，伽达默尔这样写道：

> 海德格尔通过"理解"和"阐释"这对"诠释学的"概念，刻画了这种筹划结构的特征。理解某物和把某物作为某物来理解和阐释，根源于此在的筹划结构。因此，传统的精神科学概念迎来了全新的光亮，尤其是此在这种理解某物和把某物作为某物来理解的基本运动，根本上是由此在的有限性，即此在

[†] ibid.

[††] ibid., S. 202.

[†††] 令人感到欣慰的是该书的中文译者王庆节教授（也是《存在与时间》译者之一）在此书中已经认识到 Auslegung 不同于一般的 Interpretation，并把 Auslegung 译为"阐释"，并且还加上这样一个注："在德文中，'Interpretation'与'Auslegung'是两个同义词，一般都理解为'解释'。海德格尔在《存在与时间》中区别使用这两个概念，前者，或者是在一般宽泛解释的意义上，或者是在比较具体的解说析明的意义上讲，而后者则更多的是在海德格尔所讲的存在真理的去蔽、阐明、展开的意义上说。"（马丁·海德格尔，《康德与形而上学疑难》，王庆节译，上海译文出版社 2011 年版，第 191 页）另外，海德格尔中文主要译者孙周兴教授在其新出版的海德格尔《对亚里士多德的现象学诠释》一书中文译本中也将 Auslegung 改译为"阐释"，并说此词"更重存在性"（〔德〕海德格尔：《对亚里士多德的现象学诠释（现象学诠释）》，京特·诺伊曼编，孙周兴译，商务印书馆 2022 年版，第 5 页注 3）

的"被抛状态"所决定的。它决不是黑格尔观念论意义上的"精神的自身现实化"。因此诠释学并不是意义理解的诠释学，而是此在的自我享受和自我阐释。因而诠释学被称为"实际性诠释学"，并先于精神科学所致力的一切理解和阐释。我们从《存在与时间》中摘出的段落初看起来完全陌生，根本未引起注意。但实际上它们从根本上改变了诠释学问题的方面。因为如果理解是一种"生存事件"（Existenzial），那么科学的理解就具有一种生存性方面。它的可客观化的内容就不是一切。它是一个事件（Geschehen），并具有这样一个事件的历史条件，这个事件决不可能完全客观化自身。谁实现了这一点，谁就认识到一个新的哲学任务，这个哲学任务超越传统的精神科学方法论学说的问题提法。它并不涉及一种新的方法论学说，而是涉及将科学程序嵌入人与自身相互理解的继续过程中。这是在《真理与方法》中开始实施的一项任务。诠释学的范围依据于一个实在的历史性的地基。存在哲学的难题——在雅斯贝斯那里，正如在海德格尔那里一样——决非偶然地跟随黑格尔批判——这种批判是由克尔凯郭尔作出的，并且与青年黑格尔派对"绝对知识"和"绝对精神"的批判相一致。[†]

海德格尔自己在发生学术转向后并未继续走在诠释学这条道路上，而他的学生伽达默尔却坚忍不屈地继续他老师二三十年代的思想，直到1960年《真理与方法》出版。诠释学从海德格尔到伽达

[†] 参见本书边码38—39。

默尔的发展，正如伽达默尔在本书导论中所说：

> 上面的论述已经涉及如下这一点，即《真理与方法》的探究已经联系到海德格尔曾给予理解现象的那种深度论证。但是它同时也试图重新开拓走向科学之路。这里对此有帮助的是，《存在与时间》中对生存论分析的奠基并不就是海德格尔的最后思想。众所周知，在所谓"转向"之后的工作中，他将这些现象主题化了，在这些现象中，虽然人的此在留下他的痕迹，但此痕迹在某种意义上已经是"客观的"，这就是说它并不在人的实存的自我理解中出现，而是超越了它。这些现象就是：艺术作品、存在于生命关联中的东西，以及最后预先规定和表述个人思想的语言的整个巨大范围。《真理与方法》作了这样一个尝试，即好像要研究这些客观性的反映。解释着的科学本身就属于这种关联。在它们中，正如在艺术的创造和我们的世界理解在语言里的被展示状态（Ausgelegtheit）中一样，我们存在的真正历史性反思着自身。[†]

我们知道伽达默尔诠释学后期的目标就是走向实践哲学的诠释学。

四、作为解释技艺和做哲学的诠释学

阐释（Auslegung）在当代哲学诠释学中的革命作用使我们对诠

[†] 参见本书边码 39—40。

释学在当代的意义有了新的认识，在今天诠释学已远超出狄尔泰原先的规定，即诠释学"是那种对文字遗迹（Schriftdenkmalen）进行解释的技艺学说"（狄尔泰语），它已从当代现象学的区区一种思潮或学派发展成为一门作为解释技艺和做哲学的真正名副其实的第一哲学。

诠释学，作为 Hermeneutik 的译名，并不是规定某一思想学派的特殊词汇。一般来说，哲学学派是以 -ismus（主义）来辨认的，如新康德主义、实证主义、存在主义、结构主义等，显然诠释学不是这样一种主义或学派。同样，诠释学也不是什么具有真正逻辑建构的学或学说，因为真正的学或学说的词尾应当是 -logie，如生物学（Biologie）、心理学（Psychologie），而诠释学的词尾却是 ik，正如别的以 ik 为词尾的学科词项一样，如逻辑学（Logik）、修辞学（Rhetorik）、辩证法（Dialektik）等，它们都不是刻画某一理论学说的名称，而是意指某学科或某知识领域的操作或技巧，因此诠释学也不是某一特殊的理论或学说，而是指当代一种新颖的做解释的操作；简言之，它不是哲学理论，而是做哲学解释的技艺。因此，Hermeneutik 更好的译名应当是"诠释术"。在《知识百科全书》里，诠释学被认为是指导文本解释的规则的学科，不过，除文本解释外，还应有对人类其他作品（如绘画、雕塑、建筑等）以及人类行为的解释，诠释学应当说是关于人类作品、文本和行为——狄尔泰所谓"精神的客观化物"（Geistesobjektivierungen）以及贝蒂所谓"富有意义的形式"（sinnhaltige Formen）——的解释技艺（techne hermeneutika）。不过，我们想更扩展地说，诠释学就是当代的"做哲学"（philosophieren）。

一门解释的学科怎样能成为一种做哲学的活动呢？我们可以从广度和深度两方面来理解。从广度说，如果说诠释学在我们时代能把自身确立为一种哲学活动，那么这是因为我们已经意识到解释问题在今天认知领域内具有普遍性。不再将自身限制于严格的解释性学问，如解经学、语文学、法学和史学这四种直至19世纪都在传统上预先占有诠释学或解释艺术的学科，解释问题今天是作为一切知识的本源普遍原则而出现的，也就是说，解释的空间已全部充实了我们的认知空间。如果今天还有人说；解释传统虽然在我们的认知空间里很强大，但科学和逻辑思想更为强大，似乎科学与逻辑思维超出了解释，那么我们可以告诉他，即使像卡尔·波普这样的认识论研究者，以及像托马斯·库恩这样的科学史家，也早已经教导我们科学理论在什么范围内总是解释，总是根据或多或少明显的研究要求和它的历史文化脉络去切割或阅读实在。无论是欧氏几何还是非欧几何，无论是牛顿力学还是爱因斯坦相对论，无论原子论还是量子论，它们无非都是在我们的某种设定或某种条件下对实在的解释。科学并不是像实证主义者和常识所认为的那样限制于描述事实，它必须组织它们、概念化它们，换句话说，它必须解释它们。当代认识论从康德关于现象与物自体的区分中推出诠释学结论：科学并不是对实在如其所是的单纯反思，而必须是由现象所引出的格式化、解释和翻译。

从深处说，诠释学作为今日的做哲学，还不仅在于指出对实在的认识在于解释，实在的宇宙源于解释的宇宙，而且还在于诠释学所谓解释并不只是客观描述实在，而且还是改变和改造实在。20世纪阐释概念的重新启用，使解释概念发生创造性的革命，旧的事物可以释放新的意义。伽达默尔说:"文本并非只是文学研究对象领域的名称,解释也并非仅是对文本作科学阐释的技术。这两个概念在20世纪都根本改变了它们在我们认识和世界方程中的地位。"[†]其实,解释概念的这种革命性转向,早在19世纪就开始了,如马克思的"哲学家们只是用不同的方法解释世界,而问题在于改变世界",以及尼采的"我不知道道德现象,我只知道对这种现象的道德解释"。伽达默尔曾这样写道:

> 马克思、尼采和弗洛伊德的共同特征一定是这样,即人们不能轻易地把自我意识的被给予物作为一种被给予性加以接受。在这里也产生了解释概念所获得的新角色。……海德格尔对该概念的接受同时也标志着胡塞尔现象学的现象概念的批判性的发展。[††]

解释维度在认知领域的这种广度和深度,可以使我们认识到诠释学在当今哲学舞台的重要位置。当人类的一切知识、态度和行为背后都被揭示出隐藏的对实在的解释,并且此种解释还具有改变或改造世界的能力时,诠释学就获得了一种普遍根源性,诠释学实现了做哲学的要求,它成就了哲学。亚里士多德曾说形而上学(Metaphysik)是第一哲学(prima philosophia)。如果我们考虑到形而上学也是一种做哲学的技艺,它是一种从上下(本体与现象、

[†] 〔德〕伽达默尔:《真理与方法》第Ⅱ卷,洪汉鼎译,商务印书馆2010年版,第423页。

[††] Hans-Georg Gadamer, *Gesammelte Werke, Band 10: Hermeneutik im Rückblick*, S.91-92.

一与多、神与世界）、左右（主体与客体）和前后（存在与时间）对实在进行的解释的话，那么诠释学真可说名副其实地成为了第一哲学。

最近科技界出现了一个火爆的新名词"元宇宙"（Metaverse），我们想用此词来说明我们这里的意思。从科学上讲，元宇宙就是利用科技手段链接与创造的、与现实世界映射与交互的虚拟世界，具备新型社会体系的数字生活。如果从哲学上考虑，我们可以说元宇宙就是对现实世界的虚拟化、数字化，也就是对现实世界的反思和解释系统。正如 Metaphysik 是对 Physik 的反思和解释一样，Metaverse 就是对 Verse 的反思与解释系统。特别使我们感到兴趣的是，元宇宙这一概念经历了两种意义的发展，最先它被认为是一个与现实世界相平行的虚拟世界，似乎是在现实世界外的另一世界，元宇宙与现实处于一种非此即彼的紧张关系中，虚拟世界主要存在于在线游戏、虚拟社交平台和数字媒体等媒介中，用户在其中可以进行虚拟活动，但其与真实世界的互动有限。随着技术的不断发展，元宇宙被理解为虚实的深度融合，它被认为不是在现实世界之外，而是通过科技手段实现的现实与虚拟的映射与交互。举例而言，元宇宙的虚拟内容和数字资产可以在现实世界中具有实际价值，此为由虚拟到现实；现实世界的数据和信息可以输入元宇宙，用于虚拟环境的模拟和分析，此为由现实到虚拟。具有增强现实和虚拟现实技术的设备，如 AR 和 VR 头盔，甚至可以让用户在虚拟世界中与现实世界的对象互动，从而更深入地融合虚拟和现实。这种虚实平行向虚实互渗的过渡，就好像我们上面所说的 Interpretation 那样，不仅光是解释世界，而且也是改变世界。我认为 Metaverse 此一概念把我们的 Hermeneutik 充分解释清楚了。

当今我国百年未有的大变局下，文化思想上升为更有力量的"软实力"，改变世界的核心问题就是价值观的解释问题，"改变世界"的重要前提就是搞清"解释世界"的问题。当代中国既要成为积极参与到"改变世界"进程中的行动国，同时也要形成"解释世界"的底气、能力和话语权。诠释学在这里已经发挥，并将继续发挥重大作用。

真正理解的诠释学，就是作为解释技艺和做哲学的诠释学。

脚注符号说明

本书为多篇文章、节选合集，有各篇目原始注释，又配有德文本的编辑注释，体例复杂。据此情况，本书采用三种脚注符号，说明如下：

*   各篇目来源性注释。

①/②/③…… 各篇目内容性注释。德文本为篇后注，中译本改为脚注，单篇文本内由①开始接排，序号与德文本相同。有特殊情况处，译者出注说明。

†/††/†††…… 译者注释与德文编者注释。落款标明"译者"或"编者"，以示区别。

目 录

汉斯-格奥尔格·伽达默尔

导论 ·· 1

Ⅰ 浪漫主义诠释学前史

马提亚斯·弗拉齐乌斯·伊吕里库斯

1. 那些我们根据自己的判断所收集或想出的关于人们应当如何阅读神圣经文的指南 ················· 51

巴鲁赫·斯宾诺莎

2. 论经文的阐释 ·· 63

约翰·雅克布·兰巴赫

3. 关于他自己《神圣诠释学引论》(1723)的说明 ············· 73

约翰·马丁·克拉登尼乌斯

4. 论历史讯息与书籍的阐释 ··· 83

卡尔·菲利普·莫里茨

5. 一种思想角度之纲要 ·· 95

西格蒙德·雅克布·鲍姆加通
6. 论神圣经文之意义 …………………………………………… 97

约翰·戈特弗里德·赫尔德
7. 批判丛林，或：按照新近的撰述，对美之科学与
   艺术的诸考察 ………………………………………………… 112

安东·弗里德里希·尤斯图斯·蒂鲍特
8. 论依照法律之根据的逻辑阐释 ……………………………… 123

Ⅱ 浪漫主义诠释学

弗里德里希·阿斯特
9. 诠释学 ………………………………………………………… 137

弗里德里希·施莱尔马赫
10. 就 F. A. 沃尔夫的提示和阿斯特的教本论诠释学概念 ……… 161

赫曼·斯坦达尔
11. 解释的种类与形式 …………………………………………… 202

约翰·古斯塔夫·德罗伊森
12. 论解释 ………………………………………………………… 221

Ⅲ 狄尔泰与狄尔泰学派

威廉·狄尔泰
13. 历史理性批判草稿 …………………………………………… 231

埃里克·罗特哈克
14. 教义学思维形式概念 ………………………………… 267

鲁道夫·布尔特曼
15. 诠释学问题 …………………………………………… 288

Ⅳ 哲学诠释学

马丁·海德格尔
16. 存在与时间（存目）…………………………………… 321

汉斯·利普斯
17. 形式逻辑与诠释学逻辑 ……………………………… 322

汉斯-格奥尔格·伽达默尔
18. 20 世纪的哲学基础 …………………………………… 358

汉斯-格奥尔格·伽达默尔
19. 诠释学的应用问题 …………………………………… 383

诠释学重要文献列表 …………………………………… 389

重要人名对照表 ………………………………………… 402
重要术语对照表 ………………………………………… 406
译后记 …………………………………………………… 409

汉斯-格奥尔格·伽达默尔

导　　论

I　浪漫主义诠释学的前史

　　我们时代对诠释学所投入的兴趣本身就需要一种诠释学的解释，而且这里无疑有一种历史的指向。只是这种指向需要非常辛苦才可获得。因为诠释学虽然是一门古老的哲学与神学方法学和方法论的辅助学科，但在其后却经历了它自身独立的发展和理论造就。这倒不是因为它是某种次要学科，一旦更重要的东西被解释了，我们才需要运用它，而是出于相反的理由：因为诠释学向度，即理解（Verstehen）和相互理解（Verständigung）在其中发生作用的领域，从一起步就支配了人类的社会生活。正是理所当然的东西的隐蔽性，才阻碍了对诠释学的方法论辩护和对诠释学普遍意义的察觉。

　　所以，自那时以来习惯的诠释学实践，其方法论意识的最初步伐绝不会注意到理解和相互理解的核心地位，而且在学者与文本交往的狭窄领域也从不会达到一种清晰的理论的自我意识。人们称之为"诠释学"的东西，更多是作为真正方法论思想成果的实践规则和有用辅助知识的收集物。所以，诠释学的历史研究很长时期处于一种相当贫乏的状态,尤其是图书馆甚至没有收藏那些被冠以纯粹辅助书名称的书,因为它们尽管在实践上有广泛影响,但不被看作有科学价值。如果我们让诠释学转向一种更深刻的兴趣,那么我们为此要感谢两个人:弗里德里希·施莱尔马赫,以及他的传记作家威廉·狄尔泰——一位是德国浪漫派及其"历史"世界观的开创者,另一位则是"历史学派"的晚期代表,他在认识论和科学理论的时代从逻辑和哲学上重新证明了浪漫主义遗产的合法性。正是狄尔泰作为第一人致力于这种遗产的研究,而我们这里呈现的所有文本都进一步继承了他的研究。

因此,下面这一点属于现代诠释学讨论这一前史的特征:前史中的文本对于自身活动的根本意义从未达到意识。因此要给这些文本的观点以力量,需要一些开拓工作。

首先我们必须清楚,为什么是新教神学家首先推进了诠释学问题的某种意识。理解和相互理解、误解、对误解的避免和澄清贯穿着整个人类共同生活,某种理解和相互理解的技艺帮助每一个人获得生活经验。但是,正是圣书(*Schrift*)理解这一特别事件——绝非偶然,圣经和经典文本的理解——唤醒了诠释学问题的意识。因为圣书是陌异的精神,它在传承的僵死符号上的苏醒和复活乃是一种特别可学的技艺,是教导书写和阅读的语法的一种姊妹艺术:它是引向文本理解的阐释艺术(die Kunst der Auslegung)。

只有处于某些特殊的情况下,我们才会清醒地意识到这一任务的伟大和艰难。神学-解经学的和神学-独断论(教义学)的研究在学者世界和博学教会的学院关系中的单纯练习,与日常生活中相互理解的实践,都共享着未经反思的自明性。正如那些彼此对立的统治观点会达到平衡,即引导形成一个共同观点一样,圣经的阐释也被一种传统所承担,该传统在教会的学说里获得不同的培养并最终获得了权威。只有当由路德开启的信仰分裂对这种传统产生了干扰,并且对抗罗马教会学术权威的圣经原则(即仅以圣经为准[sola scriptura])出现时,才使人们意识到了诠释学问题。虽然在路德那里是:sacra scriptura sui ipsius interpres(圣经是自己解释自身),即为了解释圣经我们不需要任何外来的、由教会教义提供的帮助——圣经解释自身。但这更多是一种论战性宣言,而非对在阐释中真实发生之事的描绘。

这不久后就被天主教方面提出反对。所以新教阵营里也早就出现了对某种独断论(教义学)固定的需要。所谓名著的产生、梅兰斯通(Melanchton)对杰出之言(loci praecipui)的强调,以及在宗教团体之间进行的有关"圣经自解原则"在多大程度上描述一种合适的诠释学态度的神学-诠释学讨论,这些都导致了在圣经阐释的背景下对诠释学问题的意识。

在我们提供同时代文本之前,我们先要给出威廉·狄尔泰的话,因为他对浪漫主义诠释学前史的博学研究——目前由雷德克先生将狄尔泰的《施莱尔马赫传》以两卷本形式出版——能够帮助我们。原文出自青年学者狄尔泰的获奖论文,该论文从未被他自己发表,不过他在1900年学院论文集中那篇著名的简短介绍中追述了此文。从这篇文本出发,我们总是对那种属于该原文所代表的作者的党派说:它们至今还是这些老作者最名副其实的历史表现和价值。当然,人们必须意识到,前浪漫主义时代的文本被打上了理性说教时代烙印,并且指向未来的动机隐藏在了学院大师的外衣之下,而且狄尔泰只是在这样的观点下评论这些文本的,即就它们在何种程度上传播了现代精神科学的历史-批判的思想方式。

狄尔泰写道:*

① 诠释学科学虽然与新教一同开端,但并非是解经学技艺或是对解经学加以反思的尝试。因为奥利金(Origen)与安条克派(Antiochener)的诠释性段落,提科纽斯(Ticonius)的七项规定,甚至是奥古斯丁在他的《论基督教教义》(*de doctrina christiana*)第三卷中,和尤尼利乌斯(Junilius)在他的著名的著作《神圣律法的合规应用》(*Instituta regularia divinae legis*)② 第二卷中更加完善地发展出的那些东西,尽管所有这些著作对于圣典与教义的历史是如此地重要,可人们却无法将这些充其量是逐一列举、始终没有联结性原则而堆叠到一起的句

---

* 《施莱尔马赫的诠释学》("Die Hermeneutik vor Schleiermacher"),收录于《施莱尔马赫传》的第二卷:《作为哲学与神学的施莱尔马赫体系》(*Schleiermachers System als Philosophie und Theologie*),由马丁·雷德克(Martin Redeker)出版,柏林:1966(瓦尔特·德古伊特出版社),第597—606页。

① 下述内容(即《作为哲学与神学的施莱尔马赫体系》的第597—618页)是对关于施莱尔马赫诠释学的悬赏问题之回答的一部分,狄尔泰自己将之作为论文《十七世纪诸精神科学的自然系统》("Das natürliche System der Geisteswissenschaften im 17. Jahrhundert")的一部分(第2类,第60—127页),发表在《哲学史档案》(AGP,第六卷,柏林:1893,第69—95页)上。另参阅 W. 狄尔泰:《狄尔泰全集》,第二卷,第115页以下。(† 此文又简称为《回答悬赏问题》。——译者)

② Gallandi Bibi. XII,第79页以下。 MPL 68,第25页以下。(对此参阅:巴登黑维尔(O. Bardenhewer),《教父研究》(*Patrologie*),弗莱堡,1901,第566页。)Flac. Clavis ll,第158页以下, ed. Bas. 1580; Clavis 11,第205页以下, ed. Bas. 1628/29。

子称为科学的处理。它们的形式反映出天主教解经学内在的依赖性。从与诺斯替派的斗争导致将使徒时期的纪念碑置于传统的保护性威权之下的年代开始,到新教完全凭自己来进行阐释的年代,都不存在任何诠释科学。同样,在彼时也仍不存在这种科学:"唯独圣经"的新原则受到了一场来自天主教会方面的坚决而连续的抨击,它逼着那些相比于在宗教改革的斗争中成长起来的一辈而言更不好斗的人们去进行辩护。然而此刻,在这些斗争中,这门诠释科学产生了。

它所由以产生的诸关系[③]

抨击来自特伦托的神父们。天主教关于经文与传统之关系的信条——中世纪时的教会曾对此不受约束地各抒己见——是在特伦托那里才最终得以确定的。甚至在宗教会议中,观点的差异性也曾带来狂热的表达。随后,1546年4月8日的会议选择了强烈反对新教的派系。关于经文与传统、解释与武加大译本(Vulgata)的法令极端尖锐地站在了新教"唯独圣经"原则的对立面。[④] 经文与传统应当"以同样的虔诚之

[③] 引自狄尔泰(Dilthey)的《回答悬赏问题》("Preisschrift")。
[④] "但是,如果没有人像那样神圣而又规范地接受这些书的全部内容,就像过去在天主教堂里读过的话以及旧的武加大译本中所包含的那样,并有意地、谦逊地接受上述传统;他就应当被诅咒!(Si quis autem libros ipsos integros cum omnibus suis partibus, prout in ecclesia catholica legi consueuerunt et in vetere vulgata latina editione habentur, pro sacris et canonicis non susceperit et traditiones praedictas sciens et prudens contemseit, anathema sit!)"丹辛格(Denzinger):《符号指南》(*Enchiridion Symbolorum*),第784页。

心"(pari pietatis affectu)⑤而被理解:它们既然由同一个灵而生,又怎么可能在某个教义的要点上产生冲突呢?⑥这一时期的天主教教会神学家贝拉明(Bellarmin)以那篇论述上帝之道(Wort)的文章开启了自己针对他那个时代⑦异端分子的全面性论辩:他于此发现了新教教条圈子的中心点。他摆出一副科学严谨、客观中立的样子骄傲地描绘出,希伯来字母(Zeichen)是如何在很晚近的时候才被添加到文本里去的,因而诸条异文也就一而再再而三地成了极为可疑的;以及重要的新约段落(约翰一书5、7、8及其他)又是如何在古老手抄本中佚失的,等等。

一股天主教方面的论辩浪潮⑧证明了经文的模糊性与考证

---

⑤ 丹辛格:《符号指南》,第783页。

⑥ "所有要被传达给忠实信徒的教义之原则,都被包括于圣言中,因为它分散于经文与传统内。(Omnis doctrinae ratio, quae fidelibus tradenda sit, verbo dei continetur, quod in scripturam traditionesque distributum est.)"阿尔伯特·皮格(Albert Pigghe)对于传统教义的粗暴理解已然准备就绪:"倘若我们不知道这教义,即异教徒不该由经文去削弱或驳倒,我们的事情便会处于更理性的位置;然而,当要被指明的天裏与教诲的恩典在与路德的斗争中降下时,它在此被唤醒了,因为——伴随着痛楚——我们现在看到,火。(Si huius doctrinae memores fuissemus haereticos scilicet non esse infirmandos vel convincendos ex scripturis, meliore sane loco essent res nostrae; sed dum ostentandi ingenii et eruditionis gratia cum Luthero in certamen descenditur scripturarum, excitatum est hoc, quod- pro dolor - nunc videmus, incendium.)"《教会位阶主张》(*Hierarchie ecclesiasticae assertio*),I 4,1538。

⑦ 《关于基督信仰与其时代的异教徒之论争的讨论》(*Disputationes de controversiis christianae fidei adversus huius temporis haereticos*),I—III,1586—1593。

⑧ 尤其值得提起这些作者:提勒塔努斯(Tiletanus)、菲力奇安·宁瓜尔达(Felician Ninguarda)、卡尼修斯(Canisius)、梅勒乔尔·卡努斯(Melchior Canus)、马丁·佩雷修斯(Martin Peresius)。

方面的不确定性。这些论辩将此展露无遗：奥利金与希罗尼穆斯（Hieronymus）的语言知识（Sprachenkenntnis）是如何失落的。他们通过大量的批判性与诠释学论点，为关于经文在诠释学上的不可通达性与传统的补充性权威之教理进行了奠基。

这一科学的任务，
如弗拉修斯在这些影响下所把握的那样[9]

这一天主教的抨击因而包括两个要素。第一个要素，亦即教父们的科学权威性，这一点不难应付。对于神圣经文的充分性与可理解性之证据则必须更严肃地加以处理。那种人们由之得以建构一种坚实奠基的教会教义学之诠释学方法与辅助工具必须得到展示。由此产生了作为一种解经学工具论的弗拉修斯之"金钥匙"，如值得感佩的路德教会所称呼的那样（1567）。[†]最开始由德国与意大利的语文学研究出发，第一位博学的新教教会历史学家，一位熟谙教父文献及其诠释方法与规则设置的非凡的圣经行家——就连理查德·西蒙也承认这一点——以他那个时代的标准衡量，弗拉修斯在独立研究与由之形成的诠释学规则制定方面胜过了他的众多后继者，由此长久地对诠释科学这门学科进行了规定。

---

[9] 引自狄尔泰的《回答悬赏问题》。
[†] "金钥匙"指弗拉修斯（Flacius）于1567年发表的《神圣经文的钥匙，或圣书的布道》（*Clavis scripturae sacrae, seu de sermone sacrum literarum*）。下文中，狄尔泰和伽达默尔均简称其为《钥匙》。——译者

诠释学本身分散在《钥匙》第二部分的一些章节中。⑩我发现，这一圣经钥匙的特别目的在其两篇前言中得到了最为锐利与明晰的表达。

在第二篇前言中，弗拉修斯说明了其作品的历史定位。他谈到了对神圣经文的诸般野蛮歪曲——这要归咎于对语言的生疏与亚里士多德主义哲学论题的影响；随后，他展现了神圣经文的虔诚教师们，尤其是路德，是如何制定出纯粹的生命之道(das reine Wort des Lebens)的。他也谦逊地将自己作为路德的接续者而参与到这种追求当中。倘若弗拉修斯于这第二篇前言中更多是讨论了其使命的否定一面，那么第一篇前言则抓住了新教诠释学决定性的中心点。

这篇前言以对天主教论敌的冷嘲热讽开场。在上帝为了拯救而将经文给予人类后："为了这……上帝无限的仁慈……在这被称作基督徒的上帝之子民自身中，大多数现在甚至与此相反，以令人毛骨悚然的方式毁谤，他们叫嚷圣经是黑暗的、

---

⑩ 第一章乃是一个卓越的拉丁词语索引。第二章包括文物、批判、导言这些人们称之为圣经修辞学的东西，并与语法融合在一起。人们甚至认识到了当时这类著作中多样的混乱，比如，就像在《荷马利卡的钥匙》(Clavis Homerica)里那样。第一卷包括对主要法则的概述；它们在第二卷中借由对教父们所用法则的收集而得以确证。至于随后的著作中则只有零星的部分属于我们的科学，它们包括言说的零散片段、语法词类、比喻与人物形象、句子间的关联、普遍的新约文风与对保罗与约翰书信的暗示。最末一章——带有那个时代科学的不规范性特征——包括一系列可以说是关于圣经神学的独立论文。在其中那篇著名的论文《论原罪》（"de peccato originali"）里，他不顾友人们的所有反对，概括出了他将原罪视作人类之本质的理论。属此的唯有这些论文中的最后一篇。它将作品处理为"神圣真理的规范与准则"，以为第二部分的结束。这一结语典型地满足了作品的最终目的。

歧义的,甚至不足以充分地将基督徒引向福祉:最终,异端们的信与书是死的,因此所有异端与错误都会出现!(pro hac... immensa Dei φιλανϑρωπία... plerique nunc contra etiam in hoc ipso Dei populo, qui Christianus appellatur, horrendum in modum blasphemant, vociferantes Scripturam esse obscuram, ambiguam, non etiam sufficientem ad plenam institutionem hominis Christiani ad salutem: denique esse litteram mortuam et librum haereticorum, unde omnes haereses ac errores exoriantur!)"⑪

现在,他已然比特伦托神父们的渎神之说更早地证明,经文乃是信仰的规范。⑫那些神父们辩解道,这与经文的权威性无关,而是关乎它的可理解性;在这种关系之内,经文需要传统作为其补充。弗拉修斯则对此回应道:倘若人们未曾理解经文,这不是经文本身难懂的责任,而是匮乏的语言研究——教师们将之用于他们的说明——与他们所使用的错误方法的责任。在此处,他精彩地将自己对于改革派诠释学原则的观点和

---

⑪ 弗拉修斯:《钥匙》,导言,第3页。(† 书中对《钥匙》的引用,均为拉丁文。——译者)

⑫ 此处关涉到这两个我未曾获见的文本:《对集会地的异议》(*Protestatio contra conciliabulum*)与《集会规则与实践》(*Norma simul et praxis Synodi*)。狄尔泰从《钥匙 I》前言 I 的第3页中引出了这则提示。狄尔泰对《钥匙》的引用根据的是巴塞尔的1580年版;编者仅能根据1628/1629年版检查并给出狄尔泰的引文,而只能将狄尔泰给出的1580年版页码加入括号中。

盘托出，就像他在其著作中找到了理论表达那样。[13]事实上，在改革的"唯独圣经"原则与材料原则之间，在对活生生存在于所有个别部分之内与之中的内在关联的把握与体验中，存在着改革派的经验。这一关联必然塑造了新教诠释学的基本思想。由此，我们可以如此确定这一著作的目的：它想要由经文的统一性关联之改革思想出发，借由一种解经学的工具论而证明经文的规范独立性。

解决这一任务的科学辅助工具[14]

现在，弗拉修斯是通过何种科学手段解决了这包罗广泛的

---

[13] Praef. I p. 3："这甚至同时对透明的圣经与基督教义的真理和纯净颇有损害，因为几乎所有作者与教父都如此看待、处理并解释圣书，倘若那些诸句子的东西毋宁是五花八门的，就像美丽的关联与正确地构成的经文，正如事实上大部分都是最好地得到安排的方法。因而由此得出，正确的句子、被划分的圣经之分散的细小枝节的内容，永远不可以被拥有。因为圣书中正确的句子，就像也在所有其他文本中那样，不是来自关联的部分中的最小之物，我于其间仿佛按照比例关系检验各部分的一致性，就像肢体的一致性那样，它在大多数时候被接受：也就像整个某一个体之别的部分由完好的其余部分之考虑与和谐中得到最好的理解那样。（Non parum etiam obfuit perspicuitati Scripturae simul et veritati ac puritati doctrinae Christianae, quod omnes ferme scriptores et patres ita Sacras litteras considerarunt, tractarunt et explicarunt, ac si illa quaedam miscellanea potius sententiarum essent, quam pulchre cohaerentia et recte conformata scripta, ut revera pleraque sunt optima methodo composita. Inde igitur consecutum est, ut nunquam vera sententia, ita instar dissolutarum scoparum dissipatae Scripturae, haberi potuerit. Vera enim sententia in Sacris litteris, sicut etiam in omnilbus aliis scriptis, non minima ex parte ex contextu, scopo ac quasi proportione et congruentia inter se partium, ac ceu membrorum, plerumque accipitur: sicut etiam alias singulae partes totius alicuius optime ex consideratione harmoniaque integri ac reliquarum partium intelliguntur.）"

[14] 引自狄尔泰的《回答悬赏问题》。

任务呢？针对他作为第一部分放到前面的词语索引之准备工作已然足够了，对此一索引的处理对于他把握圣经诸概念之内在关联的追求而言乃是极有代表性的。与此相对，如他自己所抱怨的那样，第二部分的绝大部分首先需要被塑形。这尤其适用于在这一部分中保存下来的诠释学。可是，他自己的诠释学反思自然完全不足以胜任整个计划。在此情形中，他的阐释理论获得了来自两个源头的外来帮助。

他所受到的帮助首先来自修辞学（Rhetorik）。亚里士多德——弗拉修斯也颇爱引用他——针对这一主题完成了一部不可动摇的经典。然而，就在弗拉修斯所在的前一个世纪中，修辞学刚刚经历了本质性的重塑。尤其是那些经由梅兰希通（Melanchthon）而为它们所分享的变化，对于诠释学存在两方面的重要性。一方面，梅兰希通比他的一位前人更加尖锐地提出，修辞学的第一目的乃是导向对古代作者们的阅读。⑮在到处将对古代形式的复刻作为出发点的人文主义时期之意义上，这种阅读也许会导向对样本的仿制。⑯然而对梅兰希通而

---

⑮ 梅兰希通，第 12 页。"因此我们从现在起要交付修辞学的使用，以便它在被选出的好作者中对年轻人们施以援手；无疑，他们非此则无法被理解（Quare et nos ad hunc usum trademus rhetoricen, ut adolescentes adjuvet in bonis autoribus legendis, qui quidem sine hac via nullo modo intelligi possunt; vgl. auc p. 11 hinc exstitit ars sq.）。"（我是根据 1606 年的维滕堡版进行引用的）。CR XIII，第 418、417 页。

⑯ 第 66 页。"因为模仿比起艺术更强地影响于演说者，诸规定从现在起被交付给年轻人，以便在谈及的被选出的言说中帮助他们……（cum imitatio magis efficat eloquentes quam ars, praecepta traduntur adolescentibus ad hoc, ut adjuvent eos in legendis orationibus dissertorum, ...）" CR XIII，第 451 页。

言，修辞学首要而直接的目的却正是对作者们的理解，这种修辞学也就在一定程度上走向了诠释学。第二，追随着当时的神学运动，梅兰希通将教义（didaskalikon）附加给了直到那时还是修辞学研究对象的言说种类（generibus causarum）：阐明（demonstrativum）、斟酌（deliberativum）与判断（judiciale）。⑰如他明确注意到的那样，他想要由此在这种科学中为神学对象的理解同样留出空间。对诗篇的修辞学阐释一再出现于他所举的例子当中。由此，在这本书中就已然预先形成了一种圣经诠释学理论与修辞学理论的联结。

解经学与一种诠释学理论的诸开端⑱

然而，相比于由这种科学之中，弗拉修斯更多是由解经学与释经理论的诸开端中汲取了营养，正如这一学科之由奥利金到当时的新教阐释者的历史所描摹那样。他尤其丰富地运用了教父们的资源，以至于理查德·西蒙不无道理地批评他一面在前言里对教父们大加贬抑，一面又在书中如此熟练地使用他们。几乎整个奥古斯丁《论基督教教义》的第4卷都被拆成独立的文段而加以接受，尤尼利乌斯的整个理论也是一样。由此，这本书实际上便是由整个过往的解经学积淀中所产生的了。

---

⑰ 参阅 CR XIII，第421页以下。
⑱ 引自狄尔泰的《回答悬赏问题》。

对经文整体的综合性处理
（信仰的类比、诸平行段落）[19]

现在，弗拉修斯如何从此材料中构建出诠释学呢？[20] 他的目标确定了其艺术学的出发点。通过首先对经文阐释的诸般疑难进行阐明（疑难之诸理由 [Causas difficultatis]，第 1 页以下），他选取了与其对手相同的出发点。是的，正如理查德·西蒙所认可的那样，他强化了对这些疑难的意识。他分别对同样的问题加以非凡的讨论：文献的狭窄范围（其语言使用则应当加以确定）、其简洁和语式（Modi）与连词的使用中显得节省的形式、风俗的异域性与新旧约之间的张力。他随后为这些疑难提供了解药（remedia）[21]，它们于神圣经文的认识规则（regula cognoscendi）中获得了终结性的介绍。

他在此使用了一种非科学的区分。奥古斯丁的坏习惯在这里似乎把他带跑了：以或适合或不适合的圣经段落来证成他

---

[19] 引自狄尔泰的《回答悬赏问题》。

[20] 第二卷的次序已经暗示了工具论在圣经诠释学（论文Ⅰ，Ⅱ，1—93—174）、语法学（论文Ⅲ，174—210）与修辞学（论文Ⅳ，Ⅴ，210—340—396）之间的划分，如格拉修斯（Glassius）由之所发展出的那样。我们在此所主要涉及的乃是此卷的第一部分，它的第一篇论文《论认识神圣经文之原则》（"de ratione cognoscendi sacras litteras"）经由第二篇《教父们的观点与规则》（"sententiae ac regulae patrum"）而得以历史地补足。第一部分现在自己给出了这种艺术学（quasi praxim totius operis p. 1, Praefatio）。

参阅 巴塞尔 1628/1629 年，《钥匙》Ⅱ，论文Ⅰ和论文Ⅱ，第 2—228 页，"语法学"。论文Ⅲ，第 228—278 页，"修辞学"；论文Ⅳ和论文Ⅴ，第 278—532 页。

[21] 弗拉修斯，《钥匙》Ⅱ，第 6 页以下。（第 6 页以下）

的诠释学规则。弗拉修斯因而在由神圣经文自身所预定的规则(regulis ex ipsis sacris litteris desumptis)[22]与我们的搜集或发明之判断(nostro arbitrio collectis aut excogitatis)[23]之间做出了区分。他为第一重划分而搜集大量段落的方法必会激起巨大的疑虑。不过他随后对其规则的事实性分组则接近对一种重要区分的观察。

第一重划分将神圣经文彻底视作一个整体。由这种观察方式可以得出如下主要规则：将每一处个别的段落都联系到经文的关联中——他以典型的经院哲学手法将此关联表现为两个三段论[24]——由此关联出发，从经文中发展出信仰的总体，以逻辑手段到处生产这一总体中的统一性，并在平行对应之文本的每一个段落中都坚持这种整体经文的关联性。他赋予平行文本的使用以一种特别的价值。并且，整个《钥匙》的第一部分都献给了它们，而他还将它们在解药之中明确地突显了出来，[25]这向我们暗示，这一规则必定与他的基本思想处于某种特殊的关联中。

事实上，这一规则——由其与神圣经文整体之关联与包含于其中的平行文本中说明每一处文段——乃是以规则的形式对他的如下原则进行的表述：从其全体性(*Totalität*)中将经文作为

---

[22] 弗拉修斯:《钥匙》II,第7页。(第6页)
[23] 弗拉修斯:《钥匙》II,第21页以下。(第16页)
[24] 弗拉修斯:《钥匙》II,第9页以下。(第7页)
[25] 他将之称作大解药(ingens remedium), p. 5 rem. 7; p. 11："在圣经的说明中……圣经的言说之汇编在圣灵之后具有最强的力量与效用。(In expositione ... Scripturae ... maximam vim efficaciamque habet post spiritum Dei *collatio locorum Scripturae*.)"见论文 I,第15页。

一个整体而加以把握。我们将会在弗兰茨(Franz)那里,在对这种与整体的事实性关联之明显强调中(与同更加切近的关联的语法性联系相对),再次见到更加深入的这种倾向。在此,这种解经学的短板暴露在光天化日之下,它存在于经文整体或圣典之原则之非历史的与抽象的逻辑理解中。新教解经学与天主教解经学的极端在此相遇了,二者都要从其更狭窄的关联中将经文段落剥离出来,都重视与某种被抽象而逻辑化地加以把握的更宽泛的与经文整体之关联的联系。就如它于上述表达式中所展现的那样,根据这一表达式,一切个别文段中的悖反都应当被解除——这在更往后的一段对此的详尽讨论中还会变得更清晰。

对个别经文的综合性解释
(目标、方案、编排、主要与次要意图)[26]

现在,于此被选取的系统性方法同样在第二重划分那里进入了应用,它包括了那些由理性给出的普遍性阐释规则。适才介绍的乃是改革时代的解经学-教义学运动使用早先的诠释学反思所得出的结果。现下我们则在这里遇到了第二堆东西,它倚仗于修辞学。它由个别经文的目的与趋向出发;[27]解释者由

---

[26] 引自狄尔泰的《回答悬赏问题》。

[27] 论文Ⅰ,第22页:"你因此着手去搜集其他书籍……你去做吧,以便拥有其整个文本的第一个分支或最后一个意图……拥有经验。(Cum igitur aggrederis lectionem alicuius libri ... age, ut primum *scopum, finem* aut *intentionem* totius eius scripti ... notum habeas.)"(第17页)

此迈进到对尚未划分的经文基本实体之把握;㉘由此,思想的内在秩序——编排(*Disposition*)——随之凸显而出;这一点于是变得可见:诸个别部分——他最喜欢如是描述这项事务——如何协作而形成整部作品的结构。㉙他以一种卓越非凡的方式实施此法,且对此具有非常明确的意识:将这一元素引入诠释学操作中乃是自己的独特创举。那个表明了此事的段落很好地对其方法中这一部分的重点进行了概括。㉚对这位阐释者之

㉘ 论文Ⅰ,第22页:"第二,你要去努力拥有其被理解的整个论证、总和、摘录或提要。我呼吁……论证,随后是那更丰富的提纲,随后是整部作品的概况被检验。(Secundo elabora, ut totum argumentum, summam, epitomen aut compendium eius comprehensum habeas. Voco ... *argumentum* illam pleniorem conceptionem tum scopi tum et totius corporis delineationem.)"(第17页)

㉙ 论文Ⅰ,第22页:"第三,你要拥有这整本书的……先于眼睛而被描绘的划分或编排……你要详尽地给出,它是一部怎样的作品,其所有肢体如何被包括,那些如此众多的肢体或部分出于何种理由而结合成这一部要生产出来的作品。(Tertio ut totius eius libri ... distributionem aut *dispositionem* ante oculos delineatam habeas ... accurate expendas, quale illud corpus sit, quomodo omnia ea *membra* complectatur, quave ratione illa tot membra aut partes ad efficiendum hoc unum corpus conveniant.)"(第17页)"

㉚ 论文Ⅰ,第23页:"因为(坦率地说,由此我会承认我感知到的)许多解释者在圣经解释中到目前为止都有教养地争论其个别部分甚至是句子;而尽管如此,却没有人,或者无疑只有一点点,习惯去审慎地检验文本,许多时候至少要无比谨慎地同时对论证、编排与整部著作、首脑与肢体进行说明,随后立即在要阐明的东西间审慎无比地于其间进行比较与焊接:以及惯于凭借诸个别部分的审阅、考量、说明,始终无比谨慎地将这些朝向其余的、首先朝向首脑与整部作品进行比较与应用。(Nam [ut ingenue, quod sentio, confitear] cum multi interpretes in explicatione Sacrorum librorum erudite hactenus de singulis eorum partibus ac etiam sententiis disputaverint, nemo tamen, aut certe perpauci, accurate textum examinare solitus est, multoque etiam minus diligentissime *argumentum ac dispositionem simul* monstrare et totum corpus, *caput ac membra*, subinde inter exponendum diligentissime *inter se conferre* ac conferruminare: et *singularum partium* inspectione, consideratione, illustrationeque semper eas diligentissime ad *reliquas* et praesertim ad *caput totumque adeo corpus* conferre et applicare consuevit.)"(第18页)

做法的介绍听上去已经多么接近施莱尔马赫了啊！然而进一步的关联则会令今天的读者失望。因为修辞学的试金石唯有在如此确定的东西上才得以保持；言说的种类出现、判断、阐明等等；随后是逻辑的形式范畴；整个的，人们要说，小学生式的肤浅性——修辞学由之形成了关乎文本内在形式的诸概念——全都显露出来。他建议使用一种对观表格（tabellaris synopsis）；弗拉修斯在此将他对区分与模式的偏好带入了阐释技艺之中。然而，对于主要与次要意图的卓越区分，不可因它隐藏于凌乱的琐屑规则之中便被忽略。[31] 但一般而言，这一点必须得到突出：在弗拉修斯对诠释学的这第二重划分中，已经包蕴了一种阐释进程的现代理论之胚胎。这一理论因而对于语文学-历史学知识的坚实之奠定具有至关重要的意义。

由此，弗拉修斯的这门诠释学包含两重元素，它们具有全然不同的来源与同样迥异的历史性意义。第一重元素诞生于新教世界中宗教体验的深度。它因此于僵化而死硬的外壳中包藏着某种核心，未来的神学便要将之从壳中剥出并使其发挥效用。这门诠释学的第二重元素则源于整个人文主义时期的大趋势，要达到清楚、明晰而稳妥的对经文之理解，在其中语文学-历史学知识的奠基已然有所预备。

---

[31] 弗拉修斯《钥匙》Ⅱ，第 24 页："读者的整个首要的审慎应当是，要斟酌那些几乎首要的本质性的句子，原则上被呈现之研究的整个划界存于其中；那些外部的、陌生的、偶然的句子则是次要的。(Prima enim et summa cura esse debet lectoris, ut illas quasi *primarias* et substantiales *sententias*, in quibus potissimum tota propositae quaestionis determinatio resident, expendat; *secundaria* vero, ut illas quasi externas, accersitas aut accidentarias et.)"（第 19 页）

问题在于，弗拉修斯现在是否做到了，使得所介绍的两种元素彼此相融。这只有当解释的诸操作——包括个别作品的目的与布局在内——被带入与其他由经文整体的原则出发之操作的某种可靠关系中时才能发生。弗拉修斯由此抓住了圣经诠释学的基本问题，即便是以这般尚不完善的方式。然而，他理解经文整体这一概念的方式必然会使之成为不可能。这一经文整体的关联，如它作为信仰之类比被规定与在诸平行事实（Sachparallel）的并置间诠释学地表达出来的那样，贯穿于单个的经卷中，而对其目的与内在结构却不甚关切。经由这种教义学的预设条件，那种以由经文整体说明每个段落为出发点的方法，便于其主要操作中再次接近了对经文整体的肢解与摧毁，而这正是它在天主教徒那里所攻讦的对象。它将每篇经文独立的诸环节分散在教义学的全部位置上，没错，它致力于为此对这些环节进行逻辑的修剪。而倘若对经文的活生生之内在经验未曾保住对这一学说中心点的正确理解，就如它在改革时代的工作中打下底子并——即便受到了重重限制与束缚——持存下去那样，这一方法便无力完成此项任务。正如它的这位基础理论家的教义学迷途（Irrfahrten）所证明的那样。甚至是在诠释学与教义学操作的中间环节，亦即圣经神学仅仅被预感到之前，也仍需要很长的时间，并需要更有力的解经学工作。至于要使得两种操作为历史性精神所复苏，并经由历史意识、经由圣经神学向基督教内在历史的进展使得二者间最终有效的内在联系被生产出来，那便尚需更长的时间了。然而此中却首先存在着对弗拉修斯区分的两种诠释学操作进行联结的可能性。弗拉修斯自己,正如最表面的无关联性在那个时期与一种对逻辑划分的真正追求联合了起来一样,就在他通过上述的新教-经院哲学区分将之引入之后,全然明确地将两种操作并置在一起。

作为第一个古老的文本,我们给出一些来自弗拉齐乌斯出版于1567年的新教诠释学基础著作《神圣经文钥匙》(*Clavis Scripturae sacrae*)中的几页内容,并为此使用由卢茨·盖尔德赛策(Lutz Geldsetzer)†在他的小选本中做的翻译。

这一段落被计入"诸指引"(理性阅读之章程［praecepta de ratione legend］)之列,一种由先前关于神圣经文的疑难之原因的讨论所进行的实践性推理。人们立刻看到,这对于作者而言完全是关乎实践性的事务,但同时也会发现,他试图通过这种实践的引导赋予圣经一种崭新的重要性,并与天主教会的教义学传统针锋相对。相比于对孤立的诸文段之教义学式的肆意使用,他基本上使得对我们而言明白易懂的语文学解释的诸多简单规则变得有效。他或许还使用了譬喻的阐释,并为此使用了一些以意义与文本的更大统一(Einheiten)为特征的概念,比如目标(scopus)、证明(argumentum)与布置(dispositio)等等——主要是由古代修辞学所使用的"有机"之隐喻,如皮肤、肢体及其相互关系等等。然而,让人印象深刻的是,就以这些更大的统一为例,他如何能够于诸教派之间,在路德意义上解决解经学-教义学的论争问题。《钥匙》的规则系统自身当

---

† 卢茨·盖尔德赛策(Lutz Geldsetzer, 1938—2019),德国杜塞尔多夫大学哲学教授。德国弗里斯(Fries)档案馆负责人之一。盖尔德赛策对早期神学诠释学的理论、翻译和研究,深受伽达默尔赞赏。——译者

然在应用中不断导向于教义学意义上被激发的强制性，而这正是教义学圣经使用的批判者所想要避免的。

倘若这些规则更多是为在弗拉修斯那里获得了神学之重要性的人文主义语文学家们所知，那么斯宾诺莎对诠释学的贡献就意味着一种历史性思考的准备。所涉及的是唯一一部由斯宾诺莎自己出版（但却是匿名）的著作：《神学政治论》(*Theologisch-Politischen Traktat*)，一部政治论争性著作。在其第七章内存在一个对于经文阐释的讨论，我们将刊印出其最重要的部分。

大部分在其中得以论说的内容对于现代听众而言简直是不言自明的：一段希伯来语的历史乃是必要的。人们须得提防，不可将一个段落的真实意义与其内容的真理相混淆。关于每一卷作者之生平、习惯与企图的知识乃是必要的：这些是为斯宾诺莎所举出的作为神圣经文之"历史"的要素。现在的主要意图是，这一经文的"历史"为其理解给出了坚实的方法学基础，它与一种可靠的自然认识之基础与方法若合符契。作者们及其观点与意见的历史真实性乃是与自然事实一样的自然出发点，并导向值得信赖的认识。在此，就在历史性思考的曙光中，自然科学与历史性认识紧密地站在了一起。与一切诉诸"超自然"灵感的做法相反，他们依循理性与方法之路而行。

我们所带来的下一段来自神学诠释学史的文本，是由最富影响力的虔信派作者之一，约翰·雅克布·兰巴赫（Johann Jacob Rambach）那里摘引出来的，他以奥古斯特·赫尔曼·弗兰克的精神，著有一部渊博的著作：《神圣诠释学引论》(*Institutiones hermeneuticae sacrae*)。关于虔信派诠释学，狄尔泰如是写道：

几乎与那个德国以外的运动没有交涉，为了永福的缘故，作为对朴实地深入经文整体之内容的宗教改革元素之反动，与死灰复燃的新教经院哲学与钻研故纸的博学相反，由德国路德教会最深处的脉动中诞生出了虔信派的解经学思潮。倘若它并非一项教条，而是一种人们想要从经文中获得的灵魂状态：那么解释者就必须首先献身于那种在神圣经文中言说的状态。这乃是经文中关于"激情"（Affekten）之教诲的实义，而奥古斯特·赫尔曼·弗兰克带着如此特别的偏爱发展了它。它首次出现于《圣经阅读导引》（manuductio ad lectionem s. scripturae, 1693）的一篇附录中。随后，在1717年的《诠释》（Hermeneutica）第193页以下处刊登了修订版。无论形式上多不科学，这里乃是首次从神圣经文作者的内在状态中说明这些经文的尝试；那种朝向心理学解释的派别也由此肇端，它受到哲学运动的促进，很快就从原初的宗教倾向中获得了解放。每一段言说——弗兰克如此教导道——都于自身中具有从其内在源头而来的激情。① 然而，这种激情乃是心境（Nerv），乃是言说的灵魂自身。② 诠释学因此需要一种关乎这些激情的理论，

---

① 奥古斯特·赫尔曼·弗兰克:《诠释学引论——求索适宜的道路，揭示圣经对神学生而言要被阐明的意义》（*Praelectiones Hermeneuticae, ad viam dextre indagandi et exponendi sensum scripturae S. Theologiae Studiosis ostendendam*），Halae Magdeburgicae MDCCXXIII (1723)，第196页："激情存在于每段人们说出的对话之中——它因此由灵魂的目的而推动他们自身。(Omni, quem homines proferunt sermoni, ex ipsa animi destinatione unde is procedit, *affectus* inest.)"（†此处依原书，脚注从①起顺排。——译者）

② 奥古斯特·赫尔曼·弗兰克:《诠释学引论》，第197页："当然，带着他们的外部对话，诸联结是如此紧密，和谐是如此不可解，以至于它将诸力量，毋宁（接下页）

需要一门神圣经文的病理学。③其出发点乃是自然的灵魂状态与信仰之心绪（Gemüt）间的对立，它不可能得到足够锐利的把握。④此种区分出现于原则、目的、客体与主体等等之中。重生之人的激情底色（Grundaffekt）乃是爱。它因而构成了那显露于言说之字里行间的经文内容之本质性部分。它主宰了整个经文，贯穿于每个词内。然而，这爱乃是止息于基督身上的；对此的教育因而贯穿了整部经文。

由这一诠释学的基本规则——将基督作为每一处经文的核心而加以把握，且将一切经文的激情都关涉到爱上——产生了这一学派的诠释学技巧。与基督的关系经由类型学与玄奥意义的应用而得以达致。譬如，此理论包含这样一篇短论：《基督，神圣经文之核心或纯朴的指引及其他》（"Christus der Kern der Heiligen Schrift oder einfältige Anweisung usw."）；为了这整篇孤立的文章，诸激情经由对其目的之发掘而被找到，就像在神圣经文阅读之指引里面⑤——在单独的言说中通

（接上页）说灵魂本身［几乎］从肉体中提升，它由言说中承受激情。(horum nempe cum sermone externo tam arcta sunt vincula, tam indissolubilis harmonia, ut nervos, immo ipsam animam [quasi] e corpore tollat, qui sustulerit ex oratione affectus.)"

③ 奥古斯特·赫尔曼·弗兰克:《诠释学引论》, Regula I Specialis, 第 229 页:"神圣病理学在何种程度上是诠释的手段等等。(Patologia sacra quatenus medium est hermeneuticum etc.)"

④ 奥古斯特·赫尔曼·弗兰克:《诠释学引论》, Regula II Specialis, 第 231 页:"人多么远离自然的再生产之物，这两个激情的种类就多么在其间相区分……(Quantum hormo naturalis distat a regenito, tantum etiam inter se differunt duo haec affectuum genera …)"

⑤ 奥古斯特·赫尔曼·弗兰克, 5. Auflage 1710。cfr. Commentatio de scopo librorum vet. Et novi Test.

过对其中的强调,即强调语气(*Emphase*)之发掘——所贯彻的那样。人们知道,这种技巧是为何种夸张手法所驱动,以证实尽可能多的强调语气之存在。就此而言,识别不同词语含义之间关系的无能,促进了扩大强调语气之数量的追求。

兰巴赫[6]做出了一项值得注意的尝试:将这种虔信派理论与古代诠释学的正统和博学相结合;他的系统已然通过封闭的秩序为雅各布·鲍姆加通(Jacob Baumgarten)的系统做好了预备。

虔信派诠释学中精华的部分乃是关于激情(Affekten)的学说。虔信派运动正是产生于对死灰复燃的新教经院主义之反动:激情性的东西就这般走到了台前。正如基督乃是神圣经文的内核一样,爱乃是一切激情之内核。为了理解神圣经文,首先便需要对诸激情的理解。因为这一点是普遍的诠释学真理:言说给予激情以表达,并从它那儿经验到自己的终极规定。在此处首先随之被意识到的东西,基本上直到今天也并未获得足够的关注:对文字的理解必须克服某种意义疏离(Sinnentfremdung)的极端。它使得对激情的认识误入歧途,而作者的言辞正是由之流露而出,正是它使得生动的言说简单易懂。人们看到:这是向"心理学解释"迈出的一步,它在晚些时候会经由施莱尔马赫与浪漫主义而步入中心位置。此外,有趣的是,对经文的与来自经文的阅读和理解一般而言显现为一项特殊的任务。"由于生动语言的缩减(propter defectum vivae vocis)从

---

[6] 约翰·雅克布·兰巴赫(1693—1735),《神圣诠释学引论》(1723)。

一位作者的言说中全然确定地发掘出其真正的激情与真正的意义,乃是一件紧要而困难的事情"。不过,譬如勤奋的阅读对此便有所助益,人们由此可以像与一位亲密之人那般与作者相熟识。并且在任何情况下,对于一切灵感理论而言,某种清晰的诠释学立场都能够获得:他们是被赋予了灵感的人(*Menschen*),因为"上帝经由人而与人交谈说,他纡尊降贵而进入人类周围"(Zu I, 430)。在他的《回答悬赏问题》中,狄尔泰对我们的文选中选作代表的作者之特征做了如下描述:

> 克拉登尼乌斯(Chladenius)的普遍诠释学已然何等丰富与深入。[1] 人们可以在他那里到处看出沃尔夫学派的影子,即便他老师的名字在整本书中一次都未被提及。当克拉登尼乌斯赋予他的阐释规则以教每个人都写出好的注解之力量时,这正让人想起沃尔夫的发明技艺(Erfindungskunst);而当他将阐释规定为引入那些对于清晰性必不可少的概念时,[2] 这同样全然处于沃尔夫的逻辑精神中。他为历史性文本制定的阐释规则——沃尔夫在其中的作用是如此的微薄——是卓越的;[3] 他

---

[1] 约翰·马丁·克拉登尼乌斯(Johann Martin Chladenius),《理性言说与文本的正确阐释导论》(*Einleitung zur richtigen Auslegung vernünftiger Reden und Schriften*),莱比锡,1742 年。(†此处依原书,脚注重新从 ① 起顺排。——译者)

[2] 克拉登尼乌斯,"前言":"而阐释存在于对那些于理解一个段落必不可少之概念的传授中。""它(指哲学的阐释技艺)表明了这些规则,对一切可按照理性撰写的注释、笺注与评论之说明都能够由其中得以给出。"

[3] 参阅克拉登尼乌斯:《何为视点》§ 309、§ 311、§ 517 以下(一个莱布尼茨与沃尔夫学派最初从物理学中借来的表述);论由此中产生的诸关系之差异;论复原图(verjüngtes Bild):"何为复原图。当我们由一段或几段我们已然清楚认识了的(接下页)

确实为当时活跃的心理学思潮所推动，它想要渗透最内在的诸观点、视角与心绪的运动。他不仅仅是给出指引来把握其作者的次要意图；就像路多维奇④也在沃尔夫的文本中引用了他想写却没写的东西那样，他也研究人们能在何种程度上达致一位作者所压制的次要意图。

经验心理学对诠释学之重塑的影响

这种一般意义上的心理学研究方法——如它在沃尔夫哲学中找到安身之处，但却在第一次逻辑之狂热后为此系统而进行了远为广泛的扩张那样——对于阐释而言曾具有决定性的影响力。这些追求一路延伸入我们的世纪中。加尔弗撰写了日记与沉思录。"我进行沉思"，他说道，"或许是过于乐意沉思我自身的感受了，而当我想要找出它的诸般功用时，对象就经常从我面前消失。"⑤克里斯多夫·麦纳斯将理性学说与心理学说明为同一的。⑥心理学研究铺天盖地而来。卡尔·菲利普·莫里茨，甚至自己就是最引人瞩目的经验心理学对象之

（接上页）历史中努力形成某种模糊的表象时，这便称作复原图……"§337论"踪迹"等。"何为踪迹。倘若一个思想乃是人们拥有另一个思想的某种符号或证据，它便被称作其踪迹……"（§347）

　　④　卡尔·君特尔·路多维奇（Carl Günther Ludovici, 1707—1778），《一种沃尔夫哲学的完整历史之提纲》（*Entwurf einer vollständigen Historie der Wolffschen Philosophie*），莱比锡，1737/1738。

　　⑤　克里斯蒂安·加尔弗（Christian Garve），《致一位女性友人的亲密信件》（*Briefe an eine Freudin*），莱比锡，1801年，第24封信（11月11日）。

　　⑥　克里斯蒂安·麦纳斯（Christoph Meiners），《对哲学的审阅》（*Revision der Philosophie*），1772年。

一，他为了"经验灵魂学"（Erfahrungsseelenkunde）[7]而在一本杂志中为那所谓的经验心理学搜集了数量惊人的材料，这一学科就喜好观察、划分并以实用主义的反思来装配灵魂生活中那些奇特的事实。

鲍姆加通诠释学系统的总结性特征

侵入到古代诠释学方法中的诸般影响乃是如此多元而枝蔓层出。它们时或独立，时或彼此联结地到处发挥作用。然而，雅各布·鲍姆加通却由此在诠释学史中占据了一个引人注目的位置：他于其诠释学系统中对这些影响中的每一种都有所借鉴，却又并未与因袭而来的正统相决裂，以至于他的系统与方法在接收了现成事物的同时，也为颠覆做好了预备——如我们将会看到的那样。极少能有人像他那样，使得永无餍足的博学性与坚韧的逻辑方法在一个人身上相互渗透。

塞姆勒曾对鲍姆加通的诠释学教科书评论道，这部小作品乃是"德国第一部诠释学的科学草稿"[8]。他兴许对于那种由沃尔夫奠定的、仔细校准好的科学方法抱有夸张的尊敬，这正是因为他狂风骤雨般的精神对此无能为力。然而在两点上，特别是如它在诸讲座的卓越出版中那样，这一诠释学系统值得这种赞誉。

---

[7] 卡尔·菲利普·莫里茨（Karl Philipp Moritz, 1756—1793），《经验灵魂学杂志》(*Magazin zur Erfahrungsseelenkunde*)，1783—1795年，第十卷。

[8] 约翰·S. 塞姆勒（S. Semler）的自传，第一部分，第208页，哈勒（Halle），1781。

首先是鉴于与所有被加工的诠释学材料有关的完整性,然后是鉴于材料的清晰划分与值得赞叹的逻辑透明性。然而,诠释学观察的给出与演练则在很大程度上退居到了这些特点之后。

在这里我们所关涉到的仅仅是原则、布置与对主要标准的确定。这本书因而非常适合给出一个对于诠释学关键点之旧观点的清晰总结,我们满怀乐意地出于这个目的而在最重要的比较点上使用了它。对此就像在埃内斯提(Ernesti)与凯勒(Keil)那里一样,需要特别指出。

然而,尽管引入了许多新材料,旧的诠释学原则在这里却比在随便哪个过往的系统里都体现得更加清晰。因为它由普遍的诠释学诸原则开始,随后使得教义学的诸定理⑨出现,并由此使得普遍的诸规则通过整体而先行于对新约进行的特殊处理。诸终极条件由此变得全然生动起来。不过这些无非是从属于纯粹的机械目的论的东西。在此,从最高层的诸原理直到最个别的落实中,居于主导地位的根本仅仅是目的之范畴,它取代了因果性观察。由此,诠释学的基础——语言观点(Sprachansicht)——已然得以确立了:语词乃是以交流为目的而发明的符号。因此,倘若在听者那里激起了与说者意在表达的相同的思想,那么一段言说便被理解了。⑩阐释技艺因而便是激起言说所意在表达之思想系列的方法。当然,神性目的论,如其在教义学定理中出现的那样,在这个诸意图与目的之

---

⑨ 改写自:"诸定理"(Lehrsätze),根据鲍姆加通:《圣经诠释学》(*Biblische Hermeneutik*),J. 克里斯多夫·贝尔特拉姆编,哈勒(Halle),1769年,§2,第6页。

⑩ 西格蒙德·J. 鲍姆加通,《圣经诠释学》,§6,第22页。

系统中能够以一种全然古老的外观而被接受，它在格拉修斯那里便是以此形式，作为经典的完美性学说而出现的。

然而现在，那些由虔敬派与语法-历史学阐释提供的标准也被纳入了这种联结性的形式中。第三部分乃是出色的一段：《要根据历史境况而得以阐释的诸经文段落》[11]。关于境况的学说在此受到改革了的诠释学之影响而改头换面地出现。"此外，上帝的感召尽可能使自己在表象与表达的选择中，按照属神的人们最习惯的方式去思考与言说。"[12] 这必须得到研究，言说者的感情运动（Gemütsbewegungen）也一样。卓越的规则被给出，借以对此进行认识，它们可以追溯到虔信主义者与沃尔夫主义者们的心理学倾向上。对于平行段落（Parallelstellen）而言，随后要仔细留意的是时代，以保证人们不会将生活在很久以后的作者们的经文拿来说明更古老的经文。

经文整体则仿佛是为诸最终目的所重重网罗起来（第五部分）。各篇经文的最终目的是由各部分间的关系给出的，但却要以此为保障：它们与整部经文之更高的最终目的不相抵牾。这一关系随之不断向下重复，一直延伸到个别语词的最终目的为止。因为鲍姆加通像奥古斯特·赫尔曼·弗兰克一样挥霍地使用最终目的。强调语气——他将之称作强调（Nachdruck）——（第七部分）在此也至关重要地出现了。

---

[11] 西格蒙德·J. 鲍姆加通，《圣经诠释学》，§36—55，第 134 页以下。
[12] 西格蒙德·J. 鲍姆加通，《圣经诠释学》，§40，第 144 页以下。
手稿：圣灵使自己适应于属神之人所习惯的方式而思考与言说。（由原始引文替换）

对阐释与说明的区分

然而除此之外重要的是,他将(在第六部分详尽讨论了的)对经文的说明与作为先前诠释学操作之对象的阐释进行了区别处理。"对[要阐释的言说之]内容进行说明,这是将其个别的诸概念及其关系进行彼此相对的研究,亦即并非只扮演翻译者的角色。学习阐述一个文本与学习说明一个文本乃是截然不同的事情。整个被阐释的言说之内容因而必须根据主要概念加以说明,或者处理为可领会的,并被带入清晰性之中。"[13] 26 因而,通过对所有先前的操作进行阐释,对后面的东西进行说明,他严格地完成了语法与教义学说明的二分。因为第二类操作与第一类为教义学而递交的材料之准备有所关涉。它的技巧是双重的,先是逻辑技巧,随后是平行文本的技巧。由此,弗拉修斯的诠释学已然活动于其中的循环(Zirkel)在此得到了彻底描述。诠释学建立于从教义学那里借来的诸命题上,并反过来重新为之奠基。

鲍姆加通在诠释学史上的位置,作为其前两个阶段的转换点

我们将要看到,鲍姆加通在个别的要点上开启了何种新的

---

[13] 西格蒙德·J. 鲍姆加通,《圣经诠释学》,§86,第 286 页。

道路。尽管如此,他的主要贡献仍在于,他由普遍诠释学出发,将诠释学规则制定的逻辑组织发展到了最精致与最具体的地步——自然是借着某种一直延伸到语词的灵感理论之因素。[14] 凭他以逻辑形式总结直至当时的发展之才能,他于诠释学中占据了与沃尔夫在远远更重要的领域中所占据的相类似的位置。就像沃尔夫的形而上学深深进入经院哲学的工作中那样,鲍姆加通的诠释学也延伸进这门科学先前的新教基础中。人们想要继续前进,并将康德——他一开始也是沃尔夫主义者——由于英国人与物理科学中的进步而被推入怀疑中,从而在哲学中所采取的批判性姿态,与几十年前鲍姆加通的学生米开里斯(Michaelis)与塞姆勒在其影响下于解经学与诠释学中获得的位置进行角色上的比较。就是这位终结了教会诠释学的鲍姆加通,成为了历史学派之父。

鲍姆加通对于历史学派之开端的贡献

倘若鲍姆加通那里未曾存在处于沃尔夫学派之逻辑力量以外的另一种元素,这当然便是不可能的。它自经院哲学时代起便不得不长期为逻辑建构的元素所支配,尤其是在德国。它长久以来被充作这种用途:以永无止境的旁枝末节来填充诸系

---

[14] 处于同一方向内的还有特勒纳尔(Töllner)的《一门神圣经典的已证实之诠释学之概要》(*Grundriß einer erwiesenen Hermeneutik der Hl. Schrift*),曲里考(Züllichau),1765年。前言已然将全书的任务说明为诠释学向一个沃尔夫意义上之系统的转变。按照沃尔夫式诠释学,包含宗教认识在内的诸历史组成部分得到了区分,前者的不可错性由此被放弃,以保证后者的不可错性。

统硕大而无趣的抽屉。现在,博学(*Gelehrsamkeit*)是时候在德国将矛头转过来对准它曾经的主人——系统学(*Systematik*)了。这首先是凭借对系统不怎么感兴趣的英国人之影响而发生的;鲍姆加通则接过了传播这一影响的历史使命。他所引导的两项事业对于这些新的追求而言都是最初的萌生点:首先是那出现在五卷本《哈勒图书馆讯息》(*Nachrichten von einer Hallischen Bibliothek*)的出版。⑮这是他自己的巨大图书馆,包括大量的原始版本与罕见的文本。人们可以在那里遇见古德语文本,少数情况下还有意大利语文献;最有效的是,它包含一个自由思想者与基督教辩护者之间非常完善的英语文本往来的目录。他的反对者指责他成了第一位令英国自由思想者在德国为人所知的家伙。他明显偏爱英语文献——这在当时还很少见,尤其是在学者当中——随后却很快在德语文献中赢获了如此决定性的重要地位。另一项事业关涉到批判性的历史研究。⑯人们知道,在莱布尼茨、皮埃尔·拜勒(Pierre Bayle)、与托马修斯(Thomasius)给予这项研究以突然的刺激之后,对于其深入发展而言,只有个别的开端是通过贡德灵⑰、马斯可夫⑱与科勒尔⑲等人完成的。现在,鲍姆加通的这项事业

---

⑮ 这种形式并非什么罕见的东西,因为对于文献历史四处摸索的倾向正主宰着当时的学者。

⑯ 修改自"历史"。

⑰ 尼可劳斯·希罗尼穆斯·贡德灵(Nicolaus Hieronymus Gundling, 1671—1729),《学问的完整历史》(*Vollständige Historie der Gelehrtheit*)。

⑱ 约翰·雅克布·马斯可夫(Johann Jakob Mascov, 1689—1761)。

⑲ 约翰·贝尔哈尔德·科勒尔(Johann Bernhard Köhler, 1742—1802)。基尔的东方语言学编外教授,哥廷根的正式教授。在阿拉伯语方面是赖思克(Reiske)的学生。

于此重新起到了激发性作用：翻译英语的世界史，并附上了批判性的注释。多年来，这部著作的续编、对此的附注与同此关联的事业成为了这项研究的营养来源。[20]这本书的不可靠性使新的研究成为了必要，其他的则经由论争性问题而被激发。塞姆勒、米开里斯、海勒曼[21]，整整一系列学者都受到了这种刺激。然而，最受激励的还是他在工作中向之寻求过帮助的那些熟识的学生。这些共同事业的广泛益处当时已经向年轻一代展现出来。现在，最重要的是它对塞姆勒的影响，在他那里由此得以唤醒的历史嗅觉应用到了圣经研究上。

这些追求仍然微弱地有益于鲍姆加通自己的诠释学。对于使得在那个领域生长起来的研究兴趣能够重塑他的诠释学而言，他所做的解经学演练还是太少了。尽管如此，它仍然表现出由之而来的影响——尤其是在第三大部分中，如我们所介绍的那样，这些影响已然将它从其德国前辈中本质性地突显了出来。

克拉登尼乌斯已然在约阿希姆·瓦赫（Joachim Wach）——狄尔泰在诠释学史研究中的后继者——那里正确地扮演了重要的角色。他是历史学家而非神学家，有着这样的功绩：将莱布尼茨单子论之形而上学的视角主义应用于历史认识的理论上。他以出

---

[20] 众所周知，这一翻译工作与古代历史还决定性地影响到了海涅（Heyne）思想的形成。

[21] 约翰·戴维德·海勒曼（Johann David Heilmann, 1727—1764），哥廷根的神学教授。

色的谆谆教诲的灵巧发展了历史认识的认识论基础。"直观判断"（Anschauungsurteil）展现出了"视点"（Sehepunktes）对于事物提供的角度之重要性，并从那里规定了历史学家的批判性任务：以可能事物为尺度去"形成确知"（zu "gewissen"），亦即传播关于真实发生之事的可靠认识。克拉登尼乌斯已然具有了一种对于诠释学描述逻辑的非常清晰的表象。整体而言，人们可以将他值得赞赏的、富有洞见的阐述归入以斯宾诺莎的神学政治论开端的那条线里：使得为众人、目击者与那些向他们传递信念的人相信为真的东西作为经验数据而生效，并遏止对自身观点与理性论证的反驳，这作为历史性认识的灵魂而出现了。

作为对观看视角的有吸引力的注解，我们附上一则笔记，它来自卡尔·菲利普·莫里茨，歌德的友人与《诸神学说》（Götterlehre）的作者。——浪漫主义式感通万有（Allgefühls）的前奏从它的字里行间朝我们鸣响：视角并非最后之物。"因为穹顶在一切之上。"

虔信派与理性主义思潮在十八世纪并肩而行，直到相互渗入之后才为真正的历史诠释学铺平了道路。二者之间一定程度上的平衡，是由雅各布·鲍姆加通展现的。对于他，这位米开里斯与塞姆勒的老师、语法学-历史学圣经研究的先驱，狄尔泰曾表达过特别的肯认。我们给出关于"隐秘理解"——经文阐释中的玄奥意义（sensus mysticus）的一段文字，它既保持了经文阐释的路德派基本方针，同时以方法上的坚定性描述了经文自身是如何求索向文本的直接意义背后之回返的。

人们都必须自问：究竟是否应当在这部文集中给予格奥尔格·弗里德里希·迈尔（Georg Friedrich Meier）的《一种普遍阐释

技艺的尝试》(*Versuch einer allgemeinen Auslegungskunst*, 1757年)——一个由卢茨·盖尔德赛策主持的值得称许的重印本——以一席之地：它是一本可能会缺失文本的学院讲座的教科书，无论这种由符号科学（普遍特性 [characteristica universalis]）出发之经典化的系统性冲动是多么有趣。

一种全新的声音奏响在赫尔德的《批判丛林》(*Kritische Wälder*)中，因为并非宗教或历史的文本，而是诗学言说成为了主题。与到目前为止的著作不同，它所根据的并不是赫尔德的著作所承接的诠释学的传统关联，而是诗学的传统，如它首先通过莱辛的《拉奥孔》(*Laokoon*) 而成为了主题那样。在此，赫尔德提出了一种新说法，莱布尼茨的遗产于其中获得了未曾预料的生产力。他为空间——诸造型艺术的基本范畴，与时间——音乐的基本范畴，添加了第三个范畴：力的范畴，它乃是"美的科学"——诗学的基础，并把对诗学而言的特殊"行为"(Handlung) 规定为一种"通过力的连续之物"。凭借对力之概念的阐述，年轻的赫尔德超前进入了观念论思想的领域，以及生产-再生产间的关联，诠释学在德国观念论与浪漫主义的时代于其中寻到了自己的根基。

倘若人们不把法学诠释学也一并考虑进来的话，诠释学的早期历史便是不完整的。法学诠释学不仅仅是法律事务中重要的一面，就它引向以法律创造的方式对法律条文的阐释与应用而言——它同样为普遍的阐释现象带来了光亮，并在前浪漫主义时代还与神学和哲学诠释学于一个统一的科学理论构想中被一同看待。当然，这直到 20 世纪，在历史主义危机的时代才获得了新的意义。对于浪漫主义与历史主义的诠释学而言，对于从施莱尔马赫与狄尔泰到当代的法律历史学家埃米利欧·贝蒂(Emilio Betti)提出的综合而言,这一关联都是隐藏的:为法学阐释所落实的乃是一种实践性-规范性的功能,而非纯粹的认识功能。在关涉到诠释学向历史学-语文学之方法学说的塑造时,人们不可不知,关于应用与具体化的古老问题,仍在一切为理解的客观性与方法论所做的努力中具有生命力。尤其是,由施莱尔马赫所引入的"心理学"解释的胜利意味着,由科学诠释学框架而来的法律阐释完全脱落了。因为没有一种法学诠释学能使自己限制于一种如此的心理学化进程,即限制在对法律制定者之"意图"——完全在他事实上所产生的想法之意义中——的理解之上。在此,一种法律创造的任务一再出现,因为人们须得阐释法律原则(ratio legis)并由此制作出法律现实(Wirklichkeiten),这些现实超出了法律制定者实际所想到的东西。因此,我们似乎至少应当用一个例子来介绍法学诠释学自身的问题。我们以此为目的刊印了蒂鲍特(Thibaut)《罗马法的逻辑阐释理论》(*Theorie der Logischen Auslegung des römischen Rechts*)中的两段。特别是其中的第二段使这一点全然清晰起来:为何心理学观察在法律条文的阐释中与法学主题失之交臂。最终,以法律条文的阐释与应用为根基的法官的决断并非盲目的定论,而是要求具有一种认识的价值以使法律得以满足。蒂鲍特正确地将法律条文的阐释称作"逻辑的"。——我们所引用的蒂鲍特文章的出版者与翻译者,卢茨·盖尔德赛策,献出了一篇内行的导论:《到蒂鲍特为止的法学诠释学史》("Zur Geschichte der juristischen Hermeneutik bis auf Thibaut"),在此应当为了法学诠释学的普遍主题而明确地将其指出。

Ⅱ　浪漫主义诠释学

费希特处在诠释学浪漫主义时代的顶端。他是浪漫主义运动形成时期的观念论哲学的真正英雄和著名的先驱战士,这一运动最终在施莱尔马赫的理论工作,也在他的划时代的诠释学实践,即他的柏拉图翻译中达到其高峰。费希特的《全部知识学的基础》(1794)当然涉及席勒和施莱格尔、诺瓦利斯、让·保尔、荷尔德林和克莱斯特、谢林和施莱尔马赫。这本书成为观念论的基础读物。虽然每个人都承认康德的《纯粹理性批判》的划时代意义,但在费希特的主要体系著作中,人们普遍看到了先验哲学的批判思想的完成和彻底执行。

浪漫主义诠释学的真正建立者是弗里德里希·施莱尔马赫。他的目的是,通过把神学诠释学证明为一般理解理论的一种特殊应用,从而证明神学尤其是圣经解经学的科学性。所以在他的诠释学理论中,集合了他先驱的神学和哲学工作的整个总和,因为他坚决地返回到人类理解的基本现象,特别是人类避免误解的基本现象。每一个话语都有"其两方面的关系":"与语言整体的关系,以及与其原始作者的整个思想的关系"。所以理解必须既去到语言——作为语法解释,又涉及"思想中的事实"——作为心理学解释。跟随他自己特有的在极端之间进行中介的思想风格,施莱尔马赫以这种方式为一种普遍诠释学的任务定位,并确保圣经阐释以反对灵感神学的要求。

不过,施莱尔马赫只是在讲课中发展这种普遍诠释学,这些讲课，在他的《著作集》出版之后，我们已失却有四十年之久，现在发表在海因茨·基默勒（Heinz Kimmerle）所编的考证的、返回到已有手稿的版本中。这当然不是专著，毋宁说是1829年的两篇学院讲演（Akademiereden）。施莱尔马赫是在如下认识中写下它们的，关于他的诠释学讲演"部分由于我自身的笨拙，部分由于倒霉，既未能在讲演之前也未能在讲演之后写于纸上"。但是，这两篇讲演本身并不是对事情的系统处理。它们涉及著名的荷马语文学家弗里德里希·奥古斯特·沃尔夫（Friedrich August Wolf）的讲演，以及弗里德里希·阿斯特（Friedrich Ast）的教本。后者作为《柏拉图辞典》的作者而闻名，他是谢林的学生，并给予诠释学问题以一个历史哲学结构的背景：诠释学的任务是调和希腊古代与基督教，重新产生源初的统一与"诗性的（造型的或希腊的）和宗教的（音乐的或基督教的）生命的和谐一致"。这是一种以普纽玛式（pneumatisch）的"精神"联合为基础的极端唯灵论的诠释学。"凡存在的和能存在的一切，都可在精神里把握"。

我们从他的教本——施莱尔马赫为此教本披上尖锐的论战外衣——中引出一段。因为施莱尔马赫虽然在最后，特别在他称为解释之预感方面这一论点上，并不犹豫地把"精神"和同质性（Kongenialität）承认为一切理解的最终基础。但是，这并不是诠释学的真正任务，诠释学的真正任务而是首先在于把陌异的东西占为己有，避免误解，以达到对原来作品（不管是思想还是文本）的再生产。所以施莱尔马赫确实承认，理解的任务必须从一个命题的较小统一，经过一个文本的较大统一，一直扩展到语言的整体和思想的无限性。但从精神的全在（Allgegenwart）出发对一切特殊之物的单纯思辨性的推导,如阿斯特所想,对于施莱尔马赫来说并不是理解和阐释的方法性努力的出发点。尤其在他的学院讲演中,他把自己完全归入了这种语文学传统中。尽管如此,他的诠释学理论的真正地基乃是实践:对于他自己的理解天赋,他不仅作为语文学家和注释学家加以证明,而且首先也在与人的生动交往中加以表现。一位友谊的天才,好像他是人之心灵的真正行家。

施莱尔马赫思想的真正继续者是黑曼·斯坦达尔(Heymann Steinthal),此人反映出了自然科学对普遍思想方式日益增多的影响。斯坦达尔关于《解释的类型和形式》的重要讲演紧随施莱尔马赫和奥古斯特·伯克(August Boeckh),博艾克关于《百科全书和语文科学方法论》的著名讲演当时刚刚问世。我们是处在19世纪伟大语文学的时代中,语文学对自己高超的批判技能有明确的意识,并且认为自己与自然科学在科学上势均力敌。施泰因塔尔把解释的任务有意识地限制于个别的工作,尽管"批判""语法"的结构性成就和文学史在这方面当然共同起作用。整个的关键是语文学理解相对于"共同的"理解的卓越特性:它是一种居间中介的理解,并在心理学解释中达到其最高的完成。语文学理解把理解中所有有效的因素都结合在一起。因为"它应深入到著述家精神的机制(Mechanik)中"。"在经过良好训练的语文学家那里,语文学解释是普遍存在的。"

在所有诠释学文本的文献里,J. G. 德罗伊森(J. G. Droysens)的《历史学》是必不可少的。这位卓越的历史学家——我们感谢他把古希腊文化(Hellenismus)恰当地推崇为希腊古代文化和基督教产生之间的联结点——同时也是"历史学派"最敏锐的方法学者。

与兰克（Ranke）——此人在"自我消解"（Selbstauslöschung）和完全献身于历史戏剧中看到他的理想——不同，德罗伊森经常性意识到在解释者与他的文本之间进行联结的伦理共同性（sittliche Gemeinsamkeiten）。在他的《历史学》（Historik）前言中，他承认自己的观念论起源，尤其是承认威廉·冯·洪堡（Wilhelm von Humboldts）的工作对他所起到的范例作用。德罗伊森是一位真正的观念论哲学的学生。他探问我们所生活于其中的实在得以表现的范畴，并发现"历史"乃是这个实在的一种理解形式，而"自然"则是这个实在的另一种理解形式。他的目的是，为历史方法的本质进行辩护，相对于自然科学，历史对伦理世界的变更塑形（wechselnde Gestaltungen）具有另一种兴趣。从诠释学旨趣来看，文本对于历史学家来说并不是第一和唯一的，有如神学"经师"和语文学家必须要解释它们那样。的确，这种解释的兴趣并不在于把文本作为文本，而是在于它们中传承的和告知的东西，但是这种解释任务限制于——或扩展于——把文本中所说的东西（Gesagte）作为这样所说的东西据为己有和进行中介。这关涉到"意义"整体，这种整体意义虽然包含所有与这种意义一起进行规定的东西，但也包含历史条件。然而，所说的东西，正如它所说的那样，总是在其中说出所有一切的诠释学视界（Skopus）。

反之，当德罗伊森在其《历史学》中讨论"解释"时，即使他也像语文学家继续"批判"之后的第二部分里那样，他也不只是意指要批判地评论，然后再解释的文本。过去生活的遗留物也存在着，这些遗留物必须在其被说力（Aussagekraft）中进行理解，并且具有这种力的文本本身乃是"源泉"，——本身并不是认识的真正对象。

毋宁说，它们好像是对所有提出来的"历史问题"的可能回答的储存器。如果历史学家试图根据源泉来理解和解释历史的过程，那么对源泉文本的理解和解释是达到目的的工具。在此，语文学家的工作是前提，并且为了历史学家的认识目的而被要求。如果我们要解读德罗伊森关于"解释"的学说，那么我们必须把这一点牢记于心中。当然，德罗伊森这一学说也依据于古老的语文学诠释学之上，如果它关涉的是历史实在性而不是文本，那么它又将这一实在性呈现为一个文本。作为世界历史之书，对于新教信仰者来说，要理解这部书乃是历史研究者永不终结的任务，正如对自然之书的解密对于自然研究来说也是一个永不终结的任务一样。这两部书都是上帝"用他的手指所写的"。进入这两部书的"意义"，对于人这个有限的存在者来说，就是一个高超而无限的任务。——新康德主义的科学理论如何在这种具有最高哲学天赋的历史学家的道路上被继续思索，乃是一目了然的（狄尔泰、李凯尔特）。

III 狄尔泰和狄尔泰学派

威廉·狄尔泰（Wilhelm Dilthey）深为关切的事，就是跟随康德曾经给予自然科学以认识论奠基的《纯粹批判理性》，提出历史理性批判。由于狄尔泰卓越的语文学-历史天赋，他曾经做了极其丰富的哲学史研究的工作。他的引导力和广博的学问使他成为历史学派里一段庄严的回响。但是在他看来，他自己的任务乃是为"精神科学"进行理论-哲学奠基。甚至这一概念的导入和贯彻就已经是他的工作的一种文献资料的成果。另一方面，狄尔泰也是一位细腻多彩的历史学家,因而系统的概念分析工作对他来说也是轻而易举。所以他那被他看成是自己最本真毕生任务的历史理性批判,尽管具有其笔墨生花的一切成果,但仍然是一种未能完成的计划。他的《精神科学导言》一直是碎片化的(stekken),出版的第一卷大部分只是一种历史的导言。

狄尔泰首先试图以一种描述的和分析的心理学进行理论奠基,这种心理学与当时占支配地位的、具有赫尔巴特痕迹的联想心理学(Assoziationspsychologie)不同,它以被体验的心灵生命的结构关联为其出发点,而不是从心理"元素"及其互相作用的机制(Mechanik)出发。后来,部分地以一种悖论性的方式,通过胡塞尔《逻辑研究》(*Logische Untersuchungen*)富有成果的反心理学主义的中介,古老的"客观"精神的观念论-黑格尔遗产对于狄尔泰越来越具有重要性。一部片断的草稿和分析正是运行在这样两极之间,一个是体验关联的描述心理学这一极,另一个则是在力和含义的关联(黑格尔称为"客观精神")中为精神科学进行诠释学奠基这一极,这部草稿和分析就是狄尔泰在他生命最后十年撰写了的、以《精神科学中历史世界建构》(*Der Aufbau der geschichtlichen Welt in den Geisteswissenschaften*)为名的著作。它首次在20世纪20年代,即第一次世界大战之后被完整出版。尽管如此,他对"主体性"的强调仍是显而易见的。狄尔泰试图从生命过程中被体验的关联模式出发,描述历史的意义关联:自传给了他进入历史关联理解的通道。但是实际的事件及其关联却是这样,它们无疑是不能被体验的,而且没有人能对其含义有所体验。就此而言,心理学在狄尔泰那里保留了一种完全不可兑现的、优先于诠释学的地位。狄尔泰的结构关联理论有何种意义,以及它对于精神科学方法论具有何种一般意义,这可以在其广泛的影响中看出。作为例证,我们可以给出爱里希·罗塔克尔(Erich Rothakker)的《精神科学中独断的思维形式》(Die dogmatische Denkform in den Geisteswissenschaften)。罗塔克尔在这篇论文中指出,一种"独断型的"思维形式在精神科学方法中是不可或缺的,它追随连贯的理论关联,正如它在历史的发展中所呈现一样。狄尔泰对浪漫主义诠释学的重新复兴也在神学领域内被接受,并且是通过鲁道夫·布尔特曼(Rudolf Bultmann)。他关于诠释学问题的小文章在所有狄尔泰后继者中明确表明,现在通过海德格尔,但也间接通过辩证神学对德国观念论和新康德主义的批判而被改变的问题,已在狄尔泰的开端处有所强调了。这一论文仅是第一个开端。新教神学现在对旧教诠释学,特别是路德诠释学的历史产生了新的系统的兴趣。在卡尔·霍尔(Karl Holl)和恩斯特·福赫斯(Ernst Fuchs)的后继者中,格哈德·艾伯林(Gerhard Ebeling)给予诠释学反思以一种神学解经学的新关联。同样的情况也发生在天主教的领域,有如欧根·比塞尔(Eugen Biser)的博学之著作所表明的。从根本上说,辩证神学对新康德主义观念论的批判已经建立在了诠释学之上。因为这一批判已使这一洞见变得有效,即我们不能像谈论一个对象那样谈论上帝,相反这里存在着一种称呼与被称呼的东西的关系。沿着这种方向,《真理与方法》(Wahrheit und Methode)的分析也就为对话的生命境况的根源性贡献了新观点。

当在 20 年代,在威廉·狄尔泰的哲学工作由于他的著作集(Gesammelten Schriften)的出版而达成最终结果时,出现了一位迄今还完全未得到认识的人物：狄尔泰的哲学友人约克·封·瓦尔滕堡伯爵[†]，西里西亚的长子继承人，他的大部分精力都奉献给他的小奥尔斯庄园的土地经营管理，只在晚上才有时间进行哲学研究。1923 年出版了他与狄尔泰的通信，在此通信里，最令人吃惊的是，著名的教授［即狄尔泰］绝不是优胜者和给予者。约克伯爵的精神天赋——其中活跃着一种土生土长的路德教义——超过了他博学的友人，并通过自己的例证迫使他不得不对那些比公认的时代伟人更伟大的决定和批判独立性采取自主的态度。在信中，约克这样说道：所谓的"历史学派"，"根本就不是历史的"——他们感性地（ästhetisch）思维。兰克是一个大目镜，对于他而言，消失的东西决不会成为现实。关键在于"存在状态上的东西与历史性东西之间的类的差异"。约克伯爵书信中的这些表述，以及其他类似的表述，在当时就像打击乐一样轰轰作响。因此，在 20 年代在哲学方面出现了一种狄尔泰所达到的探究的彻底性，这种彻底性还超越了约克伯爵当时所指出的缺陷：正是马丁·海德格尔的"存在论的"责任心（Engagement）在这里开启了全新的视域。

Ⅳ 哲学诠释学

海德格尔虽然是作为李凯尔特（Rickert）和晚年胡塞尔的学生而受教，但他很早就额外打下了亚里士多德思想的烙印。不是通过

[†] 据查，约克·冯·瓦尔腾堡伯爵的全名为保罗·约克·冯·瓦尔腾堡（Paul Yorck vo Wartenburg），1835—1897 年，其中，约克·冯·瓦尔腾堡（Yorck von Wartenburg）是其家族姓氏，"瓦尔腾堡"（Wartenburg）是其祖辈因战功所获之名。——译者

新经院哲学包裹着托马斯主义的亚里士多德主义,而完全是由于自己与亚里士多德思想的照面,使他产生了对存在的追问。对于当时认为自己是"基督教神学家"的海德格尔,亚里士多德形而上学的多重难题绝不可能给这个推动他的问题以任何回答。年轻的路德首先为他打开了察看希腊存在思想(Seinsdenken)之界限的眼睛。因此,深入到历史性的问题中去——当时这一问题是狄尔泰、格奥尔格·西梅尔(Georg Simmel)和特勒尔奇(E. Troeltsch)向他提出的——对于他来说就成为一次彻底的新-开端的起动。

让海德格尔受益的是,他作为胡塞尔的学生不仅学会了现象学分析的技术,而且也被后者引导到对意识,尤其是对时间意识的分析中,这种分析直到今天仍是最精致、最精确和概念上最彻底的。胡塞尔关于时间意识的构成理论所陷入的困境,却向海德格尔证明了那种存在于笛卡尔意识概念中的存在论前见(Vorurteil)。他在其后认识到最终是希腊的"存在"前见,并提出自己关于"此在"存在论分析的筹划,其与"现成在手"(Vorhandenheit)存在论(此存在论暗暗统治着主体与客体概念)相对立。海德格尔自己的此在存在论分析的时间结构不是现在,而是未来、可能性。"存在状态与历史性状态的差别"因此获得一种新的基础:历史性不是存在者的存在系列的减少,这个存在者脱离了实质的坚定性和常在,而相反是人的此在的存在论特征。此在以对其最本己的可能性进行自我筹划的方式而"存在",而人的此在正是"被抛"入这种可能性中。

海德格尔通过"理解"和"阐释"这对"诠释学的"概念,刻画了这种筹划结构的特征。理解某物和把某物作为某物来理解和阐释,根源于此在的筹划结构。因此,传统的精神科学概念迎来了全新的光亮，尤其是此在这种理解某物和把某物作为某物来理解的基本运动，根本上是由此在的有限性，即此在的"被抛状态"（Geworfenheit）所决定的。它决不是黑格尔观念论意义上的"精神的自身现实化"。因此诠释学并不是意义理解的诠释学，而是此在的自我发挥（Selbstauslebung）和自我阐释（Selbstauslegung）。因而诠释学被称为"实际性诠释学"（Hermeneutik der Faktizität），并先在于精神科学所致力的一切理解和阐释。我们从《存在与时间》（Sein und Zeit）中摘出的段落初看起来完全陌生，根本未引起注意。但实际上它们从根本上改变了诠释学问题的方面。因为如果理解是一种"生存事件"（Existenzial），那么科学的理解就具有一种生存性方面。它的可客观化的内容就不是一切。它是一个事件（Geschehen），并具有这样一个事件的历史条件，这个事件决不可能完全客观化自身。谁实现了这一点，谁就认识到一个新的哲学任务，这个哲学任务超越了传统的精神科学方法论学说的问题提法。它并不涉及一种新的方法论学说，而是涉及将科学程序嵌入人与自身相互理解的继续过程中。这是在《真理与方法》中开始实施的一项任务。诠释学的范围依据于一个实在的历史性的地基。存在哲学的难题——在雅斯贝斯那里，正如在海德格尔那里一样——决非偶然地跟随黑格尔批判，这种批判是由克尔凯郭尔作出的，并且与青年黑格尔派对"绝对知识"和"绝对精神"的批判相一致。

在那些因不满海德格尔而被引导到新观点的人中，有一位叫汉斯·利普斯（Hans Lipps）的人，他是哥廷根的胡塞尔学生中最有创造性的人之一。由于受到实用主义的深度影响，利普斯为彻底的批判——海德格尔曾在限制判断概念上做出——做好了充分准备，并以一系列论文发展了一种诠释学逻辑的基本特征,这门逻辑将人的实在本质和人的关系方式从传统逻辑判断学说的歪曲下解放了出来。一个陈述的实在状况在何种程度上共同规定了它的意义和内蕴,在他的工作中明晰了起来。他曾经以某种方式预料到了维特根斯坦在英文著作中开创的发展(奥斯丁)。同样,在这里一条走向精神科学诠释学方法论学说的道路变得漫长。不过,利普斯诸多短篇论文指出了它们对此可能有怎样的成效。

上面的论述已经涉及如下这一点,即《真理与方法》的探究已经联系到了海德格尔曾给予理解现象的那种深度论证。但是它同时也试图重新开拓走向科学之路。这里对此有帮助的是,《存在与时间》中对生存论分析的奠基并不就是海德格尔的最后思想。众所周知,在所谓"转向"之后的工作中,他将这些现象主题化了,在这些现象中,虽然人的此在留下他的痕迹,但此痕迹在某种意义上已经是"客观的",这就是说它并不融入人的实存的自我理解中出现,而是超越了它。这些现象就是:艺术作品、存在于生命关联中的东西,以及最后预先规定和表述个人思想的语言的整个巨大范围。《真理与方法》作了这样一个尝试,即要研究这些客观性的反映。解释着的科学本身就属于这种关联。在它们中,正如在艺术的创造和我们的世界理解在语言里的被展示状态(Ausgelegtheit)中一样,我们存在的真正历史性反思着自身。所以在哲学诠释学中,存在有被艺术经验和语言世界经验的普遍性所包围的诠释学科学传统。诠释学科学不再是自身的目的,并因此获得一种自我传承者的历史的现实性特征,这种特征当然总已属于它,但只有到现在它才达到方法论意识。

附上的文本取自一个报告,目的是阐明那种导致诠释学哲学转向的精神历史的背景。尤其是这个报告让尼采决定性影响的时代和黑格尔不断自我更新的影响力在这种转向中变得显而易见。

我们从《真理与方法》中刊出关于诠释学应用问题那一章。这可能是该书最受误解和最有强烈争议的一章。但它必须在它被导向的哲学反思的度向上,而不是在"直接安置"(Gerade-hin-Einstellung)一种方法论学说的向度上被看待。借助有意识的"应用",这在所有理解起作用的环节中都与最微小之事无涉。不如说它更对应法学的"具体化"问题和一般"判断力"的科学程序方式。本书所刊的关于亚里士多德的那一章应当能向读者阐明这点。

I 浪漫主义诠释学前史

马提亚斯·弗拉齐乌斯·伊吕里库斯

1. 那些我们根据自己的判断所收集或想出的关于人们应当如何阅读神圣经文的指南 *

（1）于所有的考虑那里，于诸事业与行为那里，尤其是于诸困难的但首先是在诸神圣事物那里，恳求属神的帮助乃是极有益处的；如此，这帮助便会一开始就赋予我们的整个事业以灵魂，在此期间扶助此事，并于最终赐福，或者说将一条幸福的出路，将成长与收获赠予我们的工作。

（2）由于人们现在必须将虔诚与顺从的意义一并带入所有事业中，因此这一点在此就格外必要：考虑首要之物（das eine）并祈愿，你想要获得神圣经文的真实而本来的意义，并意欲凭着最殊胜的信仰，将这种意义用于神的荣耀与你的或旁人的，特别是属灵的与永恒的益处。既非为了吹嘘，亦非为了获利，更不是为了真理的斗争，

---

* 马提亚斯·弗拉齐乌斯·伊吕里库斯（Matthias Flacius Illyricus）："那些我们根据自己的判断所收集或想出的关于人们应当如何阅读神圣文的指南"（Anweisungen, wie man die Heilige Schrift lesen soll, die wir nach unserem Urteil gesammelt oder ausgedacht haben），引自《论神圣经文的认识基础》（Über den Erkenntnisgrund der Heiligen Schrift, De Ratione Cognoscendi Sacras Literas, 1567）。拉丁文—德文对照版，由卢茨·盖尔德赛策翻译、导读与评注，杜塞尔多夫，1968。

就像教宗的拥趸们阅读神圣经文那样。

（3）虔诚的人须得在事实上对神圣经文这般加以崇敬，并如此献身于其中地去认识它，以至于他要假定，可以说他所阅读的并非一本死书，也并非在钻研某个如此圣洁、令人敬畏或是智慧之人的著作，而是在研究活生生的神自身的言语，这神此时正在彼处与他进行商榷。那位也就是诸言语的作者，他如一位总是想要通过这部书直接与人们交谈，并教诲他们关乎自己与他们自身永恒福祉的那样，已将这神圣经文向人类加以阐释。

（4）在一切特别艰难的事情与任务当中，人们那因各种烦忧与顾虑而分神的心绪都会处于困窘之中。因此，这一研究的理解应当免于一切烦忧和仿佛施加给它们的那些负荷，并完全朝向这部作品；特别是要对一切颠倒的妄想与乖张的情感避而远之。

（5）当读者把握到神圣经文的，特别是他刚好在阅读的那一处的简单与本来之意义时，他便会感到心满意足。他不应当疲于追寻模糊的影子，或是依附于寓言的幻梦以及天国的譬喻，当文本并不明显地关乎某个寓言，或是其字面意义以别的方式来进行阐释就会变得不适宜乃至很荒谬的时候。

（6）一旦他理解了什么并将之印入了记忆中，他就当进一步将某种程度的考虑施用于其上，借此他便会愈加完善地理解此事与此句，并同时将它加以转变，使之朝向祷告中、安慰中或其他指引与礼节中的虔诚而具有实践性的信仰用途。

（7）当某些我们无法即刻理解的东西出现时，我们不应气馁，而是应该进行更加细致的研究；在这种研究中，我们不仅观察文本自身与诸事实，也将阐释者们的著作引为参考，并求教于那些敬神

1. 那些我们根据自己的判断所收集…… 53

的学者们。

（8）当我们现下不能全然洞见某处的深意时，我们只要仅仅将此位置与言语记下，并希冀与盼望，主将它们在某次机缘中仁慈地启示给我们。神圣经文并无徒费笔墨的东西，而人们也不该对任何东西有所轻视。

这八条规则在一定程度上乃是流于表面与泛泛而谈的。现在，我们要对更加关涉到文本自身的事情加以讨论了。

（9）当你着手阅读一本书中的材料时，要在一开始就立即尽可能来这样进行安排：你首先对这整个文本的观点、目标或是说意图——它们就像是这文本的肌肤或是面孔那样——加以凝视，将之恰如其分地保持在视野中。人们在大多数情况下可以凭着寥寥数语觉察到，而其在标题中就被即刻给出的情况也不在少数。它要么是单一的——倘若整个文本构成了一个统一的整体，要么是复多的——倘若它具有若干彼此不相关联的部分。

（10）接下来再接再厉，你要把握住这本书的整个论证、它的总体、提要或者说要义。我称为论证的这个丰富概念，既包含观点，也包含整部文集（Korpus）的释义；写下此书的缘由，于其中也同样时常必然地被加以记述，倘若它并未被包括于文本自身之内的话。

（11）复次，你须得留意这整本书或者说作品的文本放置（Ablage）与结构。并且你必须格外审慎地观察，肌肤、胸膛与手足分别处于什么位置。此外你还要仔细斟酌，那个躯干（Körper）是如何获致的，它如何包罗了诸肢体，而如此众多的肢体或曰部分又以何种方式造就了这个躯干。这乃是诸个别的肢体相互之间，或者说也是其与整个躯干尤其是与首脑之间的一致、和谐或关系。

（12）最后，这也将是有益的：将那躯干的整个解剖或分析结构带入各种各样的肢体中，并填入一个图表；这样你就能够对那个作品更加轻易地加以灵性的把握与理解，并将之铭刻在记忆中了，因为你已然如此这般地把所有东西带进了一个整体性的概览，或者可以说带进了一个视角之下。

（13）这四样东西：观点、论证、结构与图表化的概览，须得是有序、无误且相符的。倘若它们正确无误，那么便会带来良多助益；而在相反的情形下，当它们错误的时候，便会使得读者谬以千里。人们因此必须投以最高的审慎与小心的检定（Prüfung）。

（14）这四样东西还会带来如下的诸般好处：首先，观点与整个总体，二者照亮了诸个别部分，也随之照亮了诸陈述、语句与词语，这样你就得以愈加清晰地洞察，它们实际的意义是什么，抑或不是什么。那些显得与这观点与论证，或是与总体全然背道而驰的东西，无疑是不适宜的与谬误的。

（15）另外，结构也有助于此：令你得以使诸个别部分与那个观点更好地达成一致，而从中再次获得双重的益处。一方面，你会得到对诸个别语句的一个有益引导；另一方面，你将会洞见，每一部分是如何佐证与支撑这一主要论点的。

（16）再次，它也将对此有所助益：令你不像一位丛林中的迷津者，或是暗夜中的航海家与浪游者般，不晓得自己身处何境或哪个区域，也不清楚自己要到哪儿去；而总是知晓自己在哪里，知晓要往何方求取，知晓自己的东南西北何在，知晓自己离一条特定的河流、一座山岳或一道深渊还有多远或是多近。

（17）第四，借此机缘，你将总是带着莫大的益处，来将上文与下文，以及自己现在刚好所处的位置自身加以比较。由此，对你而言就产生了一种非凡的辅助工具，它有助于你对这一位置，以及整个人们可以或必须从中得出的成果之正确意义的认识与把握。

（18）最后，如若你不仅更快捷、更准确地认识了整个文本，同时也更忠实地将之保存在记忆中，那么你也将总是——倘若使用中需要它的话——能够把这整个文本，或是它的一个部分加以应用，使之对你有益。

（19）因为对文本进行这种检定的好处，事实上同时不可思议地巨大与多样，现在我们将会进一步地写上一些这类规定，尤其是那些关涉到个别的，在此意义上也是更艰难的部分或文本位置的规定。如此，我们就能更加准确无误地将整个作品及其个别部分加以分解与研究，并最终借着神的赐福彻底洞悉它。开诚布公地表明我的看法：许多解释者在对诸卷圣书进行阐释时，根据博学（Gelehrsamkeit）的所有规则而对其个别部分与语句产生了论争。然而无人，或者准确地说唯有极少人，惯于准确地对文本进行仔细检定，惯于无比审慎地说明论证与结构，并随后将这整部文集的首脑与肢体，在阐释中至为准确地彼此对照与联结起来的人，就更少了。没有人惯于在对个别部分的研究、斟酌与阐明中，总是十分仔细地将这些部分关涉并应用到其余的部分，尤其是首脑，亦即这整部文集上面去。然而，倘要正确而完善地洞悉并指明它的力量、它的本质与它的益处，那么这正是最为紧迫的事情。在此我们要增补上从属于这一类的，那些其余被承诺的规则。

(20)那么,无论是因为论说的对象抑或语言,当整个文本对我们全然保持晦暗时,如我们已然说过的那样,确切地检定它,并且不仅对观点,同时也对整部文集的类属(Gattung)加以斟酌,就会是极有助益的。它在此关乎一段叙事抑或历史,关乎一段教诲抑或某一种学说,关乎一段慰藉抑或一段指责,关乎对某事的描述,关乎一段谈话或是别的什么类似之物。在这些规则中,会于其他位置谈论诸神圣经文或书卷的各种类属。

(21)若我们已经确定了文本的类属,就必须要研究它的诸部分或者说肢体,亦即它的下级划分(Unterabteilung)。如果我们终于找出了它们并且划分好了,那就须得观察它们彼此间的关系及它们与其总体的关系。某个东西是人们理性地写就的,但却没有指出任何确切的观点与一定的全体性(Körperlichkeit)(如此来表达它),也没有在其中包括一定的部分或肢体,这乃是不可能的。这些部分或肢体,按照一定的组织方式,且可以说是按照一定的比例,不仅彼此相联系,也与整个全体,尤其是与其观点相联系。倘若我们已经如此这般地检定了文本,它就必然对我们而言显得更加可信,也更加透澈了。并且,倘若我们严肃认真地致力于研究他的言语,那么这位给予我们一切,又将我们带入真理中的主的灵与赐福也就不会失落。

(22)另外,在检定一处晦暗不明的文段,或者在检定一整篇文本时,对其使用诸逻辑规则的试金石——或是语法学,或是修辞学,最后或是辩证法——也是十分有益的。既然这些技艺是在神的善举中被启示的,从那永久在我们之上的自然之光中被点燃,既然它们还与诸事物的本性及其为神所给予的秩序协调一致,它们就必将能够在对神圣经文的阐发中对我们——倘若它们得以被虔诚与审慎地使用——产生助益。

（23）那么人们一定会问，如我所言的那样，这个特定的神圣经文及其位置，在所有文本类属中能够被追溯到何种类属与何种全体；这些类属为诸般技艺所关涉，并且向来就对于人类的生活、事情的处理，以及人与人的往来有所影响。这个位置也许还能追溯到某个言说的类属，无论它是斟酌的、阐述的、教诲的抑或别的文本形式。

（24）一旦我们弄清这件事，就可以根据该类属的诸规则来做进一步的检定了。文本的状况、言说的诸部分与诸论证，必须被追问并加以确定。诸论证从其中导出的那些位置可能也要被审查到。根据辩证法的诸规定，整个文本的秩序及其诸定义与划分——倘若它们是现成的——都必须被加以研究与斟酌，也包括那些人们能将之有益地或归约为简短的三段论，或归为其他辩证法形式的论辩方式。人们须得询问，摆在面前的是何种想法、何种划分与何种言说方式。人们要看看，什么被归于事物或是为事物而说，什么被归于人或是为人而说，什么与人类的种属与习惯相一致，而最终那属神且庄严的语言又如何将自己与属人的空洞（Eitelkeit）区分开来。

（25）若你能以自己的话语复述出那写下的东西，就像你是根据完成的解剖结构，将所有血肉、所有拓展与装饰、离题，或别的什么类似之物尽数置于一旁后，仅仅用你自己的语言将骨架勾勒出来那样，那么你也将获益匪浅。这样一来，你就可以仅仅抓住那些可以说是整体之根基的语句，这些根基仿佛将其余所有东西都作为附加物来承载，同时必然地，就如骨骼通过肌腱而联结在一起那样，它们也彼此联系在一起。

（26）读者首要且至高的关切必须在于，他要斟酌那些基本的与本质性的语句，摆在面前之问题的整个解决在其中最早出现。至于对那些可以说是外在的、由外部引入进来的，或是额外的语句进行深思熟虑，那则是第二位的问题。事实上，这样的情形并不罕见：眼界开阔的读者或听者在嘈杂的琐事及其刺眼的光亮前，就看不见那些主要的语句了。倘若这一解剖结构得以贯彻，人们就会立即澄清，哪件是主要的事情，它的诸个别部分又怎样互相关联在一起。人们进而还会搞明白，那外在与附带的东西又是什么，而人们又必须以何种规则处理这两种语句种类。以此方式，它们得以被再三考虑与检定，并通过这样一种文本性的记录而被更深地铭刻下来。

（27）对于这个仿佛解剖结构般的记录，你不仅可以给它附上一段简略的总括性介绍，或是提要性的抑或概括性的记录，还可以附上一段内容更加丰富的释义，这都是有益的。如此一来，当你小心翼翼地使自己免于曲解那些含义，窜入什么陌生的东西或夺去什么此外要说的东西，使自己最终免于过少地或不清晰地表达某些东西，或是反过来，免于过多地强调与夸张它们，最终你便将最为完善且最为有利地考虑与认知一切东西。事实上，这乃是先前那个解剖结构性的复制或记录的——倘若我可以这么说的话——第一个且最为主要的益处。

我已经在早些时候指出过，应当非常审慎地观察整个文本及其诸部分与位置的观点；因为一道奇迹般的光芒便会由此流向我们，令我们得以洞察这些个别的陈述与语句。我想用一个例子来阐明

1. 那些我们根据自己的判断所收集……

自己对此想说的东西。关于《路加福音》7∶47 的这个位置,"因为她的爱多"[†],人们一直对此论争不休:对罪的赦免,在那里被称作爱的原因还是结果。教宗的拥趸们要将它视作结果,我们则视之为原因。这一论争可以由此被轻而易举地解决,倘若人们来观察一下,基督在那里是否像老师教导他求知欲旺盛的学生一般,给法利赛人阐释某些事物及其原因抑或是结果;或者是,他是否并未断言什么特定的东西,由此来驳斥那位法利赛人将那位女子视作无比堕落败坏的错误观点。这人在其膨胀的自以为是中感到惊奇,基督竟然与一位如此堕落的人打交道。如若他教诲的乃是一位敏而好学的生徒,那他说的毋庸置疑就是:因为她爱得多,而爱也就是赦罪的原因。如若这只是一句对法利赛人错误观点或思想方式的驳斥与一句简单的断言,那个小品词(Partikel)也就包括了那已然发生的宽赦或辩护的根据或许诺。事实上,这乃是一句断言,亦即对法利赛人的驳斥,这是显而易见的。因为这是两件不同的事情:针对对手断言并证明某事,或是教导一位听话与好学的生徒,向他说明一件事情的诸原因与效果。这样一来,《约翰福音》(6∶52)中的这个位置:"这个人怎能把他的肉给我们吃呢?"及其附加物,就可以轻易地由目标观点(Zielgesichtspunkt)出发而被理解了。亦即,犹太人们显然意不在此:仿佛好学的生徒般向基督求教,他们要怎样将他的身体作为善举和教义条来使用。犹太人之意仅仅在于,他们如何证明他,作为不信者,撒了一个有目共睹的谎,就像他说出了

[†] 本节和合本《圣经》的完整译文为:"所以我告诉你,她许多的罪都赦免了,因为她的爱多。但那赦免少的,他的爱就少。"此处德语经文与和合本在字面上略有不同,其汉语直译为:"因为她向我显示了许多爱"。——译者

这无比荒谬的事情：他意欲将自己的身体给予他们作为餐食，他乃是自天国而来的、降福于世间的食粮——真正的神与救世主。当基督在彼处（《约翰福音》6∶63）又说道"叫人活着的乃是灵，肉体是无益的"与"若不是蒙我父的恩赐，没有人能到我这里来"（《约翰福音》6∶64）[†]时，就不是在教导他们要如何使用他的善举、劳绩、教义或他的身体，而是要降惩罚于他们与生俱来的不信，或者毋宁说是他们从娘胎里就带在身上的反抗与谎言。它是如此的顽固强硬，以至于他们必然不仅要被引领，更要从神那边仿佛被猛烈地吸引并拉扯上来。这乃是两件不同的事情：是充满求知欲地向一位被认为掌握了真理的教师求问某事，或者反过来，给一位敏而好学的生徒教导并说明某事；还是反驳一位执拗的对手，或是对谎言施以惩罚。

　　由此，人们须得在圣餐中对这一目标论点好生斟酌，随后意义便会透澈可见了。在那里没有梦境被阐述，没有未来之物为纯粹的暗示与剪影所笼罩与预感，就如之前在犹太人那里一般。相反，神子订立他的契约（Testament）并与他最心爱的弟子们交谈，他习惯与他们把所有事情都讲清楚，而如若所说的东西晦暗不明，那么就即刻对其进行说明。哪个拥有健全知性的人会在订立契约时想不到要去尽可能清晰与纯粹地讲话，从而不在自己的遗产问题上留下任何怀疑与争议点呢？基督于彼处意在以他的鲜血造就神与人类之间的纽带。为此，他以自己的牺牲之血强化我们并使我们负有责任，他的方式乃是将之分给我们，而神的方式则是立刻在十字架上将之提供给他。因而，这里的观点并不在于给出暗示与剪影，或是

[†] 和合本《圣经》中此句位置应为6∶65。——译者

宣讲梦境，而是以自己透彻的语言订立契约并确证纽带的存在，由此，正确与实际的意思便可以被轻易推出了。正如对观点的观察事实上对于真正含义的阐明贡献最大，审慎的文本整理（Zusammenstellung）与语境的和谐亦是如此。对此，我在上文中已经进一步谈论过了。即刻我将更进一步地谈及此事，并以例证来说明。

事实上，神已以一种令人惊叹的方式对于我们的愚痴有所防备，以至于神圣经文带着全副的一致性与和谐性，以令人赞叹不已的技艺写就，以至于不仅仅是个别的篇目、文本与各种位置，而且是每一处文本与整个语境，都全然地自我澄清与自我说明，以至于除了人们审慎地在神的成就中深思熟虑每一处文本自身以外，再没有别的方式可以更加顺利地排除并阐明一切怀疑。人们在任何旁的地方都寻不到技艺如此出众、益处如此独特的作者或是文本作品了。

一般而言，文本的正确划分奇妙地阐明了真正的意义。因此就其整个本性而言，也是格外富有成效的：联结那些必须被联结的，分开那些应当被区别的。下面的这些文本位置将作为例证而服务于我们。在《路加福音》7∶47中，出现于"因为她的爱多"这句文本中的晦暗性主要是由此而来的：人们没有为之附上整个需要联结的意义。人们只是引证并注意到了那些拙劣地转译过来的言语："她许多的罪都赦免了，因为她向我显示了许多爱"，因为所有这些都是联系在一起的。"所以我告诉你，她许多的罪都赦免了，因为她爱得多[†]"。根据这一原则，亦即当主要事项与其他内容相连时，

---

† 此处作者更改了表达方式，字面意思由"因为她向我显示了许多爱（darum hat sie mir viel lieb erzeigt）"变为"因为她爱得多（denn sie hat viel geliebt）"。——译者

很容易弄明白,这并非关乎一个阐述。这并不是在教导法利赛人赦罪的动力因是什么,而是针对其思维方式断言说,她的罪在事实上已经被赦免了。因此,这乃是一个与其论据一同被给出的断言,而不仅仅是一个教导何为原因、何为结果的说明。这样,当你将主的诸盟约之言就盟约的本性与成果而进行区分时(正如加尔文在《哥林多前书》第11章中所写下的那样),就会在圣餐中斩断许多通往诡辩式论辩的机会。随后,你将不会认可,在仅仅谈及圣餐之本质的第一部分中,也处理了其灵性成果方面的问题。对此,我在别的地方更加详尽地进行了教导。人们可以举出数不胜数的这类例证。

教宗的追随者与诡辩家们极为严重而堕落地触犯了这个规则。这些人压根儿就没怎么阅读神圣经文,而且即便他们读了,那也只是根据他们自己的判断来把意义内容采择出来,并随心所欲地将它们置于各种关系之中。这和嬉戏的少女们在草地上根据喜好来采摘花朵,从而由此编织出花环,或是符合她们品味的别的什么东西,并无二致。那些人正是通过玩弄神圣经文这一方式,根据自己的喜好来把他们自己,而非文本的意义内容,制作成七拼八凑的东西,即便他们使用的完全是文本中的言语。在仍然肆虐着的、数不胜数的各种不幸中,人们须得极为审慎地对待这种最为悲惨、最为堕落的弊端。愈是频繁地对这种认真负责的审慎加以运用,诸文本位置的意义也就愈能被觅见——不仅是从经文或文本的观点中,也是从这整个语境之中。

巴鲁赫·斯宾诺莎

2. 论经文的阐释 *

一言以蔽之,我说:《圣经》经文的说明方法(Methode der Schrifterklärung)与自然的说明方法(Methode der Naturerklärung)没有什么不同,是完全一样的。因为,正如自然的说明方法一样,其要点在于概述自然历史,然后我们以这种历史作为确切材料(Daten)推导出自然事物的定义。同样,对于《圣经》经文说明,必要的乃是深入研究该经文的可靠历史,以便从这种历史(作为确实材料和原则)中合乎正确规则地推导出《圣经》经文作者的意义。以这种方式每个人(如果他们在说明经文和阐明其内容时不采用任何别的原则和材料,而只采用由经文本身以及它的历史中得出的东西)就没有任何犯错误的危险而一直前进,并且能如此确切地把超出我们理解力的东西谈论为我们通过自然阐明(Erleuchtung)而能认识的东西。

尽管这很明显,即这种方法不仅确切,而且也是唯一的,并且它与自然的说明方法相一致,但我们也要注意,《圣经》经文常涉

---

* 巴鲁赫·斯宾诺莎(Baruch de Spinoza):"论经文的阐释"(Von der Auslegung der Schrift),引自《神学政治论·圣经解释》(*Tractatus Theologico-Politicus, De Interpretatione Scripturae*),Cap. Ⅶ,收录于格布哈特(C. Gebhardt)编译的《神学-政治论文》(*Theologisch-Politischer Traktat*),莱比锡,1908年,第135—145页。

及一些事物,这些事物是不能由自然阐明的原则而推得的。这是因为,历史(Geschichten)与启示(Offenbarungen)构成《圣经》经文的两大部分。但是历史主要包括奇迹,也就是说(如我在上一章所说)讲述一些不寻常的自然事件,这些事件与记载它们的作者的观点和判断相适应。启示也适应于先知们的观点,如我在第二章中所说,这些启示其实超出了人的理解力。因此,所有这些事物的知识,也就是说,差不多《圣经》所包含的全部内容的知识,必须由《圣经》本身而求得,正如关于自然的知识必只能由自然而求得一样。

关于《圣经》中所包含的道德学说,我们虽然可以由共同概念(Gemeinbegriffen)加以证明,但《圣经》是教导了这些共同概念,却不能由这些概念来证明,而只能由《圣经》本身求得。是的,如果我们想无成见地证明《圣经》的神性,那么我们只能由《圣经》获知,它包含有真正的道德学说,因为它的神性只可能由它本身得以证明。我们上面已经说过,先知们的确定性(Gewiβheit)主要依赖于先知们具有一种向善和公正的感觉(Sinn),所以我们在能信从他们之前,必须确信他们有此感觉。但上帝的神性是不能通过奇迹来证明的,这一点我已经证明过了,除非假的先知们能做出奇迹。所以,《圣经》的神性必须通过它教导真的美德而被证明。但这只能由《圣经》本身来证明。如果这不可能,那么信从它和相信它的神性就是一个巨大的偏见。我们关于《圣经》的全部知识必定是仅仅由《圣经》本身得到的。最后,《圣经》对于它所讲述的东西不给予定义,正如自然不给予事物以定义一样。所以,正如人们必须由自然中的不同过程得到自然事物的定义一样,《圣经》里关于个别事物的定义也必须由不同的报道而得到。

2. 论经文的阐释

《圣经》解释的主要规则在于，我们不应当把在其历史里不是以完全明晰性（Deutlichkeit）出现的学说归给《圣经》。但是现在我必须加以说明，它的历史怎样被创造以及必须包含什么。

1. 它必须把《圣经》各卷所写的以及它的作者所常用的语言的性质和特质作为它的对象。这样我们就能够找到每一讲话按照通常语言用法所能具有的各种意义。因为所有《旧约》和《新约》的作者都是希伯来人，所以了解希伯来语言的历史是极其必要的，不但是为了理解用希伯来语言写的《旧约》各卷是如此，而且也是为了理解《新约》各卷，因为《新约》各卷虽然是用别的语言推广的，但也具有希伯来文的特征。

2. 历史必须把每卷里所说的内容加以综合并按照主要观点加以整理，因此人们就可以把关于同一对象所找到的一切内容一览即得。然后他们就必须注意那些模棱两可和晦暗不明，或者看来互相矛盾的所有内容。我之所谓模糊或明白的内容，是指那些按照其意义可从上下文关联中困难地或容易地被理性加以理解的段落，因为关键在于话语的意义，而不在于话语的真理性。的确，只要经文的意义有疑问，我们就必须首先要谨慎起来，我们不能出于自己的考虑——就算它依据于自然知识的原则（更不用说偏见了）——而被误导地把一个段落的意义与它的内容的真理加以混淆。意义只是由语言用法而推得的，或者说，由那种只认经文为基础的考虑而推得的。

为了清楚地理解这一点，我将用一个例子来说明。摩西说："上帝是火"或"上帝在嫉妒"，单就语词的含义而言，此话是十分明白的，所以我把它算作清楚的段落，尽管就真理和理性而言，它非常模糊不明。但是，虽然它的字面意义与自然阐明相违背，如果这种意义不与由《圣经》推得的原则和基础相违背，那么我们将必须坚持这种字面意义。反之，如果这段内容的字面阐释与由圣经推得的原则相矛盾，尽管它与理性完全相一致，这些的内容也必须用另外的方法（即比喻的方法）加以阐释。为了知道摩西是否真的相信上帝是火或不是火，我们绝不能根据这种观点是否与理性相一致或相矛盾来推导结论，而只能根据摩西自己的其他讲述来决定。因为摩西在许多别的段落中完全清楚教导过，上帝不像任何可见的有形之物，无论是在天上、地下，还是在水中，所以我们可以推知，这段话或所有那些话都应按比喻加以解释。但是，因为人们应离字面的意义尽可能近些为好，所以人们必须首先探究，"上帝是火"这一单独的语句，是否除了字面的解释外，还允许有什么别的意义，即"火"这个字，是否还意指不同于自然界之火的其他东西。假如由语言用法找不到别的含义，那么这句原话就绝对不能做别的阐释，即使它与理性还如此相矛盾。而且反过来，所有别的段落虽然与理性相一致，但仍必须与这一句话相符合。假如语言用法不允许这样，那么这个语句就不是统一融贯的，我们必须放弃关于它的判断。但是，因为"火"这个词也可以被用于愤怒和嫉妒（参看《约伯记》31：12），所以摩西的话可以是非常一致的，我们有权得出结论说："上帝是火"和"上帝嫉妒"这两句话是同一个意思。另外，摩西还清清楚楚地说"上帝嫉妒"，但没有地方说上帝没有情感（Leidenschaften）或情绪波动（Gemütsbewegungen），因此我们显然可以推断，摩西自己相信此说，或至少他想教导此说，所以这句话按照我们的观点才与理性相矛盾。因为正如我们已经说过的，我们没有任何权利强迫经文的意义去附和我们理性的灵感和我们先入为主的观点。《圣经》的全部理解只能来自于《圣经》本身。

3. 最后，《圣经》经文的历史必须要知悉现存的全部先知书的命运，那就是说，我们必须知道，每卷书作者的生平、习行和志向，他曾是怎样的人，他著述的原因，写于什么年代，为什么人而写，以及最后用什么语言。此外，还要知道每卷书的遭遇，也就是说，人们最初是怎样得到它的，它又落到什么人的手中，有多少种读本，出于谁的主意把它们归到《圣经》里，最后，这些我们称为神圣的书卷是怎样被合编为一部《圣经》的。我认为，经文的历史必须包含这一切。为了知道哪些话被认作法律，哪些话被认作道德箴言，我们必须知道作者的生平、习行和志向。除此之外，我们愈熟悉一个人的精神（Geist）和性情（Sinnesart），我们就愈能容易地理解这个人的话语。另外，为了不把永恒的学说与那些只用于一时或只为少数人所用的学说相混淆，我们必须知道所有这些以何种原因书写，写于什么年代，以及为何种民族、于何世纪所写。最后，除了知道每卷书不是伪作外，为了确知它们是否被邪恶之人所窜改，或者是否混入了某些错误，以及这些错误是否被足够博学且可信的人加以改正，我们还必须知道其他的有关情况。所有这些我们必须知道，这样我们才不会盲目地接受那些提供给我们的东西，而只承认那些完全确定无疑的事物。

一旦我们具有了《圣经》经文的历史，并且坚定地确认，只有那些与这种历史不矛盾的或完全由这种历史清楚地推得的东西，才被认为是先知的毫无疑问的学说，只有到那个时候，我们才可以从事于研究先知们和圣灵的意义。但为了做这一研究，我们还必须有一种方法和秩序,这种方法与秩序和我们所运用的由自然历史来解释自然的方法与秩序相类似。在探究自然事物时,我们首先试图研究最普遍的和整个自然共同的事物,如运动和静止,以及自然得以永久被观察并按其而持续运行的法则和规律,然后我们从这些法则和规律一步一步地走向另外一些较不普遍的规律和法则。同样,研究《圣经》我们必须由其历史中研究那些最普遍的东西、作为《圣经》的地基和基础的东西,以及那些在《圣经》里被先知们推荐为永恒的和对于一切有死者是最高福祉的学说。例如,像只存在一个全能的上帝;上帝唯独被人们崇拜;上帝关怀所有的人,并且在所有人中特别爱那些崇拜它的人,并且像爱自己一样爱他们的同胞,等等。这些话以及那些与此同类的话都是《圣经》到处明明白白地教导的,我认为,没有任何人会对《圣经》书中这些话的意义有任何怀疑。至于上帝是什么,它以什么方式观看一切,以及它怎样关怀一切,《圣经》并没有明确且作为永恒真理地讲过。正如我上面所说,先知们对此也没有一致的意见。所以,关于这些问题,我们除了圣灵的学说外不说什么,即使人们按照自然阐明可以很好决定。

如果我们正确地认识了《圣经》的普遍学说,那么我们必须继续研究那些较不普遍的事物,这些事物与普通的做人处世相关,并且像河流一样源自于这些普遍的学说。属于这些事物的、有纯正美德的所有特殊外在的行为,这些行为只能在某个被给定的情况出现。《圣经》中被认为模糊和可疑的东西,我们可以按照《圣经》的普遍学说来解释和规定。如果哪里出现了矛盾,那么我们必须注意这些段落当初是由于哪些原因,在什么时候,或对于谁而写作的。例如,如果基督说:"受苦之人是有福的,因为他们要得到安慰。"

2. 论经文的阐释

那么由这句话,我们并不知道他指哪些受苦的人。因为基督后来教导说,除了上帝的王国与上帝的正义——上帝将其作为最高的善推荐给我们——外,我们什么也不应操心(参见《马太福音》第6章第33节)。所以由此推知,所谓受苦之人,基督只理解为那些为此而受苦的人,他们感到上帝的王国和正义为人所忽视,因为只有那些除了上帝的王国和正义之外不爱任何别的东西的人,以及那些完全轻视命运所给予的其他一切的人,才能是受苦之人。至于基督所说的"如果有人打你的右脸,把你的左脸也转过去",也应如此理解。如果基督像一个立法者一样给法官下命令,那么他就以这样的命令把摩西法废除了,但是他说得很明白,他并没有这样做(见《马太福音》第5章第17节)。所以我们必须注意,谁在这样说,对什么人这样说,以及在什么时间这样说。基督说他并没有以一个立法者的身份制定法律,而是以一位导师的身份给出教导。因为(正如我上面说过的)他的目的不在于矫正外在的行为,而在于端正人心(Sinn)。另外,他这些话是对被压迫的人说的,这些人生活在一个败坏的国家,在那里正义完全被忽略,而且该国之消亡指日可待。这是基督在国家将要毁灭之前所说的话,正如我们所看到的,这些话也是耶利米在耶路撒冷第一次灭亡之前(也就是在同样的境遇中)所教导的(《耶利米哀歌》第3章第25至30节)。因为先知们只是在压迫的时代教导这些话的,而且当时也未把它们立为法律,另外,因为摩西(请注意,他在压迫的时代并没有写书,而是想方设法建立一个美好的国家)虽然并不以嫉妒和仇恨谴责人类,但他却要人以一报还一报,所以根据《圣经》这些基本观念可以清楚看出,基督和耶利米的这些要人忍受非正义以及在一切事情上容忍无神的教导，只能应用于那些正义不兴之地和压迫的时代，而不适用于秩序井然的国家。在一个秩序井然且正义昭然的国家里，每一个想要证明自身的公正的人，都有义务在法官面前控告对他的不公正（见《利未记》第 5 章第 1 节），这不是意在报复（见《利未记》第 19 章第 17 和 18 节），而是维护祖国的正义和法律，以及防止恶人乐于作恶。这与自然理性完全一致。我还可以引用许多别的例子，但这个例子已经足以说明我的意思和这个方法的益处，我的用意就在于此。

至此，我已经说明了该如何解释那样一些《圣经》段落，即只涉及生活指导（Lebensführung）以及人们都很容易清楚理解的那些段落。因为在这些事情上，《圣经》的作者们之间事实上从未有过争论。但是在《圣经》里还存在一些只涉及思辨的段落，要证明这些段落可能并不容易。通往它们的道路变得窄了。因为先知们（如我已经说过的）对于思辨的事物具有不同的观点，以及其阐明要非常适应每一时代的偏见，所以我们绝不可从一个先知给出的清晰段落推知另一个先知的用意。我们也不可这样解释他们的意思，即当它们看上去并不完全相似，我们却说他们两者具有同一观点。我要简略地加以说明，在这种情况下，我们该如何由《圣经》经文的历史推得先知们的意义。

这里我们必须同样以最普遍的命题为出发点，首先我们必须从《圣经》里最清晰的命题进行推导，何谓预言和启示，它们主要教导什么，然后奇迹是什么，直到最通常的事物。我们再从这里出发，进一步来到某一个别先知的观点，最后从这里继续到达个别启示、预言、历史或奇迹的意义。我们务必十分小心，不要把先知和历史学家的意义，与圣灵的意义以及内容的真理相混淆，这一点我在上面合适的地方已经用许多例子说明过了,这里没有必要再加以详细论说。唯有关于启示的意义,我还要在这里提请注意一件事,即人们借助这种方法只能推知,先知们真正看见和听见什么,但不能得知他们用他们的神秘图像想表达什么和表象什么。对此我们最多只能猜测,但确实不能由《圣经》的基础推导出来。

这样,我就已经说明了《圣经》阐释的方法,同时也证明了这是推导《圣经》真实意义的唯一确实道路。如果有人具有从先知们那里接受的可靠传统或真实阐释,如法利赛人所说,或者有人主张教宗在阐释《圣经》方面不会有错,如罗马天主教徒所夸口说,那么我当然承认这些人具有很大的确定性。可是因为我们不论对此传统还是对教宗的权威均不能达到确定性,所以我们不能据此得出确定的结论,最古老的基督教派否认了教宗那种权威,最古老的犹太教宗派也否认了那种传统。另外,如果我们把这种传统一直回溯到摩西的这一系列年代想一想(还不用说别的事情),正如法利赛人的拉比告诉他们的,那么我们就会发现这种传统是错误的,正如我在别的地方所证明的。因此在我们看来,这样的传统必很可疑。当然,在我们的方法中我们必须预设一种犹太人的传统是无误的,即希伯来文中语词的含义,正如我们从希伯来文中所继承的。对于这一传承物,我们绝不会存疑,不像对另一传统那样。虽然还没有人能够改变某个语词的含义,但却有不少人变更某个话语的意义。改变语词的含义,这是很难的,因为谁想试图改变某个语词的含义,谁就同时必须把用这种语言写书的作者(就在这些作者那里找到语词昨日流传下来的含义),按照他们的精神或用意对他们加以说明,或者用最谨慎小心的方式歪曲他们。但是,语言随后不仅为学者而且也为大众所保持,而话语和书籍的意义则只为学者所保持。所以我们也许不难想象,学者可能改变或歪曲某本书中话语的意义(因为这些话语是罕见的,所以他们有权力这样做),但不能改变语词的含义。还有一点也需说明,如果有人想改变一个普通语词的含义,这是非常难以完成的,即使在以后,这种改变也不能行之于讲话和写作中。由这些和其他的理由,我们可以确信,没有人可以在意义上歪曲一种语言,尽管他可以或者通过改变他的语词,或者通过相反的阐释,歪曲一位作者的意义。

约翰·雅克布·兰巴赫

3. 关于他自己《神圣诠释学引论》(1723)的说明 *

在我们迈向事情本身之前，首先有三点需要斟酌：
1. 必要性(necessitas)
2. 艰难性(difficultas)
3. 此等诸情感(affectuum)之观察的有用性(utilitas)†

§1 第122页

Ⅰ. 此等工作(HVIVS NEGOTII)的必要性。既然我们断言，这种对诸情感的研究(indagatio)或了知(cognitio)，对于将诸支撑

---

* 约翰·雅克布·兰巴赫(Johann Jacob Rambach)："关于他自己《神圣诠释学引论》(1723)的说明"(Erläuterung über seine eigenen *Institutiones Hermeneuticae Sacrae* (1723))，引自由恩斯特·弗里德里希·诺伊鲍尔(Ernst Friedrich Neubauer)出版的版本，吉森：1738，第三章，"论诸情感之研究"("De Indagatione Affectuum")，第374—378页。

† 本篇行文中，作者使用了不少拉丁语与希腊语引文，它们并非直接引自当时现成的拉丁语或希腊语《圣经》文本。引文或由作者由希伯拉语《圣经》转译而出，或包括作者自己根据原文与译文进行的阐发在内，均与通行的《圣经》文本有出入。因此，这类文本的译文均直接自篇中译出，其原文则多于括号或脚注中标出。另外，在作者并未全然忠实地引证《圣经》原文之处，译者在必要时注出了该处于和合本《圣经》中的译文，以资对照。——译者

(adminiculum)进行理性解释而言,乃是必要的事务,那么我们便由此证成:

(1)因为几乎没有一种情感,不是在神圣经文中一而再、再而三地出现的。倘若人们对诸情感并无认识,那么人们将如何说明所有那些谈及了愤怒、快乐、悲伤、希望、恐惧、厌恶与渴念等的地方呢?试观保罗的《哥林多后书》7:11,此文本讲述了诸种灵性悲伤的情感:"你看,你们依着神的意思忧愁,从此就生出何等的殷勤、自诉、自恨、恐惧、想念、热心、责罚(或作自责)"。在此处,各种各样的情感被讲述。而倘若没有感性的了知(cognitione pathologiae),它们便是不可理解的。我们由此证成这一论断:

(2)因为人们无法完善地理解与解释一位作者的言语,倘若人们不清楚它们是从何种情感中流溢而出的。很容易说明这点,因为我们的言谈乃是我们思想的表达,而我们的思想几乎无时无刻不与一定的隐秘之情感相绑定,正如第55页所提醒的那样。†因此,我们经由言谈给予他人来进行理解的,不仅是我们的思想,也包括与之绑定的诸情感。现在,由此可以得出这个结论:人们不可能彻底地理解与说明一篇文本的言辞,倘若人们不清楚作者在其说出这些言语——无论他是悲伤抑或喜乐、战栗不已抑或满怀希望——或在其写下这些言语时的心境中与之相绑定的乃是何种情感,因为情感在哪里,诸言语的意义(sensus)便在哪里。譬如,《路得记》2:4中讲到,波阿斯在田间来到收割的人那里,并对他们说道:"……††"†††

---

† 本篇内所指页码,均为原文献页码,余同。——译者
†† 省略号指代略去的希伯来语表达。——德文编者
††† 此节和合本《圣经》译文作:"波阿斯正从伯利恒来,对收割的人说:'愿耶和华与你们同在'!他们回答说:'愿耶和华赐福与你!'"——译者

3. 关于他自己《神圣诠释学引论》(1723)的说明

这是真心实意的赐福之祝愿，它自一种渴念中流出：神要将他的祝福赐予这些收割者的工作。然而，当法老王对以色列的子民说出同样的话时，这些言语便具有了不同的意义。因为当摩西与亚伦敦促法老放以色列的子民带着妻子与儿女，带着全部的财货离去时，他答道："……†"，并带着反讽的情感（affectus ironicus）说："好啊，好啊，一路平安吧，主与你们同在，你们可得一直等着，等到我允诺你们的申请而把你们放走啊。"这里，言语从一种反讽的情感中流出，因此便具有迥然不同的意义。我们可以在以利户——约伯的一位友人——的言语中找到一个著名的例证，见《约伯记》32章及以下。路德在他的版本中，将此人的言语全部翻译成了被动分词（passimam partem）。何以故？因为他对于言说的情感（affectu loquentis）形成了错误的概念，并将之视作一个浮夸而自负的人，他的肚子就要被满腹经纶给胀破了。人们当然必定对此人形成一种完全不同的看法，当人们思及，神甚至不经审查便将他释放了，而与此相反，对其余的三名友人则是震怒不已。譬如，当这位以利户对约伯说："听我说，约伯，我也想要让我的看法为人们所见"††（《约伯记》，32∶10）时，这听上去多么可憎？而这只是在路德将其想象为自吹自擂之人时，从对其情感的不尽正确之观察中生出的。与此相反，此节于希伯来语文本中则作："……"，即我要表明我的看法（indicabo sententiam meam），我也要展示我的意见，如我对事实

---

† 此节和合本《圣经》译文作："法老对他们说：'我容你们和你们妇人孩子去的时候，耶和华与你们同在吧！你们要谨慎，因为有祸在你们眼前'（或作'你们存着恶意'）。"——译者

†† 作者在此引用的是路德的《圣经》德译本，故按字面意思进行翻译。下同。此节和合本《圣经》译文作："因此我说，你们要听我言，我也要陈说我的意见。"——译者

的观照那样。同样地，见 18 节，路德的版本作："我要说的话是如此之多，以至于我肚子里的呼吸都让我感到不安了"[†]；反之，希伯来语原文则作："……"，即由话语而充满（impletus sum verbis），亦即由圣灵而来，这是对吹气（inspirationis）[††]的一种转写，因为由圣灵而出的事物和言语（res & verba）被启示给了诸工具。再看下文："……"，即我胸中这灵的缝隙激动我，或曰寓居在我的胸中，我日复一日地感到圣灵如此这般的激励，如前所述，以至于我不须且不可抗拒[†††]：我感到我心中一阵如此强烈的、我无力抗拒的驱动。亦如保罗那里的情形，《使徒行传》18∶5："……保罗被挤压入这灵（συνείχετο τῷ τνεύματι ὁ Παῦλος）"[††††]，这灵催逼他。另见《耶利米书》20∶9："我若说：我不再提耶和华，也不再奉他的名讲论，我便心里觉得似乎有烧着的火闭塞在我骨中，我就含忍不住，不能自禁。"

从这些例证中，人们可以清楚地看到，对于正确地理解一段言谈来说，赋予诸言语以生命的情感并认出它由其中流出，是何等的紧要。随后，不仅寻找语词，也寻找作者心绪的内里之物（intimum animum auctoris），这对于一位解释者的研究而言，又是何等的必需。

[†] 此节和合本《圣经》译文作："因为我的言语满怀，我里面的灵激动我。"——译者

[††] 基督教传统中，耶稣对人吹气使人受圣灵，因此"吹气"（inspiratio）可以代指圣灵对人的充满或灌注。参较约 20∶22："（耶稣）说了这话，就向他们吹一口气，说：'你们受圣灵。'"——译者

[†††] 本段原文为拉丁语："angustia me afficit Spiritus pectoris mei, sive in pectore meo habitans, q.d. sentio eiusmodi stimulum Spiritus S. ad. Loquendum, ut nec debeam nec possim resistere."可对照《圣经》本文，约 32∶19 以下："我的胸怀如盛酒之囊没有出气之缝，又如新皮袋快要破裂。我要讲话，使我舒畅，我要开口回答。"——译者

[††††] 可参较和合本《圣经》，《使徒行传》18∶5："……保罗为道迫切，向犹太人证明耶稣是基督。"——译者

§2 第124页

Ⅱ. 此等工作的艰难性（DIFFICVLTAS HVIVS NEGQTII），大部分来源于有生命的话语之减缩（ex defectu vivae vocis）。亦即，人类惯于通过其话语和与之相伴的手势来将他们的情感公之于众。由此，倘若我们能听见神圣经文的自行言说并看到其身体姿态（motus corporis），我们就将会更好地理解其中的一些言语了。它的情感就会通过外部的记号（signa）落入我们的感觉中，故而其思想与言语就会在我们面前变得更为清晰。然而，既然我们不得不与这一巨大的益处失之交臂，带着十足的确定性来研究这情感对我们而言也就成为了难事。问题在于，神是带着何种情感说出诸言语的，如《创世纪》3：22："……"[†]，看啊，亚当已成为了如我们这样的。在这里，鉴于有生命的话语之减缩，要确定这些言语的实义乃是颇为困难的。它们可以

（1）是被反讽地（ironice）言说的：看吧，亚当变得像我们一样了，不过比起我们来，他和魔鬼更像。不过仁慈的父居然会辱骂悲惨而堕落的人类，这一点倒是难以置信。仁慈的父不嘲弄这悲惨的子（Pater misericors non insultat misero filio）。

（2）带有同情而怜悯的情感（affectu commiserationis）：啊真是可惜，亚当……曾成为和我们一样的，曾变得与我们相似，成为过我们的肖像（Ebenbild）。然而，现在已经不再如此了。那东西现下

[†] 对应的和合本《圣经》译文作："那人已经与我们相似……"——译者

在哪里呢？就如维吉尔那里所言的："我们曾是特罗伊人，它曾是特洛伊城"(fuimus Troes, fuit Ilium)，它曾经是，但现在已不是了。

(3) 带有欢喜与愉悦的情感(affectu gaudii & delectationis)：亦即神已然重新因基督而将人类接纳入恩典中[②]，并为他做了由燔祭的皮毛制成的裙子——此乃拯救之衣[†]与基督之纯白(Unschuld)的象征。于此种独特的衣物中，亚当与夏娃又让神感到如此欢愉，以至于他呼喊："看啊，亚当已经重现变得像我们一样了"[③]，亦即如我那诞出的子一般，在其纯白、公义与圣洁中穿上了衣衫。假使我们听闻了这有生命的话语(vivam vocem)——可亲可爱的神怀着此种情感说出了这些言语——我们便能更容易地理解它们了。《创世记》4：43中该隐的话："……"[††]，或是显然带着绝望的情绪，或是拒斥、(带着问题)抱怨刑法的严重程度，抑或是怀着歉意而不敢抬起脸来[†††]，如**欧特洛布**(ORTLOB)在他的论辩《该隐并非绝望》(*Cainus non desperans*)中说明的，就像一心忏悔的罗马税吏不愿睁开他的双眼那样，对此，我们无从得知。然而，假使我们听见

[②] 亦如第一福音说的，见第15章，亚当与夏娃已毋庸置疑地将其接纳入正信之中，并由此得了宽慰。

[†] 可参较和合本《圣经》,《以赛亚书》61：10："我因耶和华大大欢喜，我的心靠神快乐。因他以拯救为衣给我穿上，以公义为袍给我披上。好像新郎戴上华冠，又像新妇佩戴妆饰。"——译者

[③] 这些言语亦于《旧约教会史》(*Kirchen-Hist. des A.T.*)，第一部，第90页得到了说明。我同样将它们收入我的《就职论辩》("inaug. Disp.")，第23—24页；或"primit. Sacr. Giss."，第83—84页中。

[††] 根据语境，和合本《圣经》中此句位置应为《创世记》4：13，和合本译文作："该隐对耶和华说：'我的刑罚太重，过于我所能当的。'"——译者

[†††] 原文为"an pronuntiata sint adfectu desperabundo, an proteruo (cum interrogatione) an querulo... an poenitenti, maior est quam ut tollere audeam vultum"。——译者

3.关于他自己《神圣诠释学引论》(1723)的说明

了他是以怎样的语调说出这些话的,看见了他对此做出了怎样的身体姿态,要说出这些言语自何种情感中流出,就会更加容易。不过这乃是不可能的。在此,减缩还可以另一种方式被重新填补上(Hic defectus alio modo suppleri potest)。我们还要简短地注意一下

XIII. 此等工作的**有用性**(**VTILITAS huius negotii**)。人们从中获得这一有用性,人们学习了:

(1)去深刻地洞悉诸言语的意义;当人们以知性之眼向内心深处(intimum pectus)与言下之情(adfectum loquentis)中钻研,并将情感作为思想与话语的源泉来加以观照时。④

(2)使言谈由此得以成为更加易读、更加生动的。因为情感是对话的灵魂(Affectus einim est anima sermonis),可以说它也是言谈的灵魂。譬如,当人们将以赛亚的话语"有一婴孩为我们而生"(《以赛亚书》9:6)视为他所感受到的快乐之征象(indicia gaudii)时——既然他处于灵的内部,并置身于新生小耶稣的诸观察者之间,而这些观察者参与到了这场拯救之中——这些言语听上去便舒服多了,也会拥有一种较诸其余情形下更加生动得多的情感。

(3)对神圣经文的圣洁诸情感之观察,亦可说是一条这样的渠道,经由它也可以将一种属灵的特质(indoles spiritualis)引导到我们的诸情感上。因为我们不仅得从诸言语中,也必要从诸圣人的情感中寻求获益,故而也就要以如下为目的来阅读这文本:校正我们

---

④ 在此情形下,MSt. 中写道:"这有益于要为神圣经文所中断的同义反复之瑕疵处(ad maculam tautologiarum a scriptura S. abstergendam)",见《罗马书》16、20、24。这人似乎还给出了神圣病理学的一重好处。此外还可以查阅他在对致罗马人的书信II中做出的说明中所说的东西。

杂乱无章的、怀有邪念的诸情感,而以纯善与圣洁的诸情感填充我们的心灵。对此,对神圣经文诸情感的考虑便会是大有裨益的了。针对此事,兴许会出现三重的诘难,我们要在一开始时就立即将之肃清,这样它们便不会插足到我们的事务当中了。[†]诘难1:是的,人们或许可以谈论这种研究所带来的好处,但人们却未尝考虑到,它会为自己招致何种损害。这教诲对神圣经文的启发(inspirationi)[††]是有害的,它与神之感召(θεοπνευσίαν)相对立。神的圣徒们是为圣灵所驱使而言谈的,倘若人们现下将诸般属人的情感归于他们,又倚仗这些情感去理解他们的言语,这便会有害于对神之感召了。

我们答道:这种担忧乃是谬误而徒劳的(irritus & vanus est ille metus)。它源于:

（a）一种对神之感召的错误概念,以至于人们对此忧心忡忡。一旦神圣经文于神之感召的活动中被把握,它们便为圣灵所环绕、所充满了,就像撒迦利亚在发出他的颂赞时:ἐπλήσθη πνεύματος ἁγί,便全然为圣灵所充满(《路加福音》1:67)。由此,神的灵便不仅仅做工于

　　（1）他们的想象中,在其中激发诸写下之物的观念(ideas rerum scribendarum);亦不仅

　　（2）于他们的知性中照亮之并以灵性之光填充之,使得他们借着这光来无误地判断这些对象的观念(ideas objectas),并将之加以联结或分解;而且也做工于

　　（3）他们的意欲(Willen)中,在其中唤醒那圣洁的激动与

[†] 本文仅节选了对两重诘难的回答。——译者
[††] "Inspirationi"又可译为"吹气"。——译者

3. 关于他自己《神圣诠释学引论》(1723)的说明

诸情感,这些情感对于他们所写下的东西而言乃是合宜的。因此他们并不是元神出窍般(extra se rapti)如木头一样枯坐在那里,毫无感知地说着话、写着书(这种对神之感召的想象是错误的);而是本身就于内心深处为他们所书写的真理所鼓动。一旦人们对神之感召形成了正确的概念,这种诘难也就不攻自破了。

(b)圣灵于工作(negotio)中……按照其工具的自然性质,甚至按照其自然秉性(Temperament)调节了自身。因此,它并未在吹气时麻痹其情感或褫夺一切的主动性,毋宁说它使其兴奋,并令之圣化(geheiligt)。譬如,保罗的自然本性中便有躁郁的气质(temperamentum choleri-co-melancholicum),他的一切情绪与行为(affectibus & actionibus)因此都是激烈而汹涌的。他这种自然的脾气秉性在皈依中并未被摧毁,而是被校正了。因他此后分有了启发,神的灵便按照他这种性质来调节了自身。因此,他的情感于写作期间处于充分的活动中。因此他的行文常常是简明而断续,其中还充斥着那些情绪激烈的形象。

(c)由此来回答。神圣的书写者们甚至经常想起他们自身在书写时体验到的诸情感。譬如,保罗在《罗马书》9:2中说道,他在心中怀有无可抑制的、对犹太人之顽固不化的巨大悲伤与痛楚。†另外,他在《腓立比书》1:8中也说:神是我的证人,见证我在基督耶稣的心灵之根基中如何渴念(用的是现在时[in praesenti])你们所有人。††他于《歌罗西书》1:24则这般说:"现下我于我的苦楚

---

† 此节和合本《圣经》译文作:"我是大有忧愁,心里时常伤痛。"——译者

†† 此节和合本《圣经》译文作:"我体会基督耶稣的心肠,切切地想念你们众人,这是神可以给我作见证的。"——译者

中感到快活[†]。"由此显而易见,这位使徒必然在书写期间真实不虚地于心中感受到了这悲怆、渴念、盼望、快乐等的情感(adfectus tristitiae, desiderii, spei, gaudii etc.)。由此还可以进一步得出,当人们将人性的、然而已经圣化了的诸情感分给神圣经文时,神之感召乃是无所插足的。

诘难2:设若经文的意义还要有赖于经文的诸情感,那么这意义便由此变得充满歧义而无法确定了,因为每个人都能随心所欲地(pro lubitu)为神圣经文捏造某种情感,并从中推演出某种不同的言语之意义了。

回应I:然而,从经文的不同对话中(ex sermone alieni scriptoris)发现这情感的真相(verum eius adfectum),并以全然的确定性认出真实的意义,却是件紧要而困难的事情,之所以困难,便是由于有生命的话语之减缩。因为,人类习惯于借由语声和姿态(gestus)将他们的情感公之于众。假使神圣经文能够发言,且令我们听见自己在文本中读到的那些言语,我们对那些最为晦暗不明之处的理解就能好得多了,因为它们的情感会经由语声的情态(modulationem vocis)与身体的姿态(per gestus corporis)而作用于外部的感官,从而对我们显得更加明晰。然而,既然我们必定缺乏这层优势,那么时时刻刻都带着十足的确定性来声称:它说出的这些或那些言语带有何种情感——因而也是何种意义,便是件难事了。因为要记住,意义是有赖于情感的。

[†] 对应的和合本《圣经》译文作:"现在我为你们受苦,倒觉欢乐……"——译者

约翰·马丁·克拉登尼乌斯

4. 论历史讯息与书籍的阐释 *

§306　诸历史[†]之内容

　　在历史类书籍中,过去的和已发生过的事物被写下来传之后世(§46)。在世上发生的这些事物,一部分是物理的,一部分是道德的。物理的事物乃是物体的诸变化,并在大多数情况下借由感官而被认识;道德的事物则是借由人类的知性与意欲而发生的。前者及其本性已经足够为人所知,而道德的事物尚且需要一个解释。属于这类的有职责、尊严、公正、重担、特权,它们全都是经由人类的意欲而产生、复又被消灭的事物。这些道德的事物现下必须与其诸变化及

---

　　* 约翰·马丁·克拉登尼乌斯(Johann Martin Chladenius):"论历史讯息与书籍的阐释"(Von Auslegung historischer Nachrichten und Bücher),引自《理性言谈与文本的正确阐释的导论》(*Einleitung zur richtigen Auslegung der vernünftigen Reden und Schriften*)(莱比锡,1742年版),由卢茨·盖尔德赛策导读,杜塞尔多夫,1969,第181—205页。

　　† 本文中,作者交替使用的"Geschichte"与"Historie"二词,均具有"历史"与"故事"两层含义,其中作"历史"解时不用复数,作"故事"解时可单可复。译者按照行文的具体语境在两个译词之间进行了取舍,不过这种语词的亲近性也提醒读者,两层含义在此不能割裂看待:本文中的"故事"一词往往意在指涉单个的历史事件及其叙事,而诸"故事"的总体即为"历史"。——译者

由此产生的诸历史（Historien）一道为理性所认识。不过，归属于此的大多数时候都只是共有的理性（die gemeine Vernunft），每一个人都能够洞察它，即便他对人为造作的理性学说并不熟稔。归属于此的唯有某种注意，人们要对人类行为加以关注，如此便已然获得对诸般道德之物与在其中发生的历史之概念了。譬如人们见到，在一处公共场地，有各种各样的物事在特定的日子里被售卖，我便立刻获得了一座市场的概念。当我事后听说或者亲眼看见，这些卖家不再聚集于这个地点，而是跑去了另一个地方，而这又是基于某项颁布的命令而发生的，那么我便知道，这座市场被迁走了，这便是历史的一种。这种单纯的注意——它在此场合中并不比所有人都共同具有的那种更强烈——能够存在，便足以将事物及其历史的知识传达给我了。

§307　一段叙事由何构成

历史是对在世界上发生之物的叙事（§306）。显然，倘若如我们所预设的那样，人们想要谈论所发生之事的真相，那么人们除了如其自己所表象的那样将它加以叙述之外，便别无他法了。因此通过一则叙事，我们所能直接达到的只是作者对此历史的概念，而对于历史本身的知识则只能于随后间接地抵达。倘若我们确切地关注到一件事物的诸般变化，我们便形成纯粹的判断；因此，一则历史是由纯粹的判断或者——这几乎是一回事——纯粹的命题（语句）所构成的。判断包含两个种类：直观判断与推论判断（Iudicia intuitive & discursiva）。在一则历史那里，人们往往可以对其推论与结论产生颇多质疑,所以一则历史便是由纯粹的直观判断所构成的——倘若人们想要陈述的都是不容置疑的实情,并要规避一切歪曲事实与操之过急的判断,以及假象和对其的全部指责。并且,纵然对一则历史的洞见由此获得了许多声誉——人们须得时而借由亲身经验,时而借由旁人作证,时而借由猜测将它给出——这一点却始终是确定的:这个我们唯有当自己于正确的时间在场时,绕过这诸种弯路才能了解的历史性语句,是通过单纯的注意而被表象的。因此根据其最初的本原来看,它也就是直观判断。譬如此一语句:"查理大帝是在德意志出生的",乃是一个直观判断,无论它是借由见证、猜测、踪迹还是别的什么而被认识的。亦即,它是一个由在当时生活过并造访过王庭的那些人,通过一个全然共同的——如我们所称——直观判断而被认识的真理。

§308 对于一则历史,人们所拥有的正确表象多于一个

对于在世界上发生的事情,不同的人也会以不同的方式来看待。即当许多人要对一段历史加以描述时,就算他们恰好一并正确地、如摆在他们面前的那样表述了此事,我们依然能从每个人的表述中寻到某些特别之物。这种差异性的缘由,一部分在于我们身体因人而异的地点与位置;一部分在于我们与诸事件所处的不同联系;一部分在于我们如前所述的回忆与寻觅之类型,由于这种类型的存在,不同的人也就惯于对不同的要点加以关注。虽然人们对此有所共识:一个事件只能造成一种正确的表象,因此倘若在诸多叙事中存在差异,那么就必然有一个全然正确,而另一个则一无是处。

然而这一规则既不与其他共同的真理,亦不与我们灵魂的一种更为准确之认识能力相配。我们现下便要以一项共同的实例证明,人们如何能够以各种各样的方式表述一个独一无二的事件。假设一场突然爆发的战役有三个观众,其中一人处于一支军队右翼的一座山丘上,另一人处于左翼的高地,第三人则在这支军队的后方观看战役。倘若这三人要对战役中发生的事情加以描述,那么就算付出再大的努力,也没有一段叙事能够与其他叙事全然相符。那个先前站在右翼的人兴许会断言,这边的将士死伤惨重,而且还撤退了一次,并给出其余特殊的境况（Umstand）,这些境况在之前站在左翼的那人看来却是意想不到的。反之,这另一人也会报道前者一无所知的诸般险象。此外,两者中的每个都会注意到一些运动,这些运动是对方全然不会承认,并且会视之为某种杜撰的东西,因为一群兵士的细小变化与转变从远处看来,与人们在近处所观察到的迥然有别。这些争端也许会借由站在军队后方的第三个人而部分地得以裁定,但新的状况又会从中产生,而那两人对此都会不甚了了。所有的历史都会出现类似的情况:对于一场叛乱,一位大臣、一名叛乱者、一位外国人、一名商人与一位市民或农夫的观察都会不尽相同,尽管从与真理相应的角度来看,每一位对此都是同样地一无所知。诚然,确凿无疑的是:对一则历史的所有真叙事都会于其特定的诸片段中彼此相符,因为总的来说,我们仍然在人类认识的诸规则这一方面彼此相应,即便我们在一定程度上身处不同的境况中,且并未以相同的方式观看历史的特定片段。然而,我们只是要指出,不同的人,即便是依凭正确的认识去叙述一则历史,其诸般叙事之中也仍会有某种差异存在。

§309 何为视点（Sehe-Punkt）

这些我们灵魂、身体与整个人所处的境况，它们造就了，或者自身就是，我们如此而非那般地表象一个事件的原因。我们称这些境况为视点。正如我们双眼的位置，尤其是与对象的距离，乃是我们由事件中得到一幅这样的而非别样的图像的原因；在我们的一切表象那里因而就都有一个根据，缘何我们是这样而非那样地认识这个事件，而这就是此事的视点。譬如：一位国王对于边远行省中正在发生的事情，除了由那位对此负责的省长所报道的消息之外，大体上就别无所知了。现在，这些报道包含了国王对该行省之状况的所知是正确抑或谬误、琐碎、全面抑或稀疏的根据，因而它们便是一位大人先生所由以表象边远省份中发生之事的视点。"视点"一词大概首先是为莱布尼茨接纳入更普遍的知性当中的，因为除此之外它当时只在光学中出现过。他意在借此表明的东西，可以由我们的定义中最明晰地被看出，它清楚地说明了此一概念。我们于此之所以使用同一个概念，是因为若人们要从他们对一个事件所具有的诸多乃至无数的概念之更迭中给出说明的话，它乃是必不可少的。

§310 对于一段历史存在多种视点

由视点的概念可以推出，从不同的视点来观看一件事情的人们，也必然对之拥有不同的表象；而那些从同样的视点来观看一件事情的人们，就必定对之拥有一致的表象。尽管需要注意的是，人们若要将一致的言语视作同样完善的,就他们身体、灵魂与整个人的境况中总会出现无数的差异而言,那便不能说两个人能够从同样的视点表象一件事情,由此,于诸表象中也必然随之出现一种巨大的多样性,正如人们于此早已了知的那样:按照"有多少头脑,就有多少理解"(quot capita, tot sensus)这句名言,人们无法寻到对诸事物拥有完全一致之表象的两个人。

§311 由不同视点而被观察的首个历史之特征

当从不同视点表象一个事件的人们,将其表象及由此导出的结论彼此告知时,对于每个人而言,另一个人的叙事都会显得具有如下之特征。首先,人们会在他人的叙事中与各种意外的事物不期而遇。由于如不引入诸多微妙的形而上学语句,就没办法说清楚对其的证明,那么我们毋宁通过实例来将此学说作为一条评注而加以确证。设若人们在西班牙人来临之际把猎枪给予一名美洲人,并特别地将关于其部分、联结与装弹方式的知识传授给他,那么他当然会对此产生一个正确的概念。尽管如此,倘若人们再进一步地说下去,就必须小心翼翼地与之周旋,使得自己不蹈乎死地,或者已然有几个人由此而被子弹射入了身体,对此这印第安人不会有任何预料,而一次由此而来的射击便会将他置于巨大的惊异之中,因为这完全是他始料未及的。当人们已然在宫廷间出于外在或内在的不宁而谈论最大的危险时,一位自然人却可以根据他的理解把一切都看成岁月静好的样子,认为国家离遭受袭击尚且遥远。

§312　尤其是在人类的偶然事件那里

尤其是在那些以一种有异于我们先前观察的视点而被讲述的人类行动那里，我们会找到如下出乎意料之特性：一些境况比起我们先前所想象的更为轻易，亦即更为自然地发生了；而与此相反，另一些境况那里则出现了比预料中更多的运气成分、技艺或是阴谋。某个行动较诸先前更为值得称颂，某个行动则比之前表现出来的更惹人羞耻。进一步地说，历史的某个片段会令我们感到欢愉，而我们先前并未在其中发现什么令人快适之物。有时候我们会比先前更多地参与到历史当中，而有时那历史却显得和我们毫无干系。更别说其余诸般意料之外的事物，当两个从不同视点观看它们的人彼此交换自己的观点时，它们按照历史的诸特殊类别，作为国家的、教会的与自然的历史而现身。

§313　由不同视点而被观察的另一个历史之特征

进一步地，人们通常会认为自己在旁人的叙事中——这人从与我们不同的视点来表象一段历史，或是一般而言的一个事件——遇到了某种含混的、矛盾的，或者如人们所言悖论性的东西。我们根据自己对一个事件的概念来评断其本性。因此，什么东西与我们的诸概念相抵牾，那它在我们看来便也同时与事件的本性相抵牾。唯有在旁人的叙事中才能有差异性的东西出现，它显得与我们的叙事格格不入，因为我们对诸表象的认识尚不充分；因此它以这样一种姿态出现于我们跟前,就好像在历史(Historie)自身中出现了某种矛盾与某些含混的事物那般。人们几乎会在所有报道与通告中——当人们将这些由不同的人送递的东西整合在一起时——遭遇同样的矛盾,尽管它们在被草拟时具有如此的正当性:每个人都可以问心无愧地宣誓自己的报道真实无误。历史于其自身之中当然是不包含任何矛盾之物的,它只是可以在诸观看者那里被表象成如此迥然不同的各种样子,以至于对其的报道在自身之中包含了某种矛盾着的东西。

§314 对歪曲事实之语句的评注

这些矛盾并不会由此而于诸叙事中累积得更少:某人通过观望一段历史,并以另一种方式认识它,立即从中抽取出结论,并将之视为其历史的片段,然而它们却并不属于它,而可能就其自身而言根本就是谬误的。人们将这样一个自己相信已然获悉的语句——尽管它只是从一段经验中推出来的——称为歪曲事实的(erschlichen)语句。譬如,人们时常于夜晚的晴空里见到一束光于空气中划下来,或是飞到天空的一侧去了。一位愚痴之人便会即刻想象,自己见到了一颗星星从天上坠落,并于半途中逐渐熄灭了。一个稍聪敏些的人则会说,那是星星在流转(schneitzen)[†],或是从自身中发出了一道射线。每个人都惯于按照自己的认识来讲述事情,但同时也惯于将他由这一天象所生的想象或他不正确的判断,作为历史本身来给出。这种操之过急的结论几乎无孔不入地渗入我们的全

[†] "scheitzen"疑为今德语"schneuzen",意为"流转"。——译者

部叙事中。完全不将自己结论中的任何东西带进对一则历史的描述之内,这即便对一位向来惯于将他的判断与事实区别开的哲学家而言,也是颇为困难的。

§323 对一则不可信之历史的第二项阐释

接下来还可能发生的情况是,在关乎历史的可信性(Glaubwürdigkeit)之处,读者虽然知晓诸境况,却恰好在本当关注之处不对它们投以关注。因而一位阐释者,在此情况下,应当提醒他的学生注意那些他一向所熟稔的境况,并由此将历史——如前段所表明的那样——变得可以理解。

§324 一位阐释者须得知晓,或先行学习历史的诸境况

一位阐释者因而须得从两重视点出发,来表象他意欲阐释的那则历史:部分地如那些不相信它的人所表象的那样,部分地如其作者所表象的那样。然而,就像我们通常缺少这样一位阐释者一般,我们须得求助于自己,自己来充当阐释者。现在情况则在于,我们要一步一步地去学着理解那我们一开始并不能全然理解,并由此视之为不可信的历史(§161)。在此情形下,我们一边获知了自己先前不了解的历史之诸境况(§322),一边也学着去沉思那些已知的境况(§323)。我们仅仅是无法预见,我们所缺少的是哪些一旦为人所知便会使历史变得可理解的境况。

§325　人们如何学着不借助阐释者而理解一段不可信的历史

然而，因为每一段历史都属于一个特定的地点、特定的人物与一个特定的时间，而通过对它们的认识方能使其为人所把握。由此，人们便能够一般地给出那个人们必须由之而自行阐释诸不可信之历史的规则。人们必须确切地了解该时间与该地点的一切境况，一段历史是在何时何地发生的。因为这样一来，兴许不知从何处，人们便能获致那些境况了，而有关它们的认识会使得这整个事件变得可解与可信。

§326　对一则不可信之历史的第三项阐释

一位对含混与不可信之历史的阐释者，根据其外观，要么无法按照（§322、323）目前规定好的方法对其加以阐释，要么出于特定的缘由不意欲其学生获知重要的诸境况。他依旧可以由此将学生们导向对历史的认同，即向之透彻地展示出，在真实的历史中，在这个或那个读者那里，也同样存在着某些不可信与含混的东西。于历史中，一名学生更应当在历史书写者的耿直与洞见上投以他的信任，而不是由于乍看起来的荒谬性及其与其他真理的矛盾，便将历史本身置于怀疑之中。

§327　何为平行历史（Parallel-Historien）

人们将两个或多个彼此具有相似性的历史，称作平行历史。正如于诸历史中可以找到千差万别的相似性,许多类型的平行历史也因而可以被寻觅而得。其中,一个值得注意的类型是,可以在两个历史中找到同样的诸起因与诸结果。由此人们便会注意到,王国的巨大如何为它的自取灭亡造就了机会,或者最大的改变往往是由共和国中最少的那些人所操刀的,如此等等。

§328 对一则不可信之历史的第四项阐释

当一则历史对我们显得难以置信,但却拥有其真实性无可怀疑的平行历史时,我们便会经由对其的知识而被轻易地引导至如下的境地:不该再继续把这段陷入争议的历史视为不可信的了。故而,倘若一段历史的阐释者要使这段历史于其学生那里变得可信——这位学生因为觉得它含混而不愿相信它——他便可以运用这种方式:通过引入那些人们无可怀疑的平行历史来证成,这些历史诚然乃是可能的。

§329 对相矛盾的历史之阐释

当两位历史书写者各执一词时——即便他们都正确地,然而是从不同的视点表象并报道了事件(§312)——读者也会在一般情况下相信,作者们是这般针锋相对,以至于其中必有一位是正确的,而另一位则必为错误的。即便这种矛盾可能仅仅只是看上去如此(§313),而且是因为读者对其中一位或另一位,抑或对两位作者的理解都不完善。由此,一位阐释者应当于此将矛盾进行统一:这就是，向学生如此这般地介绍这段历史，以至于他此后于两种叙事中都不再能找到矛盾了。

§330　阐释者对相矛盾的历史之洞见

当两位历史书写者各执一词时——即便两人都有道理——倘若我们将一个叙事视作真实的，那么另一个便显得矛盾而含混了。当一则历史对我们而言显得含混时，意味着我们缺少了对特定境况的认识。因此，倘若一位阐释者意在统一矛盾的叙事（§329），他就须得将在其中一个叙事那里所欠缺的、不为学生所熟识的境况传授给学生（§322），或者至少也要开卷阅读一二（§323），以令之回忆起来。由此，在此情况下要求阐释者所具有的洞见，也正是我们在不可信之段落的阐释者那里所要求的那种（§324）。

§331　人们如何不借助阐释者而将诸矛盾的历史统一

倘若人们意在求助于己而独创阐释，那么就须得审慎地留意，每一位各执己见的历史书写者分别是如何观察与叙述相关的时间、地点与人物的（§324），进而收集并确切地注意到全部境况。如此一来，我们便能——兴许是不知从何处——获致那些不可不知的境况了（§325）。然而，我们在此仍不能保证，自己的努力将获得任何确定的收获。实际的情况是，若此事没有旁的境况在其他地方被记述下来，那么觅见一个确定的阐释就始终是不可能的了。

卡尔·菲利普·莫里茨

5. 一种思想角度之纲要 *

我们恰是透视（*durch*sehen），而对象自行排列并形成秩序。

我们并非直接看见较远者，而是透过较近者。

在与较近者进行比较时，较远者对我们而言显得很小——抑或是，倘若我们如较近者一般近地思考它，就像在一幅画作的表面上那般；或是将之与较近者同样置于一个序列中。

由此，远离者集中（*zusammendrängt*）。

诸对象于距离当中不断接近诸对象的单纯观念；视野愈是扩张到远处，面孔便愈是不断接近想象力。

因此，我们有能力如思考画作一般思考区域，而如思考区域一般思考画作。

我们沿着林荫路漫步而下。集中之物自行扩张，就像我们正一步步地接近它那样；现实（Wirklichkeit）重又踏入其权界中。——

在视线不为任何事物所障蔽之处，我们看见天穹与地表 †。

---

* 卡尔·菲利普·莫里茨（Karl Philipp Moritz）："一种思想角度之纲要"（Grundlinien zu einer Gedankenperspektive），引自《美学与诗学文集》（*Schriften zur Ästhetik und Poetik*），由汉斯·约阿希姆·施林普夫（Hans Joachim Schrimpf）出版，图宾根，1962，第 124 页下。

† 作者在此以"Wölbung"（拱顶）代指天空，以"Fläche"（表面）代指地面，着意于强调两个对象的几何形式；译文选择以"天穹"和"地表"两词来传达这种对象-形式的双关性。——译者

能够对我们显现的最高远之物，乃是天穹——越此之上，便没有任何东西能向我们显现了；因为天穹在一切万有之上。——

西格蒙德·雅克布·鲍姆加通

6. 论神圣经文之意义[*]

§16 间接的意义

这一意义（Verstand）与被置于§13—§15中论述与进一步划分过的直接意义相对立，亦即字面意义（sensus litteralis）相对的那种意义。

I. 说明。"诸表象中，凡是经由借助直接的言语意义而被表明的事物，依循说话者的意图而被唤醒的，便构成了间接的或玄奥的[†]，亦即隐秘的意义。"因此，这里提出两点要求（requisita）：1）通过言语意义而被描绘的事物再次成为符号，以描绘其他事物，并于读者那里唤醒对其的表象。2）这可以由最终目的而被证成。譬如，由《约翰福音》3:14中基督对尼哥底母（Nicodemo）所说的话可以证明[††]，摩

---

[*] 西格蒙德·雅克布·鲍姆加通（Siegmund Jakob Baumgarten）："论神圣经文之意义"（Vom Verstande der Heiligen Schrift），引自《圣经诠释学全讲》（*Ausführlicher Vortrag der biblischen Hermeneutik*），约阿希姆·克里斯托弗·贝尔特拉姆（Joachim Christoph Bertram）编，哈勒，1769，第52—60页。

[†] "mystisch"在更广泛的语境中通常被译作"神秘主义的"或"密契的"，但此处论及的只是经文的隐义，而与所谓神秘或密契主义者的内在宗教体验（unio mystica，神秘合一）无涉，故译为"玄奥的"。——译者

[††] 此节和合本《圣经》译文作："摩西在旷野怎样举蛇，人子也必照样被举起来。"——译者

西在旷野中将蛇悬起,使那些为蛇所咬噬之人借由对此景象的观看而在肉体方面重获健康(《民数记》2:8)[†],这成为了基督及其赎罪的一个表象或描述工具。同样,《申命记》24:4中出现的那条律法[††],也于《哥林多前书》9:9[†††]那里作为其余描述的一个新的认识符号而被使用。

对这类意义之命名,于此以双重的方式被表明。1) 之所以称之为间接的,是因为它并非在言语中或借助言语,而是于诸经由言语而被描述的事物中被寻着的。所以,当人们在铁蛇的叙事中与关乎基督及其救赎的真理相遇时,这一更加遥远的意义并不是在言语及其含义中,而是在经由言语而被表象的事物中发现的。与这前一种对间接意义之命名相符,另有一种并非陌生的命名,它在那里被称为更遥远的遥远意义(sensus remotior),而与邻近意义(sensus proximo)相区别,后者所理解的是直接之物(immediatus)。2) 按照希腊语,玄奥的意义无非意味着秘密的意义(sensus occultus),隐秘的意义。

附注:有些教科书也将这一意义称为灵性意义(sensus spiritualem),并将之与字面意义相对立,抑或甚至称之为文本之灵(spiritum textus)。这不仅仅会造成歧义,而也是一种非

[†] 和合本《圣经》中此句位置应为《民数记》21:8。和合本译文作:"耶和华对摩西说:'你制造一条火蛇,挂在杆子上,凡被咬的,一望这蛇,就必得活。'"——译者

[††] 和合本《圣经》中此句位置应为《申命记》25:4。和合本译文作:"牛在场上踹谷的时候,不可笼住它的嘴。"——译者

[†††] 此节和合本《圣经》译文作:"就如摩西的律法记着说:'牛在场上踹谷的时候,不可笼住它的嘴'。难道神所挂念的是牛吗?"——译者

6. 论神圣经文之意义

常令人不适，甚至近乎陷入不可避免之误解的命名，因为这种意义并不是在全部位置都优先于字面的或曰直接的言语意义，或是可以被视作更出色的，更不可能在神圣经文的所有位置被寻着或遇见。

II 三条原理与推论，将此种间接意义之性质更为切近地加以研究与规定。

1. "它须得根据正确意义的普遍规定性根据（Bestimmungsgründen）而被证成，倘若它要具有其诠释学之正确性（§8）的话；由此，正如言语意义也要于说话者的目的中有其根据一样（§6）。"

第一点之所以特别值得注意，是因为人们由此就不会认为，对特定经文位置上的遥远、隐秘之意图与描述的仅只是可能之解释，便足以构成一个这种间接与更遥远的意义了。既然人们根本无法从可能性中得出现实性（a posse ad esse），那么当人们意在阐释一个段落与一句话语，尤其是借助直接的言语意义来阐释特定真理的遥远描述时，这一结论便同样无法适用，即为了一种仅只是可能的解释，就将某个东西看作并假冒为一种间接或隐秘的意义；而是要如可证明的或曰真正的意义那样，具有其诠释学的可证明性，亦即可以且必须依据意义的诸规定性根据而被阐述，能够指明其正确与可证明的诸规定性，于间接或隐秘的意义那里也必须找到这种东西。

附于此处的结论也要说：如若人们无法确证言谈发起者的最终目的，那么为言语意义所描述之物与其他更遥远之物间单纯的相似性，就还不足以构成一种间接的言语意义。譬如，倘使人们按照字面的言语意义来观照那七封末世的书信（《启示录》2∶3）[†]，它们所指向的便是当时小亚细亚的那些教团，约翰曾与他们关系密切。而倘若现在假设并规定，这些书信同时指向各种不同的时代或事务（Haushaltungen），以及《新约》中教会往来交替、变幻无常的诸多状态，教会的七重阶段（periodi）于其中被预言，而其命数与变化亦被表象，那么单凭给出可能性与这种或那种相似性，以及这些书信内容与《新约》中的教会命运及其交替的诸时代之间的一致性，便还不足以证成这一论点。因为这往往可能只是偶然地出现，偶然于更遥远的相似性与关联性中被找到而已，而这些关联在其余的、无疑不以此事为目的的经文位置与预言中同样可以遇见。如若要假定这种间接而隐秘的意义，那么同时也就必须证明，鉴于标题或是这一启示的开端处，以及下文中对其整个意图的进一步实施与描述，一种对《新约》教会之命运的表象应当由此而出现。由此，倘若这一最终目的（Endzweck）在此并不能被预设，并不能依据可证明的诸充足理由而被阐述，那么另一种可证明性也就作为不可通达的东西而消失无踪了。

2. "然后，它应当是不对统一之意义进行分化（Vervielfältigung）（§11）的实在意义（Verstand），或是对这些经文位置的完满与卓越之意义的一个片段。"作为解释，有两点需要注意：

  1）无论是在古早还是更加晚近的年代，人们都会因为意在发掘这种间接与隐秘的意义而陷入两个极端。教父中的一些

[†] 根据下文，此处"七封书信"应指《启示录》中的七印，但文中给出的《圣经》段落与七印并无关联。和合本此节译文作："你也能忍耐，曾为我的名劳苦，并不乏倦。"——译者

人就已然把神圣经文诠释中的象征法（Allegorisieren）夸大为言语意义之确定性与可证明性的缺憾，并将有些不仅仅是有所差异，甚至是相互矛盾的对经文位置之阐释与解释接受下来。这由此引得另一些人误入歧途，尤其是在宗教改革之后与对神圣经文的诸解释之可证明性的更加深入之研究那里，这就坠入了另一个极端：将所有对经文的隐秘解释，连同那些借由言语意义显现之物的更加遥远之关联，一并加以挞伐。因此在我们的教会中，亦如在一些旁的新教团体中，一些人仅只将玄奥的意义（sensus mysticus）当作某种适应（Akkommodation），当作某种对意义的推衍，而非某种意义；因为他们心存忧惧，生怕若不如此，便不得不接受某种双重意义（sensus duplicem）了；然而这一点根本无足挂齿，因为意义的统一体（unitas sensus）只会导向同质的意义（sensus homogeneum）或同源的统一体（unius ejusdemque generis）。既然意义从古至今都只能是独一的，那么更加遥远的实质意义（Sachverstand）就必然于间接的言语意义中有其根据。而正如在某种或特定的行为那里，有一些意图能够不对行为进行分化而发生，在某种或特定的言说及其段落那里，一种遥远的意义便可于直接而首先被表象的概念之下加以统摄与把握，而不至于由此造成意义本身的分化。

2）此种玄奥的意义，当它作为某种真实意义而被接纳时，从来都不与直接的言语意义相反对，甚至不能与之割裂与分离，因为它于言语意义中必然有其根据，由此其实就仅可视为对所有可证明与有根据之推论的完满显示（Anzeige），这些推论可以由言谈发起者的意图中得以引出与说明。

3. "由此，它于神圣经文中也必须可被用作诸启示之真理的证据。(§2)"

1) 此一原理所涉及的问题是，玄奥的意义是否具有证明力（vim probandi），抑或如某些人所言，是否是论证性（argumentativus）的，亦即是否能从中得来诸神性真理的论证根据。很多人之所以对此有所怀疑，是因为特别是在教宗治下与更久远的诸教父那里——这些教父以奥利金为榜样，他们无限度地挥霍象征法，将许多东西冒充为隐秘而玄奥的意义，而它们不过是存在于对相似性与近似性的纯粹臆测与更遥远的、没有根基的解释中。在这种欠妥的含义中，人们就须得对此问题予以否定的回答了。然而，倘若"隐秘的间接意义"按照此处给出的说明，仅仅意指那个由言谈与段落之发起者的意图所表明的意义，那么毋庸置疑，对此问题应当予以肯定的回答，而一个如此这般的意义对于被启示的诸真理之证明而言，自然也就是可用的了。

2) 此种可用性在此仅限于对神圣经文的阐释，这是由于在共同生活中除此之外的其他言谈及其部分那里，这种更加遥远的意图甚少得以说明，至少是从未能够具有确定性地得以假定。而一种对未来诸事件的确切知识则预设，它只有在神——神圣经文的至高创作者的全知——那里才能发生。

3) 由此，按照本文对其性质的描述，人们不应于整部神圣经文及其所有章节与段落中寻觅这种玄奥的意义，以至于一位阐释者不得不驱迫自己，在经文的每一段中都非得解出某种言语意义及其研究之外的实义或隐秘的、更遥远的间接意义不可。反之，在他致力于此之前，须得先行对这一问题进行研究：一处经文中的意义是否遵循了某种可证明的方式，亦即一处文本的内容是否归属于以下这类：凭借对一些经文段落的阐释，另一些文本段落中更加遥远的事实能够由此得以描述，并以一种可证明的方式加以说明。

附　释

1. 对这样一种命名的附注，以使之免于歧义。"此种间接的意义之所以称作玄奥的，并非意指其诸文本段落之内容，人们于其中找寻它，就好像有极多或者全部的隐秘以此方式被表象那样，而是意指其发现的本来性质与方式。因为它蛰伏于间接的意义之中，若不依照先前所言的那种对其的洞见并借助于它，便不能被发现。"这一命名并不指向论证（argumentum）或对象（objectum），而是拥有一个正式的基础（fundamentum formale），因为它从未在对某一处文本的阅读时直接映入眼中，亦即从未在言语中被指明出来，而是只有从言语所指明的事实中才能被寻着。

由此，从属于隐义的那些真理，就不会时时刻刻都是教条或隐秘，而亦可以是诸事件及其叙事与表象。在《旧约》的诸预表（typis）或曰预像（Vorbilder）那里，情况就是如此，根据其对像（Gegenbild）[†]的定在而对其进行的解释，乃是再简易不过与最可把握的那种，尽管这种隐义于其实现及其对像的现实在场之前，必定十分

[†] 此处将"Gegenbild"译为"对像"，取德文"对面之像"的意思，与由"Gegenstand"所译出的"对象"不同。——译者

不为人所知,而只会为这些《旧约》段落的极少数读者与研究者之眼睛所捕捉到。

2. 对此玄奥意义的划分——它尽管有其不适宜之处,却依然是最适宜与最可用的,并必须被提到有时同样会出现的其余划分之前。

人们惯于特别地为此种间接之意义设想三个类属:

a 典型的,当特定的神性事务之片段在基督的未来之前就描述了基督本身与经由他而造就的神性事务时。于此情形下,描述着的事物被称作预像,被描述的事物则被称为对像。

此种意义与其他类型的玄奥意义仅只经由对象的差异区别开来。它可以于叙事或历史信息之中被找到,倘若那些首先被报道的事件描述与指明了更加遥远的未来事件。譬如,人们可以考虑一下《罗马书》5∶14[†]与《哥林多全书》15∶21、15∶45、15∶47[††]这几处文本。基督在这里不仅被称作第二个亚当,而是也在原人——人类这个种族的共祖与人类的新首脑基督——之境遇、关系、命运与行为之间做出了真正的比较。由此可证,原人亚当于其所处的大部分关系之中,理应根据神性的规定与命运而被视作基督的预像。同样,《约翰福音》19∶36[†††]中,一个

[†] 此节和合本《圣经》译文作:"然而从亚当到摩西,死就做了王,连那些不与亚当犯一样罪过的,也在他的权下。亚当乃是那以后要来之人的预像。"——译者

[††] 这几节和合本《圣经》译文分别作:"死既是因一人而来,死人复活也是因一人而来";"经上也是这样记着说:'首先的人亚当成了有灵的活人('灵'或作'血气'),末后的亚当成了叫人活的灵'";"头一个人是出于地,乃属土;第二个人是出于天"。——译者

[†††] 此节和合本《圣经》译文作:"这些事成了,为要应验经上的话说:'他的骨头一根也不可折断。'"——译者

看上去或许毫不起眼的境况，由基督在临刑前所报道：他之所以早在那两个与他一道被钉在十字架上的罪犯之前便死去了，是因为打折他腿的行动也随之终止，不然这势必要在日薄西山之前加速他的死亡。而在神意那里，于基督之死的加速中被设立为根据的原因也被明确地附上：它之所以如此发生，是因为那个关乎他的文本段落得以由此实现，人们不该打折他的腿。既然这个文本位置来自《出埃及记》12∶46——那里至少不是首先地或原本地与弥赛亚相关，而是与以色列人在复活节时宰杀与享用的羊羔相关，在烹调这羊羔时要避免打折它的腿，那么透过此种比较，这一点便全无矛盾地明朗起来：按照神的意图，复活节羊羔及其整个烹饪过程可以被视作弥赛亚及其充满暴力的处刑与牺牲的预像。

有时候，诸对像（antitypi）也可以再度成为更遥远的事件之预像，倘若对此能够给出可证明的规定性理据的话。譬如，在一些对以色列民众所预示的神之审判那里，实际上得以理解的却是接下来的诸审判，它们经由巴比伦的、亚述的与其余的敌人，而于弥赛亚临到他们的未来之前被执行。它们以这般的言语被陈述，以至于由此可证，此种特别的审判同样也被视为某种对这些民众加以完全拒斥的预像——这种完全的拒斥实现于弥赛亚降临之后对圣殿的最末一次摧毁及其邪恶本质的废黜中。而这一审判又再度于神圣经文的诸多预言中，比如《马太福音》24∶25[†]，被视作对整个尘世之普遍审判的预像。

[†] 此节和合本《圣经》译文作："看哪，我预先告诉你们了。"——译者

b"象征的(allegorischen),当属肉体的事物被一般地用作属灵事物之表象时。"这就是说,当普遍真理被置于属肉体之物与个别事件的肖像与非本真的诸表象下而加以指明时。譬如《加拉太书》4:24 以下——这命名也是由此而来的——完全清楚地所报道的,西奈山在阿拉伯的荒原中,以实玛利的母亲夏甲(Hagar),自亚伯拉罕住处的驱逐,亚伯拉罕两个子嗣的讯息,生于一位受奴役之女仆的以实玛利,生于一位自由人与其原来妻子的以撒……都在此处,亦即要指明以色列民众和整个与人的神性恩典之结合(Gnadenverbund)两种事务的灵性状态。因而当其被拿来与《创世记》16 与 21 相比照时,此一点便会由这个保罗本人所给出的阐释中显明:这些文本段落的整个讯息可以,并且必须拥有一种象征的意义。《出埃及记》34:29[12] 中恰好也有此情形,那里详尽地记述了,当摩西首次于西奈山上的漫长迟留和与神的会晤之后来到以色列人那里时,他的脸面是如此的光彩焕发,以至于以色列人无法消受这种光耀,因而于他到来之后与他们进行的会谈中,他不得不将自己的脸面遮起来。当《哥林多后书》3:7、3:13 等处被拿来与这段讯息加以比照时,这便会全然清楚地指明:于这属肉体的事件之下,于这对由神所引发之感性事物的叙述之下,潜藏着何种普遍的真理,它存在于犹太人那里,存在于摩西及其诸真理、律法及其诸意图的不可把握性(Unbegreiflichkeit)中。同

---

† 此节和合本《圣经》译文作:"摩西手里拿着两块法版下西奈山的时候,不知道自己的面皮因耶和华和他说话就发了光。"——译者

6. 论神圣经文之意义

样,当人们将《出埃及记》12:15 到 12:17† 与《哥林多前书》5:7†† 加以比照时,便可知使徒保罗在后者那里对关于发酵饼——它在对复活节羔羊的享用中必须被规避——的诸讯息进行了这样的应用与解释,以至于可以完全清楚地显明:在对基督之救赎的参与及奉献那里,一种勒令人们必须遣除一切不合规矩之激情与对心境之损害的普遍真理,被包含于摩西对这些境遇的确切规定之中。

c"寓言的(parabolischen),当对于某种从未发生之事件的叙事。"一则实际上构成了寓言(Fabel)之本质的情节,"除了紧随其后的、借由直接的非实际意义而包含于其中的教诲之外,同时表象了未来的诸事件"。譬如,在《路加福音》13:6 到 13:9††† 与 14:26,到 14:24†††† 中陈述了这样的寓言:神邀请

---

† 这段和合本《圣经》译文作:"你们要吃无酵饼七日。头一日要把酵从你们各家中除去,因为从头一日起,到第七日为止,凡吃有酵之饼的,必从以色列中剪除。头一日你们当有圣会,第七日也当有圣会,这两日之内,除了预备各人所要吃的以外,无论何工都不可作。你们要守无酵节,因为我正当这日把你们的军队从埃及地领出来;所以你们要守这日,作为世世代代永远的定例。"——译者

†† 此节和合本《圣经》译文作:"你们既是无酵的面,当把旧酵洗净,好使你们成为新团;因为我们逾越节的羔羊基督,已经被杀献祭了。"——译者

††† 这段和合本《圣经》译文作:"于是用比喻说:'一个人有一棵无花果树,栽在葡萄园里。他来到树前找果子,却找不着,就对管园的说:看哪,我这三年,来到这无花果树前找果子,竟找不着。把它砍了吧,何必白占地土呢!'管园的说:'主啊,今年且留着,等我周围掘开土,加上粪,以后若结果子便罢,不然,再把它砍了。'"——译者

†††† 应作14:24—26,原文疑误。这段和合本《圣经》译文作:"'我告诉你们说:先前所请的人,没有一个得尝我的筵席。'有极多的人和耶稣同行。他转过来对他们说:'人到我这里来,若不爱我胜过自己的父母、妻子、儿女、弟兄、姐妹和自己的性命,就不能作我的门徒('爱我胜过爱'原文作'恨')。'"——译者

他们去享受拯救的财货（Heilsgut），而人们则对此加以蔑视。这个寓言是如此写就的，由此当时以色列人行为的卑鄙与不负责任的罪性和神对此的报复由此同时得以指明。在此意图之下，这些文本段落除了象征的意义之外，便亦可具有一重寓言的意义，它在一些教科书中也被称为先知的（prophetisch）。

89　　3. 另一种对间接或玄奥意义的划分，它被认作是应受谴责与不合宜的，或至少是十分令人不适的，并受制于诸般曲解。"当旁人将诸教条由历史性文本段落的导出称为象征的（allegorischen）意义，将之由生活义务中的导出称为比喻的（tropologischen）意义，并将由未来之福祉与天国之财货的慰藉之导出称为类推的（anagogischen）意义，而将这三个类属全部统摄于玄奥意义之下加以理解时，对意义的应用就往往被混淆为了意义本身。"

　　这些所谓的或者臆测中的玄奥意义之不同种类，从来都是一并或同时产生的。譬如，倘若人们想要借由象征意义，从摩西对于在已完成的创造之六天事工后置入安息日的叙事中，推导出关于位于人们中间的神的恩典之国（Gnadenreich）的诸真理，或是由此讨论这一教条：整个自然之国都是为了与神的道德性合一之缘故而被设立与创造的。或者，倘若人们想要由此引出比喻意义：在对人类与所有偶然之物的已发生的创造后，被造物最切近的责任就指向了心境的安宁（Gemütsruhe）与对全部感性内心激动（Gemütbewegung）的削减与抑制，因而将安息日视为对心境安宁的某种表象与象征性指示。最后，倘若安息日经由类推意义而作为某种死后的未来之尊崇的表象，而这表象也被称作某种人类的宁和与安息日：那么借由其命名,所有这些适应(accommodationes)便都与真正的意义及其划分相混淆了。

此种划分出现于晚期教父们的著述中,并于大部分在教宗那边的阐释者处频频可见,他们一般性地假定了某种对意义,尤其是对玄奥意义的巨大分化,所以旁人由此被引向了与之相对的另一重极端。

4. 除去这些划分以外,一些教科书还假定了这种划分:它们将玄奥意义分成……与……,亦即圣经的(biblicum)与非圣经的(non-biblicum),而这会造成某些歧义。于一种健康与无误的意义中,当通过……所意指的乃是那种没有显白地被指明于神圣经文中的玄奥意义时,这种划分能够被接受,因为这种命名就仅只表明,对于该处,神圣经文中就没有可靠的玄奥阐释。那么……就须得是那个隐秘的与间接的意义。它借由某种对其他文本段落的可靠阐释而得以确定。因而,在第二点中所引的诸段落就形成了对此玄奥之意义的许多例证,因为对这些段落与事件的阐释是由圣灵自身而发生的。由此,根据其象征的诸规则可以推论出类似的情形,不过却带有一种显而易见的可证明性之差异。然而,倘若这……意义乃是这样一种由神圣经文根本不可证的玄奥意义,那它也就根本不是意义了。

§17 对意义的划分:确定的、或然的与可疑的

在意义的第一种主要划分于§13—§16 中得以论述后,剩下的

§17—§19 现下接踵而来。其次序则基于对阐释者之行为所造成的不同影响。

I. 自在的划分

1. "倘若某段言谈中唯有一种意义是可能的,那么它就必然是无误的,而由此也就是确定的。"相对于纯粹是或然的与可疑的,确定的意义在此是这样被说明的:经由某种更为生成性(genetischere)的概念设置,这种确定性与必然无误性的产生类型得以指明。而对此有两点应当注意。

　　a 唯有一种意义是可能的,这种习惯性说法不应当与"显得可能"(Möglich-Schein)或"被认作可能"(Für-möglich-gehalten-Werden)相混淆。一些未经训练的阐释者兴许会妄加想象并说服自己,在此处文本中只有一种意义是可能的,尽管倘使他能掌握那门语言或更熟练地使用阐释的辅助工具,或是此外花费更多的时间与力气来进行深思熟虑的话,便又会遇到几种阐释或解释的类型了。因此,此处所谈论的仅限于某种独一之意义的实在与可证明之可能性。

　　b 既然我们在此涉及的是一种言谈中可能的意义——重复地说,所理解的乃是这种意义,即它由其实际的规定性理据(§6)乃是可证明的——那么便仅仅只有这样一种意义必须被称为可能的:它于诸言语与表达的含义,以及言谈发起者的最终目的中,拥有某种充足理据。这之所以应当注意,是因为人们这样一来就不会认为,那种于自身之内不包含荒谬与含混之物,并包含另一种可证明之真理的意义,可以同样被认作可能的了：这里所谈论的乃是诠释学意义上的可能性。因此，只有这种意义，可以被称为可能的：它于实际的规定性理据之中，亦即在语声与词组的意义中（significatibus vocum et phrasium）与言谈之目的（fine loquentis）中拥有某种可证明的理据。有时候，一位阐释者可能会出于表象的某种错误而相信，一些解释不仅仅在自己那里拥有各种理据，而且它们的理据乃是彼此相同的。如此一来，确定性也就消失无踪了，而这种意义的可疑性与不确定性也就应运而生 [……]

7. 批判丛林，或：按照新近的撰述，对美之科学与艺术的诸考察[*]

人们根本不必认为，一位致力于在诗学与某种美的艺术间显示出区别的哲学家，会想要以此来完备地说明诗艺（Dichtkunst）的整个本质。莱辛先生显示出，相较于绘画，诗艺之不是什么；而若要识认出，诗艺就其自身而言，于其整个本质中究竟是作为何物而完满地存在着，就必须将之与所有亲缘性的艺术与科学，譬如音乐、舞蹈艺术与雄辩术进行比较，并从哲学上加以区分。

"绘画在空间中进行活动，诗歌则是通过时间次序。前者借由形象与色彩，后者则借由发出的声响。前者因此是有形有象的，后者则具有对实际的诸对象之行动。"莱辛先生于其阐释发展中走了如此之远。现在，一位富有哲思的音乐家拿起他的作品："既然诗歌与音乐都是通过时间次序而生效的，那么二者于何种程度上拥有

---

[*] 约翰·戈拉弗里德·赫尔德（Johann Gottfried Herder）："批判丛林，或：按照新近的撰述，对美之科学与艺术的诸考察"（Kritische Wälder oder Betrachtungen, die Wissenschaft und Kunst des Schönen betreffend: nach Maaßgabe neuerer Schriften），引自《赫尔德著作集》（Herders Werke），托马斯·马蒂斯（Th. Matthias）编，莱比锡/维也纳，未给出年份，第一卷，第 254 页以下。（第一丛林）（† 此标题，德文底本中原为"按照我们的撰述"（nach Maßgabe unserer Schriften），据核，赫尔德此文标题应为"按照新近的撰述"（nach Maßgabe neuerer Schriften），特此更正。——译者）

7.批判丛林,或:按照新近的撰述,对美之科学与艺术的诸考察

共同的规则呢?前者既然歌唱行动,那么它是如何被发出的呢?"雄辩家接过话茬,继续说道:"每一种言谈(Rede)都可以描绘行动,那么诗歌究竟是如何做到的呢?在它的不同种属与类别中又是怎样的呢?"——最终,将这些理论汇总到一起,人们便具有了诗歌之本质。

然而,尽管有了上述之比较,我总好像没有将某种关乎诗歌之本质的东西估算在内。——我从莱辛那里接过了这个说法,在那里他承诺要自其最初的诸根据中将事情推导出来的。②

他这般推论道:"倘若这一点是真实的:绘画在其诸模仿中使用了与诗歌截然不同的方法与符号,亦即前者使用形象与色彩,后者则使用于时间中发出的声响。倘若符号之于被描绘者,毋庸置疑地必然具有某种合宜的关系,那么并排放置在一起的符号也就仅能表达自身或其诸部分并排存在的对象,而前后相续的符号也就仅能表达自身或其诸部分亦是前后相续的对象了。"

"那些自身或其诸部分并排存在的对象,一般被称作形体(Körper)。因此,具有其可见特征的诸形体乃是绘画的真正对象。"

"那些自身或其诸部分前后相续的对象,一般被称作行动。因此,诸行动乃是诗歌的真正对象。"

假使这整个推理链条是由某个固定之基点出发的话,它兴许就会是可靠的了。现在就让我们来看一看。"倘若这一点是真实的:绘画在其诸模仿中使用了与诗歌截然不同的方法与符号",诚然如此!

"亦即前者使用形象与色彩,后者则使用于时间中发出的声

---

② 《拉奥孔》(*Laokoon*),第153页。[463]

响。"这里就已然不是那么肯定了！因为发出的声响之于诗歌，并不像色彩与形象之于绘画那样！

"倘若符号之于被描绘者，毋庸置疑地必然具有某种合宜的关系。"对此恰好也缺乏任何比较。于诗歌中发出的声响与其被描绘之物所处的关系，与绘画中诸形象和色彩与其被描绘之物所处的关系，并非同一种关系。那么，如此不同的两种事物能够给出第三种，能够给出某种关于两种艺术之差异与本质的第一性之基础原理吗？

绘画的诸符号乃是自然的：符号与被描绘之物间的联结，就奠基于被描绘之物自身的诸特征中。诗歌的诸符号则是任意的：发出的声响与其所表达的事物本身毫无共性，而仅仅是借由某种普遍的惯例而被假定为符号的。② 其本质因而决然不同，而进行比较的中介（tertium comparationis）也就随之失落了。

绘画完全在空间之中，借由自然地对事物进行展示的诸符号，而进行并排放置的活动。与绘画之借助于空间不同，诗歌并未借助于相续（Sukzession）。那曾在绘画中建基于诸部分之并置上的东西，并未建基于其发出之声响的次序之上。除了是某种非此则无以成事的必要条件（conditio, sine qua non），亦即纯粹统一的限制之外，它的诸符号之相续绝非他物。绘画中诸符号的共同存在则是这种艺术的本质，也是绘画之美的根基。诗歌，虽然它无疑是通过前后相续的诸声响，亦即语词而生效的，但这种声响的前后相续、语词的相续却并非其效用的中心点。

为了使这一区别更为清晰明了，必须在两种通过自然的介质而起作用的艺术之间，即在绘画与音乐之间，做出区分。在此，我可

---

② 《拉奥孔》，第 153 页。[463]

7. 批判丛林，或：按照新近的撰述，对美之科学与艺术的诸考察

以说：绘画全然借助于空间而生效，正如音乐之借助于时间次序。那于前者那里作为色彩与形象之并置、作为美之基础的东西，于后者那里便是声响的前后相续，亦即悦耳的声音之基础。正如在前者那里，愉悦（Wohlgefallen）这一艺术之效用建基于共同存在者的外观之上，相续之物、声响的联结与更替则于后者那里成为了音乐之效用的介质。我可以进一步说，尽管前者——绘画，有能力借助一种纯粹的假象（Blendwerk）而于我们之中唤醒时间次序的概念，它却从来不使这种余事（Nebenwerk）越俎代庖，即作为绘画借助于色彩却在时间次序中生效，否则这一艺术便失去了它的本质与全部效用。色彩钢琴[†]可以于此充当证物。因而与此相反地，全然通过时间次序而生效的音乐，也从未把音乐性地描绘空间的对象当成自己的主要目标，就像那些经验尚浅的三流匠人所做的那样。应该让前者永远不要失去共存，后者永远不要失去相续，因为两者都是其效果的自然手段。

然而，诗歌的情形则并不如此。在这里，诸符号间的自然之物，譬如字母、声调、音响次序之类，对于诗歌的效用甚微，或者说无足轻重。而那经由一种任意的和谐而置身于诸语词之中的意义，那寓居于诸发出之声响中的灵魂，乃是一切。声响的相续之于诗歌的重要性，并不应当被估计得有如色彩的共同存在之于绘画的重要性那般高，因为"符号对于被描绘的事物而言绝不仅拥有单调的关系"。②

---

† 色彩钢琴（Farbenklavier）是一种于18世纪被首次构想的键盘乐器，可以在发出指定声音的同时，投影出预设好的一种与该音高相匹配的色彩。——译者

② 《拉奥孔》，第153页。[463]（†脚注依原书序号。与前页同为②，脚注内容亦相同。——译者）

皮之不存，毛将焉附？在观看此事之前，先让我们以另一种方式对前者加以保障吧。绘画在空间中，并通过一种对空间的艺术性表象而起作用。音乐与所有能量性的艺术并非仅仅于时间次序之中，而是也穿过（durch）它，穿过一种诸声响的艺术性时间变化。诗歌的本质是否拒绝被带到如此这般的主要概念上呢——既然它乃是经由任意的符号、经由语词的意义而作用于灵魂之上的？我们想要将这种效用的介质称为力量（Kraft）；并且正如在空间、时间与力量乃是形而上学中的三个基本概念，而所有数学性科学都要回溯到这些概念中的一种那样，我们也要在关于美的诸科学与诸艺术的理论中说：诸般生产出作品的艺术，生效于空间之中；诸般经由能量而生效的艺术，生效于时间之中；而诸般美的科学，或者毋宁说是唯一有关美的科学，亦即诗歌，经由力量而生效。——经由那一度寓居在语词之中的力量，经由那虽然是由耳膜穿过，却是直接作用于灵魂的力量。诗歌的本质即是此种力量，而非共同存在之物抑或相续性。

现在的问题是：这种诗之力量可以将何种对象更好地带向灵魂那里呢？是空间的对象、共同存在的对象，抑或时间相续的对象呢？以及，为了能够重新在感性层面上来谈论事情：诗之力量在哪种媒介中得以更为自由地生效呢，在空间中还是在时间中？

它以此种方式生效于空间中：使其整个言说都变得感性（sinnlich）。在任何符号那里被感受到的，都必不是符号自身，而是符号的意义（Sinn）†。灵魂无需感受这力量的载体（Vehikulum），即诸语词，而是要感受这力量本身，即意义。这是直观认识的第一个

---

† 请注意"感性的"（sinnlich）与"意义"（Sinn）二词在词根上的关联性。——译者

类型。不过，它仿佛将每一个对象都带到灵魂跟前，使之成为可见；亦即它将如此众多的特征统摄于其中，意在一下子造成某种印象(Eindruck)，将之引到想象力的眼前，借助事物的外观将其迷住(täuschen)，这是直观认识的第二个类型与诗歌的本质。前面的类型适用于每一种并不咬文嚼字或哲学的、活生生的言谈，而后面的类型则仅仅适用于诗歌，并形成了它的本质，亦即言谈中的感性完满者(Vollkommene)。因此人们可以说，诗歌首要的本质性之物的确是某种绘画(Malerei)，某种感性的表象。

它生效于时间中，因为它乃是言谈。原因并不单纯地首先在于，这种言谈乃是自然的表达，譬如诸激情或诸运动的表达，因为这是诗歌的边界。毋宁说，原因主要在于，它经由迅疾(Schnelligkeit)，经由其诸表象的往来而作用于灵魂，部分地在于更替中，部分地在于它借助时间次序而建造的、充满能量地施加作用于其上的整全中。前一点为它与言谈的另一个类属所共有；后一点，也就是它有能力形成某种表象的更替乃至近乎旋律的东西，有能力形成一个其部分逐渐表露出自身，因而其完满性也就能量化了的整全——这使它成为了一种灵魂的音乐，正如希腊人对它的称呼那样。而这第二种相续却始终没有为莱辛先生所触及。

从二者中单拎出哪一种，都不足以成为它的整个本质。能量，亦即其中的音乐性之物不足以担此大任，因为倘若属于其诸表象的、它先行摹画(vormalet)给灵魂的那种感性之物未被预设，它便不会发生。其中的绘画性之物也同样独力难支，因为诗歌所起的作用乃是能量性的，正是于这种前后相续之中，它将关于感性的完满之整全的概念构建入灵魂之中；唯有将二者合而视之，我才能够说，诗歌的本质乃是那由空间而来（它使之成为感性的那些对象），而在时间之中（经由诸多部分的次序而成为一种诗的整全）的力量。简而言之：感性完满之言谈。

在具备了这些前提条件之后，我们再回到莱辛先生那里。在他看来，诗歌之最主要的对象乃是诸行动。然而，仅仅只有他能够从其关于前后相续的概念中觅得这一概念。我乐于承认，我办不到。

"那些自身或其诸部分前后相续的对象，乃是行动。"③ 怎样才是呢？我随心所欲地任凭它们彼此相续，每一个都应当是一个形体，一种了无生气的外观。而由于相续性的存在，尚且没有哪个能成为行动。我看见时间流逝，看见每一个瞬间追赶着其他的瞬间——我以此看见行动了吗？自然以不同的方式一再出现于我眼前，支离地、了无生气地、一个接着一个；我看见行动了吗？卡斯特尔（P. Karstell）的色彩钢琴永远也不会经由其对色彩——就算那是波浪线抑或蛇形曲线——的相续演奏而产生行动；声响的旋律链条永远也不会称为某种行动的链条。因此我否认，那些自身或其诸部分前后相续的对象可以由此而一般性地被称为行动。我同样否认，因为诗艺产生相续的缘故，它就将诸行动作为自己的对象。

相续性的概念对于某种行动而言，不过是半截子的观念；它须得是一种借助力量的相续性：如此才有所谓行动。我设想一种在时间次序中发挥效用的本质，我设想经由某种实体的力量而前后相续的诸变化：如此才有所谓行动。而倘若诸行动便是诗艺的对象，那么我打赌，此一对象绝无可能为干涩乏味的相续概念所规定：力量

---

③ 《拉奥孔》，第 154 页。[464]

乃是其领域的中心点。

而这就是力量，它紧紧附在诸语词的内里（Innern），它乃是那种经由想象与记忆而作用于我灵魂的魔力（Zauberkraft）。——读者可以看到，我们又折回了我们曾身处的那个地方，亦即诗歌通过任意的符号而生效。于这样的任意之物中，于诸语词的意义中，诗歌的力量完完整整地存在着，而不是于声响及语词的次序中或是诸响动中——倘使它们乃是自然的响动。

可是，莱辛先生却从这个声响及语词的次序中推出了一切。他只是在很晚的时候才突然想起，④诗歌的符号乃是任意的。他甚至未曾思考过，有关诗歌经由任意的符号而生效的这个异议究竟想要说些什么。

那么，他要如何排除这一异议呢？"由此：经由对有形体的诸对象之描摹，令人着迷，这一诗歌的主要杰作，就失落了。因而，虽然言谈就其自身而言可以描绘形体，但感性上最完满之言谈——诗歌却不能。"如今，事情的情况好一些了。正因诗歌在描绘有形体的对象时，无法具有足够的绘画性，所以它就不必描绘它们。并非由于它不是绘画，并非由于它是在相续的声响中进行描述，并非由于空间乃是画家的领域，而纯粹的时间次序才是诗人的领域——依我之见，原因均不在此。诸声响中的相续之物，如前所述，对于诗人而言影响甚微，它并不是借助之而作为自然的符号起作用的。然而，当他的力量弃他而去，当他无法不倚仗其声响而凭借其表象迷住灵魂时，诗人这才失落了，而所剩下的不过是一位词语画家

---

④ 第165页。[470]

(Wortmaler),一位符号的名称说明者(Namenerklärer)。不过,事情仍未达到最佳的情况,这一点将由他自己举的例子所证明。⑤ 当哈勒尔†的最终目的在于,在《阿尔卑斯山》一诗中以诗行的形式教我们识认龙胆草及其蓝色的近亲,以及那些与之相似或不相似的野草时,他自然便遗失了诗人的目的,亦即迷住我。而我作为读者也同时失去了我的目的,亦即使得自己被迷住。那么这便是原因,此外无他。而当我从哈勒尔的诗篇转向某本植物学的教科书时,又将如何在那里认识龙胆草及它的近亲们呢?这比起重新又借助于相续的声响、借助于言谈,会是多么的不同呢?植物学家会将我从一个部分引导向另一个;他会向我展示清楚这些部分之间的关联;他会设法在我的想象力面前部分地与整体性地展示那株野草,而这自然是为眼睛所一度忽视了的东西;他将会把所有在莱辛先生那里诗人不会做的事情做个遍。他于我而言会成为可理解的吗?这不算什么问题——倘若我理解了他的言语,他于我而言必须是清楚明白的,必须以特定的方式将我迷住。而如若他无法做到这一点,如若我只是纯粹于个别性之中清楚明白地,却并非于全体之中直观地认识了这一事物,那么我便能将莱辛先生给予诗人的所有规则,同样地给予这本植物学教科书的作者了。我会郑重其事地对他说道⑥:

  我们如何获得对空间中的某件事物、某株野草的清晰表

---

 ⑤ 第168页。[472]

 † 阿尔布雷希特·冯·哈勒尔(Albrecht von Haller, 1708—1777),瑞士医学家、医生与植物学家,同时也是启蒙主义诗人与文学批评家,其代表性诗作即文中所提到的《阿尔卑斯山》(*Die Alpen*)。——译者

 ⑥ 第166、167页。[471, 472]

象呢？我们首先支离地观察这个事物的诸部分，继而是这些部分的联系，而最后则是整全。我们的感官以一种如此惊人的迅疾完成了不同的诸项操作，以至于它们在我们面前显得仅仅像是某个统一之物，而这种迅疾乃是无可避免地必要的。那么现在，设若这位勤于著述的野草学家（Kräuterlehrer）在某种绝美的秩序中，将我们从对象的一个部分引向另一个；设若他知晓，要向我们如此清楚明白地展示这些部分之间的联系，他需要为此耗去多少时间？他逐字逐句、循循善诱地将那些为眼睛所一度看漏了的东西讲给我们听，而我们却时常会学了前面，忘了后面。尽管如此，我们还是应当从这些教诲中构建出一个整全。已被观察的这些部分对于眼睛而言，持久保持为现前的，它可以一次又一次地扫视它们。对于耳朵而言，情况则相反：倘若它们并未被储存于记忆中，那么被听闻的诸部分也就失落了。而就算它们已经被记了下来，又要付出多少努力、多少艰辛，才能将其所有的印象于秩序中如此活灵活现地再度激活，才能仅仅是以某种适宜的速度对它们一次性地加以考虑，才能获致某种对于整全的概念呢！当人们亲自将花拿在手中时，便可以十分美妙地对之诵读出这些描述，只是对于其自身而言，它们却所言寥寥，抑或一无所说。

莱辛先生便是这般向诗人言说的，而我为何不应当同样向那位意在单纯通过语词来教诲我的野草学家言说呢？我并未见到情形发生了什么改变，同样的对象、同样的形体、同样的描述介质——言谈、同样的介质中的阻碍——言谈中的相续者——语词。因此，这个教训必然如恰切地适用于他那般，也适用于每一位语词描述者。

由此，"相续性阻碍了对形体的描述"这一原因，实际上必定处于诗歌的领域之外，因为它关乎每一种言说，每一种言说在此情形下都不是要令明确之物（das Definitum）作为一个语词而变得可理解，而是要使之作为一个事物而成为直观的。

由此，于其中也不可能存在某种实际的，至少是不存在某种最高的法则，而是仅仅有某种次要概念（Nebenbegriff）保留了下来，人们从中要么所得甚微，要么一无所获。——我的整个推理链条开始于这一双重根据：相续性在诗歌的声响中，而不在于其效用的主要与自然之介质。这种介质任意地附着于这些声响之上的力量，并按照与声响的相续所不同的法则作用于灵魂之上。第二：因为声响的相续性甚至不单单适用于诗歌，毋宁说适用于每一种言谈，因而就难以于其内在本质中做出规定与区分。现在，当莱辛先生在他的书中将相续性作为区分诗歌与绘画的主要根据时，这果真是我们所要期待的那种最为正确的分野吗？

安东·弗里德里希·尤斯图斯·蒂鲍特

8. 论依照法律之根据的逻辑阐释[*]

引论
诸普遍的预备性概念^①

§1

每一个进行言谈的人,都意在通过言谈描述一些特定的对象,而这些被思考为言谈对象的客体在实际的理解中被称为言谈的意义($Sinn$)。倘若这一意义是出于某些根据而发展出来的,人们便称

---

* 安东·弗里德里希·尤斯图斯·蒂鲍特(Anton Friedrich Justus Thibaut):"论依照法律之根据的逻辑阐释"(Über die logische Auslegung nach dem Grunde des Gesetzes),引自《罗马法的逻辑阐释理论》(Theorie der logischen Auslegung des römischen Rechts)(1806年第二版),由卢茨·盖尔德赛策导读,杜塞尔多夫,1966,第11—18页与第58—68页。

① 对此问题加以处理的还有许布纳(Hühbner),《向罗马法研究院的报告与附录》(Bericht u. Zusätze zu dem Instit. des Röm. Rechts),莱比锡,1801,第171—190页;特彻(G. S. Teucher),《论公民观察之阐释与诠释学的本性与形式》(de natura et formis interpr. et hermeneutics civilis observatt.),Spec. 1.2. Lipps, 1804;查卡里埃(K. S. Zachariae):《一种普遍的法律诠释学之尝试》(Versuch einer allgemeinen Hermeneutik des Rechts),迈森,1805;舒尔曼(F. Schoemann),《民法手册》(Handbuch des Civil-Rechts),第一卷,吉森,1806,第65—137页。

为阐释（*Auslegung*［interpraetatio］）。现在言谈就其自身而言乃是晦暗的，就此而言，它便需要一种说明（*Erklärung*），或者不需要。②一个由对法律的阐释之规则所构成的系统，被称作法学的阐释技艺（hermeneutica juris）。

§2

前后一致地进行思考，并完善地进行自我表达的人，其通过诸语词所说出的，也正是他所想要说与当要说的。因而在诸完善的法律那里，立法者依据其规章所奠立于其上的（法律根据［ratio legis］）诸根据所要说的，也会与他经由语词所说的（法律的字面意义）东西一并显现，而立法者先前在语词中所想到的与的确是意在由此表达的东西（立法者之意图），也会再次与之（亦即与那些由民族共同的言谈习惯或某一阶层人士的特殊言谈习惯与语词相联结在一起的观念）同时发生。然而，如下的情形也同样可以想见：一位立法者在贯彻其规章的诸根据时未能做到前后一致，而是出于疏忽，为其意在表达的诸观念之描述择取了不恰切的语词。于此情形下，人们就必须完全将三个彼此独立且相互区别的部分在法律中区分开：其一是言谈的字面意义，其二是立法者之意图，其三则是（前后一致地应用了的）法律根据之结果。于此，早先与晚近的法学家们经常只容许两个维度的存在：一些人将法律的字面意义置于立法者之意图的对面，而仅只将法律根据规定为立法者之意图所由以得

---

② L. 1 §Ⅱ de ventre inspic., 我的尝试，如第九篇文章。

到认识的各种途径之一；③与此相反，④另一些人则断言，那刚才为我所称为立法者之意图的东西，基本上不过是立法者特殊的言谈习惯而已，并因为它涉及诸术语，从而归属于语法阐释的范畴。不过，这些异议却是易于反驳的。由法律为根据所导出的东西，倘若这些结论并不为立法者所知的话，恰好永远是那立法者未曾意图表达的，因而是那不带有立法者的特殊意向，出于普遍的诸根据被置于法律之下的东西。⑤同样易于理解的是，措辞中的错谬与疏忽是不可能被称为某种特殊的言谈习惯的。后一种表述仅仅适用于某人偏离于共同的习惯，而有意地经由一种规则而将某种特殊的意义赋予一个语词时；且当他对此语词进行使用时，总会按照惯例†而设定此意义。与此相对，正因为人们一旦认识到它便会将之排除，某种无心的失策也就无论如何都不可能称为言谈习惯，正如当一位作家不小心将某个单词的变格弄错了时，不会有人将之称作其特殊言谈习惯一样。

另外，倘若人们在立法者之意图下所要研究的，不单单是那些在构思法律的片刻浮现于立法者眼前的诸观念，而是所有出于普遍的法律规章而于诸特殊情形下同样要被加以接受的东西，这三个部分就得全然兼备。因为我们拥有这样的规定：法学家当首先遵循字面意义，而设若他发现法律之精神（法律的观点[sertentia]、力量与权能[vis ac potestas legis]），亦即立法者之意图与法律根据之

---

③　格劳修斯（Grotius）：《战争与和平法》（*de jure belli ac pacis*），Lib. c. Cap. 19, n. 8。
④　特彻，《论公民观察之阐释与诠释学的本性与形式》，Spec. 1. Nr. Ⅱ。
⑤　L. 12. 13. de LL.
†　此处原文为"in der Regel"，字面意思为"在规则中"。——译者

结果与其存在偏离，那么他便应当优先考虑这些东西。⑥而所有以下讨论都将表明，对字面意义之结果的特殊意图与法律根据的意图加以区分，这一点于意义显著的诸结果中乃是何等重要。

§3

如前所述，法律赋予法官以这样的义务：不单单按照法律的字面来行事，而是同时也顾及其精神。由此便产生了那种对于语法阐释与逻辑阐释的著名区分。后者仅仅与法律的根据与立法者的意图有关；前者则相反，仅仅考虑字面意义，其边界则存在于某项法律的意义并不能经由语言习惯而被探明之处。以此为根据，大多数人也就正确地声称，对具有歧义的法律之解释并非语法阐释的对象，因为依其本性而言，每一种歧义都可凭借那由法律之意义所得出的东西而被排除掉——因而，在语法阐释与逻辑阐释之间，存在着一道甚为分明而确定的界线。

罗马人不知道这些名称。倘使语法解释有害于法律之精神的话，那么它在一些地方也被称作严法（strictum jus）或困难解释（interpraetatio dura）。⑦——关于逻辑阐释这一表述，人们则尚能回忆起一些东西，因为再没有阐释的类型比这另一种更需要逻辑了。——然而，在此处离开一种被普遍接受的语言习惯乃是没有意义的。——好些人全然拒绝将阐释划分为语法的与逻辑的两类，因

---

⑥ L. 12, L. 29 de LL. L.32, §16 de donat. int. V. et U. L.13, §2 de excusatt. L.7, §2 de supellect. legat. L.6, §I de V.S.

⑦ L. & C. de judic. L. 25 de LL. 伯默尔（J. H. Boehmer），《论行动与应用的语法阐释》（*de interpr. gram fat. et usu.*），Ex T. I. 1., §4, not. o。

为他们认为,当人们将那些立法者并未考虑到的情形归入法律之下时,这按照语言习惯看来就不能叫作解释了。因此埃克哈特派(*Eckhardischen*)诠释学的巴赫(Bach)[8]将此算作完全错误的:所谓的逻辑解释也于其中被加以讨论了。——可是我无法赞同此一观点。那提醒了巴赫的东西,至多仅仅关乎那种单独由法律根据而导出推论的解释,它并不顾及立法者之所想。此外,将"解释"这一表述于更广泛的意义上加以运用,在此也是允许的,亦即在这种意义上:人们于其下一般性地思考所有按照言说者之普遍或特殊的意图而应当于语词中被思及的东西,这样一种意义甚至对罗马人而言也并不陌生。我在此仅指出凯尔苏斯(Celsus)在 L.18 de L. L. 所说的:"必须善意地解释法律,以使其意义得以保留(Benignius leges interpretandae sunt, quo voluntas earum conservetur)。"此外,倘若人们考虑到,所有能够由法律之根据所推出的东西,都应当经由某种法律拟制而被视作立法者的特殊意愿,而这样一种阐释因而也就借由法律上假定的立法者之特殊意图而获得了支撑,那么于其现有领域中对逻辑阐释的捍卫也就变得更加轻而易举了。[9]

§4

倘若一门法律的诠释学要实现其规定性,人们就不可于其中将自己单纯局限于解释出那些被怀疑能否应用于每一部法典的基本原理,而必须同时关注每一种特殊的立法过程之特质,并由此更加

---

[8] 无偏见的批判,如 I. St., 第 8—10 页。
[9] 亦见特彻, l. c. Spec. II. n. II。

切近地规定、限制与拓展这些普遍的原理。

第二部
论依照法律之根据的逻辑阐释

§16

远比目前为止所讨论的逻辑阐释之类别困难得多的，乃是依照法律之根据的阐释学说。想要在别处找到如此之众的理论与应用之间的背反，可不是什么容易之事，而这部分地主要是因为，人们忘记了要在与一种法律的审判根据之对立中去恰如其分地规定某项法律之根据这一概念。由此，必须于下文中先行给出对二者差异的诸般讨论，以作为整体的基础。

一位并不单纯将自己限制于立法之中，而是同时行使着法官之权能，或将法官之审判作为普遍范本而加以设立的摄政王，可以且必须左右开弓，亦即一方面作为立法者而进行创造，一方面作为法官而进行纯粹的判断与应用。当他由那些迄今尚未作为法律而生效，且目前尚未被他订立为法律的根据中，推导出某项规章并将之作为法律而加以颁布时，这位摄政王便在从事立法活动；与此相反，当他将一项就其自身而言已然作为法律而生效的法规，经由纯粹的判断而施用于具体的情形上时，他所从事的便是法官的活动了。倘若情况如前者所言，那么人们便将这一规章的根据称为法律之根据（*ratio legis*）；而倘若反过来，情况乃是如后者一般的话，这一判断

8. 论依照法律之根据的逻辑阐释

的根据便被称作一项审判之根据（ratio decidendi）了。

现在，那些真正由所谓的一项法律之根据所引出的结论，正是人们称为逻辑阐释的那种东西。而尽管其在法律上乃是被容许的，这些结论仍需要各种各样的限制，因为它们将就其自身而言并非法律的东西，在应用中升格为了法律，因此是一种真正的立法权能之活动，而这对于法官而言，只有在获得了实在法（das positive Recht）对此的授权时才能被允许。反之，倘若这位摄政王是在其所依照的法律之根据的说明下颁布了一项判决，而法官随后从这些附带着为他所知的法律出发而做出了进一步的推论，那么这些由这样一种审判之根据而来的结论就根本未曾制订新的法律规定，而仅仅是在前后一致地对某项法律进行应用罢了。现在既然这位法官，出于法官之权能的概念，无条件地对确切按照其内容而应用法律一事负有义务，人们在此就必然得从这一主要观念出发：所有随后考虑到诸结论而产生于某项法律根据的限制，在对某个法律的审判根据之应用那里都是全然缺席的。因而对于依照某项法律之根据的逻辑阐释，如后面将要得出的那样，这些规则乃是适用的：不应将校正性的（korrektorisch）法律说明为与未经改易的早先法律相违背的，或是对于个别的法律（jura singularia）有任何扩展的；而人们也不可单单由于其根据乃是缺席或不合宜的，就对某项法律弃而不用。当人们所考虑的乃是如何在某个审判根据的应用中行事的问题时，所有这些限制就都不应被顾及。因为这样一种审判根据乃是法律，而其在除了由摄政王加以决断的其他场合下的应用，也就并非借助阐释对某些法律进行的扩展，而单纯是在判断性地将之归入某项法律之下。这种情况在所有法律，甚至是个别的与校正性的法律那里都会发生。而另一方面,当法律的审判根据自身缺席之时,它也就必然会缺席了。

这些意见的重要性将于如下这些争论议题中展现出来。权威的法律只能为一些情形做出决断,亦即盟约使一项因公民的权利瑕疵而成为无意义的事务生效了。[10]尽管如此,人们向来都将那两种审判作为适用于所有情形的规则而加以接受了。倘若事情现在是经由某种逻辑的扩展而发生的,人们当然就必得和韦伯(Weber)[11]一道断言,这种对权威法律的扩展对于偏离了罗马法的诸规定性而言,按照阐释校正性法律的诸原理,乃是全然不可容许的。但实践在这里的结果并无错误,尽管它偶尔错误地使用了"扩展"这一表述。因为教宗们在那些两种情形为其中得以决断(*entschieden*)的零碎案例中,订立了当时按照天主教的概念统治着盟约的、作为审判之根据的法律,这法律甚至为国王们所承认。[12]教宗们因而仅仅展示出某个附带提到的普遍法律在一些情境中的应用,而将此法律在全部情境下的应用交给法官的审判。一个全然相同的例证是由这些著名的案例所给出的:教宗们允许子女们在通过有限的财产权(Fideikommissen)取回合法部分之外,还容许他们具有扣除四分之一特雷贝利雅努斯(quarta trebellianica)†的权利。[13]

---

[10] Cap. 28, X de jurejur. cap. 2. de pact. In c.

[11] 他的《自然义务学说的系统性阐释》(*syst. Entw. d. Lehre von d. natürl. Verb.*),§120。

[12] Auth. Sacram. pub. C. si advers. vend.

† 此为罗马法概念,指继承人根据遗嘱人的指示在公证下转移继承后,可以保留继承财产的四分之一。特雷贝利雅努斯是所谓的罗马"三十僭主"之一。——译者

[13] Cap. 16, 18 X de testam. 我的《法学体系》(*System des Pandekten-Rechts*) §778, not. u.。

对于阐明刚刚关于个别法律所说的东西而言，L. 63 这一合伙原则（pr. pro socio）提供了一个杰出的例证。乌勒皮安（Ulpian）在此给予其合伙人于破产时保留其生活必需品的正当权利（beneficium competentiae），并引证了这段话以为其根据：因为这拥有最高的根据，当合伙关系于自身中拥有在一定程度上乃是兄弟之谊的法律时。现在产生了如下问题：兄弟们也拥有这种保留其生活必需品的权利吗？许多人对此点头称是，然而却透露出一种显而易见的窘境，[14] 因为他们暗中向自己提出异议：既然保留生活必需品的权利无疑是一项个别法律，而个别法律不可被扩展性地加以说明，那这项法律要如何从合伙人身上延伸到兄弟身上呢？倘若人们将一项法律的根据与一个法律的审判之根据视为一物，那么就必须完全否认兄弟们也具有保留生活必需品的权利；而如若人们将二者加以区分，那么将此权利归于兄弟们的实践便被轻而易举地拯救了。乌勒皮安不是什么立法者，他之所以允许其兄弟们拥有这一权利，无疑仅仅是因为，他相信可以从诸法律中推导而出。现在，他于此规定中发现了这样一项法律：兄弟们具有保留生活必需品的权利，而这项法律在所引的 L. 63 中，作为合伙人事由的审判根据而被附带着引证了。因此，根据这项案例将保留生活必需品的权利赋予兄弟们的人并未扩展法律，而仅只是应用了一项附带着被设立的法规。

对于限制性阐释的诸原理，第 6 章 X，"何种孩子是合法的"（qui filii sint legitimi），包含了一个合适的例证。尽管于此教令中

---

[14] 参较坦策尔（E. Tenzel），《论保留生活必需品的权利》（*de beneficium competentiae*），Erf. 1719, §18. E. F.。Goclenii, D de eod. arg. Rintel 1702, §11. C. H.; Horn, de benefic. comp. civitatibus non compet. Erf. 1706, §9; Höpfner, Comment. §1138.

订立了这项普遍的法规:婚姻由其自身而导致了孩子的合法性,教宗亚历山大三世仍认为通奸之人无法享此美事,这无疑是因为当时的法律准则规定:通奸男性不得娶通奸女性为妻。⑮现在,倘若这婚姻乃是不被容许的,那么经由婚姻而产生合法性的不可能性也就由自身而导出了。然而,结果却是,通奸男性与通奸女性之间再结连理一事在经过修订后成为了可能。⑯现在,迄今为止一直受到争论的⑰问题在这里产生了:当他们的父母结婚时,通奸者是否没有至少得到合法化呢?倘若人们在回答此问题时由这一观念出发:法律规定之根据在所引的第 6 章 X 中是缺席的,那么这一合法性就无法得到辩护,因为由于根据迟迟未到(cessantem rationem),一项法律乃是不可受限的。然而当人们将所引的第 6 章 X 的审判视作对这项古老法律准则的单纯应用时,为与之相反的断言做出辩护便是十分容易的了:通奸者不可结婚,如当他们实际所是那样。这一审判必须由自身而与对这项新的、与之相反的法律准则之引入同时发生。因为,一旦推论所依据的原理被消灭了,所有经由单纯的判断所推论得出的东西就必须消失;而除了新的法律准则将旧的法律准则连同所有从之推论得出的准则一并消灭之外,一位立法者无法理性地将其诸法律准则出于任何别的目的而保留下来。因为保留基本准则与留存推论准则二者,实际上不多不少地意味着,对人们所

---

⑮ 第 1 章,X,"论那结婚而以通奸玷污婚姻的人"(de eo qui dux. In matrim. quam polluit per adult)。

⑯ 第 3、6 章,X. eod.,第 1 章,X. de convers. cap. infidel。

⑰ 参较伯默尔,《论由通奸者的结合而来的儿子之合法性》(de legitimat. ex coitu damnate narorum),§18—25。

摒弃的东西加以采纳。——正是以同一种方式,人们自然必须将这个同样受争议的准则[18]演绎而出:教会的世袭佃权(Emphyteusen)能否施用于一切遗产之上,这一点乃是可疑的。然而,这一法律准则在 Nov. 120 c. 6 中被重新保存了下来,因而现在,那些由其对立的法律准则而导出的作为推论的早期附律(Novelle)也就由其自身而产生了。

尽管至今无人对法律之根据与审判之根据之间的差异进行过清晰的思考与说明,却有一些人从中感受到了某些晦暗的东西。譬如,佛尔斯特(Forster)便如是说[19],根据普遍的观点,允许对个别的与校正性的法律加以扩展性的阐明。他随后补充道:"他们就如它在极力向前迈进那样扩展这一规则,倘若根据存在于被表达的法律中的话,因为它在那时不是扩展,而毋宁说是总结。因此,根据在普遍的法律之前,就在被表达的法律中而被占有了。(ampliant istam regulam ut turn maxime procedat, si ratio in lege sit expressa, tune enim non est extensio, sed potius comprehensio. Habetur enim ratio in lege expressa pro lege generali.)"有谁无法在此清晰地看到那被晦暗地加以思考的意见之表达,亦即于罗马法中,诸法学家与皇帝的审判所奠基于其上的根据,正如教皇的教令一样,无非就是为了给判断提供辩护而被附带着引证的真正法律呢?然而,当人们要将其应用于奠基在某种真正之法律根据的法令(Edictal-Gesetze)之上时,这个判断又会导向何种错谬的见解呢?无可辩驳地,主要

---

[18] 布里(Buri):《采邑法》(*Lehnrecht*),伦德(Runde)编,2. Th.,第178页。霍法克(Hofacker):《法学原理》(*princ. Jur.*),R. G. T. 2, §1041, not. 6。

[19] 《论法律阐释》(*De juris interpre.*),L.2, c. 2, §5, nr. 1, 2。

正是由那对目前为止被讨论的差异之轻视中，产生了这一错误的法则：法律之根据所迟疑之处，法律自身也迟疑（cessante ratione legis, cessat lex ipsa）。另外，还应当再次明确地将法律之根据，亦即立法者由之而首先被推向一项规章的诸观念，与法律之*动机*（*Veranlassung*）区分开来。后者无非是那将朝向规章的诸观念于立法者心中变得生机勃勃的事实，并且就此而言偶尔也可以被使用，用来澄清立法者的意图。然而，这一存在于动机、根据与法律之编排之间的关联，仅仅是某种十分偶然的东西，既然一个无足轻重的刺激可以产生伟大的观念，一项法律的根据与编排因此也往往能够走得比其动机远得多。

II 浪漫主义诠释学

II 異常ヒスタミン血症

弗里德里希·阿斯特

9. 诠释学[*]

69

　　一切行动都有从自己本质而来的自己的方式和方法；每一生命活动都有它自己的原则，如果没有原则的指导，它将使自己失落在不定的方向之中。当我们从我们的精神世界和物理世界进入一个陌生的世界时——在这世界中，没有熟悉的天资（Genius）引导我们的不确切的步骤或给予我们不定的努力以方向——这些原则将变得如此迫切。如果我们自己必须构造这些原则，那么我们将发现自己——虽然只是逐渐地和困难地——进入陌生现象，理解陌生精神的话语和推测它们的深层意义。

　　对于精神（Geist）来说，没有什么东西自在地是陌生的，因为它是更高的无限的统一、一切生命的核心，不为任何边缘所束缚。假如存在（was ist）与能在（was sein kann）的一切原本并不包含在

---

　　[*] 弗里德里希·阿斯特（Friedrich Ast）："诠释学"（Hermeneutik），引自《语法、诠释学和批评学基础》（*Grundlinien der Grammatik, Hermeneutik und Kritik*），Landshut, 1808, 第165—212页。（†本译文还参阅了奥密斯顿（G. L. Ormiston）和施里弗特（A. D. Schrift）编《诠释学传统：从阿斯特到利科尔》（*The Hermeneutic Tradition: From Ast to Ricoeur*），纽约州立大学出版社，1990年。——译者）

精神里或从精神发展而来，那么我们如何可能理解最奇特的、迄今最陌生的直观、感觉和观念呢？存在的东西包含在精神中，正如无限的光折射入千种自一个源泉而来的颜色中，所有存在者只是折射入尘世之物中的太一（das Eine）的不同表现，而一切复又消融于太一之中。因为事物通过涌动的形象、感官印象，或任何其他曾设计出的不可说明的解释从外面进入精神的这一观念，乃是一种自我取消的和久已被抛弃的想法。如果存在不属于太一，或不与之源始地（ursprünglich）相统一，那么存在就不能使自身转化为一种知（Wissen），躯体也就不能转化为精神。

所有生命都是精神，精神之外没有生命，没有存在，甚至没有感官世界。因为物质性的事物，对于机械式理解的知性而言似乎是惰性的、无生命的和物质的。而对于进行更深层探究的个人来说，它们虽然只是表面上僵死的、在产物中消失并在存在中凝固的幽灵，但他了解它们的力量，并知晓那种源始是生命的存在决不能停止其为活生生的，这种存在随时将其生命力表现为一种应当促进其生命精气（Lebensgeister）活动的交互作用。

70

一般来说，如果没有所有精神性东西（Geistige）的源始统一与等同，没有所有对象在精神内的源始统一，那么所有对陌生世界及"其他"世界的理解与领悟就完全不可能。因为，如果两个东西不是彼此同源，一个能接近另一个，能按另一个的样子塑造自身，或相反，另一个能以同样的方式塑造自身，那么一个如何能影响另一个,另一个又如何能接受前一个的影响呢?所以,如果我们的精神在其自身和在根本上并不与古代的精神相统一,以至于只能暂时地和相对地理解这个对它而言陌生的精神,那么我们将既不能理解一般的古代,也不能理解任何一部艺术作品或文本。因为只是短暂的和外在的东西(培养、教化[Bildung]、环境等)才设立了精神的差别。如果我们不计短暂的和外在的东西相对于纯粹精神的偶然差别,那么所有的精神都是一样的。这正是语文学(*philologischen*)教育的目的:使精神脱离短暂的、偶然的和主观的东西,并授予那种对于更高的和纯粹的人类而言必要的源始性和普遍性,即人道主义(Humanität),以致他可以理解真、善、美的一切形式和表现,即使是陌生的,并通过转换使它们进入自己的本质,从而与源始的、纯粹的人类精神再度统一,而他只是由于其时代、教育和环境的限制才脱离开了这种精神。

这并非单纯的观念,它也可能出现在那样一些人身上,这些人把现实的东西作为实在和唯一的真理与观念的东西对立起来,而未认识到只有一个既非观念亦非实在的真的源始生命,因为两者仅作为暂时的对立从它而来,而且正是这观念最紧密地接近这个源始生命,因而也是一切实在(Realität)的丰盈本身。毋宁说,更高的历史(不只是事实堆积的历史)令人信服地证明了这一点。以同样的方式,即人自在地就是太一的方式,人也曾暂时是在他的生命力的最宏伟的丰盈与纯洁里的一。在东方世界,这是神秘的和宗教式的,只是因为它并不认识实在形塑(Bildung)与观念形塑的暂时对立。因为异教与基督教,例如在印度世界,仍然是一:上帝既是大全生命的丰盈或全体(泛神论),又是所有生命的统一(有神论)。

只有在东方精神瓦解之后,大全生命之本质的个别元素才按照时间(作为人类发展的时期)显示出来:这里是实际上所谓的历史的开端,人类按照时间逐步发展的生命。历史的两极是希腊世界和基督教世界,但这两者是从一个核心即东方精神而产生的,都由于它们源始的统一而追求在我们自己世界里的重新统一。因此我们的教化的胜利将是人类教化的诗性生活(人造的或希腊的)与宗教生活(音乐性的或基督教的)之间的自由的、有意识创造的和谐。

这样,任何事物都是从太一精神涌现的事物,并且任何事物都在追求重返太一精神。没有对这种源始的、从自身流出(暂时分离自身)又寻找自身的统一性的认识,我们不仅无法理解古代,而且也完全不能认识任何历史与人类教化。

71

对于以陌生形式(语言)撰写的陌生著作的一切解释(Deutung)和说明(Erklärung)不仅以对个别部分的理解为前提,而且也以对这个陌生世界之整体的理解为前提,而对这个陌生世界整体的理解进而又以对精神之源始统一的理解为前提。因为通过这种源始统一,我们不仅能形成关于陌生世界之整体性的观念,而且也能真正地和正确地,即用整体的精神领悟每一个个别现象。

因此诠释学或解经学[②]以理解古代的一切外在和内在元素为前

[②] "ἑρμηνευτιχή, ἐξηγητιχή"被奎因梯利安(Quintillian)称为 enarratio auctorum(作品的解释),见 *De Institutione Oratoria Libri Duodecim*, 1, 9.1。(†此处原文为文内夹注,为方便读者阅读,改为脚注。——译者)

提，并把对古代书写著作的说明建基于它之上。因为只有那些完全理解了一部作品的内容和形式（语言和表现）的人，才能说明一部作品，发挥它的意义并描述它与其他作品或与整个古代的内在的和外在的联系。

72

对古代作品的理解基于它们的内容和形式，因为每一事物都具有某种确切的内容或质料，以及与这种内容相应、表现和揭示这种内容的形式。内容就是曾经被形塑的东西（Gebildete），而形式就是形塑（Bildung）的表现。所以，正如古代本身是在其完整的、艺术的、科学的、公共的和特殊的生命中无限地形成一样，它的作品的内容也是无限区分的。因此，按照其内容来理解古代作品，以古代艺术、科学和考古学的知识（就其最广的意义而言）为前提。

古代书写著作的形式就是语言，它是精神的表现。因此对古代作品的理解也以古老语言的知识为前提。

但是，内容（质料）与形式二者源始为一。因为被形塑的任何事物原本乃是一种自我形塑（ein Sich-selbst-Bilden），形式只是这种自我形塑的外在表现。源始为一的东西，即一种自我形塑的生命，在自我形塑已把被形成的东西变成内在东西（内容或质料）和外在东西（形式）之后方才分离。我们把所有存在的源始统一称为精神。因此精神是一切形塑开始的至高点，而被形塑的任何事物必须被返回到这个至高点，假如它可以不是在它的单纯现象上，而是在它的源始性和真理性上被认识的话。正如质料和形式是从精神产生出来的一样,它们也必须返回到这个精神,只有到那时,我们才会认识它们源始和本身是什么,以及它们如何被形塑。

73

我们将通过古代生命用以表现自身的形式去理解古代生命整体,但这只是在我们已经探究了作为一切内在和外在的生命现象都从之流射出的作为焦点的整体即精神的源始统一之后。没有这种更高的统一,整体将堕入一群黑暗的和无生命的原子式的断片中,其中没有一个断片与其他断片相联系,没有一个具有意义或含义。古代作为人类教化的特殊时期,表现了人类的诗性,或表现了外在地、自由地和美好地被形塑的生命,这一观念可以更好地描述一般古代的精神。如果我们能追溯任何事物,甚至能追溯古代民族生活中最个别之物,返回到那一观念,即认识它们与这整体精神的内在联系,那么我们将真正理解古代的每一个别作品,不仅理解其现象,而且也理解其精神(其更高的联系与倾向)。

但是,古代精神在每一个体里又以特殊的方式形塑自身,虽然不是在本质上——因为太一精神寓于万有之中——而是在方向和形式上。因此,对古代文本的理解不仅需要对古代精神本身的领悟,而且也特别需要对作者个人精神的认识,以便不仅看出精神如何将自身倾注于作者的作品这一内容和这一形式之中(这是由于精神在它的形塑中启示自身),而且也看到作者的特殊精神本身如何又只是古代世界更高的普遍精神的启示(Offenbarung)。

74

因此，对古代作者的理解有三种：(1)历史的理解，这关涉他们作品的内容，这种内容或者是艺术的、科学的，或者是古代的（就此作品最广的意义而言）；(2)语法的理解，这关涉它们的形式或语言，以及它们的说话方式；(3)精神的理解，这关涉个别作者和古代整体的精神。

第三种或精神的理解是真正的和更高的理解，正是在这种理解中，历史的理解和语法的理解融合为一种生命。历史的理解认识精神构成什么(was)，语法的理解认识精神如何(wie)构成这种东西，而精神的理解则把这什么和如何，质料和形式，追溯至它们在精神内的源始的、和谐的生命。因为即使（例如）历史著述家把古代的外在生命理解并表现为某种给予他们的东西，但古代的外在生命源始地也是古代普遍精神的产物。历史的或古代的著述家是通过用他的精神，按照他的观点和倾向领悟被创造的东西，从而对自己再创造了这种东西。换句话说，在古代的历史的和古代早期的文本里，内容乃是一种被自由地重新构造的再生品。反之在艺术的和科学的著作里，它乃是一种由诗人或思想家的精神自主创造的直接的和自愿的被形塑物，这是一种独立的被创造物。

75

一切理解和认识的基本原则就是在个别中发现整体精神，以及通过整体把握个别。前者是分析的认识方法,后者是综合的认识方法。但这两者只是通过彼此结合和互为依赖而被设立。正如整体不能被认为脱离作为其成分的个别一样,个别也不能被认为脱离作为其生存领域的整体。所以没有一个先行于另一个,因为这两者相互制约并构成一和谐生命。同样,除非我们把握了整全的古代精神在古代作者的作品中的特殊表现(Offenbarungen),否则我们不能真正领悟整全的古代精神。反之亦然,如果我们没有领悟整全的古代精神,我们也不能把握古代某个作者的精神。

因此,如果我们只能通过古代精神在其作者的著作中的表现来认识古代精神,但这些表现本身又以对普遍精神的认识为前提,那么我们如何能理解个别呢?因为个别是以对整体的知识为前提,而我们通常只能前后相续地理解而不能同时地领悟整体。例如,有这样一个循环,我只是通过 A 去理解 a、b、c 等,但这 A 本身只是通过 a、b、c 等才被理解,如果 A 和 a、b、c 等被视为相互制约和互为前提的对立面,这种循环就不能被破除。如果 A 不是从 a、b、c 等而出现的,并且不被它们所产生,而是以同一方式先于它们和渗透它们,那么 a、b、c 等无非只是 A 这个一的个别表现,这样,a、b、c 就以原初的方式被包含在 A 中。这些部分本身都是 A 这个一的个别发展,每一个都已经以特殊的方式包含了 A,这样为了发现它们的统一,我将无需首先通过个别性的整个无限序列。

只有以这种方式,我才能通过整体认识个别,或反之通过个别认识整体,因为两者同时在它们所有个别性中被给出。与 a 一起,A 就被设立了,因为前者只是后者的表现,即整体是与个别同时一起被设立的。我通过 a、b、c 等线索愈深入到对个别的理解，精神对我就愈明显，愈有生气，那随着序列的第一节而已经在我心中唤起的整体观念就展示得愈多。因为精神决不是个别部分的组合，而是一源始的、单纯未分的本质。它恰恰以如此单纯、整全而未分的状态存于每一个别里，有如它自身就是未分的一样，这就是说，每一个别部分只是太一精神的单一的表现形式。个别并不产生精神或观念，并不通过组合而创造它们，而是激起精神，并唤醒观念。

76

因此所有古代的作者，特别是那些其著作乃是精神的自由产品的作者，都表现了古代的太一精神。不过，每一个作者都是按照他自己的方式，根据他的时代、他的个性、他的教养，和他的外在生活环境去表现这太一精神。整个古代的观念和精神是通过每一位特殊的古代诗人和作者传承给我们的。但是，仅当我们领悟整全的古代精神时，我们才完全理解该作者，这种精神在作者中表现自身，并在与作者个别精神的统一中理解自身。

对古代精神的认识包含对作者生活时代的特殊精神的洞见，对作者自身的个别精神的洞见，以及对那些影响作者教养的外在生活状况的认识。

例如，品达（Pindaros）就其作品的内容、形式和精神而论，就是一位纯真的古代诗人。因此他的诗在这三方面向我们揭示了整全的古代精神。他歌颂的体育竞赛，他的那种形象的、土生土长的和纯洁的表现形式，他的韵律中那种带有满腔爱国主义热忱、竞赛荣誉感和英雄气概的精神,在我们心中唤醒了一种真正古典世界的光荣形象,在这古典世界里,人不仅在内心培养了高贵的性情和值得赞美的渴望,而且乐于为祖国及其神灵做出伟大的英雄业绩。因为竞赛所获得的奖赏不只是胜利者和他的祖国的光荣勋章,而且也是对那个为了比赛的荣誉而被纪念的神灵的赞美。这就是品达的诗所具有的与整个古代精神的普遍联系。但是,这些诗本身却是以独特的方式启示它的精神,因为在这些诗中,不仅古代的精神在讲话,而且诗人的精神也在讲话。这就引起了一个问题:品达生活在一个怎样的时代呢?他的天资是什么呢?他怎样形塑自身,以及他生活在什么样的环境里?如果我们想对品达诗歌的精神和特征有一种真实而生动的描绘,那么我们必须尽可能完全地回答这些问题。这就是所谓理解一位古代作者的意思。

77

对理解的发展和阐明被称为说明(*erklären*)。当然,说明以理解为前提,并建基于理解之上;因为只有已经真正被把握和被领悟的即被理解的东西,才能被传达和昭示给他人。

理解包含两个要素:将个别和特殊把握和总括为一个直观、感觉或观念的整体,也就是说,将其元素或特征分解,并将被分解部分结合成直观或概念的统一体。因此说明也建立在特殊或个别的发展和将个别总括成统一体的基础之上。所以理解和说明就是认识(*Erkennen*)和领悟(*Begreifen*)。

78

上面提到的循环也适用于这里,即个别只有通过整体才能被理解,反之,整体只有通过个别才能被理解。也就是说,直观或概念必先行于个别的知识,但似乎只有通过这些个别,直观和概念才得以形塑自身。但这里也正如上面所说,这种循环只有通过承认特殊东西和一般东西、个别和整体的源始统一是它们二者的真实生命才能被解决。这样,整体的精神被包含在每一单个的元素之中,个别的发展愈向前进,整体的观念就愈清晰和愈富有生气。同样,这里精神并不是通过组合个别而产生自身,而是早已源始地就生活于个别之中,因而个别确实是整体精神的表现。

79

在说明一部完整作品或一特殊部分时,整体观念并不是通过组合所有它的个别元素(特征)而被产生出来的,而是在那样一种人的内心中被唤醒,这种人能通过把握最初的个别来把握观念,并继而随着对个别的说明愈深入而愈清晰和富有生气地把握观念。最初通过个别而对整体观念的把握乃是推测(Ahnung),也就是说,目前仍是精神的不确定的和未发展的前知识,但这种知识通过对个别之把握的进展而转变成生动活跃的和清楚的认识。直到探究完个别的全部领域,那种在最初把握中还是推测的观念,现在作为在个体里各种不同表现的清晰而自觉的统一体而出现,至此理解和说明得到完成。

80

所以，对作品的理解和说明乃是对已经被形塑的东西的真正再生产或再形塑（Nachbilden）。因为所有形塑都开始于一个神秘的、仍隐藏不露的出发点，从它发展出作为形塑因素的生命元素。生命元素是实际形成着并相互制约的诸力（Bildende），这些力通过相互渗透过程而结合成一个整体（产物）。在此产物上，那些最初出发点上尚未发展、但给予生命元素以其方向的观念，完全而客观地得以表现。因此一切形塑的目的乃是精神的启示，外在生命（从源始统一分离出的元素）与内在（精神）生命之和谐的形塑为一（harmonische In-Eins Bildung）。形塑的开端是统一；形塑本身则是多样化（Vielheit）（元素的对立）；形塑或被形塑物的完成就是一和多的渗透，即全（Allheit）。

81

因此，不仅一部作品的整体，而且它的特殊部分，甚至它的单一段落，只有以下述方式才能被理解和说明：当我们把握第一特殊性时，我们就预感着地在把握整体的精神和观念；然后，通过解释单一部分和元素，我们就获得了对整体个别本性的洞见；最后认识所有个别，下一步就是综合一切事物成一统一体，而这统一体，由于我们认识了其一切元素，现在就是一个清晰的、自觉的、在其所有个别之中活生生的统一体。例如，对贺拉斯体颂歌†的说明要从诗人创作的原点开始。在这里整体观念同时已被暗示了，诗歌创作本身的出发点如此确实地起源于整体的激情观念。由于在出发点上接收到了它的第一方向，所以整体观念通过遍在于诗的一切元素而发展。说明必须把握这些单一环节，把握这些环节的每一个别生命，直到发展着的元素的循环之圈完成，直到部分所组成的整体又回流入那个创作起源于其中的观念，直到多种多样的生命——这曾经发展成许多个别部分——又与第一次所表现的创作环节仅只暗示的源始统一成为一体，并且这最初仅仅不确定的统一作为一种活跃又生动的和谐而出现。

每一个别段落也是从一个直观或观念产生出来的。这个观念的表现和形塑就是它的生命的多样化。它的完成就是这种多样生命由之展开的统一体的和谐。由于多样性，这种完成就是现实的生命。

每一个被形塑成自身完满的段落都可以用作证明和例证。

82

个别预先假设整体观念，即精神，而这精神通过个别性的整个序列，将自身形塑为活跃的生命，最后又再返回到自身。随着精神这种向自身源始存在(Wesen)的返回，说明的循环结束了。每一个别都暗示精神，因为它是从精神流溢出来的，并被精神所充满。因此，每一特殊性也包含它自己的生命，因为它是以独特的方式启示

---

† "贺拉斯体颂歌"(Horazischen Ode)指沿袭古希腊诗人贺拉斯的颂歌体。贺拉斯体颂歌多以2或4节为一颂，主要描绘平和友爱的情感。——译者

精神。就它在其只是外在的经验生活中自为地被把握而言，独特的东西就是文字(*Buchstabe*)；就其内在存在，其含义和与整体精神(这精神以独特的方式表现自身)的关系而言，这种独特的东西就是意义(*Sinn*)；处于和谐统一之中的文字和意义的完美无缺的见解就是精神(*Geist*)。文字是精神的身体或外套，通过文字，不可见的精神进入外在的可见的生命。意义是精神的预告者和说明者；精神本身乃真正的生命。

对于每一个需要说明的段落，我们必须首先问文字在陈述什么；其次，它如何陈述它，陈述句具有什么意义，它在文本中具有什么含义；第三，文字由之而流溢出并又力求通过意义返回到其中的整体观念或作为统一的精神是什么。没有意义，文字是僵死的和不可理解的。的确，没有精神，意义本身虽是可理解的，但它只具有一种个别的或原子式的意义，而这种个别的或原子式的意义如果没有精神就没有根据和目的。因为只有通过精神我们才能认识每一事物的为什么(*warum*)，从何而来(*woher*)和到何处去(*wohin*)。

因此，文字、意义和精神是说明的三要素。文字的诠释学就是对个别的语词和内容的说明；意义的诠释学就是对此个别在所与段落脉络里的含义的说明；精神的诠释学就是对它与整体观念(在整体观念里，个别消融于整体的统一之中)的更高关系的说明。

83

语词说明(*Worterklärung*)和内容说明(*Sacherklärung*)是以语言知识和考古学为前提，换句话说，就是以古代的语法知识和历史知识为前提。语言必须按照它发展的不同时代、它的不同形式和说话方式来加以认识，因为每一作者是用他的时代的语言和他的民族的说话方式来著述的。荷马的语言不同于之后的史诗和抒情诗人、戏剧家等的语言，这不仅是由于它的天资，而且也由于它的外表和形式的塑造。假如要使意义出现的话，它的每一个语词必须在每一个个别段落里被特殊地加以理解。凡在那些未认识的、以一种异常的或比喻的方式而使用的语词的含义不是直接清楚的地方，我们必须探究那些语词的词源学、类推和不同作者在不同时期的不同用法，以便确立那种与段落的意义和整体的精神（即整体的天资和倾向）相符合的含义。对内容的说明是以关于一般古代的知识，特别是所说作者处理的那种对象的知识为前提的。事实上，我们必须要探究，那位要说明的作者所选择作为其阐述对象的艺术、科学，在当时处于何种教化阶段，一般古代人，特别是所说的作者如何看待这些学科，以致我们才不会把后来的教育和知识的成果归给以前的作者，或者反过来，让那些更古老的、当时尚未发展的观念和观点归属于该作者。

84

对意义的说明建基于对一般古代的天资和倾向的洞见，以及对那个是说明对象的个别作者的天资和倾向的洞见。因为如果没有对古代精神的揣摩或认识，我们甚至就不可能真正领悟某个单一段落的意义。如果现代多愁善感的和逻辑的心灵并未上升到对古代生命和精神的纯粹直观，那么不仅是对于希腊或罗马的某部作品，而且是对于它的个别段落,这个心灵都将很容易陷入错误理解和解释的危险之中。

作品的意义和个别段落的意义是从作者的精神和倾向中特别产生出来的。只有那位领悟并熟悉了这些精神和倾向的人,才能够按其作者的精神理解每一段落,并揭示它的正确意义。

例如,柏拉图的一句话的意义,往往与亚里士多德所写的、按意思和语词很相似之话的意义有所不同。因为在柏拉图那里是生动的直观和自由的生命,而在亚里士多德这里则常常只是逻辑的概念和知性的反思。但是,如果我们是自为地考察某一个别作品,那么每一个别段落和每一语词的意义,是由它们与其他最紧密相关的语词和段落的关系,与整个作品的关系所规定的。因此,不仅同一个语词,而且个别的类似段落,在不同语境里都具有不同的意义。但是,为了把握那种理解部分所依赖的整体意义,我们必须探究所说作者的作品是在什么精神、何种目的、何种时代以及当时公共生活与私人生活的何种情况下撰写的。因此,文学的历史,个人教化的历史,作者生活和著述的历史,对于理解每一个别作品的情况都是必要的。

而且,我们还必须区分单纯的意义和比喻的意义。在那些可疑的段落里,一般最正确的意义就是那种最紧密地与古代的精神,特别是与作者的天资、倾向和性格相一致的意义。

85

对文本或个别段落的**精神**的说明就是对作者所想的或不自觉地被其所指导的观念的阐明。观念是一切生命从之发展并在精神的神化(verklärt)中向之返回的更高的活生生的统一体。观念的元素是多样性,是知觉上发展了的生命,以及作为多样性或生命的形式,即直观和概念的统一体。这两者之间和谐的相互渗透产生了观念。现在在许多作者那里,观念本身并不出现,出现的只是它的元素,或者是直观或者是概念:直观出现在经验-历史的著述家那里,而概念出现在逻辑-哲学的著述家那里。从观念发展的任何事物和力求返回观念的任何事物,只有在真正的艺术的或哲学的作者那里出现,以致不仅文本整体而且个别段落都在观念里具有它们的生命。

观念,作为直观和概念的源始统一体(精神),是高于二者的,即它被提升超出有限状态。因为有限的东西,或者是多样性(实在生命)或者是统一体(生命的形式和概念),只有随着直观和概念才被设立,但这种直观和概念是从观念进入了短暂的东西(发展成对立的方面)。因此通过观念,一切都与源始的东西、无限的东西发生关联,有限的东西作为精神的神化(Verklärung)消融于无限的东西里。同样,也正是事物的精神才使事物与它们从之进入短暂的、有限的东西的更高世界发生联系,解脱尘世的桎梏并使之神化为自由的生命。

86

在经验的和逻辑的著述家那里,对精神的说明主要是他们从之出发的直观和概念的发展。每一直观和每一概念都指出一个观念,因为它们两者只是观念的两个分开而脱离的元素。例如,对人的生命之直观,历史学家希罗多德在其著作中把它视为世界观(Weltbetrachtung),当他叙述他的历史时,他经常想到这种世界观——

被理解为只是直观，它是经验的，且没有任何更高的精神的意味性，虽然它将自己抬高到惩罚自负的复仇女神的宗教观。这种直观源于何处呢？我们这种提问相当正确，因为每一有限事物本身都预设了一个更高的基础。——它起源于历史学家对之进行独特沉思的事物本身的生命，但这种有限对象的规律起源于何处，以致它们有它们被规定的界限，而当它们想超出自然为它们设立的界限时，它们就取消和毁灭了自身呢？只有有限性本身的观念向我说明这种规律，以及希罗多德据之出发的那种直观。

其他历史学家把他们的历史建基于概念之上，例如建基于民族的独立性概念，建基于人类试图在历史上实现的司法体系概念之上；或者像实用主义者，他们想通过历史叙述教导读者识得某些对象，或把历史视为一切事物的最大公共幸福等。这些概念的起源是什么呢？它们是什么？它们只是历史观念的片断元素。正如每一观念一样，历史观念本身也是完全的和独立的。但从观念里的和谐统一突显出来的元素，不管它们是直观还是概念，都没有独立的生命，因为它们被观念所规定并建基于观念。因此，每一直观和每一概念本身是有限的、受限制的，它预设了一个更高的基础。逻辑哲学家完全生活于概念之中，同样也导向观念，因为每一概念都被建立在观念之中。

87

通过对精神的说明，我们使自身超出文字和文字的意义而去到这两者从之起源的源始生命，即去到那种或者是在作者内在眼睛之前如此清晰而出现的观念,或者——在作者不能提升自身到更高生命的清晰性的地方——采取直观或概念的形式的观念。

但是,对精神的说明有两方面:内在的说明和外在的说明,或者说主观的说明和客观的说明。对精神的内在的或主观的说明在所与领域内进行,它追溯作者据之出发的观念,它从观念发展作品的倾向和特征,并在文本的个别部分之中重构观念本身,以致它证明了整体由之流溢而出的基本统一,这统一如何发展为多样性,以及多样性如何由于整体的和谐而与统一相互渗透又成为一生命。换句话说,说明证明了作品的个别部分之间的关系,每一部分如何被形成,以及每一部分如何力求返回到整体的统一(它如何与整体相关联)。同样,对个别段落的精神,对这些段落的内容、文字意义和意思的说明,也与作者所想的观念有关,与他的观点、形成过程和表现的精神有关。所以那些表达不同语词意义、甚而不同意思的不清楚的段落,只能通过对文本精神(它的观念和倾向)的清晰认识,才能被正确地领悟和解释。

88

对精神的外在的或客观的说明,超出了作品中所表现的观念的所与领域。它之所以能这样,部分是由于它证明了这观念与其他与之相关的观念的联系,以及这观念与所有其他观念从之流溢而出的基本观念的关系;部分是由于它从它的更高观点去领会和评价文本中所揭示的精神,既涉及文本的内容、倾向等,又涉及该精神与表现形式的关系。

例如，柏拉图对话的精神，只有当我们把每一单个对话的观念与其他对话中的相关观念加以联系，才能被正确把握和描述。换句话说，只有当我们按照其精神对类似的对话进行相互比较，最后将它们追溯到柏拉图著作和哲学的基本观念，以便规定它们与基本观念的关系，我们才能正确把握和描述柏拉图对话的精神。把一个观念与同一个文本里的其他相关观念加以联系的做法，向我说明了所表现的观念的个别结论（Bestimmtheit）。因为一个观念尽管蜿蜒穿过所有对话，构成柏拉图对话的灵魂，但在每一个别文本里，它都以不同的表现而出现，从一种不同的视角被考察。这种特殊性预设了其他特殊性。因为，如果在一篇对话里，柏拉图实际只处理和表现一个观念，那么这指向了一种在其他对话里对这个观念的理论的或辩证的处理。因此这样的两篇对话就处于最紧密的相互联系之中。但是，两者也指向了表现同一观念的其他对话，但不是在它分解了的辩证的和实践的观点，而是在于它的源始生命之中，等等。个别对话以及最紧密相关的诸对话里的观念与一切观念的太一焦点的关联揭示了最高原则，在这原则中，个别对话里所表现的观念，不仅具有它的最终证明，而且具有它的真生命。

89

对作品精神的评判（Beurteilung）和评价（Würdigung），例如对柏拉图一篇对话的评判和评价，是以不仅对柏拉图的天资，而且对古代，特别是对哲学和艺术的尽可能最广泛和最精确的知识为前提的。因为，只有当我已经正确地和尽可能完全地把握和认识柏拉图哲学和艺术的天资，我才能评价柏拉图某个文本相对于柏拉图之天资所具有的哲学和艺术水平。但是，只有我具有关于古典世界的哲学和艺术精神的知识，才能使我根据古代精神去评价柏拉图每一单个的作品和他的所有作品，以及决定它们与古代同类作品的艺术和哲学的关系。两种评判方式——一种按照作者的天资，另一种按照整个古代的精神——或者涉及内容，即被表现的观念，或者涉及形式，即观念的表现。

90

但是，涉及作者天资的对内容和形式的评判只是相对的。因为按照某个作者的天资，一个文本可能是最完美的，然而按照另外一个作者的天资，则可能是最不完美的。例如，按照正统的苏格拉底的精神进行判断，某些被归于柏拉图的短小对话，就它们的内容、观念、道德原则、美好的人生观等而言，以及就它们的形式，生动的、戏剧化的、常是模拟的表现，表演激情，对话的自然性和直接性等而言，是极为卓越的。但是，如果按照柏拉图的天资进行评判，同样的这些对话也许要被降低到属柏拉图最低层次的文本，因为它们既没有观念里的高层次生命和对无限的精神追求，也不具备天资的表现力和无条件的幻想。

91

根据民族和时代的天资来对文本精神的评判，乃只是一种民族的评判。因为一位爱奥尼亚诗人或思想家的作品，必然以不同于那些意大利或阿提卡作者的作品的方式而被人们评判。对一个爱奥尼亚作者可能是卓越的东西，对于一个意大利或阿提卡作者来说很可能是微不足道或毫无意思的，反之亦然。一位爱奥尼亚作者，当他通过精神的自由解放的生命，渗透于他所归属的民族实在（Realismus），并把直观至少提升到概念的层次，也许在其领域内已经完成了最高目的。反之，以意大利——毕达哥拉斯派——的方式受教的作者，当他知道观念构成了直观的生命，使概念重新与直观相结合时，他可能在其观念领域成就了最高目的。所以我们在爱奥尼亚作者那里赞扬观念的教化，在意大利作者那里赞扬实在的教化；而在阿提卡作者那里则赞扬实在与观念的统一，即观念的直接表现的（戏剧的、对话的）生命。

因此，荷马作为一位爱奥尼亚诗人，是最完满的诗人，而品达（Pindar）作为一位多利亚抒情诗人亦然，但他们没有一个自在地是最完满的，因为在他们每个人身上，只有完满教化的一个本质元素占据了主导。作为一位爱奥尼亚诗人，荷马在他活生生的、客观的表现方面超过了品达，反之，品达由于他的精神和性情的内在深刻的生命更优异于荷马。而且，如果我们将其他民族与整个希腊民族作比较，也证明了这种评价只是一种民族的评价。例如，作为一位罗马抒情诗人，贺拉斯是最完满的诗人，但他不是自在地最完满的，因为如果他属于希腊抒情诗人之列，他将也许只能博得第三等级诗人的地位。

92

然而，仍存在一种比相对的民族的评价更高的对文本精神的评价。就其自身而言，这种评价是最高的，因为它并不是从特殊的（有限的）观点出发，而是一种绝对的评价。因为它不再讲个体性和民族性，而只讲真、善、美本身。真本身就是哲学和科学文本的观点，美本身就是评判艺术作品的原则，而善本身就是包含这两者的一切生命精神。

例如，如果我们相对地和个别地评判柏拉图的某个文本，我们是把它的精神与柏拉图的天资相联系；如果我们民族地评判它，希腊的古代精神就成为我们评判的标准。但是，如果我们想绝对地评价它，那么我们就必须超出相对的和民族的立场，而去到最高的绝对的立场。我们将首先探问柏拉图所表现的观念如何符合于真理本身。它是趋近还是远离绝对的真理概念？其次，我们必须探究在什么程度上柏拉图对话是艺术作品？它们如何自在地表现美的观念？美是否纯粹而清澈地从这些对话中出现，或它是否被任一事物（材料、目的、方式等）所限制？第三，什么是柏拉图著作的灵魂、性情？这种内在生命、善是否在这些著作中被神化，它们的美德是否是无瑕疵的和追求神圣的，或它们是否也显然可见地带有其时代的印痕，其民族特征的印痕等？因为柏拉图是少数几个同时是思想家、艺术家和可神圣化的人物的作者中的一个，对于这些作者，对其无条件的评价是三倍的。与此相反，大多数其他作者或者只是思想家，或者只是艺术家，或者只是多智的著述家。

93

但是，只有那种能够通过真、美、善观念本身来超出作者自身的人，才能作出这种对于完全理解和完美说明作者精神而言必要的无条件评价。如果只有哲学才是活在这些观念极乐世界中的所选学科，那么只有具有哲学教养的语文学家才能从语法的和历史的解释的尘世基础，上升到精神性的无条件阐明和评价之超凡的至高点。

弗里德里希·施莱尔马赫

10. 就 F. A. 沃尔夫的提示和阿斯特的教本论诠释学概念 *

很多,甚至也许是大部分人类生活所由以构成的活动,都要依其所成就的方式而经受一种三重的分级:其一几乎与精神无涉而完全是机械论的,其二是建基于经验与观察的丰富性之上的,其三则是艺术性的——在这个语词的真正意义上。现在,我以为阐释(Auslegen)也当从属于这三重级次之下,倘若我将所有对于陌生言说的理解都归结于这一表述之内的话。先是那最初与最低的级次,我们不仅能够天天在市场与大街上找到它,而且同样能在一些人们就共同的对象而彼此交换熟语的社会圈子中找到——讲话者每次都能几乎确凿无疑地知晓,与他对话的人将要作何回答,而言说就像一个球那样被有序地接住而又抛出。第二级次乃是我们一般而言似乎立足于其上的支点。这种阐释在我们的学堂与高校中得以运用,而语文学家与神学家们所作的说明性注释——由于二者杰出地扩展了这一领域——也包含富于教益的观察与证明的大量财富。

---

* 弗里德里希·施莱尔马赫(Friedrich Schleiermacher):"就 F. A. 沃尔夫的提示和阿斯特的教本论诠释学概念"(Über den Begriff der Hermeneutik mit Bezug auf F. A. Wolfs Andeutungen und Asts Lehrbuch),引自《全集》(*Sämmtliche Werke*),Ⅲ. Abt., 3. Bd.,由约纳斯(L. Jonas)编,柏林,1835 年,第 344—386 页。

这些观察与证明充分显示出，他们中有多少人是就阐释而言真正技艺娴熟者(Künstler)：有时最粗野的专断会在难解的段落处浮现，而有时迂腐的鲁钝则将那至美之物要么是冷淡地忽略，要么是愚蠢地颠转，这些都在同一领域与他们紧紧毗邻。然而在所有这些财富以外，还需要这种人：他必须自己推动这项事业，却又无法跻身于观点鲜明的艺术家之列，如若他同时还要在阐释中先行于求知欲旺盛的年青一代并将他们领向那里。他所依据的乃是这样一种引导：它作为真正的艺术学说，不仅是这一专业的艺术家之杰作的最受渴念之果实，而同样也以可敬的科学形式分析了操作方法的整个范围与诸根据。当我起初要进行阐释性的讲座时，我自觉受到推动，要去寻找这种东西，不单为我自己，也为了我的听众们。只是，徒劳无功。不仅是并非无关紧要的许多神学纲要——即便其中有些是适用于某个有为的语文学学派之成果的，比如埃内斯蒂式的书†那样，而且还有属于这一类的少数纯粹语文学文章，都仅只是作为由个别的规则所构成的文集，这些规则是由大师们的那些观察汇编出来的，时而清楚地被规定，时而无根地飘荡，时而笨拙、时而又适宜地被组织了起来。当菲勒博恩基于沃尔夫的讲座所著的语文学百科全书††面世时，我所期待的乃是更出色的东西，只是这不太诠释学的东西也未曾具有这种趋向——尽管只是几笔，但却想要拆毁

---

† "埃内斯蒂式的书"，原文作"das Ernestische Buch"，据查疑指约翰·奥古斯特·埃内斯蒂(Johann August Ernesti, 1707—1781)。他是第一位将对《旧约》的诠释学与对《新约》的诠释学相区分的神学家与语文学家。——译者

†† 此处所指的是德国哲学家乔治·古斯塔夫·菲勒博恩(Georg Gustav Fülleborn, 1769—1803)于1798年出版的著作，该书全名为：*Excyclopaedia philologica sive primae lineae Isagoges in antiquorum studia*。——译者

10. 就 F. A. 沃尔夫的提示和阿斯特的教本论诠释学概念

一个整体。既然被描述的东西在这里也同样理所当然地被专门应用于古典时代的著作之上，正如在大部分手册中被应用于神圣经文所特有的领域上那样，我便感到自己相较于从前而言并未得到更深的满足。

自那时起，于标题中给出的那些文章便成为了在此事务中出现的最重要的东西。现在，沃尔夫越是在我们中表现出最精致的精神与最自由的语文学天才，阿斯特先生越是追求到处像一位进行哲学推理的语言学家那样行事，将二者并置在一起也就越富启发、越有裨益。因而现在，我以为最符合目的之做法乃是，通过追随这些引导者，来将我自己关乎这项任务的想法衔接于他们的判断之上。

沃尔夫在其整篇文章之中，都十分有意地规避了系统性的形式，要么是因为他想要一般性地规避那些会显得迂腐的东西，将那些他轻巧而雅致地使之发生的东西听任旁人处理，而不是播撒它们，再去辛劳而不无庸俗地将之收获；要么仅仅是因为，他认为它不适合放在一本拒不接受一切系统性考虑的多元性杂志的前头。与之相反，阿斯特先生为自己规定了这种形式，并在前头向我们说明，没有学说能够脱离哲学精神而被科学地传播。然而，沃尔夫却在彼处向我们保证，他文章的内容早就确定要为一部哲学百科全书充当导论了。因而，个别性的东西都已然于此关系中得到了思考，并因此如是得以表达。就此而言，我们也能够有理有据地将我们在此发现的东西视作他真正的理论。

现在，当沃尔夫通过将语法学、诠释学与批判这三者作为准备性的诸研究——这些研究为进入真正语文学的学科圈子而提供了入门指引——与一种古典学的工具论（Organon）共同加以处理时，阿斯特先生却想要将这些学科作为某种尚未出现的语文学概要之附属品来对待。据此，二人其实彼此相去不远。因为即便阿斯特先生没有更为确切地使这些附属品间的关系得到说明，他的观点却仍只能是，语文学的阐述将他引向了此种必然性：必须对那三门学科进行某种科学处理。二人一致断言的语法学、批判与诠释学间确切的关系，大概同样没有人敢去否认。然而我乐意为最后者——既然我现在不得不将另外两者搁置一旁——再安排另一种位置。古典时代的诸多著作，作为人类言说的杰作，在那些阐释技艺惯于与之打交道的对象中，无疑是至为卓越与庄严的。只是不可否认，有许多在对这门学科的推动中取得了重大效绩的研究，首先来自于那些对语文学家而言恰恰是根本谈不上丰富有趣的基督徒的神圣经文。倘若人们现在也同样为这些研究编写一部百科全书，那么无可争辩的是：与其他各种准备性的研究绑定在一起，我们的技艺在那里也会构成某种类似的基督教神学之工具论。倘若它由此既能为基督教神学，也能为古代经典所使用，那么无论前者还是后者便都不能成为它的本质——能作为其本质的要是某种更宏大的东西，而它们只不过是由它分流而出罢了。当然，唯有这两个群体——古典的语文学家与钻研语文学的神学家，推动了我们的学科，[①] 而阿斯特先生几乎能够诱使我断言，我们的学科也唯独在这两个领域中才能拥有其真正的位置。因为几乎是于其基本路线的一开头处，在他设定了理解之任务的地方，他便将我们向上引到了那精神统一性的至高之高度那里去，并以如下的论断作结：我们整个精神活动的目标都在

[①] 法律诠释学则不再完全是同一种东西了。它在绝大多数时候仅仅关涉到对法律之范围的确定，也就是普遍原理与不一定在其中一起被考虑到了的东西之间的关系。

10. 就F. A. 沃尔夫的提示和阿斯特的教本论诠释学概念

于那须得被生产而出的希腊生活与基督教生活之统一性。由此，除了这两者以外，诠释学大概便没有什么不得不处理的东西了。而倘若它一方面引入古典学，另一方面又引入基督教神学，那么这两者便唯有发生于统一性的精神之内。倘若它现在仍必须与那众所周知乃是两者尚未分化的无差别性的东方主义（Orientalismus）发生关系，并在另一方面与那显然存在于对二者的统一之接近中的浪漫派文学发生关系，那么它也能轻而易举地应付得来。因为东方主义与浪漫派文学，同古典语文学与神圣文学一样，是彼此隔开的领域。我们因而便拥有了某种四重的诠释学，每一重都以某种特别的方式构成了某一特定圈子的工具论，而为此却必须存在某种更高的共同之物。然而，当我斗胆想要攀登到这种高度时，却在沃尔夫的幽灵面前畏惧不前。这幽灵在沃尔夫献给诠释学的为数不多的几句话中悲鸣道，它作为理论而言尚且是极不完善的，并提到了那些对于其奠基而言仍然欠缺的研究。然而，这些研究却全无一处于如此令人目眩的高度上，而是位于极有节制的诸领域中，即是关于诸词语的含义（Bedeutung）、诸句子的意义（Sinn），还有言谈的关联之研究。尽管如此，他却复又自我安慰般地说道，这种不完善性无伤大雅，因为对于唤醒阐释者的天资或是提升他精神的敏锐度而言，这些成果收效甚微。他在此同样想警示性地指出他在两种理论间做出的有效区分。对于前者而言，就像这些理论在古人那里一样，它们事实上使得产出变得更加容易了——在此也就是阐释的事业；而后者则是我们这些晚辈所趋向的东西，它们深入到艺术及其最初诸根据的内在本性之混乱发展中，然而依照这些根据却并无什么东西被制作了出来。我担心，在这里提到的乃是我以之开头的那种区分。纯粹科学的理论会成为那种什么也影响不了的东西，而有用的则仅仅会是那种有目的地将诸多观察并置在一起的理论。现在，我一方面仍认为，后者仍需要某种东西，来为它的诸多规则规定出可应用性的领域，而这领域很可能必须由前者来提供；另一方面我则认为，倘若它仅仅在艺术的本性及与之相关涉的诸根据那里止步不前，却仍会一直对这种艺术之实践产生些许影响。单是因为我无论如何也不想将拿这种理论的可应用性来打赌，我便宁愿与这条路上思辨的向导分道扬镳，而追随那位更富实践性的向导。

因而这首先说明了，说明（Erklärung）当然并不处于顶端位置，而是位于一段插入语的角落中。但它却也说明了，诠释学乃是一门以必要的洞见将某位作者的思想由其陈述中找出的艺术。现在对我而言，许多我仅仅希冀于另一位向导那里才能赢得的东西，也已然在这一位处得到了拯救。诠释学不单能够在古典领域中一展所长，也并非仅仅是这更狭窄之领域中的语文学工具论，而是在一切有作者的地方都推动了它的工作，其诸项原则因而必须满足这整个领域的需求，而不仅仅是追溯回古典著作的本性。——阿斯特先生这一份如此妥善地起草的说明令我感到棘手，我必须为自己搜寻它的诸多个别部分。他所设立的第一个概念，乃是应当被理解的陌生（Fremden）之概念。现在，他凭借自己的全然敏锐否认了这个概念——自然是在要被理解的那位与要去理解的那位互相全然陌生，二人间不存在丝毫共同点的时候：此时理解的联结点因而也就不存在了。然而我或许可以推断说，这一概念仍停留于某种偏执一端的概念，并由此便可得出结论：当一切全然陌生之时，诠释学根本不懂得如何去衔接它的工作。而在相反的情形下也没什么不同：言说

10. 就 F. A. 沃尔夫的提示和阿斯特的教本论诠释学概念

者与倾听者间根本不存在任何陌生之处,那样就根本不需要在二者间建立什么联系了。理解乃是与阅读和聆听同时进行的,或者也许如预言(divinatorisch)那样,已然在先前便被给出了,它因而从自身出发来完满地理解自身。

我心满意足地将诠释学的事业包括于这两点之间。但我也承认,自己乐意为了它而占用这整个领域,并且声称,在任何思想之表达经由言说而对听者产生了某种陌生之物的地方,都存在着唯有凭借我们的理论之帮助才能解决的任务,即便他与言说者之间当然也总已存在某种共同之处。然而,我的两位向导却以各种各样的方式对我施加了限制。其中一位是这样做的,他仅仅谈及那些应当被理解的写作者,就好像它不是在对话与直接听到的言说中也一样能够显露出来那样;另一位则很快就将陌生之物限定为以陌生的语言被撰写的事物,随之也就限定在那些如此得以书写的精神之作品上——比起写作者们的领域而言,这一领域更显促狭。因为从根本不具有多少精神性内容的书面文章中,从采取了与我们在共同对话中惯于陈述微小事件的非常近似之方式的叙事——与技艺精湛的历史书写相去甚远——中,从以最亲昵与最随意的风格写成的信件中,我们所得知的东西实属寥寥。而这些诠释学之任务却也同样出现于这些东西中,且难度不小。此外我还担忧,沃尔夫对此也没能说出什么与阿斯特先生有多么不同的东西。而假设我曾询问过他,诸如报纸写手与那些在其中撰写着形形色色的广告的人是否也一样构成这门阐释技艺的对象,他便会不甚友善地对我加以呵斥了。自然,这里的情况往往是,作者与读者间并不存在什么陌生之物,但同样会存在例外。而我无法洞见,为何这种陌生之物能够或

136

必须以另一种方式,作为从属于某种更具艺术性之文本的东西而被转化为我们自己的。无论这于此处这些需要去清晰证明的渐进过程而言究竟是多么不可能:为这两个领域而去界定两种彼此相对的不同方法或理论——比方说,有一些完全无法与某篇报纸上的文章显著区分开的箴言。是的,我必须再次回到这个论题:诠释学也并不应当仅仅被限制在写作的产品之上。因为当我不满足于某种惯常的理解程度,而要尝试去弄清,由一个思想到另一个思想的过渡在这位朋友那里实现得多好时;或者是当他通过这种而非那种方式表达了所谈及的对象,而我要追踪此种方式可能与哪些观点、判断与企图相关时,我便屡屡在亲密的谈话中采取诠释学操作(hermeneutischen Operationen)。我想,这些或许每位留心观察的人都定会在自己身上见证到的事实,能够足够清晰地表明,那个我们正是为它而寻找理论的任务之解决,绝不依附于以阅读为目的而为文本所调整过的言说状态,而是无所不在地处于我们不得不凭借语词来获悉有关它的思想或序列的地方。它同样不被限制在所使用的语言乃是陌生之语的情况下,而是同样存在于自己的语言中。而且或许要注意,全然不考虑它分散入其中的那些方言,与那些于某人处出现却于别人那里消失的特点,对每一个人而言都有各式各样的陌生之物存在于另一人的思想与表达中,无论所采取的是口头的陈述还是书面的陈述。是的,我承认,我将诠释学在母语领域及与人直接交往之领域中的实践,视作某种有教养的生活之极为本质性的部分,抛开所有语文学或神学的研究不谈。谁能在与精神修养极高的人们打交道的同时,却不竭力在那些语词间听到些什么,就像我们在精神充盈而又紧凑的文本的字里行间读到些什么一样呢?谁不

10. 就 F. A. 沃尔夫的提示和阿斯特的教本论诠释学概念

想举行一场同样值得确切观察的对谈，它可以从各个方面转化为同样有价值的行动，在其中突显出具有生命力的诸多要点，把握住它们的内在关联，并进一步追踪所有无声的暗示呢？尤其是沃尔夫，这样一位对话的艺术家，给出了这么多东西，但其中暗示的成分却多于道明，示意的成分多于暗示。他当然不可能想要对得到艺术性的理解这一点采取蔑视的态度，人们由此或许就会知晓，他每次都在想些什么了。现在，那些懂得生活、老于世故、精通政治手腕之人的观察与阐释技艺——只要其对象乃是言说，真的应当与我们于自己的书本上所应用的那种迥然有别吗？如此迥异，以至于它立足于不同的原则之上，而无法完成某种同样熟练与合乎法度的阐述吗？对此我并不相信，毋宁说它们就像是同一门艺术的两种不同应用那样，在其中一种内，一些动机出现而另一些隐退，而于另一种内则相反。是的，我还想再进一步并且断言，二者间的距离根本没有遥远到，使得想要优先着眼于这一种的人可以弃置那另一种。然而，我尤其想要——为了停留在那离我们最近的东西那里——急切地劝告书面著作的阐释者们，去努力练习更为重要的对话之阐释。因为言说者的直接之当下，这活生生的、宣布了他整个精神性存在之参与的表达，这思想在此由共同生活中发展而出的方式——所有这些都远远比对某个全然孤立之文本的寂寞观察更能促成如下的事情：将一系列思想同时作为某种爆发性的生命瞬间（Lebensmoment），作为某种与属于不同类型的其他许多思想相关联的行动去理解，而这一面正是在对写作者的说明中最常被置于末尾，甚至在很大程度上根本是被忽略了的东西。当我们将二者加以比较时，我想说，我们只是看到了任务的两个部分，而非两种形式。在我们为语言的陌生性所阻拦的地方，我们自然首先要在这种语言中进行研究。但它对于我们而言也可以是完全熟稔的，而我们却因无法在言说者的操作中把握住关联性而被阻拦。倘若两者同样少地呈现出来，那么任务就有可能变得无法解决。

然而我现在回到那些已经谈过的说明（Erklärung）那里去，且必须首先在沃尔夫式的说明那里，至少为了每种我有能力去创立的诠释学，针对这一表达提出异议：作者的思想应当以某种必然的洞见而被发现。并非我觉得这种要求总的来说过于强烈了，毋宁说情况是这样：我认为它在很多情形下都并不过火。然而我担心，倘若说明是如此被设定的，那么人们就会忽视掉其他的情形——它们乃是我所不愿意错过的，而那个表达在这些情形中却根本不适用。人们在许多情形下都能够很好地证明，一个语词在某种给定的联系中只能具有一种特定的含义，虽然在这些情形下很难完全舍弃由沃尔夫或许过于轻易地预先进行的关于语词含义之自然本性的研究。是的，倘若人们的立足点仅仅在于这一领域之外的某处，那或许也可以通过这些基础证据的交错联结，来令人满意地证明某句话的意义。然而其他的情形却也不可胜数——它们主要是新约阐释的负担——人们于彼处正好无法获得必然的洞见，因为随着支点的转变，他们所能得出的东西也就不同。同样，在批判的领域里，这样的事情也不在少数：除了"事情尚有可能会是另外的样子"之外，别人便无法以其他方式对某种基础性研究的结果提出反驳了。这些说明自然并不算多，但只要某个这样的可能性没有被完全排除掉，所谓必然的洞见也就无从谈起。现在，我们再进一步，并思考这种做法如何可行：在从属于一个整体的更庞大的诸部分中去证明往往

10. 就 F. A. 沃尔夫的提示和阿斯特的教本论诠释学概念

难以识别的思想之关联，并探寻出那些仿佛遗失了的诸暗示中所隐藏的附加物。这样，事情就不仅仅关乎对微细的历史性要素之编排与考量，就像沃尔夫所阐述的那样，而是要猜测属于某位作者的个人化的联结方式，它可能会以不同的面貌出现于同一历史位置与同一陈述形式中，从而给出不尽相同的结果。而在此类事情中，其本身的信念（Überzeugung）可能会非常坚定，能够被轻而易举地传达给意气相投、行事相类的同侪们。然而人们将某种证明的形式显示于阐述之中的尝试却成为徒劳的了。这样说绝不是为了对这些发现不利，而是说在这一领域上，一个卓越的头脑——它刚好被从我们身边夺走了——中通常充满悖论的言说可能会尤为适用，其中的断言远多于证明。这是一种截然不同的确定性，如沃尔夫对批判之确定性的称赞那样，它更具有预言性。当阐释者尽可能地将自己设身处地投入到作者的整个创作中时，它便产生了。因此，事情实际上在这里也会如此，这并不罕见：正如柏拉图式的游吟诗人十分单纯地承认，自己能出色地对荷马进行解释，但理解之明却不在别的诗人或散文作者那里向他显现一样。亦即，在所有不仅与语言，而也与某个民族与时代的历史性状态相关的东西中，阐释者能够并且应当表明自己在每一处都是同样卓越的，倘若他能够支配所属之知识范围的话。反之，那依赖于对作者进行起草与构思的内在过程之正确领会的东西，乃是其个人特质在语言以及他的整个关联中的产物，即便对于技艺最纯熟的阐释者而言，也唯有在那些最为他所熟稔的作者那里，在那些他最为钟爱、最能将自己代入进去的东西那里，才能最完美地达到，就像这在我们的生活中也只能发生在最亲密的友人之间那样。而于其余作者那里，他对此便只会达成更少程度上的自我满足了，而且并不会羞于向其他从事这门技艺的同行取经，因为他们与那些作者间的距离更近。是的，人们兴许曾尝试去断言，整个阐释实践必须以这种方式来划分：一类阐释者相对于人物而言更加关注语言与历史，在所有作者那里一视同仁地审阅他们的语言，即便在他们之中，有人更多是在这个领域、有人则是在另一个领域中突出；另一类阐释者则更加关注对人物的观察，而将语言仅仅当作他们所由以表达自身的媒介，将历史仅仅当作他们生存于其中的境况，将自己唯独限制在那些最愿意向他们敞开自己的作者身上。在现实中兴许也确实存在这种划分，只是后一类阐释者更少出现于公众场合，而是在安静的悦乐中欣赏着自己的成果，因为他们的技艺只能在更低的程度上借由阐明而得以分享。然而，沃尔夫也绝对没有完全忽略掉这一面，而是同样将于此被描述的、比起说明性的不如说是预言性的确定性，至少是部分地纳入了我们学科的考量范围中。这一点乃是由旁的段落中表明的，而其中的一处值得被更为仔细地加以研究。

　　阿斯特先生于他的提纲中将语法学、诠释学与批判作为共属的知识彼此联结在一起，却不为它们提供别的什么东西，我们并不确切地了解它们彼此是如何相联结的，因为我们面前仅有一个附录。对于其古典学的工具论而言，沃尔夫尚未充分掌握这种交叉点，而是为它们提供了文风（Stil）的技巧与布局的技艺，且由于诗学（Poesie）的缘故，古代的格韵学（Metrik）姑且属于这种艺术。第一眼望去，这诚然是令人讶异的。就我而言，倘若我将古代文风的技巧——在此谈到的仅为这种技巧，仅为古代语言中的结构——也作为在古典学中进行长期钻研的后期成果而加以收获的话，我便至

10. 就F. A. 沃尔夫的提示和阿斯特的教本论诠释学概念

少要感到满意了。因为此人必须至少是同样多并同强度地，像生活在当代那样，生活在古代，他必须生动地意识到当时的人类生存与周围对象之独特境况的所有形式，以此来取得比大多数人更高的成就。他必须从收集来的套话中造出精美小巧的织物，以此来将那在当今世界中推动着我们的东西真正构建为罗马或希腊的表象，随后以尽可能贴近古代的方式再现它们。那么沃尔夫是如何来向我们要求这门艺术，就仿佛是在要求古典学圣迹的入场券那样呢？我们究竟应当以何种可靠的路径已然获取了它们？我看到，倘若对此并没有什么魔法的话，那便唯有传统之路，以及一条对处理程序（Verfahrens）加以掌握的道路——它不单是模仿性的，更加是预言性的。此种掌握最终甚至仅仅将这一技巧作为其研究的果实而据有。这当然引导我们在某种合乎规矩的圈子中打转，而我们却不能在彼处将我们的拉丁文风——此外，为了这项职业，我们还必须再掌握一门希腊文——像未曾中断的使徒圣仪般由这些人那里推导出来，他们自己除了那两门语言外没有其他母语，需要将自己的技巧归功于直接的生活，而非某种类似的研习。同样地，我并不相信在此能找到格韵学，我认为它更多地作为古代艺术学的一个主要部分而从属于古典学最内部的诸学科，因为它之于舞蹈学（Orchestik）相关，正如它与诗学相关，且必然将散文节奏与朗诵的理论引导向自身，从而于技艺娴熟的运动之特性中展示了整个民族之气质的发展。不过，我们现在将格韵学放在一旁。要讨论古代创作中自身的技巧，那么真正通往沃尔夫这项要求的关键便是如下所述。他并非直接为了古典学内部的诸学科而要求这项技艺，而是首先为了这门诠释学，以正确与整全的理解——在这个语词的更高意义上——为

142

目的。随后，虽然他没有特别突出这一点，但这无论从此处还是从格韵学来看都是易于理解的：他也是为了批判而要求这项技艺。由此，他通向古典学之圣迹的门径就再次是由两个阶段所组成的了：较低的阶段由语法学——他同样将其作为诠释学与批判之基础而设立——与文风技巧所构成，而较高的阶段则由诠释学与批判所构成。现在，正如他在此将语法学安放在一种宏伟的风格中，而不将之记录在我们对离校学生那里所能要求的窄小范围内，沃尔夫就文风技巧之概念所理解的无疑不是拉丁文写作，如它作为对语法知识的熟练模仿与应用而在我们的文理中学内所表现出来的那样。然而另一方面，肯定的是，对这两种语言于自由与独特的表达中实现的真正的古代式操控，唯有于一位从头到尾测量过诸门古典学的整个范围之人那里才能受到追认。而除了那经由训练而变得生动的、关于表达及其限制与自由的各种形式的知识以外，这位伟人还能在此说出别的什么吗？这对于阐释技艺的更少说明性、更多致力于作者之内在精神活动的那一面，自然具有重大的影响。而当一种新的洞见正是由此于其中向我们敞开时，沃尔夫必定也已然将其一并接纳入他的图景中，倘若这洞见并未同样清晰地于其阐述中出现的话。然而，问题主要就在于此处。倘若我们将出色的雄辩术之各种形式与科学和商业写作中风格的各种类型——它们在一种语言中发展起来——视为对我们封闭的，那么在此方面，整个文学史显然就分裂成了两个彼此对立的阶段，然而二者的特征却在此后——仅仅以一种次级的标准——同时回归。这些形式在第一阶段中逐渐成型，并于第二阶段中实施其统治。而倘若诠释学的任务在于，将作者创作活动的整个内在过程加以最完善的模仿，那么知晓这位作者隶属于两个阶段中的哪一个便成为了极度必要之事。因为如果他属于第一阶段，那么他于这整个活动中便纯粹是他自己，而现在需要做的就是由此推论出他的产品与他在语言中所展现的力量之强度：他不仅仅产出了单个的作品，而且某种在语言中确立起来的类型也在一定程度上由他并通过他而发端了。这也适用于——仅仅是次级地——所有那些至少是特别地调整了这些形式、带入了新元素或是于其中奠立了另一种风格的人。反之，一位作家越是从属于第二阶段，越是在这个或那个形式中进行创作与工作而不产生形式，人们就越得明白地认清这点，以便在其活动中完全理解他。因为这种已然确定之形式的引导性力量，已然从一部特定作品的第一版草稿中就开始生长了。它以其伟大的规则作用于整部作品的编排与划分，以其个别的诸规则为创作者在此处制定某种语言与想象的特定变型之封闭领域，在彼处又开启另一个领域，不仅是个别性地对表达，而且也是对创造进行了调整，因为二者从未全然彼此分开过。因而，谁无法在阐释的事业中正确弄清这一点——思想与创作之流是如何仿佛在此撞上它的河床而又反弹回去，并在那里被引向另一个方向——他便已然无法正确地理解创作的内在过程，更不能有鉴于作者与语言及其诸形式间的关系而为他指定正确的位置了。他将无法觉察到，作者要如何将已然活动于其体内的图景与思想更有力且更完善地通过语言表达出来，倘若他未曾受到某种形式之限制的话——这种形式与他的个人特色屡次陷入矛盾之中；他将不懂得去正确地评价一位作者，倘使这位作者站立于他既畏惧又捍卫的形式之保护性与引导性力量之下，便不敢在这种或那种类型中做出伟大的成就了；他将不会在这两种作者把那一位中充分地突显出来，这位作者在现存的形式中无所阻滞地到处悠游，就仿佛正是他自己创造出了这种形式那样。这种对一位作者及其文学中已然鲜明形成的形式之关系的洞见，对于阐释而言乃是如此关键的一种要素，以至于倘若没了它，无论整体还是个别之物就都无法得到正确的理解。然而，沃尔夫在这里无疑是全然正确的：几乎不可能在此正确地进行调度，倘若人们自身对如何于特定的限制与固定的规则下借助语言工作并与它相抗争毫无经验。虽然比较性的（komparativ）程序处处都同预言的程序相对，而在这里也几乎如此，后者却无法为前者所完全代替。倘若比较性程序的首个定点并未于自身的尝试中被给予的话那么其从何而来呢？由此，格韵学如何来到此处的问题也就被阐明了，因为音节度量（Silbenmaß）对于一切诗学创作而言都是形式的这样一个部分，它极为本质性地决定了表达的选择，甚至在一定程度上决定了思想的设置，而那些形形色色的关系都于其所施加的影响中被至为清晰地识认而出。可是，因为在创作状态期间，内容与形式的这种关系于所有在此所能谈及的语言中都主要是且总的来说是同一种，我便不愿再像沃尔夫那么强地坚持，以阐释为目的的必要训练须得在古代语言本身中进行了。而假使它仍然必须如此，我便复又不能正确地理解，那罗马的语言究竟为何拥有去替代希腊语言的使命与能力了。

不过，我宁可压制这样一种考虑，它在此强加于这种训练可能将永远具有的特质上，倘若我们亲自将它们置入对有关语言创作的文学之思想中，以图从最后所说的东西中得出一些不太重要的结论。如果我们在这种技艺的全部实践中都能对预言性的与比较性的这两种方法有所意识，并且如我所相信的那样如此普遍，那么

10. 就 F. A. 沃尔夫的提示和阿斯特的教本论诠释学概念

一方面，我们便会理解所有直接的东西——在那里根本没有特殊的中间活动（Zwischentätigkeiten）被区分——并能将之视作从属于二者的一种绝对的，但却几乎不占有时间故而无法察觉的"已实施"（Ausgeübthaben）与"同时发生"（Zusammengetroffensein）；另一方面，这种技艺最复杂的诸实践对于我们而言也只不过是由两种方法中的其中一种到达另一种的稳定过渡罢了，这一过渡必然越来越接近二者在同一结果——就像此刻的那个一样——上的这种同时发生，倘若另外还要产生一点点满足感的话。如果先前指明的那种存在于解释的两个侧面间的差异实际上同样已被建立——一面是更加语法学的，在语言的整体中指向言说之理解；另一面则是更加心理学的，指向对其作为持续的思想生产活动之理解。那么在每一种完善的理解内，二者都必须同时被完善地给出，而每一个构成整体的、应当导向这一目的之操作，都必须采纳这一过程——这发生于一个侧面上，需要通过另一侧面上的新进步得以补充，因而问题首先在于，所提及的两种方法是否也要对所提及的两个侧面生效，还是说每种方法只适用于一个侧面。因而当沃尔夫通过他对格韵学与创作技巧所赋予的位置，而优先为解释更加心理学的那面寻找根基时——在此之上唯有一种比较性的程序能够得以建立，他的看法是不是说，解释（Interpretation）的更加语法学的另一面须得优先借着语言的方法而被推进呢？他的文章无意向我们直接与确定地回答这一问题，然而那些由他虽然并不令人痛惜、但仍然错过了的（vermißsten）对语词含义与句子意义的研究，鉴于它们显然完全与解释的语法学那一面相关，只有通过一种比较性的程序才能推进它。并且，在我们询问事情本身的时候，可能展现出它的也正是这

145

种程序。因为所有语法的疑难向来只有通过一种比较性的程序才能被克服：我们一再将某种已然理解了的关联物带到未理解之物的近处，并由此将不理解的东西关进越来越狭窄的界限内。然而，在另一侧面也是如此，就算它不是一种对整个创作过程——由最初的草稿直到最终的完成——中诗人与其他语言的艺术家之内在程序的扩大了的理解，那它仍可能是所有关于语言艺术品之美学批判的最美好的成果。是的，倘若这一公式总的来说包含了某些真相："阐释的最高完满性，在于比作者对自身所能期待的那样还要更好地理解作者"，那么刚好便只有比较性的程序能够以此被谈到了。在我们的文学中有不少批判性作品，它们已然指向此处并取得了良好的成果。然而，除了通过一种比较性的程序之外，这要如何以其他的方式成为可能的——这种程序在此处帮助我们抵达正确的洞见：此作者如何，又为何比这一位受到更多的推动，却比那一位更加落后，而他作品的整个类型又在何种程度上靠近或是远离这些类似者。然而确定的是，语法学这一面也无法缺少预言性的方法。每逢我们来到一处段落时——某位颇有天资的作者在彼处率先将语言中的一种用法、一种编排揭示而出，我们究竟要做什么？这里别无其他程序，除了预言性地由作者在其中得以理解的思想生产之情况出发，并查清这一情况的需求如何恰好是如此、而不能以其他方式作用于活生生浮现在作者眼前的词汇表的。至于模仿那种创造性的活动，这里若没有对某种心理学层面上比较性程序的应用，也不可能存在任何保障。因此，我们唯有对提出的问题作如下回答：当可靠与完满的理解并不于听见所说的话之同时就被获得时，处于两个侧面的两种方式就都必须得以应用——当然是按照对象，于不同的尺度上,直到产生出某种尽可能接近那种直接理解的满足。然而,我们要再加上前文中已然提到的一点,即这种本身的状态将一人更多地引向心理学的,而将另一人更多地引向语法学的侧面,并将之一视同仁地应用于这两种方法上。有些人无疑是语法学阐释的专家,他们极少对创作者之精神与心境的内在过程加以考虑。而反之,在这一领域中也同样存在艺术家(Virtuose):他们只有在极少数情况下,必须在手边备上一本词典的时候,才会去思考每部著作与其语言之间的特殊关系。倘若我们将这件事也纳入考量中,那么当然就必须要说,就如我们能够将直接的与此刻的理解视为以这种或那种方式产生的,而将我们自身视作带着我们的注意而指向作者的生产能力或语言的客观总体性(Totalität)那样。那么当他的目标被完满地达到时,我们也将能够以相同的方式表达出阐释中的艺术性程序,并宣称:现在全部的比较性元素如此完善地共同存在于心理学的与语法学的两个侧面上,以至于我们不再需要进一步考虑我们的预言性程序之结果了。但也可以与此相反地宣称,预言性程序的精确性得以贯彻,使得比较性程序变成多余的了。同样地,内在过程经由预言性的与比较性的程序变得如此完满地通透可见,以至于如此清晰地得到直观的东西于此时成为了一种思想。但此过程却只能经由语词得到思考,因此这一朝向语言的思想生产与发展也已经同时成为完满的。但事情反过来也同样成立。

然而,因为我必须在此对这一操作进行最后的完善,我便几乎是不由自主地被赶回到它最初的诸开端那里,以便凭借两个端点来对整体进行笼括。可是这些最初的开端,无异于小孩子刚刚开始去理解人们所说的话。现在,我们的公式要如何套用到这些开端之上呢？他们尚且不具备语言，而是才开始寻找它，且他们对思想活动也并无了解，因为在语词之外是没有思想的。那么他们又能从哪一个侧面展开呢？他们还根本没有什么参照点，而是才开始去逐步地获取它们，以作为某种当然是以始料未及的速度迅猛发展着的比较性程序之基础。然而他们是如何跨出第一步的呢？人们不应当尝试说，每个人都源初地产生这二者，要么仅仅是凭借某种内在必然性而以同别人一样的方式来源初地产生，要么仅仅是如同形成某种比较性程序那般逐渐去接近它们吗？然而，即便这种朝向自身产生的内在运动性（Beweglichkeit）——但却带有对于接受别人的源初指向，也已然不过是我们经由预言性内容的表达所称谓的那种东西。因此，这乃是源初性的东西，而灵魂也在此彻彻底底、真真正正地将自己证明为一种预感着的有生命之物。可它是凭借哪种几乎是无限的力量表达而开始使得语言——但同时也是思想活动——成为自己对象的呢？后来的表达完全无法与之相提并论，因为它必须同时把握住那在往后的时日里相互支撑的二者——首先是真正作为一个仅仅随后才逐渐分裂的东西，通过将个别的语词附着到出现的对象与图像上面去，这些图像于它自身之中愈发明晰与确定地形成。我不知道，应当说是以模仿它们为目的而去理解，还是以理解为目的而去模仿。在我看来，这种在思想与认识领域上的最初活动永远是如此令人讶异，以至于我会觉得，当我们傲慢地嘲弄那些孩子们——许多时候只是出于过强的逻辑一贯性（Folgerichtigkeit）——由所接受的语言元素而犯下的使用错误时，我们仅仅是在聊以自慰或是自嘲罢了——出于我们自己不再能够使用这种过剩的能量这一事实。

10. 就 F. A. 沃尔夫的提示和阿斯特的教本论诠释学概念

然而敞开来说，我们在每一个不理解的瞬间都与他们处于相同的情形中，只不过程度更轻而已。即便是在熟悉的东西那里，语言中也存在着与我们相对而立的陌生之物，倘若某种语词间的联结不想清楚明白地展现于我们面前的话。即便在我们尚且如此类似的思想产生过程中，也会出现陌生之物，倘若某个序列中各个部分间的关系或是其延展不想为我们所理解的话。而我们在此时便会犹犹豫豫，不知如何是好。我们可以永远仅仅以同一种预言性的勇气来开始。因此，我们不应该把自己眼下所处的状态与童年时代那些伟大的开端完全对立起来。这项理解与阐释的事业乃是某种连续不断的、逐渐发展着自身的整体，我们于其进一步的发展进程中越来越多地彼此支撑，每个人都为其他人提供了参照点与类比，而在每一个参照点上，事情都是以同样的预感性方式而一再重新开始的。这是思想着的精神所进行的逐步的自我发现（Sichselbstfinden）。只是，正如血液循环与呼吸的交换会逐渐衰弱那样，灵魂已经占有的东西越多，它也会越来越衰弱，在其感受性的颠转过来的关系中，在运动中变得更加懒惰，但同样也是在最鲜活的东西那里，正因为每一个在其个别的存在（Sein）中都意味着他者的非存在（Nichtsein），不理解的情况永远也不会完全消失。然而，一旦从那些最初的开端中将取得成功的迅速性拿掉，那么经由变得更强的运动的迟缓性，以及在一项操作那里更长时间的逗留，沉思（Besinnung）将会受益。如此一来，首先就出现了一个这样的阶段，诠释学经验于其中作为前车之鉴——我毋宁说是作为规则——而得以收集。然而，或许只有此时，某种艺术学才能够随后才产生，几乎像从自身之中产生那样，从所说的东西中出现：语言于其客观性中作为思想产生的过程,作为精神性个体生活的功能,在其与思想本质的关系中甚至是如此完满地为人们所认清,以至于那种必须在理解中被使用的方式能够被描述为,与那种在思想的联结与传达中被使用的方式处于一种完整的关联之内。

然而,为了使这件事情变得完全清晰起来,我们必须首先——这乃是相对于这第一桩事业而言的第二桩事业——给予某种思想其完整的权利。阿斯特先生似乎在沃尔夫之前就预先具有了这种思想,但在人们凭借它而对诠释学的形象加以明确规定之前,相比于某种"发现"而言,它更像是某种为人们所挖掘出来的东西。这种思想就是,一切个体事物都唯有经由整体才能被理解,因此每种对个体的说明都已然预设了对整体的理解。

B[②]

由阿斯特先生所陈述并在几页后得到了相当详尽解释的诠释学基本原理:正如整体无疑只能由个别部分而得以理解那样,个别部分也只能从整体中得到理解。这一原理在如此大的范围中适用于此种技艺,又是如此不容置辩,以至于最初的那些操作便已经无法离开它的应用而得以完成。是的,大量的诠释学法则都或多或少地建基于其上。当一个语词按照其普遍的语言价值而为人所知时,便唯有通过这一句子的其他部分,亦即首先通过那些与语词间存在最为切近之有机联系的部分而被规定。这一语言价值的哪个部分

---

② 于1829年10月22日的全体会议上宣读。

落入了所给出的段落之中,哪些又要被排除在外。也就是说,这一语词是作为整体中的部分、全体中的个别者而被理解的。而这不仅仅适用于对某个语词所谓的多重含义中的选择,它在所有具备不同之程度(Grad)的语词那里,都适用于这一程度,普遍适用于更多或更少的归于这一语词的强调。当人们设定了这一法则,即一个语词无法在同样的关联中得到两次不一样的说明,因为作者不可能在不同的意义上使用了它,那么这一规则就只能在此范围内同样作为这个原理而生效,在这一语词再次出现的地方,仍可以被正确地视作同一关联之一部分。因为在一个新的段落中,其他含义也可以于一些情形下同样正确地找到它们的位置,就像在一部完全不同的作品中那样。倘若在这第二次出现中,语词的意义乃是通过第一次出现而被规定的,那么个别部分同样是由整体中得到理解的,因为说明仅仅依赖于这一清晰的观点:一部著作的这个部分在涉及这一语词的地方确实也是一个整体。对于平行位置的正确处理也同样以此为根据:人们只选择那些出现于在相关语词方面同要被说明的相类似之整体中的段落,这些段落因而也可能是这一整体的部分。然而,倘若这并不能确定,那么应用也就随之而不确定了起来。而这一点有多清楚,有多能够通过一些例子而被确证,要回答"人们可以凭借对这一规则的应用而上升得多高"这一问题便有多困难。因为正如语词在句子中是某一个体、某一部分那样,句子在言说的更宏观之关联中也是一个部分。因此,如此轻易地便能发生的是:全然错误的想象被与一位作者的个别句子关联起来——当人们将这些句子由其源初的关联中分离而出,将之作为证据或出处而合并入另一重关联中时。这情况发生得如此频繁,以至于需要感到惊奇的只是，那些引用者的忠诚如何还未变得有如谚语一般。另一种语词当然是与那些适用于某种谚语性使用的句子一起出现的。可这些句子就其自身而言，在很大程度上也总是无规定地出现，而唯有根据人们将之引入的那种关联对语词的规定，它们才能够得以规定。它们独特吸引力中的一大部分正是奠基于这一点上：它们由此而在一定程度上被交到了每个语词手中，而即便它们由于其形式而总是比其他句子具有更多的独立性，但每一次都经由其环境而得到了某种不同的使用。现在，倘若我们更进一步，那么便会对句子间某种更广泛的关联作出相同的断言。譬如说，人们何以如此频繁地对我们德国人进行指责，说我们看不懂总是出现于一系列句子中的嘲弄和挖苦呢？要么是因为言说的更广泛关联中的准备性暗示全然缺失了，而人们全然满足于严肃的说明，那么难辞其咎的便是作者；要么是因为人们未曾恰如其分地对其进行关注，也就是说这些个别的系列没能通过整体而得到正确的理解，而此时责任便在于读者了。然而，事情绝没有局限于这样的与类似的情形上。但凡涉及到需要了解人们要怎样精确地对待一系列句子，以及要从何种视角出发来观察其间的联结这种事情，人们就必须首先对这些句子所属的整体有所知晓。是的，这同样要追溯到源初的情形那里去，因而必须完全普遍地适用。对于每一个更准确地关联在一起的句子节段而言，都有一个主要概念（Hauptbegriff）以某种方式存在着，它主宰着这些句子，或者说——我们或许也可以这样表达——它乃是对此的语词（Wort），只不过是会根据作品的不同种类而变得千差万别而已。现在，这个语词正如个别句子中的个别语词那样，唯有当它在与其他相似语词的关联中被阅读时，才可以被正确地赋予其全

10. 就 F. A. 沃尔夫的提示和阿斯特的教本论诠释学概念

然特定的意义。也就是说，诸多句子中或大或小的每个节段都唯有从其所归属的整体出发才能得到正确的理解。正如每个更小的语词都是经由一个更大的——它自身对于别的语词又会是一个更小的——而被决定那样。显而易见，个别部分同样也只有通过整体才能得到完满的理解。倘使我们现在由此出发，来对整个阐释的事业进行观察的话，我们就必须断言，从这一工作的开端处开始，对一切个体部分与由此组织自身的整体之部分的理解永远只是暂时的，它逐步前行，而倘若我们能够对某个更大的部分加以忽略的话，它便会变得相对完善一些。但当我们去往另一处时，它也会重新带来新的不确定性，就像在破晓时开始那样，因为我们随后将在面前重新拥有一个从属性的开端，只不过当我们前行得越远时，一切上文从下文那里得到的阐明也就越多，而直到末尾时，一切个体部分都获得其整全之光，并于纯粹的与被规定的轮廓中将自己表现出来。然而，我们也无法否认阿斯特先生言之成理。他为了使我们免于某种如此常见的怀念与倒退，建议我们带着对整体的某种预感（Ahndung）来开始每段理解。只不过难题当然在于，这种预感该当由何而来。倘若人们将我们的整个任务仅仅局限在那些为我们同时性地，亦即文字性地所拥有的言说之作品上——沃尔夫与阿斯特先生似乎都有这般意思，那么便得出了某种可能性。那些在口头演讲中甚少出现的序言，相较于纯粹的标题来说便已然更有助益了。随后，我们向特定种类的书籍索要概览与内容提示（Inhaltsanzeige），这当然不仅仅是为了能轻易找出个别的部分，而首先是为了它们提供给我们的关于作品分节的基本看法，我们随后便能立即将那些掌控着或大或小之部分的大语词从头编排起来。提供给我们的这些东西越丰富，要使用那种建议便越容易。是的，即便它在此完全缺失掉了，而摆在人们面前的只有书册，那么甚至是在其他情况下毋宁说是显得可憎的倾向——在人们认真对待一本书前便开始浏览它——也会对拥有好运或是技艺娴熟的人大有裨益，可以对那种缺损形成补充。然而，我几乎为自己写下这个而感到羞惭，当我考虑到整个曾被判定为按照与我们相同的法则去进行理解的古代，何以对这些辅助手段一无所知，以及不少出色的散文（prosaischen）作品都不是按照这种规则而写的，毋宁说这些规则遭到了如此这般的鄙夷，以至于那些不可或缺的外在划分与内在分节——整体的预感可以由此生出——之间甚至毫无共同点，更何况在诗歌作品那里，所有相似的东西几乎都坠入了可笑的境地中。最后，我们之中颇有人自以为是地不去自己阅读，而是让别人去为自己朗读，因此无论翻阅还是内容提示都帮不上他们的忙。因此，我们需要尝试以最普遍的方式去回答这一问题：整体的预感究竟该由何而来。离开这种预感，对个别部分的完满理解便是不可能的。就此而言，首先要注意的是，并不是每段有关联的言说都在同样的意义上是一个整体，它往往只是某种对细节的自由排列，而在此情形中，由整体而来的对个别部分之理解根本没有被放弃；它往往只是某种对各个较小整体的自由排列，而在此情形中，我们便放弃由其较小的整体中去理解每一个细节。然而，情况究竟是这一种还是另一种，这总是已经存在于言说或文本所属的类别之中了。不过，由此看来，在这每一个类别之内当然同样发生着各式各样的分层：这个人尽可能严格地对待同一类别的某部作品，另一人则采取了尽可能宽松的态度。然而由此，我们刚好自一种对创作者及其方式方法的普遍熟悉中获得了最初的预感。现在，在无法以书面形式抵达我们，即被规定为只能听闻一次的言说这里，对于整体的暂时性预感——倘若言说者自身并未给出某种整体的概览——就不能得到进一步的塑形，而是会止步于对于类别的暂时性知识与那种对创作者及其方式方法的普遍了解。而倘若我们所面临的是二者之一或二者全部缺失了的情况，那么缺失了的东西就唯有借助这些结论才能得以补全：我们是在一开始时，由音响与个别部分的构造以及言说推进的方式方法中得出它们的。因此，确凿无疑地存在一种对整体的理解，即便是当二者都缺失了而只通过个别部分去实现的时候。但这必然会是某种不完善的东西——倘若记忆没有将个别部分牢牢抓住的话，而我们在整体被给出之后能够回转到个体部分那里，以便由整体出发对其进行更精准与更完满的理解。由此，那种单纯在口头表达中被听闻的东西，与那种以书面形式呈现在我们眼前的东西之间的区分，于此处再次彻头彻尾地消失了。因为对于前者而言，我们同样可以凭借记忆而为自己抓住一切仿佛是唯独出现在后者那里的优势，以至于正如柏拉图曾说过的那般，文本的益处仅仅在于弥补记忆之模棱两可的不足，因为正如它奠基于记忆的减退之上那样，它也会进一步更新这种减退。如前所述，对言说与文本而言没有什么不同，每一种最初的理解都仅仅是暂时性的与不完满的，就好像某种更有规律、更完整的翻阅一样，唯有在这种情况下才能算是充分的、才能仅凭自己而完成任务，在我们完全没有找到任何陌生之物，而理解（Verstehen）由自身而理解了（versteht）自身的时候——也就是说，在根本不存在具有特定意识的诠释学操作之时。而在事情有所不同的地方，我们就必须更频繁地从末尾返回到开端去，补充性地开展新的把握；整体的分节越是难以把握，我们便越是由个别部分出发去跟踪它的足迹；个别部分的内容越是丰富与重要，我们便越是凭借整体而于其所有关联中对其进行把握。当然，在每一部作品中或多或少存在着这样的细节，它们无法经由整体的分节而彻底变得清晰易懂，因为它们——我如是说——存在于这种分节之外，只能被称作次要的意图。它们在别的地方也可以同样好地获得与这里一般的位置，但若是想作为主要意图而出现的话，兴许便必须属于某部完全不同种类的作品了。然而即便是它们——从属于创作者那自由的、唯有通过此刻的动机才能被规定的思想产生——也至少在一定程度上构成了一个整体，只不过相较于与创作者之特质间的关联而言，它们与某一部特定的作品之类别的关联要少一些，对于整体之理解的贡献要弱一些，只要它是某种在语言中被组织的、活生生的东西，只要它确定了其创作者的某个富有成果的萌芽性要素，并将其带向了表达。正如这些言说对于整体与个别部分之关系而言，乃是最微不足道的任务那样，我们在此可以轻易地从个别部分中把握整体，几乎还可以猜出个别部分的意思，倘若我们仅于最静默的轮廓中拥有整体的话。这样一来，最伟大的便是属于创造性精神的此类作品。顺便一提，是它们想要的形式与类别将每一部作品根据其种类而进行了无穷无尽的划分，同时于个体部分之中取之不尽、用之不竭。在我们看来，这里对任务的每一种解决似乎都永远只是某种接近。因为完满性会存在于此处：我们能够如同对待那些我们在此方面称作"最小之物"（Minimum）的东西那样，去对待这些作品；也就是说，我们能够由整体与个别部分的分节出发，至少在一定程度上构想出近似性。而倘若我们思及此事，我们便可能

10. 就 F. A. 沃尔夫的提示和阿斯特的教本论诠释学概念

于其中觅见某种重要的理由：沃尔夫为什么将作品编排中的熟练技 155
巧作为几乎是不可或缺的条件来要求——对阐释者与批评家来说
都一样。因为这大概几乎是不可能的，即在这一任务中以大量的类
比去替代预言性程序，而这种程序首先是为个人的生产能力所唤
醒的。

然而，阿斯特先生对目前所划定的这一任务之范围仍不满意，
他向我们展示出一条不容轻视的道路，以将此范围再度扩大。也就
是说，正如语词之于句子、个别句子之于其最邻近的分节、此分节
之于作品，都相当于个别之于总和、部分之于整体那样，每段言说
与每部书面作品也可以再次成为某种个别部分，而唯有在一个更大
的整体中才能得到完满的理解。不过显而易见的是，每部作品都
是这样一种部分，这一事实包含两个方面。每部作品都是它所从属
的文学领域中的某一个体，而与其他相同的内容一道构成了一个整
体，它应当由这一整体而在第一种关联，也就是语言性的关联中得
以理解。然而，就其作为其创作者的行为而与他的其余行为一道构
成了其生命的整体而言，每部作品同样是某一个体。因此，这种个
体仅仅来自于创作者诸般行为的总和，也就当然要以它们对其的影
响和与其的相似性为尺度，而在第二种关联也就是私人性的关联中
得以理解。读者与读者间的差异总是相当大的——当然，这会根据
作品的特性而略有增减。有些读者在如前所述的道路上追寻对整
体的理解，另一些读者跟随着截止到作品问世为止的作者的整个生
命，在整体的过程之内，正如在全部个体部分之中，整个人的面貌
在他们面前更为清楚与确定地显现出来——相较于那前一种读者
而言。然而，同样的区别也存在于前一种读者与这样的读者之间：

他们熟悉相关作品的整个圈子，懂得以某种全然不同的方式去评定诸个别部分的语言价值与整个架构的技术性价值。因此，对每部完整作品中那些较小的部分所得出的东西，也在这些作品被看作为个别部分时而适用于它们本身。根据那种被再次提起的理解，在这种更高的关联之中，一切理解也仅仅是某种暂时性的东西，每一种都会以完全不同的形式向我们显现——当我们在熟悉了整个与之相关联的编排之领域，并由此进一步熟悉了同一位作者的其他作品，可能还同样多地熟悉了他的人生之后，又重新回到个别的作品那里时。而在关涉到由作品的整体性而进行的对著作中个别部分之理解的地方，内容提示与纲要性的概览何以绝不可真正替代那些更新了的理解，绝不可替代那种由末尾重新朝向开端的再次返还呢？一部分是因为，我们在此情况下必须寄希望于另一个人的理解，而在我们注意到其中的错谬之前，可能总是已经在相当程度上受到了误导；还有一部分是因为，所有这些辅助手段都在整体上太过缺乏直观性了，以至于——在这里最重要的是——无法生动地激发预言性能力。而当涉及到一部分来自相关文学、一部分来自作者之整体活动的对作品之理解时，于那些人们习惯在序言与注释中完成、以替代对二者之熟稔的东西那里，同样甚少有安慰与助益。因为从相关的作品中，往往只有"作者自己使用了什么"这种事情被习惯性地讲清楚；而从他自身、他的行为与诸关系中，也只有与这部作品本身有所关联的东西能被说明。如此一来，这也只能有益于个别部分，而无论如何也不能有利于整体。然而，作者的某种生动与可靠的特征能够由其发表作品的总体中被给出，或者是相关类别的形态学经由整个组群的比较而被给出，由此来为那些人减轻形成完整理解的负担——他们要由某一部特定的作品入手，才开始对作者或这一类别进行熟悉，这同样不适合于这个地方与这种目的。

不过，当我们在这里——关涉到由整体出发而对个别部分进行的理解——好像是立在了要求的峰顶上时，我们也许并不介意回顾一下先前的东西。人们刚好已经仅仅是附带性地注意到，分担这一事业的阐释者们可能分成两种层次：其中一种更关注每一篇文本的语言性关联，另一种则更加关注产生的源初心理过程以及思想与图像间的联结。那么在这一点上，才能之间的差异就显得格外清楚。我在此将整个事业——在与类似的文学之关联中对个别作品进行理解——交由关注语言性的阐释者。因为一切编排的形式都是自语言之本性和与其一同发展、与之紧密相连的共同生活之本性而构成的。在此，个体化的私人性事物成为了最适用的东西，而它也同样是最常落后的因素。与此相反，谁想要在某位作者——无论是哪一种——的编排中对他进行研读，在最后尽可能回忆起他的整个风格，以便生动地直观这一热忱与构想的诸要素——它们像更高的灵感那样打断了生活的日常关联。但随后也对所有个别地，甚至是包含着对于整体理念而言无关紧要之次要意图而关涉到虚构过程的东西加以直观，由此来正确地评估，整个编排事业在作者之内与他的整个当下存在（Dasein）处于何种关系当中，或者就其自身来看，这一事业是如何作为某种独特的、某种表现着确定之人格性（Persönlichkeit）的东西而发展的。那么对这个人而言，所有那些关联当然都必须远远地退入背景之中。唯有完满的理解永远是由二者的努力所引发的，它无法存在于某位个别的阐释者之中——这位阐释者如此彻底地立足于在一个侧面上，以至于对发生在另一侧面上事物的易感性离他而去。尽管如此，一位属于后一类、想要在语言性事物上潦草完事的阐释者，无论他以如何明智的方式爱着他的作者，无论他多么小心翼翼、谨防——这在他们身上时时发生——捏造出那些对他而言本不存在的企图，却依旧不仅仅会在各个方面出错——作者自己越是运用语言的大家，出的错就越多——还可能会永远仅仅处于我们的领域中。人们不无道理地在这个艺术生产性的领域中——我一般性地对其进行把握，因为它对于诗人、演说家与我所要说的哲学家之关涉，并不较画家为少——将之称作"云雾之人"（Nebulisten）[†]。然而，另一种人同样想到，当他们事实上最准确地查明了一部作品之于其他同类作品的关系时，并不满足于敏锐的比照与并置，而也会深刻地把握住它的含义。尽管如此，因为他们没想着在作品中看见整个人并与之一同生活，而是完全缺失了这样一种能力，所以也难以逃脱被我们称作"迂腐之人"（Pedanten）的命运。那么，既然比起活生生地掌握人们自己完全无法染指的东西而言，让自己在人们所占有的东西中为别人所补充要来得容易些——即便这种占有是不完满的——那么看起来，那些仅仅从一个侧面来向我们已然身处的高度攀爬的人，相比于他们对旁人的益处而言，对自己的关照更不充分。而对每一位想要成为阐释者的人都要给出建议，他最好对二者同时加以尝试，即便他因此不会那么容易地在其中一个方面成为名家了，因为他将会避免掉一条腿走路的局面。正如我们现在已然将我们事业的两面预先进

[†] "云雾之人"（Nebulisten），是施莱尔马赫借用的艺术术语，他用此指在阐释时只注重作者心理，忽略文本语言性关联的阐释者。与之相对的就是下文的"迂腐之人"（Pedanten），只注重文本关联而忽视作者的生活。——译者

行了区分那样,那种双重的程序也同时向我们显露出来:预言性程序与比较性程序。我们或许要蹩脚地追问,二者在这一更高层级上的情况如何?先前,在我们尚且完全处于作品本身之内时,我们发现二者对于每个侧面来说都是必要的,亦即语法学的与心理学的侧面。然而现在,我们不仅是单单因为语言而不得不去处理其他文本中的段落,而是要处理文学生产的一整个领域。在另一方面,我们则不再理会那由一部作品的源初构想(Konzeption)活动中在灵魂中发展出的东西,我们的任务即是这种活动本身,它带有从这种确定的生活之统一性与整体关联中产生的现实发展之方式方法。现在,这或许不再与两者相同了。倘若我们于最后再观察一下我们任务的两面,那么一面的形成就会这般地远远落后于另一面。我这样说:它会萎缩,这种将它们于一种解释学技术中作为相等的东西而并排放置的做法看上去完全是错误的。倘若我们首先停留于古典那里——它永远是我们的技艺所施用的第一个对象,最重要的作者之中有多少人的其余的生活与存在是如此少地为我们所知,以至于会普遍地产生这种怀疑:我们应当于何种程度上信赖他们的人格(Person)。对于索福克勒斯(Sophokles)与欧里庇得斯(Euripides),我们在他们的作品之外对他们所具有的那些了解,能否为我们提供有关他们编排之差异的最微不足道的信息呢?或者,像柏拉图(Plato)与亚里士多德(Aristotle)这样大名鼎鼎的人,我们关于他们的生平与各种关系所知的全部,对于他们何以走上了全然不同的哲学道路,又可能在何种程度上于已经佚失了的那些文本之编排中相互接近的问题,会为我们给出哪怕是一丝一毫的说明吗?是的,唯一令我们有幸结识的古代作者或许是罗马人西塞罗(Cicero)。我们可以将他的整个书信集从其更庞大的作品中分离出来，这些书信是真正关乎他人格性的档案；而在那些作品中，借助于这些书信，我们便能瞥见他的整个人格性。倘若我们现在完全去到遥远而朦胧的东方那里，思考一下那些个别的形象，又会如何呢？我们可能想要对他们进行区分，以便经由他们心绪所以形成的独特方式来照亮他们的作品。甚至在祖国的土地上，在那些我们完全尚未凭借技艺对它们进行过长期研究的早期成果那里，这种收获还是非常贫乏的。离我们自己的时代越近，在欧洲大市场的广阔范围内立足的时间越长，当一切都彼此了解，悠闲地漫步于同一座大厅之内时，对此一对象进行这种处理的使命似乎才会产生，诸般辅助手段才会在令人愉悦的程度上出现。然而此外，与那个侧面相比，这一侧面出现得却是多么吝啬。这个侧面不断将我们引向大而广的事物，而当我们无疑显得要为了某部个别的作品而将整个文学纳入考量时，这便只有出于这样的目的才会发生：使这部作品成为此一大整体中能够更好地被测量、更可靠地被处理的组成部分。与此相反，另一个侧面则不断将我们限定在个体生命的逼仄空间里，而对此的清晰图像作为如此专注与多面之辛劳的最高目标而出现。即便是最大的历史建构——我们在此仅仅为了更好地理解个别部分的个别作品而将自己置于其下——也与作品同时而首先于此中觅见了它的变形（Verklärung）：它为我们自身与其他人提供养料。带着对个别部分的观察，我们应当把那些出色的东西联结起来，从这一观察中产生的不是某种仅仅对我们自己与我们的科学追求横加贬低的小家子气。个别人自身的知识也不是我们任务的这一侧面之目的，而仅仅是手段，以便使我们刚好能更完整地抓住它的这些活动——它们也

10. 就 F. A. 沃尔夫的提示和阿斯特的教本论诠释学概念

激发我们进行客观的思考。而我们也不应当对此加以否认：人们在古典时代并不更少地为人们操心，因此我们必须承认当时的读者具有那种我们徒能艳羡的理解，因为我们缺少对此的材料。然而，已经可以完全确定的是，我们在心理学任务那里无法避免对预言性事物的偏重，正如对所有这样的人而言，情况无疑是相反的：他们惯于由经常仅仅是分散的记录去预先形成整个人的形象。然而，在从一切方面出发去检查那些表现为假设性的东西，并于随后仅仅将之树立为暂时性的东西时——前提是没有什么与它处于矛盾中，那么再怎么谨慎也不为过。然而，当这一侧面在某项诠释学任务那里完全被忽略了的时候，或许便没有人能够准许此事，因为这个明显属于此处的问题：作品是否属于创作者精神活动的整个过程中，还是说它只是经由特殊的情况而被引起的；它是否是为了写某种更宏大的东西而作得练习，还是在某种激动的关系中作为论争性文字而产生，这些问题对阐释者而言必然是重中之重。另一侧面的程序，按照其本性，已然主要是比较性的了，唯有经由对那种在几部作品中都未曾改变的东西与存在于其外的诸差异之相互比照，某个类别的普遍图像才能被塑形，所涉及的作品与此的关系才能被确定。然而，这里已经有一部分某种源初的预言性事物能够提出问题，而另一部分则保持原样。只要一部作品的这个段落于其所属的整个秩序中并未被完全规定，那么这里就仍然为预言性程序留下了不容忽视的回转余地。

然而，倘若我在这一层级上也将阐释者之任务树立为双重的这一做法是某种失策的话——我并不相信这一点——那么这仅仅与我的估量相关，因为我的向导们对此的接受与从前一样少。是的，我必须承认，我对此项任务的另一侧面也作了与阿斯特先生不同的理解。因为在一部著作要于整体中由某种较高之物出发而得以理解的地方，那里对于他而言便存在着与之相接的文学之整体，但这一方面是过于烦冗，另一方面这公式（Formel）也过于受限了。而通过始终仅仅与古典领域发生关系，他就将这公式替换为了：作品应当由古代精神中得到理解。人们可以将之视作对我们所说明之程序的某种缩写。因为这种精神乃是共同性地寓居于所有这类产品中的东西，当人们由为个别部分所特别具有的东西中进行抽象时，它便会出现。可是，阿斯特先生明确对这一点表示抗议，并指出，这种精神不需要由个别部分中得到搜寻与设定，毋宁说它已然于每一个别部分中被给予了，因为每部古代作品都只是这种精神的个体化。在每一个别部分中都被给出，这点没什么疑问，但是否也在每一部分中不需要任何准备便可识别呢？尤其是在一段言说中，譬如说在狄摩西尼（Demosthenes）的言说中，存在古代精神——我想用希腊精神来取代这个词——还有雅典雄辩术的精神，以及狄摩西尼的特殊精神，而在此之外才是那作为肉体的、属于时代与特殊的动机的东西，它们都以这种方式共同存在着。现在，倘若我再补充说，古代精神除了在某种特定种类的产品之中，还能够于其他地方被找见。是的，它在言说作品之外，在造型艺术作品中或别的什么地方也必须是同一种精神。那么，这一公式似乎便要完全超出诠释学被规定的界限——它总是仅仅能够与在语言中生产出来的东西打交道，这就是为什么即便它的应用确凿无疑，却还是到处缺乏正确态度的原因。我们只需回忆一下刚好建基于这一原理之上的、前一阵子并不罕见的程序，即人们将一个领域的技艺术语（Kunstsprache）

应用到另一个完全不同的领域上，那么大概无人会否认，倘若这些公式并不只是立足于可靠观点之上的游戏的话，那它们刚好只能属于那种让人如坠烟雾的腐坏之物。就此而言，我绝不能放过阿斯特先生的理论，让它免于指责。因为我刚好在这种关联中听闻如下的说法：理念应当作为包含生活的统一性，而由作为复多性的展开的生活中，以及作为统一性本身的其自身之形式中得以产生——当人们还想要把相反的事情表达得更好的时候。当听到这说法时，我便感到自己无疑是坠入了这种烟雾中，它对于一种渴念着光亮的理论不会有什么助益。就此而论，每个人当然都必须承认，我们在哪个领域中凭借阐释而将自己抬升到了现在所描述的要点那里；得以赢获一个宽广的领域，以便在语言使用之中对民族与时代的精神正确地进行理解，当其他精神生产之领域的观察提供了相似的成果时，它就为在这上面建立的理论带来了重要的确证。然而，我既不敢走上那条相反的道路，即按照这些普遍的假设去理解个别部分，也不想断言这还属于诠释学的领域。

现在，这将我引到了另一个要点上。阿斯特先生区分出了三重理解：历史的、语法学的、精神的。他现在所说的当然是最后面的这种。更确切地说，这一种又是某种双重性的东西，它可以处于同个别作者之精神的关系中，也可以处于同整个古代之精神的关系中，这样我们就一共拥有了四重理解。不过，他当然是将三者中最后的那种称作更高的东西，而余下两者则渗透于其中，如此人们便能相信，他在此想要描绘的两种层级，其实仅仅是我们在这一公式的提出上面所找到的：个别部分唯有从整体之中得以理解。只是，这至少还保持为非常不确定的。因为当他把那种双重的精神性理解设想为较高的东西,而将语法性与历史性的理解视作较低的东西时——就像它们也必定处于同一个层级上那样,在此较高的理解中相互渗透,如他所表达的那般——那他为何没有将二者总括成一个东西,而仅仅区分为较高的与较低的呢?可是,他此后又更进一步地区分了某种三重诠释学:文字的、意义的与精神的诠释学,而这在此种前提下本来是根本不可能的。这种三重诠释学中的三重理解之区分首先基于这点:在他看来,对言说的理解与阐释并不是一回事,阐释是对理解的发展。他在这里将许多早先的人引为同道,可这却仅仅是混淆了事实。在这里,发展无非是对理解之起源的说明,对某人借以抵达其理解之方式方法的告知。阐释之区分于理解,根本只是如大声讲话之于心里话那样,而出于告知的目的还会加上某些别的东西。如此,这唯有作为对能言善辩之普遍规则的应用才能发生,其内容并不会有什么增加或改变。可是,倘若我们要让阿斯特先生的区分能够适用,那么可能就只存在某种三重的诠释学,假如有这么多方式来发展理解的话。然而就这一切而言,他的诸般称谓既不指向它,也不在这种意义上得以解释。然而,它们也同样少地与他那理解的三个种类相遇。因为文字的诠释学——它提供语词说明与事实说明——不仅与历史学的理解有关,也与语法学的理解有关,因此对于精神性理解而言,意义与精神的诠释学同时是二者。现在,这当然是某种双重性的东西,只不过那两种诠释学不再以这种方式来相互区分了,即一种唯独关涉到作者的个体性精神,而另一种则关涉到整个古代的总体精神。因为意义的诠释学仅仅在某处个别段落的关联中与文字的含义有关。与此相对,在这两种关系中同样存在某种对个别段落的精神性说明。如此一来,这

10. 就 F. A. 沃尔夫的提示和阿斯特的教本论诠释学概念

里似乎就没有什么相协调的东西了。仅仅就此而言，便已经很清楚了：对语词和事实的说明还不是阐释，而只是它的元素，而诠释学则是凭着意义的规定——这固然需要借助那些元素来实现——才开端的。同样，作为意义之规定的说明永远不会是正确的，倘若它无法经受住对作者与古代精神之检验的话。这是因为，除非是在某种精神错乱的情绪状态下，否则没有人会说出或写出与他自己的精神相反的东西。这样一来，即便是在另一种关系中，人们也必须首先证明，作者就其精神而言乃是一位混血儿，倘若人们想要在原来的精神中将某种说明——人们公认它与古代精神相矛盾——接受为正确的话。在讨论到意义之说明的地方，阿斯特先生自己也说了，谁未曾把握住一位作者的精神，谁便无力揭示个别段落的实义，而唯有这种真实的意义才与那个精神相协调。因此，无论阿斯特先生是怎样将他的诠释学构建为三重性的，他所给予我们的也只是一重，即意义的诠释学，因为文字的诠释学并非诠释学，而精神的诠释学，只要它不能于意义的诠释学中生出的话，也就超出了诠释学的领域之外。我们在此必须停留在沃尔夫那里。但当然要说清，为了在某种言说中完整地践履这种技艺，我们不仅要拥有语词与事实的说明，还要拥有对作者之精神的说明。当沃尔夫在语法学的、历史学的与修辞学的解释间做出了区分的时候他也大概地指明了这点。因为语词说明是语法学的，事实说明是历史学的，而他对"修辞学的"这一词语的用法，则相当于我们今天所谓"美学的"。因此，这实际上就只是与特定艺术门类相关的阐释，就不同的艺术形式无疑都是凭借古代精神而建构起来的而言，它仅仅包括阿斯特先生所谓精神性理解的一部分。也许他无论如何都必定会将诗歌性质的东西附加到修辞学的东西上，从而对我们的"美学的"一词加以详尽的阐明。倘若他对于个体性事物或作者的特殊精神有所考量，他的诠释学便会在五种不同的解释中疲于奔命。无论事实能有多么正确，我都永远要对这一表达提出抗议，因为它总是招致这样的假象，就好像语法学的与历史学的解释都是某种自为的特殊性事物那样。神学家们已然将二者结合成了一个东西，并且使用了语法学-历史学解释的表达，由此在与不好的事实之对比中，将那些好的事实加以强化。然而，他们无疑是自在自为地做着这件事，十分正确地反对着某种教条性的与某种寓言性的解释，就好像这些解释——不论是正确的还是错误的——同样可以是某种自为的东西那样。阿斯特先生也落入了一种类似的错误中，他区分了一种简单的意义与一种寓言性的意义，这听起来就好像寓言性的意义是某种双重性的东西。然而，倘若某个段落是被寓言性地意指的，那么寓言性意义也就是这一段落中唯一且简单的意义，因为它根本就没有其他的意义。而倘若有人要对其进行历史性的理解，那么他便根本不会再现出语词的意义，因为他并未将那种它在段落之关联中所拥有的含义赋予它；反过来，当某处以其他方式被意指的段落得到了寓言性的说明时，情况也一样。如果这是有意地发生的，它因而不再是阐释，而是某种利用；而当这只是无心之举时，它便是某种错误的说明，无论在其他情况下多么充分，但它也是由如出一辙的错误中产生的。人们可以同样正确地为共济会的与其他的套话设想某种神秘的解释，并将神秘的意义与简单的意义区分开。现在，倘若于教条的解释之外——这与预言性解释的情形相同，某位哲学家还自长期以来将某种道德的解释赠予了我们，那么就得希望他终究会遇见正确的东西，再次为我们发明了某种普遍和谐（panharmonisch）的解释。因为他由此所意指的或许无异于此：在一种正确的解释那里，所有不同的动机都必须与同一个结果相协调。所有这些更新——就仿佛阐释存在各种不同的类别那样，仿佛人们能够在它们之间进行选择那样，如此就根本不再值得费力去言说与写作——无疑显得在一开始仅仅存在于表达中。然而很遗憾，这一点是足够清楚的，即它们对事情本身并非没有不利的影响。就像它们现在于这一学科总是混乱的状态中拥有其根据那样，它们也不会提早消失。但当诠释学抵达了与作为艺术学的它相称的形态时，当它的诸法则由理解的简单事实出发，由语言的本性，以及言说者同聆听者间的关系之基础条件出发，于紧密的关联中得以发展时，它们必定会消失。

赫曼·斯坦达尔

11. 解释的种类与形式 *

在所有各式各样的关于语文学之本质、任务与方法的问题那里,关键之处都在于,以普遍的概念去把握所有地方与所有时代的语文学家的实际已有的成就与普遍渴求。经由这些概念所带来的益处(这一点人们必须承认),语文学之熟练虽尚未被取得,但它可能会借助这些概念得到引导与说明,并由此得以提升。最伟大的语文学家们曾经致力于这样的概念规定性,而或许值得关注的是,这种努力往往发生于当他们企图减弱为人所担忧的或已然苏醒的矛盾时,譬如拉赫曼(Lachmann)在他的《新约导论》(*Praefatio ad N. T.*)中那样(而谁会哲学性地将辩证法的渴求归咎于拉赫曼呢?),或者当他们对已故的大师们大肆褒奖时——他们想要对其价值进行衡定。正是如此,逻辑学的严格形式也在一攻一守之间——简言之,在人们追求最大之确定性与无矛盾性的地方,被人们带着偏爱而付诸应用了。

---

* 赫曼·斯坦达尔(Heymann Steinthal):《解释的种类与形式》(Die Arten und Formen der Interpretation),选自《威斯巴登国语文学家与教育工作者第三十二届集会会谈,自 1877 年 9 月 26 至 29 日》(*Verhandlungen der 32. Versammlung deutscher Philologen und Schulmänner in Wiesbaden vom 26. bis 29. September* 1877),1878,收入《短篇语言理论著作》(*Kleine sprachtheoretische Schriften*),由布曼(W. Bumann)编,希尔德斯海姆(Hildesheim),1970 年版,第 532—542 页。

然而，尚有一个更为全面的视角与此相连。当人们如此经常地指责诸般哲学努力的结果不具有稳定性，将这种不稳定性视作其原则上的，因而无例外的不健康性之特别明证时，这刚好在我们的情况中变得清晰起来，即在这种想象出的哲学原则之更迭与突变中，反映出来的唯有人类发展的进步，因为在语文学的各种定义之中，这个语文学的历史都按照其基本特征而得到了暗示。

特别地，语文学的方法论现在无非是对被我们最好的语文学家们所践履过的语文学操作的最透彻与最完整之分析，这样一门学科，于其活动中对语文学精神进行的分析，抛开它的益处不谈，纯粹就其自身而言是否是普遍重要并具有科学之吸引力的？对这一点，下面这种人不应该提出问题，因为他们毫不怀疑，科学的任务乃是去分析每一条虫子与每一株蘑菇；而另一种人也不会这样发问，他们将分析每一首阿那克里翁体的短歌[†]与庞贝古城的每一处羞耻铭文（Schand-Inschrift）^{††}视作无可置疑的任务。

谁曾经认真地从事于语文学方法论的制定，谁或许便会像我一样，发现这一学科的目标困难到令人绝望，因为那些语文学操作中的有效元素不仅为数不少，而且还如此内在地相互牵缠在一起，以至于它们执拗地顶住了这种目光的审视：它想要离析它们，将其中每一种都于其特殊的本性中加以把握，从而理解它们的共同作用。因此对于我而言，在施莱尔马赫那里——他在哲学与语文学两个

---

† 阿那克里翁体，以古希腊诗人阿那克里翁（Anacreon，约公元前573—前495年）命名。该诗体19世纪在德国广为流行。——译者

†† 庞贝古城于公元79年遭火山爆发摧毁，长期被火山灰掩埋，因而保留了大量古罗马时期的涂鸦和铭文，其中不乏日常化的讽刺、辱骂、暴力、情色等内容。——译者

领域上都占据了首席——显现出来的艰苦卓绝的争取也就不言自明了。

我在此有幸向诸位汇报的观点，是由对阿斯特、施莱尔马赫与伯克（Böckh）的检讨中生长起来的。伯克的语文学百科全书与方法论将于短期内问世。经由编辑布拉图歇克（Bratuscheck）教授与托伊布纳（Teubner）出版社的善意，我拥有了这本书的校样，还包括如今已经删去的一小部分。对我而言，关于此部基本著作——它属于一位来自斯卡利杰尔（Scaliger）家族†的语文学家——做些干涩的或者褒奖性的评断，并非得体的做法。不过，我在此必须要遵循自己的习惯，以批判的方式去阐述我的观点。因为我相信，这种批判性的阐述能够将我对杰出学人的谢意认真地、最为合宜地加以表明，并且以此方式，将我思想的真实动机与观点的依据最为清晰地展示在进行着审查的听者与读者们跟前。然而限于时间，我无法单纯地对伯克这本著作的特征进行描述，甚至无法仅仅是批判性地将他对于解释的看法略作展示。因此，让我们直接来到我们的任务这里吧。

脱离解释的语文学看起来几乎是不可能的。一旦语文学存在，也就立刻有了解释。当我们对某个民族的无声之作品进行观察时，当埃及人、巴比伦人或亚述人的建筑、石像、绘画这一整套东西为人所见时，那些民族就成了人类学、民俗学与政治或艺术史学的对象，但尚还不是语文学的对象。直到人们开始对象形文字与楔形文字加以解释时，才出现了所谓的埃及语文学或巴比伦-亚述语文学。

---

† 斯卡利杰尔家族是公元13世纪至14世纪的意大利统治家族。——译者

11. 解释的种类与形式

在我们复活那些文字，再度唤醒语音，再度振起那些已销声匿迹的言说之同时，也就重新赢获了这些业已消散之民族生活的沉默见证者，它们的逻各斯（λόγος）。由此，新近成功的解释创造了一个新的语文学领域。

与此相应地，我们可以想象一下复兴时代的那些古典语文学家，他们一开始时手头只有一些需要解释的著作。解释因而是语文学的首要功能，而它在开端处也是唯一的功能。

考证（Kritik）随之而至。而无论人们想要如何规定考证的本质，它也总是会产生，不管是在解释的陪伴下还是对其的准备之中。无论考证家的天资多么伟大，无论由他所克服的阻碍多么困难，无论他的成就多么惊人，就其概念而言，考证永远是解释的题中应有之义。进一步说，很容易察觉到的是，解释是如何于事实，也就是于诸民族之历史发展的本性中觅见其依据的。而倘若没有这种科学的功能，我们便无法思考人类历史、无法思考人性的概念。与此相对，语文学考证的必要性并不存在于事实的本性中，而是存在于人类的弱点与传统的不确定性中。一部著作并非来自传统中所描述的作者，而是来自另一位作者；或者是，一部著作在这个段落中不该以传统方式得到阅读，而应该以批判所确立的原意进行阅读——这一认识的重要性不容置辩，但它纯然立足于正确的解释之上。

然而，解释与考证尚未穷尽语文学的工作。因为倘若人们不愿承认，如伯克所理解的那样（我也赞同他），语文学在最广泛的意义上应当被把握为人类精神史本身，那么"解释与考证构成了语文学家的整个活动"这个断言，便只有当人们想要把语文学的概念限定在对著作的理解性阅读上时才是恰当的。而这样一来，语文学大概就成为了守护神（εὐδαίμων）的工作，只是没有成果，因而也就算不上科学。它将会在最有价值的对象上得以践行，但却不生产任何内容。然而，一门科学必须创造出其特有的作品，这些作品赋予科学以内容，其价值就在于这内容中。因此，倘若我们对语文学进行最狭义——这种意义是最不可能的——的理解，不赋予它某种完整科学的特性，那么我们便必须至少将语法学与文学史，作为语文学的特有作品，附加到解释与考证这些语文学的功能上面去。然而随后便会证实，这两种功能并不足以生产出语文学的成果。至少我没有看出，解释与考证的效用与生产能力怎样才能达到这种地步，让人们有可能探入到每一部作品的最深处去——由此并不能创造出什么语法和文学史。而离开这些学科，解释与考证甚至是不可能的；离开语文学作品的语文学工作本身乃是不可设想的。那么，是何种功能生产出了这些作品呢？毋庸置疑的是，语法和文学史不可能脱离解释与考证而得以创造；这里只是说，它们无法仅仅由这些功能中生长出来。

倘若我们因此而断定，语文学家们的功能与作品乃是互为条件的，那么在我看来，就必须相信语文学还存在着第三种特殊的功能。语文学作品，亦即语法和文学史，以及其余人们能够在最广义上算作语文学的诸学科，都是经由它而从为解释与考证所赢得的基石中得以建造的。这种功能当被称作建构（Konstruktion）。

由此，如我所言，我们便借助一种既有启发性、又简单易行的视角而赢得了这一原理：语文学的方法学说包括三个部分：解释之方法、考证之方法，以及语文学诸学科的建构之方法。

11. 解释的种类与形式

然而，对我们当下的目标——规定解释的诸方向，亦即其形式与方法，简单说也就是规定其类别来说，这一原理就此而言乃是重要的：我们将不得不防止为解释提出它无法解决的问题，对其的解决毋宁说属于建构的责任。为了避免这种混淆，我们将解释的有效性加以如下的限定：它的对象在任何时候都仅仅是一部言说作品，而诸多作品的总体或同类作品的复合体，作为这样一种闭合于自身之内的范围，便要归之于建构。解释并不超出个别的作品。此外，它可以对其他作品与作品范围加以考量，如其被普遍预设的建构那样。倘若人们不留神某部著作属于哪个范围，它便无法得以解释。然而范围的构成（Bildung）乃是建构的事情。譬如说，人们永不该忘记去解释某部戏剧或史诗，解释埃斯库罗斯或索福克勒斯，但戏剧或史诗的范围，这位或那位作家的特质，乃是经由建构而得以形塑的。

倘若解释的对象由此而得以确定，我们便可进一步声称：它的目标乃是理解。然而，通向理解的道路，或是理解由之而被获致的那种操作，为我们称作解释（Interpretation）或释义（Deutung）。我们进行解释或释义，以求得理解。理解首先是目标，倘若这一目标被达成，那么理解便成为了结果，成为了我们已获得的财产。释义乃是我们由之而占有理解的那种活动。

理解活动完全是普遍地属人的，正如讲话与告知那样；"理解"完全是一个必然被设定为与语言概念互换的概念。在人类之中，每一刹那间都有不可胜数的东西被理解，不仅是简单的自然表达与需求的表达、紧急语言和口语，还包括一首诗中或一位国会议员的人为痕迹明显的言说——语文学理解首先是经由对一切条件的技艺性引入而与这些泛泛的理解区别开的，理解唯有基于这些条件才成为可能。我们必须对这一点作些详细的阐述。

泛泛的理解是直接发生的，且仅被包含于心理学过程中：听到的语音或看到的字符于听者或读者之中激发了在说话者或写作者之中产生的相同的思想。这一过程绝不简单，心理学也确实花了不少力气来说明它。但它乃是与生活本身相伴而行的：谁是明智的，谁拥有健康的精神并生活在人类社会之中，他便同时还进行理解。泛泛的理解当然不是无条件的，不过这些条件乃是直接经由人类组织与交际生活而被给出的。因此，这种理解的公式可以简单表述如下：某种思想内容 P 在言说者中引发了一个声响系列 L，而这个声响系列 L 在听者之中重新激发了那个思想内容 P。也就是 P = L 且 L = P。

语文学理解则有所不同。在这里，我们必须人为地提供出那些并不直接被给出的理解之条件，这是某种间接的理解。泛泛的直接理解乃是某种事件（Ereignis），语文学上的间接理解则是某种行动（Tat）。严格说来，给予语文学家们的首先只有某种声响，而那发出这一声响的精神则是未被认识的；也就是 x = L，且由此 L = x。此时所预设的是，x 是语文学家精神中的某个元素 P，正如它先前在作者之中一样，或者说它至少能够在语文学家的精神中成为这样一个元素 P；建基于其上的是这个要求：语文学家应当以 P 取代 x。这便是一种考量，一种自由的科学活动，它正是解释或释义。

P 对 x 的这种替代是不可能经由对 L 的分析而实现的，因为 L 恰好只是 x，一个问号，一个零（Null），而要紧的则是某种综合，某种或多或少是有分支的东西。为人们所搜寻的 P 只能凭借比照和

11. 解释的种类与形式

推断而被找到。因此，在我们刚刚说明了的、泛泛的理解与语文学理解之间的这第一重区别，也就是有无中介性的区别内，便得出了另一重区别：泛泛的理解只把握个别的信息，而语文学的理解则与此相反，它将给出的信息作为个别之物，在其与各种建构了意识的普遍性力量的整体关系中，对之加以科学性的认识。譬如，一个语词唯有被溯回其词干（Stamm）时——这一词干将普遍之物塑造为不计其数的个别语词——才能在语文学的意义上得以理解，并且是以一种语法学的构成方式，它在更高的层面上构成了普遍之物，被给出的语词形式便于这普遍之物中产生。正是于此中首先存在着语文学理解的中介：被听到或被看到的个别之语词被追溯到了其词干与形成规则上。

然而如此一来，立即便给出了第三重区分。在人为地提出理解的诸般条件时，语文学家唯有如此才能达成目标：他要使诸条件对自己明确起来。在这些条件之下，P 与 L，思想内容与语言形式，都在言说者的意识中得以产生。这存在于理解的本质中。严格说来，倘若语文学家的意识中要出现 L = P 这个等式，那这就唯有如此才是可能的：他将更为原始的等式 P = L 生产出来，也就是在自己的精神之中复现那个发生于作者之精神中的过程。

进一步地，这一点经由这些区别而变得清晰起来：存在于语文学理解中的东西，要比存在于泛泛之理解中的多得多，后者单纯包括那刚好存在于讯息中的东西，而语文学家却不仅仅将所传达的内容带入其理解之内，而是同时将凭借其综合而赢获的整个知识带入其中。他的理解或多或少是某种丰富的演绎性认识。然而据此，存在于语文学与认识性之理解中的东西也要比存在于言说本身当中的多，而语文学家对言说者与诗人的理解，不仅比他们自己对自己的理解要更好，也要比他们的同时代人所理解得更好，因为他有意识地去弄清，有什么东西仅仅是直接地且事实上地存在于那里面。

关于解释，我们就谈这么多。现在让我们来讨论一下它们的不同形式，或者说方向。

预设了对文字的知识后，对于语文学家而言，被给予的东西便是一系列声响。不过，这些声响拥有某种意义；它们指向（deuten）精神。揭示那声响所指向的意义，便称作对声响的释义（deuten）。因此，人们不必追问：被释义的是声响还是意义呢？二者乃是一次性得以释义的，因为人们便是于声响那里觅见了意义。

解释因而是由此开始的：将语词的意义加以规定，进而规定句子的意义与句子之间的联结。如此一来，解释的第一种形式便是语法学解释，它为其后的一切语文学操作提供了基础。之所以如此称呼它，是因为它所释义的乃是写下的语音。也就是说，它于语言元素中对言说的意义进行解码——就这种意义存在于语词自身中而言。

然而，意义实际上只是部分地存在于语词自身之内。我们在言说中隐瞒了许多东西——而且是非常本质性的东西。倘若言说要得到理解，这种东西也必须被考虑进去。我们总是在确定的、外在或内在的处境与关系中进行言说的，而言说唯有凭借所说之物与这些实在关系之间的联系才能获得其具体的意义。就自身而言永远是抽象的语词，唯有如此才得以充实：人们将其联系到对事物或事实的具体观点与概念上面，或者说指向它们。每条讯息都是言说者对身体或精神环境中的特定要点之指涉，语词由这种指涉而仅

11. 解释的种类与形式

仅包含了一个抽象的部分。言说者和与其同时代的直接聆听者一道，在关于自然的和人类的生活关系之知识中呼吸着、思考着、感受着，这种知识必须被语文学家人为地带入理解之中。因为只有当它间接或直接地现成在手时，理解才能够取得成功；而哪里缺失了它，哪里便会出现误解。这可以通过语文学的错谬，但也可以通过一些生活中的趣闻而得到同样清楚的说明。简短起见，我仅仅提醒各位想一想罗伊特（Reuter）所讲述的那位年轻军士，他要与车夫一同参加自己长官的拜访之旅，并将"名片"（Karten）分发给有关的绅士们。此外，他还在启程时接到了这样的命令，要把名片随身带上。年轻人准时地遵从了这项命令，在拜访中时而将"绿女士"[†]、时而将"铃铛七"递给那些绅士们。假若有人想给予这位可怜的年轻人某种真正的说明，就必须对他长官的语词——年轻人拥有对这些语词的语法性理解——给出某种事实性说明，某种对诸事实的解释（interpretatio rerum）。

在这第二种解释，亦即事实性解释中，人们借助民族精神之客观与主观元素的整个范围来对言说进行说明，也就是由观点与概念、想象方式、看法、意见与判断中而形成的，就像它们由周遭的自然对象与自然关系、历史事件、民族精神中的惯例与习俗、状况与活动而形成那样。那些最素朴的作家最不能缺少这种解释，比如荷马。离开荷马史诗中的文物、神学与伦理学，《伊利亚特》（*Illias*）与《奥德赛》（*Odyssee*）便无法被理解。关于"早上好"这一短语，语法学解释会有许多可说的，而倘若事实性解释不告诉我们它乃是

[†] 德国卡牌（Karten）游戏中的一种卡牌，下同。——译者

通常习惯中的某种问候语,这个语词便并未得到理解。然而,反思的作者们那里充斥着对人物、事件与思想方式的有意暗示,他们一再使用术语和标语。整部作品的产生往往要归于某种历史的或法律的动机,归于某个事件或某种习俗。若要理解一部作品,所有这些都必须为人们所知。

对诸事实的解释不应当对古旧的或历史性的知识加以阐明与呈现,因为这乃是建构的任务。然而,它必须根据所赢获的关于古代民族之生活的知识,对一部著作的当前位置进行释义,正如对诸语词的解释(Interpretatio verbarum)不该去建构词源学和语法学,而应当由这些东西以及语言使用中找出手头的语词或句子之意义那样。

语法学解释经由事实性解释而得到了补充。不过,它尚须更进一步的补充。它根据民族的普遍语言意识来说明语词及其句法词组(syntaktische Fügung),并搜寻句子之间的关联;然而,唯有就句子是经由连词和语言介质而相互联结的这一点而言,它才能完成这项任务。它还必须离开这些语言的支撑而对关联进行把握,因为若非如此,它便无法觅见诸句子及个别语词的意义本身了。然而,那种指向整体的努力正是经由解释的某种独特形式,亦即文体学的(stilistisch)解释而告终的。就像语法学为文体学所补充那样,语法学的解释也为文体学的解释所补充。它的职责在于,对基本思想、整体的趋向与言说作品的统一性进行阐述,再就是说明主要思想如何一条主线般贯穿了所有细节,抑或它如何断断续续地于文本中展开。如若说语法学解释在意义的关联中把握了意义,那么文体学便是于整体的划分中对整体进行观察。若将前者称作归纳的,那么

11. 解释的种类与形式

后者便是演绎的。它根据文本的趋向与编排，使得每一种思想、每句话的构造、语序，乃至每一个别语词的应用，都可以为人所理解。它同样也对韵律或节奏的选择进行说明。

如此这般，我们便发现了三种解释方式。人们也曾谈到过某种逻辑学的解释。我不知道，按照已给出的对语法学与文体学释义的理解，还有什么任务能落到这样一种解释的头上。然而，人们若是想把二者中的一种，或是把二者一并称作"逻辑的"，那么这大概是有欠妥当的，因为不管论证多么充分，也不能说每一种关联因此便都是逻辑性的，诗歌中往往即是如此。

然而，我们以所说的这三种解释方法所释义的仅仅是手头的文本，而未曾超出它去作些什么别的考虑。也就是说，我们按照其内容与形式，按照一切内在于其中的东西来释义它，但仅仅是根据三种普遍性的精神力量，亦即根据民族的语言精神，根据民族的实践与理论生活，并且根据——对于阐述而言尤其当去考量的——民族的艺术形式，却不曾对可能的特殊变形（Modifikationen）加以关注。而这对于完整而忠实的理解而言同样不可或缺。为了真实而完满地理解一段言说，人们必须注意，是谁在那里言说，因为"当两个人说同一件事的时候，那并非同一件事"（duo cum dicunt idem, non est idem）。因此，在那三种由普遍精神（*allgemeine Geiste*）或共同精神（*Gemeingeiste*）而作出的解释之后，言说作品还要求第四种个体性的解释，也就是由作者的特质而作出的解释。当作者独特的思想与阐述方式得到关注时，诸个别部分的基本思想或关联、诸思想的进程，往往唯有于此时才能得到理解，甚至个别的语词也唯有于此时才能被正确地把握。

据此，语法学解释与文体学解释无疑经常受到个体性解释的影响；它们不能永远按照语词之存在于普遍民族意识中的样貌来把握它，有时也要考虑到作者个人所打下的烙印，而且必须注意，普遍存在的编排形式是如何为个体所改造的。然而因此，同样不证自明的是，个体的解释方法根本不能被思考为某个自为存在的种类，它仅仅伴随着前面三个种类，并对之加以调整。它因而永远只能作为个体-语法学、个体-文体学或个体-事实性的，而为人们所践行。我之所以说，也可以是个体-事实性的，是因为就像不同的个体所支配的词汇也不尽相同那样，作者所支配的整个民族精神之观念、概念、知识与判断的财富还要更少。对于戏剧的解释而言，关注到这一点是很重要的，因为戏剧中可以出现某种双重的个体性，也就是创作者的与戏剧人物的个体性。然而，相比于经由其观点的范围与看待事物的方式而言，一个角色的特质几乎无法如此显著地经由语词而得以刻画，因为看待事物的方法乃是基本性的，由其中才产生了语词。而这一点完全是普遍适用的：我们对狄摩西尼言说的理解无法脱离他之于腓力的立场[†]，而对这一立场的理解又不能脱离对其习惯特质、对其所好与所恶的了解。而经由生活立场与人格特质，风格和语词便也得到了规定。

是的，于这一隶属于事实性解释的领域中，这种事情的发生甚至再容易不过：一位作者与他的民族精神背道而驰，他建立了一套

[†] 狄摩西尼（Demosthenes，前384—前322年），是古希腊雅典城邦的政治家和演说家。腓力，在历史中的全称为马其顿的腓力二世（Philip II of Macedon，前382—前336年），他是马其顿王国的国王，也是亚历山大大帝的父亲。狄摩西尼终生都致力于反对腓力二世统治下的马其顿王国的对外扩张，并在亚历山大的追捕下自决而亡。——译者

11. 解释的种类与形式

个体性的感觉与判断，譬如说就像一位古希腊人抱有世界主义的观点那样。

在对作者的个体性进行过一番考量后，我们不应该将另一种存在于语文学对象之本性中的考量搁置太久。精神是历史性的，因而另一种考量便作为第五种形式，缀连于先前提到的解释的四种形式之后，这就是历史学考量。我们可以由共同精神或某种个体性精神中，以语言、事实或文体学的眼光进行解释，但必须始终清楚：这个或那个句子是在什么时期，因而是在何种历史局限性下写出的？语词和句法词组并非在所有时期都拥有相同的含义。习俗与民族的想象方式、政治与社会状况、私人工作与生活习惯之诸形式、群众、兵法、宗教、科学并各种艺术，以及全部的文体形式，所有这些都受到历史变化的约束，而个体同样具有其发展轨迹。青年柏拉图尚非老年柏拉图；而老年柏拉图也已然不再年轻。是的，还有诸个体性的整个显现方式，我是说普遍精神据以于个体精神之登场中产生效用的方法或生活形式，它也拥有一段历史。因为并不是每个民族、每个时代都为个体精神的活动留有空间；而当这些精神存在时，个体性又不见得在任何时间、任何地点都一直拥有相同的力量与含义。雅典与罗马，雅典与斯巴达之间，就此而言具有本质性的差别。

我们目前已经了解了三种解释的类型，语法学的、事实性的、文体学的，它们中的每一种都指向言说的另一重客观要素；而我们之从事于这三门类型或方向不同的解释工作，不仅对作者的个体性加以考量，也对民族及作者的历史性关系加以考量。凭借所有这些东西，我们并未超出对所予之物的理解。诚然，这种理解将会是完整并具有认识功能的。然而问题在于，语文学家是否还能再上一层楼呢？德国语文学早就对这一问题给出了回答，而这种回答是肯定的：语文学家应当把认识性的（erkennend）理解进一步深化为领会性的（begreifend）理解。这乃是经由对言说作品的因果性考察而发生的，它形成了第六种解释方法：心理学解释。

不单单是言说作品应当得到接受、欣赏与分析性的刻画，它的创造也应当被领会，创造活动自身，那个图像于其中逐渐成形的内在过程，也应当经由心理学释义而为人所理解。按照某种施莱尔马赫式的说法，作品、所有个别的思想，以及这些思想的排列与联结都应当作为某种"突然出现的生活要素"而得到理解。是时候朝向精神的工坊中投去一瞥了。唯有如此，才能使得 P = L 得以实现，而不是单纯的 L = P。

心理学的解释不仅仅预设了，那些早先提到的方法已然在最高程度上履行了其使命；同样地，它也唯有在与这些方法的联结中才是可能的。由此，它虽然显得有所倚仗，但却将所有这些方法都带向了至为精妙的境地。它应当钻入作者精神的机制（Mechanik）之内，逐一点数参与到作品创作过程中的实践与理论、质料与形式的环节——这些环节不仅属于个体精神，也属于共同精神，倘若它们于作者的时代中普遍存在，或是由过去流传下来而为作者所知的话。随后，它应当于其相对运动与协力工作中对这些各式各样的要素加以观察，看看它们如何因和谐而增强，如何因矛盾而削弱，如何由自身所设定的对立而提升自己，获得最圆满的清晰性与力量。与此同时，特别值得关注的是，作者是生活于朝气蓬勃、臻于成熟，还是行将就木的年代中。然而，这件事理当交由心理学解释来完成——仅仅是为了获得尽善尽美的理解，因为只有当我领会了某物

11. 解释的种类与形式 217

何以如此时，我才能最准确地理解它是什么，它又是怎么样的。正因如此，它的效用并不具有某种特殊的位置。在训练充分的语文学家们那里，它无所不在。无论语文学家在何处取得了至高的成就，它总是存在于释义的某个类型、语文学知识的某种建构或批判的某种形式中。这一事业之所以具有科学性非凡的特质，正仰赖于它的赋予。

作者在何种程度上掌握了其民族语言的语词和词组，语文学家必须对此加以研究。他是在个体性解释中完成这一任务的吗？我的意思是，他固然完成了这项任务，但却唯有当心理学解释对个体性解释形成了补充时，他才能完成。因为人们一开始仅仅能认识到，某位作者可能使用了多少语词和词组，将多少词汇置于一旁，又新创造了多少词汇。到目前为止，简单的观察还是够用的。它还要进一步观察，作者的表达在何种程度上受到了限制，它是如何的摇摆不定或是过于狭窄，同义词之间又是如何精细地彼此区分的。然而，倘若人们继续追问，他为什么会自铸新词，或是将新的含义赋予了古旧的语词呢？是说民族语言中缺乏对作者新思想的表达法吗？那么这时，观察就必须成为心理学的了。倘若确乎如此，那他为何恰好使用了这些手段来满足其需求呢？倘若并非如此，那他的这些创新的价值何在？为了弄清这些问题，我们必须加以权衡，想想作者的思想财富与民族语言词汇间的关系如何。它是否富于概念呢？这些概念果真如此新异吗？他的新创造与民族精神相宜吗？之后我们才能断言，他对语言的掌握情况如何。同样的与相似的问题再度出现于文本的阐述与编排中。某位作者是否掌握了那种他以之写作的文学类型的诸形式呢？他是蹈袭了前人的条条框框，抑或是铺设了新的道路呢？他是否对新材料进行了加工，又在何种程度上完全利用了民族的视野，甚或是对其有所开拓呢？他所体现出的世界观与生活观与其民族观之间的关系如何？这一问题若能得到解答，那么接下来要做的便是，由作者的眼光去说明他的强项与弱势，由眼光的广度与范围、眼光的锐利与透澈抑或迟钝与肤浅，由为作者所通观的客体之范围的独特性，亦即由这种眼光——它更加关注的是自己的内在还是外在，是人情还是事变，是人物与行为还是事件与命运——的方向出发。由此我们便能领会其认识与判断的内容与形式，领会他的所好与所恶，领会哪些影响流向他那里并产生了硕果，哪些从他身旁无关痛痒地呼啸而过，哪些又必然为他所弹回。那种真正创造出经典与完满之作的和谐，并不总是存在于建构了个体及其作品的诸要素间，理解能力与构造力量也往往并不处于良好的关系中，而客体、趋向、风格形式、民族语言与韵律也同样频繁地彼此矛盾，或是与作者的精神特质无法相容。由此，我们要详尽释义的作品中便出现了阻碍与损害，正如在相反情况下，它们之间的和谐将带来本质性的助益与提升那样。由此，这里是进展的流畅、合乎事实的发展与前进中的优雅，那里则是腌臜，其与内容或形式之间的、或同时与两者之间的扭斗。这里是客观性，也就是人格与事实的相融，而那里则是主观性。在此展现出来的还有情绪的力量，比方说冷嘲热讽——这于有些作者而言牵涉到事实，于另一些作者而言则牵涉到他本人；欢快与沉郁，温厚与愤恨；那种于不知不觉间使读者受到牵引的谄媚，或者是那令其无法抗拒而为之着迷的强烈感动。情绪说明了风格，但它自己又要求着说明；这种说明必然是心理学的释义。

11. 解释的种类与形式

最后，我还要提到一个非常普遍的要点。在每一位作者的意识中，合目的(zweckmäβig)编排都很容易与纯粹机械化的、偶然的联想产生矛盾，而精神却始终为后者的机制所支配。这便是精神之自由与其枷锁之间的斗争。反思搜寻着思想，但与此同时却沿着确定的方向运动，并且还想要跟随逻辑，随后还在编排形式中得以赋形。灵魂的机制与反思相连，偶然事件与习惯于此机制中发挥着这样一种力量：并不总是那种将所需的一切都提供给它的机制，而正好仅仅是这种机制，没有掺入任何杂质，它能够引得反思全然偏离于其意在前往的方向。

心理学解释与其余解释形式之间的差异，或许在它们陷入矛盾的地方表现得再明白不过。文体学与个体性的释义要求人们由基本思想出发去对逻辑重点进行规定，这一重点为语词、句子与句子的复合体所承载，亦即对整体而言的重要性之程度：什么是主要事项与次要事项；什么是修饰与譬喻；什么是实际的与真正的阐述。然而在这里，我们有时可能会经由纯粹合乎事实的、逻辑性的解释而陷入窘境。我们看得分明，某个伟大的精神是如何落在这个句子之上，而那个句子又如何是次要的。但在作者的意识中，这一关系由于某种机械性(mechanisch)影响的缘故而发生了变动。次要之物赢得了某种不属于它的力量，而关键的句子则由此丧失了其重要性。由此，思想进程当然经历了某种转变，这种转变无法为简单的解释所说明，唯有借助于心理学的释义才能得以厘清。

由此，心理学的观察教给我们去领会，为什么某位兴许是天赋卓绝的诗人是于这一情形中，而非另一情形中摘得了桂冠。而通过对作品的创造进行领会，我们这才理解了作品的源流，才能以此对其形成完善的理解。自然，语文学家有时也要对病理学有所掌握。

在对这些解释方向进行过阐述后，我在前面所说的语文学理解之于泛泛理解之关系，以及前者所包含的内容在何种意义上无限多于后者，或许也就得到了完满的辩护。然而现在，我以为最重要的当数下面的事情。泛泛的理解可以是"正确的"（richtig），当它把握住了言说者的观点时，我们便如此称谓它。可是，泛泛的理解从来都不能称作"真实的"（wahr）。这是因为，真理即便得以传达，它也只能凭借这种方式得到仅仅是正确的理解；而非真实的东西正是以同样的方式得到正确理解的。与此相反，语文学理解超越了对讯息的简单把握，它涉及对某种精神性事实的认识与领会。如此一种对言说的源流性领会——不考虑被理解的言说之价值——可以是真实而深刻的，可以是某种崇高的认识，正如某种自然科学之认识的价值无涉于被认识的本质之价值样。忽略掉它的对象，语文学理解本身也同样具备有价值的内容。当语文学家完全解决了他的任务时，他的理解并不只是单纯的事件，亦不止于某种行动，而是一种创造。

约翰·古斯塔夫·德罗伊森

12. 论解释 *

§37

诸开端既不为考证(Kritik)所寻找,也不为解释所要求。在伦理世界中,没有什么东西是突如其来的。

历史研究不会去进行说明。也就是说,它不会由 [20][†] 早先的东西中将晚近的东西、由法则中将现象作为必然之物、作为单纯的效果与发展而推导出来。

假使晚近之物的逻辑必然性存在于早先之物中,那么伦理世界便不会存在了,取而代之的将是某种永恒物质及其新陈代谢(Stoffwechsel)的类似物。

假使历史生活不过是某种永远相同之物的复现,那么它便没有自由与责任、没有伦理内容可言,而仅仅具备有机物的本性。

---

* 约翰·古斯塔夫·德罗伊森(Johann Gustav Droysen):"论解释"(Die Interpretation),引自《历史学——关于历史百科全书与方法论的讲座》(*Historik, Vorlesungen über Enzyklopädie und Methodologie der Geschichte*),由鲁道夫·许布纳(Rudolf Hübner)所编,慕尼黑,1937年,第339—344页。

† 本章正文内所夹的数字为德文底本所加,表示原稿在《历史学——关于历史百科全书与方法论的讲座》中的页码。——译者

解释的本质乃是凭借全然充分的条件——这些条件为它的实现（Verwirklichung）与现实性（Wirklichkeit）所要求——而于过去的事件中看见诸般现实（Wirklichkeiten）。

§38

正如行走（Gehen）中有这四个要素之统一那样：a) 运动的肢体之机制、b) 由地面的平整、崎岖、光滑或坚硬等等引发的肌肉之张力、c) 使身体运动的意志、d) 意愿者之所以想要行走的目标，同样解释也是依照四个视角而完成的。

许多理论与实践谬误的来源在于，其中一个或另一个视角受到了片面的强调，被当成本质性的与唯一决定性的因素而加以使用。这是教条的做法（§92）。

§39

a) 实用主义的解释对批判性的事实情况进行把握，亦即对于批判中得以证实与安置的部分，以及曾为现实的事实过程（Sachverlauf）之理解，根据存在于这一过程之本性中的因果律而进行把握，由此对曾为现实的事实过程之进展加以重构。

倘若材料充足，那么简单的指示性（*demonstrativ*）程序便足够了。

倘若材料不足，那么事实的本性便将我们带向类比（*Analogie*），也就是带向某种已知之物与这个 X 之间的比较。这一本性乃是由相似的情形中为我们所知的。

存在于两个 X 之间的类比，就它们相互补充而言，成为了对比性（*komparativ*）的程序。

于某种关联中，残缺不全的在手材料表明自己可以嵌入到这一关联内部[21]，并通过证据而对此加以证实。这样一种关联的前提，称作假定（*Hypothese*）。

§40

b) 对诸条件的解释奠基于此：这些条件在思想中被包括于曾为现实的事实过程内，后者乃是凭借前者而成为可能，并成为如此这般的。无论是多么地残缺不全，这些条件仍将于理解与残片中继续存在。

（譬如说，就像博尔盖塞角斗士那本身谈不上美丽的姿态，使得这座雕塑所用的山墙之线条为人所认出那样。）

诸空间条件——抛开无数细小的关系不谈——由地理学而得以阐明（战区的地理学、战场的地理学、自然界线的地理学，如此等等）。

诸时间条件分散于事实所进入的已形成之状态中，以及或多或少对其产生了决定性影响的同时性中。

诸条件的第三个系列构成了物质的或伦理的手段，事实过程由这些手段而成为了可能，从而得以实现。

在物质性手段的领域中，存在着材料与工具的多样性，因而存在着一种技术性解释的不可测度之广阔场域，这一场域几乎未曾被触及。在伦理性手段的领域中,也存在着人类的激情、群体的心境、掌控着它们的偏见或观点等等;那些意图凭借它们并对它们产生影响的将帅、政治家与艺术家们,也于同等程度上为它们所规定。

§41

c) 心理学解释于事实过程中搜寻那引起它的诸意志活动。

它想要认出有意志者(Wollenden)及其意志(Willen)的能量,就意志介入了这一事实过程的关联中而言。它还要认出意志的智性力量,就它对这一意志加以规定而言。然而,有意志者并不完全消融于这一事实过程之中,而已形成的东西也不仅是经由其意志强度[22],经由其智性而形成的。它既非这一人格的纯粹表达,亦非其整个表达。

人格本身的价值尺度并不在历史之中,而在它于彼处所完成、实行或忍受的东西中。人格那里保留了某种最本己的范围,它在其中独自与自己和自己的神相交游,无论自己的才能是贫瘠还是富裕,无论自己的效用或成果是多是少——一种最本己的范围,其中有着它意愿与存在的真正源泉,而那种先于其自身与神而给予它辩护或谴责的东西也发生于这一范围中。对于个体而言,这种他所拥有的至为确定之物(das Gewisseste),便是他存在的真理,他的良知(Gewissen)。研究的目光无意于侵入此处圣地。

或许,人与人之间是相互理解的,但这种理解仅仅是边缘性的。他感知到他的行动、他的言说、他的表情,但始终仅仅是这一个,仅仅在这一刻。他无法证明自己正确地、完善地理解了他。另一种情形是，朋友之间相互信任，以至于其中一位于友爱中发觉另一位真正的自我乃是他自己的图像："你必定如此，因为我是如此理解你的"。此为一切教育的秘密。

作家们——譬如莎士比亚——由人物（Personen）的特质中发展出他们所表现的事实过程；他们于事件中虚构出对这一事件的心理学解释。然而在现实中，起作用的除了人格以外，仍有其他要素。

尽管存在着它们由之而得以发生的善或恶的意志，事物还是行进在自己的轨道上。

在伦理性力量中存在着历史的连续性、它的工作及其进展（§15）；所有人都参与到它们中，每个都在自己的位置上；经由它们的中介，最低贱与最贫苦的人共同生活于历史中。

然而，即便是那些最富天资、意志最强、最有权能的人，也不过是此一伦理力量之运动中的一个要素——固然是某个在其位置上格外独特且有作用的要素。历史研究对他本身，并且只对他本身进行把握；这并不是为了他自身的缘故，而是为了他在这种或那种伦理力量中的位置与工作，为了他所承载的那个理念。

§42

d) 理念的解释登场于心理学解释所留下的空白中。

因为个体就其对伦理力量的分享而言，创造了他的世界。他为了自己生命的短暂期限而在自己的位置上愈加勤奋、愈加丰产地建造着。就此而言，他促进了那些自己生活于其中的共同性，而这些共同性复又生活于他之内；就此而言，他为这些比他存在更久的伦理力量贡献了自己的一份努力。

没有它们，人便不成之为人。然而它们唯有于人类、各民族、各时代的共同工作中，于前进着的历史中才能形成、生长与增强。历史的形成与生长乃是它们的展开。

某个时代的伦理体系不过是对目前为止所展开之物的思辨性把握与总结，不过是某种根据其理论内容而对其加以总括与表达的尝试。

每个时代都是一切伦理力量之实现的某种复合物，无论它们的展开是高层次的还是低层次的，无论较高之物尚还以何种方式包藏于较低之物中（如在家庭形式中的图像，等等）。

§43

在人类生活扎根并运动于其中的伦理领域之多样性中，研究对着手头的历史材料提出了一系列问题，以此来按照材料的伦理内容而对其加以解释。

我们将可以对其进行两种理解：

a) 我们可以在那些材料中观察各种伦理形态的状态，观察它们在当时是如何对自己进行塑造的；

我们因而赢得了伦理学的视域，一切曾经存在并发生于这个时代与这个民族中的东西都位于其中。我们由此也获得了在这个时代与这个民族中衡量每一桩个别事件的尺度。

b) 或者，我们也可以在前进着的诸要素之状态中寻找并把握它们。

通过将它们置于同自己所引向的地方与成为现实的方式之关系中，我们赢获了这样一种东西，它为我们指明存在于那个时代、那个民族之中的运动，指明当时人们的追求与争取，指明他们的胜利与失败。

§44（43［36］）

在运动过程中，时而是伦理力量中的这一种居先，时而又是那一种居先——往往是这样的一种居先，就仿佛这里仅仅关涉到它，仿佛一切都仅仅取决于它那样，它驱动着、引导着、掌控着被点燃的众多精神，作为这一时代、这一民族、这一个人的思想，来从根本上更进一步。

于我们而言，这种为解释在一段事实过程中所指出的思想（思想的复合物），乃是此段事实过程的真理。这一事实过程对于我们来说便是现实，便是这种思想的显现形式。我们在这种思想中对所发生的事情进行理解；我们由发生的事情而理解这种思想。

在根据方法论所赢获的事实情况之正确性中，事实过程的思想须得经受住考验，而事实过程须得为这一思想提供辩护。

因为于我们而言，与一种存在相符合的思想才是真实的，而符合于一种思想的存在才是真实的。

Ⅲ 狄尔泰与狄尔泰学派

威廉·狄尔泰

13. 历史理性批判草稿[*]

Ⅰ 体验与自传

1. 历史理性批判的任务

精神世界的关联是在主体里产生的,并且正是精神运动通过把诸个别的逻辑过程彼此联系在一起,从而规定这个世界的含义关联。所以一方面,这个精神世界乃是理解着的主体的创造,但另一方面,精神运动旨在对此世界达到某种客观的知识。所以我们面对这样一个问题:精神世界在主体中的建构怎样使一种关于精神实在的知识成为可能。我以前曾将此任务称为历史理性批判的任务。只有当共同创造出这种关联的个别成就得到分类,只有当我们能够表明,它们在精神世界的历史过程建构中和在精神世界之系统的发现中,各自起着怎样的作用,上述任务才可完成。这一过程必须证

---

* 威廉·狄尔泰（Wilhelm Dilthey）:"历史理性批判草稿"（Entwürfe zur Kritik der historischen Vernunft）,引自《全集》（Gesammelte Schriften）,第 7 卷（1985）,第 191—220 页。

明，包含在各种特殊真理的相互依赖性中的重重困难能在多大程度上被解决。这一过程把精神科学的理解（Auffassung）的实在原则逐渐从经验里推衍出来。理解是在你中对我的再发现。精神在不断升高的关联阶段一再发现自身。精神的这种在我、在你、在共同体的每一个主体里、在每一个文化体系里，以及最终在精神和普遍历史的整体里的自身性（Selbigkeit），使得精神科学里的各种不同的功能之间有可能彼此进行合作。知识的主体在这里就是一个与它的对象合而为一的东西，而这个对象在其（主体）所有客观化阶段都是同一个东西。如果通过这一方法使得在主体里被创造的精神世界的客观性得以被认识，那么就会产生这一问题，即这在多大程度上能有助于解决一般认识问题。康德从在形式逻辑和数学中处理认识问题的基础出发。在康德时代，形式逻辑在最终的逻辑抽象、思维规律和思想形式中，看到了一切科学命题的合法性的最终逻辑基础。在康德看来，思维规律和思想形式，尤其是他认为其中被给予范畴的判断，包含有认识的条件。他通过那种他认为使数学成为可能的东西扩大这些条件。康德的伟大成就在于对数学和自然科学知识进行了完满的分析。但是问题是，一种并非由他自己提出的历史认识理论，是否有可能纳入他的概念框架。

2. 内觉察，实在性：时间

我以先前关于生命和体验所说过的话为前提。现在的任务是指出在体验中来到理解的东西的实在性（Realität），而且，因为在这里我们关注的是从体验中产生的精神世界的范畴的客观性，所以

13. 历史理性批判草稿

在这里我应先给予一个注解,我们是在什么意义上使用"范畴"这一表述的。在我们归给对象的各种谓词里包含有不同种类的理解。指称这些种类的概念,我称之为范畴。每一个这样的种类自身内有一种联系规则。各种范畴形成一种自成系统的关联,最高的范畴代表着理解实在(Wirklichkeit)的最高观点。每一个这样的范畴都指称一个特有的指谓世界(Welt von Prädizierungen)。形式范畴是有关于一切实在的陈述形式。但是在实在的范畴里也包括这样的东西,尽管它们在经过变形后在整个实在上找到应用,但它们却在精神世界的理解中有其起源。关于一个确定个体里的体验关联的普遍谓词产生于体验。因为这些谓词在理解中被用于生命的客观化,被用于所有精神科学陈述的主体,所以它们的适用范围不断在扩大,直到看到,凡在有精神生命的地方,效果关联、力量和价值等,都从属于精神生命。所以这些普遍谓词就获得精神世界范畴这种高贵性。

在生命中,时间性作为生命的第一个范畴规定,包含一切其他范畴规定的基础。这一点已经在"生命过程"(Lebensverlaufe)这一表述表现出来了。时间由于是我们意识的综合统一体,所以时间是为我们存在于那里的。生命和在生命中呈现的外在对象都具有同时性、承继性、时间距离、持续性和变动性等关系。正是从这些东西中,抽象关系在数学自然科学基础上被发展了,康德以这些关系为基础建立起他的时间现象性(Phänomenalität der Zeit)的理论。

这种关系框架包括、但并未穷尽对时间的体验,尤其是时间概念在其中找到它最终完成的体验。这里,时间被经验为当下的无休止的前移,在此前移过程中,当下物不断地变成过去,而未来物又不断地变成现在。当下乃是一个满含实在性的时间因素的完成,它是一种与记忆相对立的实在,或者是一种与在愿想、期待、恐惧和向往中出现的关于未来的表象相对立的实在。这种实在性的完成或当下恒久地存在,而那种构成体验内容的东西却在不断地变化。我们拥有过去和未来这种表象只是为了那些活在当下的人而在此。当下永远在此,除了出现在当下之中的东西外,无物存在。我们的生命之舟仿佛漂浮在一条奔涌不息的巨流中,凡在我们于此波浪中存在、痛苦、回忆或希望的地方。或者简言之,凡在我们生活在我们实在性之丰盈的地方,当下都永远和到处存在。但是我们始终不间断地航行在这条巨流中,并且是在这同一瞬间,将来成为当下,而当下又没入过去。已经实现了的时间的部分不仅在质上彼此有着差别,而且当我们从当下回顾过去或从当下前瞻未来时,时间之流的每一部分——除了它们之中出现的东西外——还具有一种不同的特征。向后看,是一系列按照意识价值和感情比重进行排列的记忆图像(Erinnerungsbilder),如同一列房屋或树木逐渐没入远方,越来越小,记忆新鲜度就也出现层次分化的记忆线,直到图像消失在地平线的黑暗之中。在充实的当下和未来瞬间之间向前的部分——如情绪、外在过程、手段、目的——愈多,这种未来的图像就愈不可规定和愈模糊。当我们回顾过去时,我们行为是被动的。过去是不可改变的;被过去所规定的人在梦中徒劳地冲击过去,好像它可能是另外一副样子。当我们面对未来时,我们发现我们的态度是主动的、自由的。这里与在当下对我们出现的实在性范畴对应的是可能性。我们感觉我们自己具有无限的可能性。所以时间体验在所有方向上都规定着我们生命的内容。因此在精神科学中那种关于时间之单纯观念性的学说是没有意义的。因为这种学说只是说，在生命自身的背后，存在依赖过去的时间过程和时间性的观照（Hineinschauen），对未来的要求，积极的和自由的诉求，在所有那些指向未来的努力、工作和目标的地方关于未来之必然性的绝望，改变生命时间性过程的各种形态和发展——即一个无时间性的影子王国作为生命的条件，一种并没有生命的某物。但是正是在我们这种生命中存在有精神科学所要认识的实在性。

思维在时间体验中所发现的矛盾产生于思维对认识的非穿透性。甚至在时间进展的最小部分也包含一个时间距离。当下从未存在（ist）；我们作为当下而加以体验的东西总是包含有对刚才曾在的东西的回忆。在其他环节中，过去的持续效能作为力量而分享了当下，即过去对于当下的含义，给予被记忆物一种特有的在场特征（Charakter von Präsenz），通过这些方式过去被保留在当下。如此在时间之流中构成在场中的一种统一体（Einheit）的东西，由于具有一个统一的含义，所以就是我们可以称为体验的最小单元。然后我们可以继续把每一个更为广泛的生命部分（这些部分由于对生命过程有一种共同的含义而被联系）的统一体称之为体验，即使这些部分由于中断的进程而彼此分离。

体验是时间中的一段过程，在这过程中，每一情况在尚未成为明确的对象之前就已经发生改变了，因为后一瞬间总是建立在前一瞬间之上，并且在这过程中，每一个环节——还未被把握——就成为过去。然后它好像是作为能自由延长的记忆而出现。但是观察破坏了体验。所以，最奇特的莫过于我们称之为一段生命过程的关联类型。这里始终固定的是，结构关系是它的形式。如果我们想通过任何一种特殊的努力去体验生命之流本身,它怎样冲击河岸,它怎样总是像赫拉克利特(Heraklit)所说既是同一又不是同一,既是多又是一,那么我们将又堕入生命规律的窠臼中。根据此规律,每一个被观察的生命环节本身,不管我们怎样强化自身中对河流的意识,总是记忆的环节,而不再是河流本身,因为它(生命之流)是通过牢牢抓住流逝东西本身的关注而得以固定的。所以我们不能把握这种生命的本质本身。来自塞易斯的青年[†]所揭露的东西是形式,而不是生命。如果我们想把握生命本身上产生的范畴,我们就必须记住这一点。

实在时间的这种性质有如下结果:在严格的意义上说,时间过程是不可体验的。过去物的在场取代了我们的直接体验。当我们想观察时间时,观察就破坏了时间,因为时间是通过关注而固定的;关注把流逝物带向停止,它将变易的东西固定下来。我们所体验之物是刚才在这里的变化,并且刚才在这里的之物的这些变化仍在发展。但是,我们并未体验到河流本身。我们体验到持存(Bestand),是由于我们返回到我们过去所看和所听之物,并且发现它们还存在。我们体验到变化,是当复合物(Komplex)中个别的性质变成了另样的性质。即使当我们在自身中转向正在经验绵延和变化的东西,即转到本己自我的内觉察(Inwerden)时,我们也看不到变化。它也不会随着内察(Introspektion)而有变化。……

[†] 此处"来自塞易斯的青年"(Jüngling von Sais),或指弗里德里希·席勒(Friedrich Schiller)于1795年发表的诗作《塞伊斯中的蒙面塑像》(*Das verschleierte Bild zu Sais*)。在诗中,一位来自埃及古城塞伊斯的青年,为了追求绝对知识,无视众神的禁令,揭开了女神伊希斯的面纱。——译者

生命过程由诸部分组成，由各种彼此处于一种内在关联中的诸体验组成。每一个别体验都属于它是其部分的一个自身；正是通过这个结构，它与其他部分才联结成一个关联整体。在所有精神物中，我们都发现了这种关联体，所以关联体就是一个起源于生命的范畴。我们由意识统一性才能把握关联体。这种意识统一性是所有把握的条件。但显然，关联体的存在并非只是因为有多种体验物被给予意识统一性这一事实而推知。事实上，只是因为生命本身是一个关联体，其中各种体验物处于可体验的关系中，生命关联体才被给予我们。这种关联体是在一个广泛的范畴中被把握，这个范畴就是关于一切实在的陈述方式——即整体与部分的关系……

精神生命出现在自然物的基地上，它被列为地球上最高的进化阶段。由于自然科学在物理现象中发现了合乎规律的秩序，所以自然科学也阐明、发展了精神生命产生的条件。人的身体出现在于现象中被给予的物体中，而体验在这里与此身体以一种不再可说明的方式联系在一起。但是，由于体验，我们由物理现象的世界进入到精神实在的王国。它是精神科学的对象，关于这……的思考以及它的认识价值，完全独立于对其物理条件的研究。

关于精神世界的知识产生于体验、对他人的理解、对作为历史活动之主体的共同体的历史把握，以及客观精神等因素的共同作用。体验是所有这一切的最终前提，所以我们问，体验究竟具有怎样的成就（Leistung）。

体验包含基本的思维成就（Denkleistungen）。我曾把此称之为体验的理智性（Intellektualität）。这些成就随着意识的强化而出现。一种内在事态的改变使我们意识到差别。在变化物那里，我们体验到一种分离状态。体验后面紧接着对被体验之物的判断,在此判断中,这被体验物就被对象化了。这里无须说明,我们如何只是通过体验才具有一切精神事态的知识。一种情感,如果我们本身还未体验过,那么我们就不能在他人那里重新发现。但是,对于精神科学的发展至关重要的是,从我们的体验(体验包含精神科学范畴的出发点)中区分出主体(该主体在身体的限制中包含有体验可能性)、普遍谓词、属性。我们看到形式范畴起源于基本的思维成就。正是诸概念表达了通过这些思维成就而得到把握的东西。这些概念是统一性、多样性、等同性、差异性、程度和关系。它们是整个实在的属性。实在的范畴……

3. 生命关联

现在我们看到生命的一种新的性质:生命被前面说过的它的时间性这一特性所制约,但是它又超越这一特性。我们理解地面对生命——自己的生命,他人的生命。这种面对行为发生在某些特有的、对于自然认识是陌生的范畴内。如果自然认识需要目的概念用于人类生命之前的有机世界的各个阶段,那么它需要接受这一出自人类生命的范畴。

形式范畴(formalen Kategorien)是区别、认同、把握(差别、联系、分离程度)等逻辑运作方式的抽象表达。它们仿佛是一种更高级的觉识(Gewahrwerden),这种觉识只进行确证,但不是先天构成的。形式范畴早已出现在我们最初的思维里,以后又在一个更高阶段上,在我们推理的、与符号相结合的思维中,作为相同的东西发生作用。它们既是理解的形式条件，又是精神科学和自然科学的认识的形式条件。

但是，实在范畴(*realen Kategorien*)在精神科学与其在自然科学中完全不一样。我不想进入这些范畴如何起源的问题，这里只想涉及它们的有效性。没有任何实在范畴能在精神科学中要求有如它们在自然科学中那样的有效性。如果把自然科学中抽象表达的程序转用到精神科学上，那么就产生了对自然科学思维的越界，这种越界在自然科学内同样应受谴责，即把精神关联塞进自然中，谢林和黑格尔的自然哲学即起源于此。在历史世界中并不存在有任何自然科学的因果性，因为在这种因果性意义上的原因包含着，它按照规律必然地造成结果。而历史只知道能动(Wirken)和受动(Leiden)的关系，作用和反作用的关系。

不管未来的自然科学可能把作为事件之载体的实体概念或作为事件肇始者的力的概念，发展成怎样的新的概念，所有这些自然科学科学认识的概念形成都与精神科学无关。历史世界(不管是个人的生命行程，还是人类的生命行程)陈述的主体，只指称某个特定界限内的某个规定的关联体。如果整体与部分关系的形式范畴是与这种历史关联以及与空间、时间、有机物的关联共同的，那么这些形式范畴在精神科学领域内就由生命的本质和与生命相应的理解过程中获得一种本己的意义，一种由诸部分联系在一起的特有的关联体。同时在此，按照我们经验到的实在(Wirklichkeit)的进化性质，有机生命必须被看成无机自然和历史世界之间的中间环节，因此也必须被看作后者的先行阶段。

但是，人类生命诸部分被联系成一个整体的这种本己的意义究竟是什么？我们得以理解地把握这一整体的范畴又究竟是哪些呢？

我们来考察一下自传（Selbstbiographien），因为它最直接地表现了对生命意义的沉思（Besinnung）。奥古斯丁、卢梭和歌德的自传都代表了它的典型历史形式。这些作家如何理解性地把握他们自身生命行程中的不同部分的关联体呢？奥古斯丁全身心地投入他的此在与上帝的关联中。他的著作同时是宗教沉思、祈祷和记述。这些记述在其宗教皈依（Bekehrung）事件中有其目标，而之前的每一事件都只不过是通向这一目标的驿站，在此目标上，上帝充分实现了他关于这个人的计划。对于奥古斯丁来说，感官享受、哲学沉迷、修辞学家在言辞光彩中的喜悦以及生活状况，都不具有任何自身价值。在上述情况中，他都感受到一种与追求那种超验关系的渴望奇特地交织在一起的积极的生命内容。所有这些情况都是暂时的，只有在皈依中才存在一种无痛苦的永恒关系。所以对生命的理解是在它的各个部分与绝对价值的实现，与无条件的最高善的实现等的关系中完成的，并且在这种关系中，通过回顾产生出对每一个早先生命环节的意义的意识。奥古斯丁在自己的生命中所发现的并非发展，而是为抛弃自己生命中所有过去的内容所做的准备。——卢梭呢！在《忏悔录》中他与他的生命的关系只能在同样的含义、价值、意义和目的等范畴中被把握。当时，整个法国都充满着关于他的婚姻、他的过去生活的谣传。在可怕的孤独中，他观察着他的敌人对他的那种持续不断的影响——从厌世到迫害妄想。如果他回顾记忆，那么他就会看到自己从严格的加尔文教家庭中被赶出来，然后在暗黑的冒险生活中被向上推举着（empordrängend）

活在他心中的伟大精神的活动,他走在满是污泥的街道,吃着难以下咽的食物,无力地面对上流社会和优秀精英对他的支配。但是,不管他做过什么,或者受过什么折磨,以及他身上有怎样的堕落,他都仍然感到自己是一个高贵、优雅、与人类同情共感的灵魂,在这里存有他那时代的理想。他希望向整个世界表明这一点:他要通过完全如实地指明他的精神性实存,而证明这种精神性实存的合法性。他在这里也解释了生命中外在事件的过程,并且也探究了那种并非处于单纯因果关系中的关联。如果我们想评价他,那么我们就必须只用他的那些语词,如价值、目的、意义、含义等。如果我们想更切近地观看,那么正是在这些范畴彼此之间特有的关系中,解释才可完成。卢梭首先想要人们承认他个人生存的合法性。在这里包含有一种对生命价值实在化之无限可能性的新的直观,从这种直观出发,他得以理解生命的各种范畴的关系才得以形成。——现在来看歌德。在《诗与真》(*Dichtung und Wahrheit*)中,这个人普遍-历史地考察了他自己的实存。他完全是在他那时代的文学运动的关联中透视自身。他对自己在这个时代文学运动中的地位有一种宁静而自豪的感受。所以对于这位回首往事的老者来说,他实存的每一时刻都具有双重的意义:既是令人喜悦的生命丰盈,又是在生命关联中发生作用的力量。在莱比锡、斯特拉斯堡、法兰克福,他都感到每个当下皆为过去之物所充满,为过去之物所规定,并且又伸展至未来的塑造——也就是说,他也感受到每个当下时刻的发展。这里我们更深刻地看到了存在于作为生命把握之工具的各范畴之间的关系。生命的意义就存在于塑造中,存在于发展中。由此出发,生命每一时刻的意义都以本己的方式得到了规定,这种意义既是此一时刻被体验到的本己价值，又是它的起作用的力量的本己价值。

每一个生命都具有一种本己的意义。这种意义存在于一种意义关联中，而每一个可回忆的当下就是在此关联中具有本己价值，同时也正是在回忆的关联中才具有一种与整体意义的关系。个体此在的这种意义完全是独一无二的，不可能为认识所消解的，然而它以自己的方式，如莱布尼茨的单子那样，表现了历史性的宇宙。

4. 自传

自传是我们得以对生命进行理解的最高和最有教益的形式。在这里，生命行程是外在的东西、感觉现象物，而理解就是从这种现象物中找出那个在某种具体环境中产生此生命行程的东西，虽然理解这一生命行程的东西与那个产生这一生命行程的东西是同一的。不过，这里产生了理解的一种特殊亲密性。这个找寻其生命史中的关联的人，其实早已在所有那些他作为其生命价值感觉到的、作为他的生命目的加以实现的、作为生命计划加以筹划的东西，以及在那些向后看作为他的发展，向前看则作为他的生命塑造和生命的最高善而加以把握的东西中——在所有这些东西中，他已经基于多种不同的观点形成了其生命的一个关联体，而这种关联体现在应当被讲出。记忆中有他的诸个生命环节，他把这些环节作为有含义的东西加以经验、突出和强化，而把另一些生命环节埋没在遗忘中。某些时刻也可能是有含义的欺骗，但未来可以对之加以纠正。所以紧接着的任务，即把握和表现历史关联，在这里已经通过生命而完成了一半。统一性形成于体验的方案中，在此方案中现在的东西与过去的东西通过一种共同的含义而被组合在一起。在这些体验中，那些或者因为自己或者因为生命的关联而具有某种特殊高贵性的东西被保存在记忆中，并由以摆脱了无尽的事件和遗忘之流。关联体是在生命本身中形成的，它源自不同的生命立场，并处于无休止的移动中。这里历史记述的事业也由于生命本身而做了一半。统一作为体验被形成，由无尽的、无数的多个体验中，那个值得记述者已经为自己的入选作了准备。在这些成员之间，我们已看到一种关联，这种关联当然不能是而且也不愿是如此多年实在生命行程的一个简单模写（Abbild），因为这里涉及到理解，而理解是表述一个个体生命本身对于自己的关联所认识的东西。

这里我们接近了一切历史观点的根源。自传只是人关于其生命行程的、诉诸文字表达的自身沉思（Selbstbesinnung）。但是，这样的自身沉思在每一个个体那里都以不同程度重新出现。它始终存在于那里，它又总是以不断更新的形式加以表现。它出现在索伦（Solon）的诗行和斯多亚派哲学家的自我思考中，也出现在圣徒的沉思和近代哲学中。只有它使历史透视成为可能。我们自身生命的力量和广度，我们关于这种生命的思考能力，乃是历史透视的基础。唯有自我思考可以赋予过去物那了无生气的阴影以第二次的生命。它与那种热忱于陌生此在并让其自身失落于此的无限止的需求的结合，造就了伟大的历史学家。

正是这样一种东西，它在思考自身生命行程中构造了关联，通过这一关联，我们把他的部分联系成一个整体，从而在此整体中生命获得理解。这个东西究竟是什么？在对生命的理解中，价值、目的和含义的范畴必须加入普遍的范畴中,在这些范畴中有着如生命的塑造和发展等这样内容广博的概念。这三种范畴的区别首先是由当时生命行程得以被把握的立场所制约的。

当我们回顾记忆之时,我们通过含义范畴把握到生命行程中已过去部分的关联。当我们生活在充满实在性的当下时,我们在感觉上经验到当下事物的肯定性的和否定性的价值,正如我们向前伸向将来时,目的范畴就由这种关系而产生。我们把生命解释为某种集合起所有个别目的之最高目的的实现过程(Realisierung),解释为一种最高善的实现过程。这些范畴中的任何一个都不能隶属于另外一个,因为它们中每一个都从不同的观点出发去理解生命整体。所以它们彼此都是不可通约的。

然而在它们与生命行程的理解的关系中可以做出一种区分。在对当下的体验中而且仅在这种体验中所经验到的各种内在价值,乃是最初可经验的,但是它们彼此仅简单并列。因为它们中每一个都产生于主体与当下中一个当前对象的关联。(反之,如果我们设立一个目的,我们就会为一个应被实在化的客体表象而行动。)所以,被体验的当下的内在价值是并列的,各自分立的;它们彼此只是可比较的、可评价的。作为价值被标志的东西,仅表示一种与内在价值的关系。如果我们把一种客观价值归给某个对象,那么这只是说,在与某对象的关系中不同的价值才可被体验。如果我们归给某物以一种效果价值,那么这种价值仅只是能在时间进程中某个以后的位置,使某种价值的出现成为可能。所有这些都是纯粹的逻辑关系,我们当下所体验的价值都可纳入这种关系中。所以从价值观点看,生命似乎是各种肯定性的和否定性的此在价值的无限包容体。它像是一种和声与噪声的混合体。这混合体里，每一个都是充满当下时刻的音符，但它们彼此并没有任何音乐关系。目的或善的范畴虽然是在朝向未来的视点中把握生命，但它们却以价值范畴为前提。生命关联体也不能从它们产生。因为各种目的彼此的关系只是可能性、选择和归属的关系。只有含义范畴才可能克服生命各部分的单纯并列、单纯归属关系。正如历史是记忆，含义范畴也属于这种记忆一样，这些含义范畴也是历史思维的最本己的范畴。所以，我们特别需要说明它的逐步发展。

对第3节的补充：生命关联

力量范畴是在与能动和受动范畴的关系中产生的。如我们所见，能动与受动乃是自然科学内因果规则的基础。这一规则在力学中得以发展它的严格形式（《精神科学导论》，509页以下［《著作集》，Ⅰ，399页以下］）。在自然科学中，力是一个假设的概念。如果说在自然科学中，力这个概念得到承认，那么它是由因果规则规定的。在精神科学中，它是某个可体验物的范畴表达。当我们转向未来时，它就产生，而且是在许多不同的方式中产生：在对未来幸福的梦想中，在幻想可能性的游戏中，在忧虑和恐惧中。但是，我们可以概括这种把我们的此在悠闲地扩张到某个明确尖端的活动：在这些可能性中，我们决定去实现它们中某一个。呈现出来的目的表象包含有尚未在现实范围内存在但应进入实在的新东西：这里所涉及的东西——完全与那种关于意志的理论无关——乃是一种心理学家可以从生理学上解释的努力，一种朝向某一目标的指向，但也意味着出现了某种意向,此意向力图实现某种尚非现实存在的事物,从诸多可能性中进行选择,并意图将某⋯⋯确定的目标表象加以实在化,选择实现这些可能性的手段以及这种实在化本身。由生命关联造成了这一系列,我们称其为力。

这是一个对于精神科学多么重要的概念啊!无论精神科学如何发展,我们都要与整体和关联体打交道,其中当然也包含各种状态成分。但是,因为历史试图理解和表现变化的东西,而这就必须借助那些表现能量、运动方向和历史力量转变的概念。历史概念越是考虑到这种性质,它们对其本性的表达就越好。在对象于概念中的固定方面,那种使对象具有某种不依赖时间的特征的东西,只隶属于概念的逻辑形式。因此我们必须创造一些表现生命自由和历史自由的概念。霍布斯常说,生命是一场持久的运动。莱布尼茨和沃尔夫也强调说:幸福,无论对于个人还是对于共同体,都存在于对前进运动的意识中。

所有这些生命和历史范畴都是陈述(Aussage)形式,它们都要求对精神科学领域的普遍应用,即使不是到处用于关于可体验物的陈述,也是通过其他功能参与这一领域的发展。这些范畴都起源于体验本身。它们不是强加于体验之上的形式,而是生命本身的结构形式,这种结构形式以建立意识统一性的形式操作为基础,在一种时间进程中被表达。那么体验领域内的这些范畴的主体呢?它首先是运作在躯体上的生命行程,该行程作为一个自我,处于意向和抵抗外界压力的关系中,并因此而区别于各种外在物——不可体验物、陌生物。但是,对它较切近的规定却是从先前的说明中得到的,因而我们所有的陈述都已经在体验领域内,就这些陈述都在生命行程中具有其对象。因而相应地陈述的本性表述了对这种生命行程的说明,首先是对这种具体的生命关联的说明。这些陈述以客观精神为背景,以对他人的把握为永久相关物,从而它们获得了共同物、普遍物的特征。

但是,对于自己生命行程的理解是通过最后一组范畴实现的,这组范畴与上面已经说的范畴有本质上的不同。后者与自然认识范畴仍有亲缘关系,但是我们现在所面对的范畴却与自然科学中的范畴没有任何可比性。

对于自己生命的把握和解释需要通过一系列的阶段,而对于它的最完满的说明就是自传。其中自我如此把握其生命行程,以致它意识到人的根基以及人置身于其中的历史关系。所以最后,自传可以逐渐扩展为一幅历史画卷。自传建基于体验,并且从这种深度出发,使人得以理解这个特有的自我及其与世界的关系,这一点不仅是自传的界限,而且也是它的含义。人关于他自身的思考始终是参照点和基础。

Ⅱ 对于他人及其生命表现的理解

理解(Verstehen)和释义(Deuten)是精神科学所使用的方法。精神科学的所有功能都统一于理解。理解也包含所有精神科学的真理。在每一点上,理解都开启一个世界。

在对其自身的体验和理解的基础上,以及在体验与理解这两者彼此相互作用中,形成了对于他人及其陌生生命表现的理解。这里我们关注的不是逻辑结构或心理分解,而是以知识论观点进行分析。我们应需确定,对于他人的理解将对历史知识有何裨益。

1. 生命表现

在这里,所与物始终是生命表现。生命表现出现于感觉世界,同时又是一种精神性东西的表达,因此,生命表现使我们能够对这种精神的东西有所认识。这里,我所理解的生命表现不仅是那些意味(meinen)或意指(bedeuten)着某种东西的表达,而且还包括无意表达精神之物却使其为我们所理解的一切东西。

根据生命表现的不同等级,理解的方式和结果也有所不同。

概念、判断和较大的思想构成物构成了生命表现的第一个等级。作为按逻辑规则从它们出现于其中的体验中分离出来的科学的要素,这些概念、判断和思想结构有一个共同的基本特性。这一基本特性存在于它们的同一性中,而与它们在思想关联中所处的位置无关。判断表达了一个思想内容的有效性,而不考虑其表现形式的变化以及时间和人的差别。同一性原理恰恰也在于此。因此,对于判断的表达者和判断的理解者来说,判断具有同一性。就像搬运一样,判断毫无改变地从作出判断的人的所有物转变为理解判断的人的所有物。这就为每一个逻辑上完善的思想关联确定了理解的基本特征。在这里,理解只涉及思想内容,而这一内容在每一关联中都是自身等同的。因此,这里的理解比那种涉及任何一个其他的生命表现的理解更完全。但同时,对理解者来说,这样的理解对此一理解与晦暗不明的背景及精神生命丰富性的关系则一无所说。这里,理解并不指向理解所由之而出的生命的特殊性。恰恰由于理解的这一基本特征，这种理解没有返回到精神关联的要求。

行为（Handlungen）构成了另一等级的生命表现。行为并不起源于传达的动机。但是，根据行为与目的的关系，这种目的已经存在于行为之中了。行为与以这种方式表达在行为中的精神性东西的关系是合乎规律的，允许我们对之进行可能的假定。但是，完全有必要将受外部环境制约的、促成了行为并为行为所表现的精神生活状况，与这种状况奠基于其中的生命关联本身区分开来。通过一个决定性动机的作用，行动从生命的丰富性进入了片面性。不管我们如何斟酌它，它也只表达我们本质的一部分。存在于我们本质中的诸多可能性通过这个行为被根除了，从而行为也就脱离了生命关联的背景。若不说明环境、目的、手段和生命关联何以结合在行为中，行为就不允许我们对它产生于其中的内部状况作全面的规定。

体验表达（Erlebnisausdruck）与此截然不同！在产生体验表达的生命和这种表达所促成的理解间有一种特殊的关系，因为表达所能包含的精神关联，比任何一个反省所能觉察的精神关联更多。表达将生命从意识照不到的深处提升出来。而生命存在于体验表达的本质中，体验表达和它所表达的精神性东西的关系只是可以非常近似地被看作理解的基础。体验表达不属于真或假的判断，而属于非真实性（Unwahrhaftigkeit）和真实性（Wahrhaftigkeit）的判断，因为伪装、说谎和欺骗在这里都突破了表达与被表达的精神性东西间的关系。

然而，这里有一个重大的差别。精神科学中的体验表达所能达到的最高含义就建立在这种差别之上。在日常生活中产生出来的东西都处于日常生活利益的影响之下，对那些永远属于暂时性东西的释义,也是由时间决定的。这里有一种可怕的情况:在实际利益的争斗中,每一种表达都可能欺骗,我们的解释也因我们所处地位的变化而有所改变。然而,由于在伟大的作品中,一种精神性东西脱离了其创作者——诗人、艺术家和作家,于是,我们就进入了这样一个领域:在这里,欺骗停止了。没有任何真正伟大的艺术作品可以根据在此起支配作用、而后还要进一步展开的关系,来声称用一个陌生的思想内容蒙骗了它的作者,甚至根本不表明关于作者的任何东西。作品自身是真实的、稳定的、可见的和持续的,所以,对它的艺术上有效的和确定的理解将成为可能。于是,在知识和行动的边缘处,产生了这样一个领域:在这个领域中,生命似乎在一个观察、反省和理论所无法进入的深处袒露自身。

2. 理解的基本形式

理解首先产生于实践生活的关切(Interessen)之中。在实践生活中,人们依赖于相互交往。人们必须相互理解。一个人必须知道另一个人要干什么。这样,首先形成了理解的基本形式。这些基本形式就像字母一样,其相互组合使得更高形式的理解成为可能。所谓这样一种基本理解,我理解为对一个单一的生命表现的释义。在逻辑上,这种释义可以通过类比推理来表达。这种推理是通过表达和被表达的东西的有规则的联系来调节的。而且,无论在上述哪一个等级中,个别的生命表现都使这种释义成为可能。一系列连结成词继而构成句子的字母是一个思想内容的表达,一个面部表情也向我们显示出欢乐或痛苦。构成复杂行为的基本行为(Akte),如捡起一个东西、放下一把锤子、用锯子锯木头，都向我们显示了某些目的之在场。因此，在这种基本理解中，发现的不是一种对持续的主体用生命表现所构建起来的整个生命关联的追溯。我们对理解由之产生的推理也一无所知。

基本理解过程所赖以存在的基本关系，乃是表达和其中所表达的东西之间的关系。基本理解不是一个由结果到原因的推理。是的，用更为谨慎的话说，我们甚至不应把它看成这样的过程：从给定的结果追溯到使这一结果成为可能的任何一种生命关联。毫无疑问，这种最终关系就包含在事态本身之中，因此，从事态到这种关系的通道似乎近在眼前，但事态无需进入。

这些如此相关的要素以一种特有的方式结合在一起。生命表现与充斥于一切理解中的精神性的东西之间的关系以一种最基本的形式存在。根据这种关系，理解将目标转向这种关系中所表达出来的精神性的东西，然而，呈现给感官的表现并不沉没在精神性的东西之中。像表情与恐怖不是并列的而是统一的一样，此二者仿佛植根于这个表达与精神性的东西之间的基本关系中。但现在又出现了理解的一切基本形式的方法特性问题，我们现在就来谈这个问题。

3. 客观精神和基本理解

我已说明了客观精神对精神科学认识的可能性的含义。我所理解的客观精神是这样一些不同的形式：在这些形式中，存在于个人之间的共同性已将自身客观化在感觉世界中，在这种客观精神中,过去对我们来说是不断持续的当下。客观精神的范围从共同体所建立的生活方式、交往形式以及目的性关系,到道德、法律、宗教、艺术、科学和哲学。因为创造性的作品也体现一个时代和地区的观念、内心生活和理想的共同性。自呱呱坠地起,我们就从这个客观精神世界获取营养。这个世界也是一个中介,通过它我们才得以理解他人及其生命表现。因为,精神客观化于其中的一切东西都包含着对于你和我来说是共同性的东西。每一个种了树的广场,每一个放好了椅子的房间,自幼儿时就为我们所理解。因为人类的目的性规定、规则和价值规定,作为一种共同的东西,已经为每一个广场和房间里的每一物品安排好了它们的位置。孩子总是在某个家庭组织和风俗中成长。这个家庭是孩子与其他家庭成员所共有的。在这一过程中,母亲的教育是由孩子在这种关系中来接受的。早在他牙牙学语之前,他已经完全置身于共同性的媒介之中。他之所以学习理解姿势、表情、动作和叫喊、词语和句子,只是因为这些东西始终作为同样的东西,作为与之所意指和表达处于同一关系中的东西呈现在他面前。个人就是这样在客观精神世界中进行理解的。

由此,产生了一个对理解过程十分重要的后果:个人所理解的生命表现对他来说通常不只这样是一个个别的表现,而且仿佛充满了一种对共同性的知识,充满了存在于该表现中的与一种内部东西的关系。

由于客观精神在自身中包含了一个接合起来的顺序,将个别生命表现纳入一个共同的东西之中就变得容易了。客观精神包括各个同类关联,如法律或宗教,这些关联有一个稳固的、有规律性的结构。因此,在民法中,法律条文所表达的义务——它应当尽可能保证生命关联的完满实现——与诉讼程序、法院和执法机关联系在一起。于是，在这一关联中，存在着各种各样的差别。面对理解主体的每一个别生命表现都可以这样被当作一个属于同一类型的共同性领域。因此，根据生命表现与精神性的东西之间的关系，建起了内在于这种关系中的共同性的东西，同时也对隶属于生命表现的精神性东西进行了补充，并给出了共同东西中的顺序。一个句子通过共性才可理解。这种共性存在于语言共性之中，这种语言共性与使句法分类的意义得以建立的词和词形变化形式的含义有关，在一个特定的文化领域中确定下来的行为规则，使不同程度的问候语和鞠躬得以表示一种对他人的确定的精神态度，得以作为这样一种态度为人所理解。为了实现一个目的，不同地方的手工业发展出了确定的程序和确定的工具，当他（手工业者）使用锤子或锯子时，我们就可根据上述程序和工具来理解他的目的。在任何领域，生命表现和精神性的东西的关系都是通过一个共同性中的规则来确定的。这就说明了为什么在对个别生命表现的理解中有这种关系的存在；也说明了为什么理解过程的两个环节没有通过基于以表达和被表达者之间的关系的自觉推理而被完全地综合为一个统一体。

如果我们为基本理解构造一个逻辑的框架，那么，我们就可以在个别事件中把表达与被表达者的这种关系，从这种关系存在于其中的共同性中推论出来。生命表现通过这种共同性被断言为一种精神性的东西的表达。因此，有一种类比推理，即通过存在于共同性中的一系列有限的情况，谓语可能被主语陈述出来。

这里提出的有关基本理解形式与高级理解形式之间的差别的学说，证明了通常把实用主义阐释与历史主义阐释区分开来是正确的，因为这种学说将差别归于理解自身之中的基本形式与复合形式的关系。

4. 理解的高级形式

在理解的基本形式中，已经包含了向高级形式的过渡。一个特定的生命表现和理解者之间的内在距离越大，越容易产生不确定性，而我们试图克服这些不确定性。当我们从生命表现与它所表达的精神性之物的通常关联出发来进行理解时，向理解的高级形式的最先过渡就产生了。如果在理解的结果中，出现了内在的困难，或与已知的东西发生矛盾，理解者便会对自己的理解进行检查。他将回忆起生命表现与内部状态之间的通常关系未曾发生的那些情况。当我们通过一个难以捉摸的行为或者沉默，使得不速之客无法看透我们的内心、想法和意向时，这种偏离已经存在了。这里，被观察者错误解释的只是一个明显的生命表现的不在场。但在很多情况下，我们必须考虑到，此间确有迷惑我们的意图。就是说，表情（Meinen）、姿态和语言与内部状态是相矛盾的。因此，为了对我们的怀疑作出决断，考虑其他的生命表现或追溯整个生命关系的任务，就以不同的方式产生出来。

但在实际生活交往中，也产生了对单个人的特征和能力进行断定的独立要求。我们始终依赖于对个别的姿态、表情、目的性活动或由它们所构成的组合的释义，这种释义是在类比推理中完成的，但是我们的理解不止于此。贸易、交往、社会生活、职业和家庭都要求我们去理解我们周围人的内心生活，从而确定我们可以在多大程度上依赖他们。这里，表达与被表达者的关系变成了另一个人的生命表现的多样性与作为这种多样性之基础的内部关系两者之间的关系，而这种关系又使我们去考虑不断变化的环境。因此，在这里存在着一个从个别的生命表现到生命关联总体的归纳推理。进行这种推理的先决条件是关于精神生命及其与生活环境和外部环境关系的知识。因为给定的生命表现数量有限，基本关系又不确定，所以对这种推理的结果只能要求一种或然性。如果从上述推理中，在新的环境下推出一个被充分理解了的生命统一性的行为，那么，建立在通过归纳得到的对一种心灵关联的认识之上的演绎推理，就只能推出期待或可能性。从一种心灵关联——这种关系本身只具有或然性——进展到这样一种方式，即当新的情况出现时，这种关联如何对之作出反应，这种进展只能引出一种期待，不能产生任何确定性。如同马上就会表明的那样，这个前提本身是可以不断向前发展的，但是也将同样得到证明的是，这个前提不能达到确定性。

然而，并非一切理解的高级形式都建立在被作用者与作用者之间的基本关系上。我们已经指出，这样的假定如何不适用于理解的基本形式。但高级理解的一个极为重要的部分同样植根于表达与被表达者的关系之中。在很多情况下，对精神作品的理解只指向这种关联：在这种关联中，一部作品的各部分先后被理解并构成一个整体。的确，如果理解能够为我们关于精神世界的知识带来最大的收益，我们坚持这种理解形式的独立性就具有头等的重要意义。一出戏剧在上演。不仅无文学修养的观众完全置身于情节中，根本不会想到剧本的作者，而且，有文学修养的人也可能完全受其中所发生事件的吸引。于是,他的理解指向决定命运转变的情节关联、人物性格和各要素之间的相互影响。的确,只有在这种情况下,他才能享受所描述的生活片断的完整现实。只有这时,一个理解和重新经历的过程才会完全地在他身上实现出来。诗人打算在自己身上产生的正是这样一个过程。在整个领域中,只有表达与在表达中得到表达的精神世界之间的关系支配着这种对精神作品的理解。只有当观众注意到:他以前作为一件事实接受的东西何以巧妙地、有计划地形成于诗人的头脑中,由生命表现之总体与其所表现的东西之间的关系支配的理解,才转化为这样一种理解:其中,一部作品和作者间的关系居主导地位。

如果我们对上述理解的高级形式作一概括,那么,它们的共同特征就是:从表现出发,通过一种归纳推理,理解一种整体关联。而且,在这里,决定从外表到内部之进展的基本关系,要么首先是表达与被表达者之间的关系,要么主要是被作用者与作用者之间的关系。这个程序建立在似乎提供了重建之要素的基本理解上。但是,通过一个进一步的特征,即那使高级理解的本质变得清晰可见的特征,高级理解才与低级理解区分开来。

理解始终以个别的东西为其对象。在理解的高级形式中,理解从对同时存在于一部作品或生命中的东西的归纳性概括中,得出一部作品、一个人、一个生命关系中的关联体。但对我们自己的体验和理解的分析已经表明:在精神世界中,个别的东西就是一个自身价值,甚至是我们可以无疑地确定的唯一的自身价值。因此,这种价值不仅使我们作为人类整体中的一员而忙碌,而且作为一个独特的整体而忙碌。这种忙碌在我们生命中占有相当大的空间,它独立

13. 历史理性批判草稿

于那种以体面的或邪恶的、庸俗的或愚蠢的形式迫使我们与他人计较的实践关切。人的秘密为了自身不断地刺激新的、更深入的理解的尝试。在这样的理解中，包括人和其作品的个人领域便展开了。理解对于精神科学最独特的成就即在于此。客观精神和个人的力量共同决定了精神世界。历史就建立在对此二者的理解之上。

但是，我们是根据个人间的相似性和共同性理解个人的。这一过程以全人类的共性和个体化之间的关联为前提。在这个关联的基础上，个体化在精神存在的多样性中展开自身。我们总是在这一关联中很实际地解决下述问题：仿佛在内部经历了这种个体化进程，当归纳对之进行概括时，各个所与物就构成了解决这一问题的材料。每一个所与物都是一个个别的东西，并作为这样的个体在这一过程中被理解。因此，每一个所与物都包含了这样一个因素，它使得对整体的个别规定性的理解成为可能。但这一程序的前提通过沉没于个别的东西之中，通过这个个别事物与另一个个别事物的对比，而呈现出不断发展的形式，从而将理解这一事情引向精神世界的更深处。如同客观精神自身中包含着一些分为不同类型的规则，人类似乎也包含一个规则系统，这个系统把人性的规律性和结构分为不同的类型，而理解正是通过这些类型来把握个体的。如果人们假定：个体与个体之间不是通过质的差别来相互区分，而是通过强调某些个别要素来相互区分——这一点人们可以用心理学术语来表达，那么，在这种强调中就存在着个体化的内在原则。如果下述情况是可能的：在理解行为中我们仿佛既能影响作为外部个体化原则的、由环境引起的精神生命及其状况的变化，也能影响作为内部个体化原则的、通过对结构的不同要素的强调而引起的变化,那么,对人、诗歌和小说的理解就能通向生命的最大奥秘。事实上情况就是如此。为了认识到这一点,我们必须关注那些通过逻辑公式的表达无法理解的东西,即这里涉及的只能是一个这样的图型式的(schematische)和象征性的表达。

5. 移入、模仿、重新体验

高级理解对其对象所采取的态度,是由它在所与物中寻求生命关联这一任务来决定的。只有当存在于自己的体验中且在无数情况中被经验到的那种生命关联,连同存在于这种关联中的一切可能性都始终在场并已有所准备时,上述情况才是可能的。我们将存在于理解任务中的这种状态称为自我移入(Sichhineinverstzen),可能是移入一个人,也可能是移入一部作品。因此,每一行诗都通过那使诗得以产生的体验内的内部关联被复原为生命。存在于精神中的诸多可能性,通过基本理解活动所理解的外部言语被呼唤出来。精神行走在熟悉的道路上。在这条道路上,他以前曾从类似的生命环境出发来享受和遭受、要求和活动。无数条道路通往过去,也向着对未来的梦想开放。无数的思想特征从被阅读的言语中涌现出来。当诗描述外部环境时,就对诗人的言语所呼唤出来的与之相应的情绪发生了积极的影响。这里,也有上述关系的作用,根据这种关系,体验表达所包含的东西比诗人或艺术家意识中存在的东西更多,从而也会呼唤出更多的东西。如果从对理解任务的态度中产生了自己体验到的精神关联,那么,人们也将此称为从本己的自我向某种生命表现之总体的转移。

在这种移入和转换的基础上，形成了理解的最高方式，在这种方式中，心灵生命的整体参与到理解之中——这种方式就是模仿（Nachbilden）或重新体验（Nacherleben）。理解本身是一个与作用过程相反的活动。完满的共同生活要求理解沿事件本身的路线前进。理解永远与生命进程本身一起前进。这样，自我移入和转换的过程就扩展了。重新体验是沿着事件的路线的创造。这样，我们就与时间的历史并行，与一个发生在遥远国度的事件并行，或与我们周围的一个人的心灵中发生的事情并行。当事件被诗人、艺术家和历史学家的意识所经历，从而固定在一部作品中并永远摆在我们面前时，重新体验就算完成了。

抒情诗在其前后相续的诗行中使得对一种生命关联的重新体验成为可能。但这种体验不是对刺激诗人的那种事实上的生命关联的体验，而是对诗人根据这种事实上的生命关联，而又借一个理想人物之口所说出的生命关系的体验。一出戏剧中的一系列场面使我们有可能从登台者的生命经历中重新体验那些片断。小说家或历史学家们跟踪历史进程的叙述在我们这里得到了重新体验。重新体验的胜利就是：在这种体验中，我们使一个过程的各个片断完整化，我们相信，在我们面前有一种连续性。

但是，这种重新体验何在呢？这里，我们只对这一过程的结果感兴趣，而无需对之进行心理学的说明。因此，我们不讨论重新体验的概念与同感（Mitfühlen）概念以及移情（Einfühlung）概念之间的关系，虽然这种关系是显而易见的，即同感会增加重新体验的力量。我们关注的是这种重新体验对于我们对精神世界之把握的重大作用。这个作用依赖于两个因素。每一个对环境和外部状况的

215 生动想象都激发我们去重新体验。幻想能增加或减少对存在于我们自己生命关联中的行为方式、力量、情感、努力和思想倾向的强调，从而模仿每一个陌生的精神生命。帷幕升起了，理查德出现在舞台上。一个头脑敏捷的人现在可以随着理查德的语言、表情和动作去重新体验某种超出其现实生活的任何可能性的东西。在"你们多么愉快"中幻想出来的森林使我们有兴致（Stimmung）模仿一切怪癖。

对精神事物的把握中相当大的一部分存在于这种重新体验之中，为此我们应感谢历史学家和诗人。生命历程在每一个人身上都完成了一种稳固的规定。在这种规定中，存在于他身上的诸多可能性受到了限制。他的本质的形态总是规定着他的每一步发展。简言之，当他考虑确定他的状况或者所取得的生命关联的形式时，他总会感到：对于生命的新视野以及个人生命的内部转变是有限的。现在，理解为他打开了一个更为广阔的可能性的范围，而这些可能性在他的现实生命中是不存在的。在我自己的生命中体验信教心境的可能性，对我来说像对现今大多数人一样是非常有限的。但当我浏览路德的书信和著作、他同时代人的报道、宗教谈话和宗教大会档案及他的公函时，我就体验到一个如此强烈的，甚至是生死攸关的笃信宗教的过程。对于我们时代的任何一个人来说，这个过程都是存在于任何一个体验的可能性之外的。但是，我可以重新体验这个过程。我置身于这样的环境中：其中一切人都要求宗教情感生活的这样一种不寻常的发展。在寺院里，我看到一种与不可见世界的交往术，这种技术使僧侣的心灵永远关注于天国中的事物，神学的争论在这里变成了内部生存的问题；我看到这样形成于寺院中的东西,何以通过无数条渠道——说教、忏悔、讲座和书籍——在世俗世界扩散开来;我看到宗教会议和宗教运动,何以到处散布关于无形的教会和全体僧侣的理论,这种理论何以与世俗生活中人性的解放联系起来,以及在修道小室的孤寂中,在上述激烈斗争中获得的东西何以坚持在教会的对面保持着。基督教作为一种在家庭、职业和政治关系中塑造生命本身的力量,是一种新的力量。在汉斯·萨克斯和丢勒的时代,城市以及任何有人从事崇高工作的地方,那里的时代精神顺应了这种力量。因为路德走到了这一运动的顶峰,我们根据下述关系就能体验到路德的思想发展:这种关系从全人类的共性浸透到宗教领域,并通过其历史规定,又从宗教领域浸入他的个性。这样,这一过程就为我们打开了一个他以及他早年宗教改革时代的同人们的宗教世界。这个世界扩展了我们对人类生命的可能性的视野。只有这样,我们才能接近这些可能性。内在被决定了的人能够在想象中体验许多其他的存在。他永远达不到的奇异世界之美和生活地区,呈现在受外部环境制约的人面前。一般说来,受生命实在约束和规定的人,不仅通过艺术进入自由——这是人们常常说得很明白的——而且通过对历史事件的理解进入自由。随着历史意识的进一步发展,历史的这一作用——这是这种作用的近代诋毁者所未见到的——将会更广泛、更深入。

6 阐释或解释

理解建立在一种特殊的个人的创造性(天资)之上,在对他人和过去之物的模仿与重新体验中,这一点表现得多么清楚!但是,因为作为历史科学的基础,理解是一个重要的和持续的任务,所以个人的创造性(天资)就变成了一种与历史意识共同发展的技术。使用这种技术的前提是:持续固定的生命表现摆在理解面前,因此,理解可以不断地返回到这些表现。我们把有关持续固定的生命表现的技术性的理解称为阐释(Auslegung)。因为只有在语言中,精神生命才能找到其完全、彻底的表达,而这种表达使一种客观的把握成为可能。所以,阐释是在对存在于著作(Schrift)中的人类此在的残留物的解释中完成的。这种技术是语文学的基础,而关于这一技术的科学就是诠释学。

对流传给我们的残篇的阐释与对这种残篇的批判内在地、必然地联系在一起。这种批判始于阐释所提出的疑难,进而对文本进行提炼,直至对文件、著作和传承物的摒弃。正如自然科学研究总在发展日益完善的实验手段一样,在历史进程中,阐释和批判也不断发展出解决其问题的新手段。阐释和批判,由一代语文学家和历史学家,传递给另一代语文学家和历史学家,而这种传递主要基于亲身接触大艺术技巧家和由他们的成就所构成的传统。在科学领域内,似乎没有任何东西像这些语文学技巧这样地受个人因素的制约且又依赖于亲身接触。如果说诠释学已为这一技巧制定了规则的话,那么,这种情况发生于这样一个历史阶段:各个领域纷纷制定规则。与这种诠释学规则的制定相应的是这样一种艺术创作理论,即把艺术创作也理解为可以作为规则出现的一种活动。后来,在德国历史意识上升的伟大时期,弗里德里希·施莱格尔(Friedrich Schlegel)、施莱尔马赫(Schleiermacher)和伯克(Boeckh)用一种理想的理论取代了这些诠释学规则的规定。这种理想理论将新的、深入的理解建立在对精神创作的直观之上。费希特使这一理论成为可能，施莱格尔在其批判科学的草稿中也试图提出这一理论。施莱尔马赫曾说：我们比作者本人更能理解作者。这句有独创性的话就是建立在这种对于创作的新的直观之上的。不过，在这个佯谬性的论点中，隐藏着一个可以从心理学上得到论证的真理。

现在，诠释学进入了这样一种关联，这种关联指派给精神科学一项新的重要任务。诠释学必须始终反对历史怀疑论和主观专断，并为理解的确定性辩护。例如，它首先与比喻性的阐释作斗争；然后，针对特伦托宗教会议的怀疑论，论证了从《圣经》经文本身来理解《圣经》这一伟大的新教理论；再后来，针对各种怀疑，它又从理论上论证了语文学和历史科学在施莱格尔、施莱尔马赫和伯克那里所实现的未来确定无疑的进展。现在，诠释学必须寻求它与一般认识论任务的关系，从而证明一种关于历史的世界关联之知识的可能性，并探寻实现这种可能性的手段。理解的基本含义已经澄清。现在有必要从理解的逻辑形式出发来确定理解可达到的普遍有效性的程度。

在那种作为对实在之觉察的体验的特征中，我们发现了确定精神科学陈述实在性价值（Wirklichkeitswerts）的出发点。

如果在基本思维活动中，体验被提升到自觉的程度，那么，这些活动注意到的只是包含在体验中的关系。推论的思想表现了包含在体验中的东西。理解主要建立在表达与其中被表达的东西的关系上，这种关系包含在每一个被看作理解的体验中，可以在其区别于所有其他关系的特征中被体验到。因为我们只有通过对生命表现的解释才能超越体验的狭隘领域，所以理解对于精神科学的建立所起的中心作用就向我们显现出来了。但它也表明，不应把理解简单地了解为一个思想活动。转移、模仿、重新体验这些事实都指向这一过程中起作用的心灵生活之整体。在理解过程中，理解与体验本身发生关系，而体验恰恰又只是对某一所与情况中的整个灵魂现实性的觉察。因此，在一切理解中都有一种非理性的东西，如同生命本身就是这样一个非理性的东西一样。理解不能通过任何逻辑活动的公式表达出来。在这种重新体验中，有一种最终的、虽然完全是主观的确定性，这种确定性是任何对可以表述理解过程的推理的认识价值的检验所不能取代的。这就是理解的本质为理解的逻辑处理所设立的界限。

如果现在我们看到，在科学的每一部门中思维规律和思维形式都是有效的，而根据认识对实在性的态度，在方法论上也有一种很大程度的相似性，那么，我们就与理解一起进入了这样一些的行为方式中，它们与自然科学方法毫无相似之处。这些方式建立在生命表现与在生命表现中得到表达的内部状态之间的关系上。

语法的和历史的准备工作首先从理解的思维程序中分离出来。这种准备工作只是要把个别以稳固的存在物的方式来理解过去的东西、空间上遥远的东西和语言上陌生的东西的人，移入这样一个读者的位置：即把自身放入作者的时代和环境中去。

在理解的基本形式中，根据下列这些情况，即一种精神性的东西将自身表达在一系列类似的生命表现中，而这种精神性东西又显示了相应的类似性，我们可以推出这样的结论：这种关系也会出现在其他的类似情况中。根据一个词、一个姿势、一个外部行为的同一个含义的重复，我们就可以在一个新情况中推出它们的含义。但人们马上就会注意到：用这样一种推理他们能够得到的有多少！事实上，像我们所看到的，生命表现对我们来说同时是一种普遍的东西的代表。当我们将这些表现归属于一种姿势、行为或语言使用范围时，我们就是在进行推理。在从特殊的东西到特殊的东西的推理中，存在着一种与体现在每一情况中的共同的东西的关联。如果不是从一系列个别的生命表现与其所表达的精神性的东西之间的关系中推出一个新情况，而是以复合的个别事实来构成类比推理的对象时，那么上述关系就会变得更为清楚。因此，根据一个复合特征中某些特性的合乎规律的关联，我们就可推出：在这种关联在一种新情况中存在的地方，这一情况中未被观察到的特点也会在场。根据同样的推理，我们可以确定一个新发现的或在年代顺序上有待于重新确定的神秘作品，为某个时代的某个神秘主义领域之作。但在这样的推理中始终有这样一种倾向，即从个别情况中推论出在一个这样的结构中其各个部分相互联结的方式，从而进一步论证新的情况。这样，事实上类比推理就变成了应用于一种新情况的归纳推理。在理解过程中，这两种推理的区别只具有相对的作用。在任何领域，我们只有理由在一个有限的程度上对被推导出来的新情况抱有期望，这种期望没有一个共同的尺度，只能视情况而定，而情况在任何一个领域都是各不相同的。精神科学的逻辑学的任务就是为这种估计寻求准则。

这样，上面论证的理解过程本身就应被把握为归纳，而且是这样一种归纳：它不是从一系列不完全的情况中推导出一个一般的规律，而是从中推导出一个结构、一个顺序系统，这个系统将上述情况概括为组成一个整体的各个部分。这种方式的归纳对自然科学和精神科学是共同的。通过这种归纳,开普勒(Kepler)发现了火星的椭圆形轨道。这里如何应用了一种几何学直观,即从观察和计算中推导出一个简单的数学规则,理解过程中的一切尝试也必定如何把言语概括为一种意义,并把一个整体的诸环节的意义概括为其结构。言语序列是给定的。每一个这样的言语都是既确定又不确定的(bestimmt-unbestimmt),它在自身中就包含了其含义的可变性。在确定的范围内,言语在句法上相互关联的方式是含混不清的。因此,当不确定的东西通过结构得到确定时,就产生了意义。同样,由句子组成的整体的诸环节的结构价值也是含混不清的,并通过整体得到确定。对既确定又不确定的个体之确定也是同样……

埃里克·罗特哈克

14. 教义学思维形式概念[*]

倘使人们阅读一下那些试图勾勒出某种"科学体系"的著作[①]，往往难免会产生这样的印象，就仿佛这些作者甚至没来得及同时给出一份"讲座目录"那样。这是因为，倘使人们带着一定的关注，对这些无疑是权威性的文件进行阅读——它们属于真正的科学工作，甚至属于科学史，那么人们便可于彼处注意到，在一些院系中，至少是法学系与神学系中，会举办一些讲座，它们被冠以这种颇为奇怪的标题：教义学[†]。这些讲座所关乎的主题，大部分已然在教科书中得到了处理。专著、讲座与一个相关专业的教授讲席之设置——之前或许还有教学委任，乃是一项专门科学之产生与发展的典型阶段。因此，存在着关于一门专业的教科书、教授与讲座，而

---

[*] 埃里克·罗特哈克(Erich Rothaker)："教义学思维形式概念"(Der Begriff der dogmatischen Denkform)，引自《精神科学中的教义学思维形式与历史主义问题》(Die dogmatische Denkform in den Geisteswissenschaften und das Problem des Historismus)，收入《美因茨科学与文学研究院论文集》(Abhandlungen der Akademie der Wissenschaftenund Literatur in Mainz)，精神科学与社会科学类，Jg. 1954, Nr. 6, S.11—26。

[①] 并非所有这些著作都需要达到贝歇尔(E. Becher)《精神科学与自然科学》(Geisteswissenschaften und Naturwissenschaften, 1931)一书的低水平；于该书中，唯有关于一般而言所谓精神科学的常见理论得到了探讨，但这些精神科学本身则未曾进入作者的视野。

[†] "Dogmatik"可译为"独断论"，也可译为"教义学"。本篇在一般语境下，均译为不含贬义的"教义学"。而在涉及康德对Dogmatik的批判处，则译为"独断论"。——译者

哲学的科学理论对这门专业往往几乎是彻头彻尾地一声不吭。

法学教义学对某项有效法律（来自给定的法典或与之相等价的文件）中系统地、概念性地关联在一起的内容进行阐发。神学教义学则是对得到启示的基督教世界图景与信仰中系统地关联在一起的内容进行阐发。讲座与教科书让我们看到，这些都是早就改建过的学院科目；让我们看到，那些为人们所践履的具有独特逻辑结构的方法，在当今是怎样的可靠且具有生命力。这种结构，与历史学和哲学的精神或文化科学之结构——如它们在这些院系中被阅读的那样——泾渭分明。对于理论国民经济学的方法而言，情况也是如此。最后，人们不该一看见"Dogmatik"这个词，便想起一句出自康德《未来形而上学导论》中的流行语所含的轻蔑腔调：大卫·休谟将他从"独断论的迷梦中唤醒了"。（如此的！）独断论在康德那里无非意味着，对自己的观念"没有先行批判"便一路高歌猛进（《纯粹理性批判》B XXXV 等处）。

然而，康德在同一位置也知晓某种更为中性的语词使用方法，它所涉及的并非独断论，而是教义学方法本身："从可靠的先天原则出发严格证明的"。

倘若人们深入到这种独特的科学提问与方法论中，那么便会注意到，它作为一种思想方向，已然扩展到比所引证的那两个领域要多得多的文化领域之上。现在如此，曾经也如此。在几个世纪的更迭中，教义学思想形式同样在艺术、语法学、国民经济学与政治领域中赢得了某种不容小觑的重要性。在艺术领域中尤为有趣。

不过，这样想一想会是有益的：精神性的努力往往不仅于严格科学的框架中展开。除掉在一定程度上仍是方兴未艾的艺术科学

14. 教义学思维形式概念

和与其类似的文学科学的不同部分之外，譬如说，艺术批评与文学批评便早已存在了。虽说它们不算是科学——即便十八世纪倾向于这种理解，但它们至少形成了自己的职业分支。纵然看上去缺乏严格可证明的规范准则，人们却同样于思想中正视这种批评，区分了杰出的与平庸的批评家（某种规范化的萌芽已然隐含其中），部分地阅读这些批评——它们大部分出现在各种报刊上，但也同样以书册形式出版。是的，我们拥有大批评家们的《全集》——人们在此尚还无需考虑莱辛、赫尔德、施莱格尔兄弟的著作，只需先想想某个特别是在法国得到了悉心呵护的文学分支。大艺术家们的著作同样构成了某种类似的文学分支，这些艺术家带着或多或少的抽象思维之才能，对其创作的意义进行反思，且经常十分果决地将之表达为关乎艺术的真理。人们可以在此谈及所谓"艺术家美学"（Künstlerästhetiken）这种特殊的文学分支，而这些作品却在实践上与事实上活动于某个广阔的空间之内，活动于诸般严格的理论意图、更主观的自我沉思（Selbstbesinnung）、招认（Bekennertum）、纲领（Programmatik）、宣传（Propaganda）、自我防卫（Selbstverteidigung）——也就是辩护（Apologetik）之间。在神学中，辩护被看作是一条科学分支。

当我使用已然变得十分糟糕的"宣传"一词时，这个词的意义已经被过分地扩大到了诸如民主制、自由主义、保守主义等政治思潮，长久以来在各式各样的文学与修辞形式中所驱动的那种东西上。无论是对思想还是对意见的推广，无论这种推广带有国家政治抑或教会政治的色彩，就像在所谓的政治浪漫主义、教皇极权主义文学乃至奥特玛·施帕恩（Ottmar Spann）的国家学说中那种精心打扮的模棱两可中那样——这还没有算上各种更晚近的体系之宣传。

然而,在艺术中的印象主义,比方说尤利乌斯·梅耶-格拉菲(Julius Meyer-Graefes)的著作中,不是同样存在着与古典主义、现实主义与伯克林(Böcklin)的浪漫主义相反对的宣传吗?沃林格(Worringer)的《抽象与移情》(Abstraktion und Einfühlung)不只是一部研究著作,它同时也是一本宣传著作。准确说来,它乃是一项大众传播方面的成果,以准确的眼光与直觉性的幻想,为当时几乎尚不存在、但事实上正到来的诸艺术流派招揽着成员。倘若人们进入到这一看法之中,那么便可以如此发问:在国民经济学的历史上,重商主义者、重农主义者、经典自由主义者以及各种社会主义体系是否也曾在针锋相对的立场中,以同样的方式向彼此推广、传播,有时还为自己进行辩护呢?他们热情洋溢地宣说着经济政策的"真理",其间最有趣的是,他们同时还热情洋溢地将这些招认与经济学理论的"正确性"混在了一起。以罗马法为方向的法学家们,以及按照德意志法律的方式进行思考的法学家们,他们之间的对立——二者间的平衡最终塑造了我们的民法典[②]——不是也带有同样的激情色彩吗?在语言的领域中,赫尔德(Herder)早期著作中与尤斯图斯·莫泽尔(Justus Möser)针对法语而对德语进行的辩护不也如此?进一步说:语言纯洁主义者的突进,直到这场不愿结束的外来语之争?是的,过去的语法难道不知道明确的"指示",要像这样讲话和写作,而不是以不同的方式?无论是在古典修辞学家之

[②] 参较基尔克(Otto von Gierke),《历史法学学派与日耳曼学者》(Die historische Rechtsschule und die Germanisten),1903 年。

14. 教义学思维形式概念

中,还是在法兰西科学院、德国语言学会乃至规范性教学语法的诸般努力中。

在所有这些情形中,人们都表达出了某种坚定的"信念",它作为真实的信念而登场,并为自己找寻科学的根据——这便是此种基本态度的核心现象。此外,这种"哲学信仰"还追求着理想的目标,想要有益于"生命"与它的"当下"——无论是最直接的当下、整个时代还是整个人类。至于宣告治愈性的真理、给出革新与复元的构想,这些也同样原本地属于此种基本态度。

与此相对,居于次要地位的是,这些"真理"是否于许许多多的过渡中表达出了个别的先知、拯救者、宗教创始人与立法者的信念,或者说它们是否说明了那些"机构"的意义——它们业已存在,业已取得了权力,业已得到扩建,但终究也同样对真理有所要求。如我们所见,它们同样能够表达出那些存在的宗教团体、法律设置、早已产生的艺术流派、经济系统等的意义,就像尝试赋予这些设置以新的走向一般。在后一种情形中,它们所起的作用更多是"先知性的"、布道式的、推广的、招认性的与纲领性的;在前一种情形中则更多是反思的,也就是对某种已然得胜的真理加以沉思。在路德那里,新教的"教义学"尚且是自由的纲领,它在十七世纪曾是对固定的教会体制所作的科学性教义学解说。方济各(Franziskus)宣告了基督教信仰的某种崭新纲领。他的修会后来对某种稳固之存在的内在意义进行了解说。在民法典诞生之前,各种纲领性的思潮尚还彼此攻击;而在这一法典得以确立后,法学教义学便成了它的概念性的解释与说明,成了对其内在关联的批判——当然,这种批判并未将某种逾出此外的法哲学批判排除掉。法律政客与法哲学家二者都根据要制定的法律(de lege ferenda)来发表演说。

同样地,在当今如此热烈的关于技术之"意义"的讨论,以及更不对外但同样活跃的关于医学之任务的思考,都属于这种文化哲学考虑的领域。

既然最后的这些意见本来就超出了应当保持于文章中心位置的精神科学领域,那么我们便至少要略微触及这一问题:在自然科学领域中是否也存在着教义学的态度。当然,这里并没有明确的教义学学科。然而,人们或许能在医学系中,将这些学科称作是教义学的:自然疗法、顺势疗法、精神分析、心理治疗或一些新型的内科流派,比如魏茨泽克(Weizsäcker)派等。这是因为,每一种新的"流派"都至少被其对手理解为"教义学"。教义学无非正是对某种特殊态度、某种确定风格或某种特殊视角的体系化说明。正是对这一概念的扩展与普遍化推动我们继续向前。因为当现代的心理治疗师将其对手,也就是居于主导地位的医学之立场刻画为"机械论的"或"自然主义的"而加以责难时,这就表现出,他的这种说法正是将学院医学看作了教义学。然而,"现代"自然科学的所有公理大抵都是如此。毋庸置疑,伽利略、开普勒、笛卡尔与牛顿也曾作为教义学者而登场。他们曾获得了普遍的认同。然而,在最现代的物理学将修饰语"经典的"安在那种先前的物理学身上时,由这一视角看来,数学化的自然科学也同样发生了转变,它直到那时都完全是携带着对"真理"本身的要求而登场的,而现在则变成了某种"特殊流派",对某种"看法"、视角、信仰或信念的说明。正如文化活动为某种历史的或类型学的修饰语所刻画一样,现在它也转变为了某种独断论(教义学)。

14. 教义学思维形式概念

在下文中，这一点应当优先通过法律史与艺术史的例子而得以阐明。

倘若在自然科学的例子中，纯粹客观性与那种虽然不过是主观的，但却宣称自己具有完全客观性的"信念"之间的对立——也就是纯粹事实性与单纯的视角之间、普遍且绝对适用的基本概念与适用性受限的基本概念之间的对立，可以为我们所直观，那么在精神性创造的领域中，哲学便是合适的例子，它对理性必然与普遍适用的知识提出了要求。

在十九世纪时，前述的两个领域中似乎刚好达到了这样的要求——于彼处被冠以"法哲学"，于此处则以"美学"为标题。彼处的基础是在罗马法中最终实现的对每一种法律基础之普遍发现，此处的基础则是古代对美自身的最终发现，而文艺复兴又对这一发现进行了重演。

现在，当我们有意识地进行简化，并制造出有意的虚构时，在这两个领域中事实上应该存在过全体专业人士的彻底共识。尤其是在法学领域中，应当存在过某种经由一切科学手段所达到的、全体法学家的一致：法学的基本概念在罗马法中一劳永逸地得到了决定与表达；罗马人乃是法律与法学思想的泰山北斗。③而在艺术领域中（在最广泛的意义上，包括文学和音乐），与之类似的，肇自温克尔曼（Winckelmann）时代，途经歌德与席勒，直到黑格尔那里，美与艺术的基本概念已然得到了最终确定。黑格尔的拥趸魏舍尔

---

③ 我再次强调这种虚构的特质，并使得私法与公法间的区别以自身为根据。更古老的罗马法、几个世纪来汇编与修订的法典，及其从释义法学家与注释家直到学说汇纂之诸系统的进一步塑形之间的差异也是如此。

(Fr. Th. Vischer)的六卷本《美学》(Ästhetik)，大约可以称作高峰。显而易见，法国由布瓦洛(Boileau)开始的发展与此类似。

我们由此认为，于哲学家那里存在着某种作为理想而浮现的基本情况：这两个领域中的基本概念已然确定了。当此一意图圆满实现时，这些已然受到扩充、彻底体系化、获得了公理性发展与理论性奠基之体系的代表人物，并不会将自己视作教义学者，他们的自我感觉乃是哲学家。也就是说，他们是以"法哲学"或"美学"之名来写书的。相关文化领域中发展而成的广博体系被称作普遍适用的与必然的。

然而就在不久以前，这些体系刚好为我们称作了教义学。现在，开始了某种富有教益的辩证法游戏。因为事实上，这样一种法哲学或美学会立刻变成教义学，一旦人们采取了外在于它的某种立场，并由此出发，部分地将之与其他方向不同的体系相比较，部分地由以其他方式而被观看的事情（美）出发来对其加以评断。譬如，由德意志法律的立场出发，罗马法体系似乎便不再是普适的，而是仅仅属于罗马法的了；与此相应，从某种自然主义或现实主义的美学出发，十九世纪早期的传统美学似乎便成为了古典的。它现在才合情合理地获得这个特别的称谓："古典主义"。

然而，当某个精神科学的体系已然获得了这样一种称谓时，那么由此被打上问号的便不仅仅是它的普适性了——除非这一称谓作为其信徒在战斗中的呼号而起作用，就像在神学中那样。毋宁说与此同时，整个体系都被历史化了。

这意味着，我能够——于朝向历史性观察的某种内在转变中——冷静而客观地作出这一断言：哪些是罗马法教给我们的，哪

14. 教义学思维形式概念

些是古典美学教给我们的。一本以"罗马法体系"为标题的书现在既可以被称作法哲学的，也可以被称作法律教义学的，也可以用完全不同的说法来描述它：冷静地报道历史，即哪些是罗马人教给我们的——只要人们尚未通过阅读书中的内容而对其特别意图有所了解的话。

在我看来，这个例子适合拿来对我的所指进行强调：同一个标题可以用来称谓三本意图不同的书。倘若人们想要将三种不同的意图于书的标题中清晰地表达出来，那么人们就必须如此行事：a) 罗马法体系，带着"法律科学奠基"的副标题。然而，对"罗马法体系"这一标题的使用实际，几乎不该在一位从事于建立体系的学者那里出现，因为这位信念笃定的罗马法学者不会随随便便地将"罗马法"一词用于表述自己的基本意图。他毋宁以"法学体系"来为这本书命名。然而事实上——这一点不可动摇——他会作为一位罗马法学者，于纯粹是罗马法学的概念中对这一体系进行展开。类似地，魏舍尔干脆将他那本在今日仍值得一读的著作命名为"美学或美的科学"。这表达出了他进行体系化的意图。然而他事实上是以古典的方式进行思考的。

b) 作为教义学著作，"罗马法体系"这一标题几乎不需要什么补充说明。它知道自己是关于罗马法的，并向它那些想要了解罗马法思想之意义的读者们作出说明，因为当时所适用的这种法律具有或应当具有罗马法的结构，具有这一法学体系中一切概念的内在关联。

c) 然而在此，向历史性著作转换的可能性已然呼之欲出了。这样一来，书中的阐述便会对历史进行报道。如果说教义学者努力的重中之重是这一体系内在的逻各斯（Logos），是其诸概念间合乎逻辑的内在关联，那么历史学家的首要工作便是对事实（*Faktum*）进行把握：这在从前是作为这个法律而有效的。

然而，这样一种标题可以是充满歧义的，这一事实教给我们一些非常关键的东西：

1. 方法论意义的转变显然基于先前的看法、视角与信仰态度的某种转变。这是完全可能发生的事情：历史学报道写道"罗马人曾是这样想的"——比如，在莫姆森（Mommsen）的《罗马国家法》（*Römischem Staatrecht*）中——会使读者产生如下的信念："然而这便是国家法的这个真理，它对于我们也仍然适用"。历史学报道已然再度变回了某种哲学性的、被看作普遍适用的体系性国家法，它的反对者们又可以对此说道：然而这正是教义学的，因为"真理"是另一回事。

2. 而至于这种看法的转变总是会导致什么后果，我们现在必然已经对此十分清楚了：这一看法的转变绝不会消灭体系中封闭的体系化关联，即便它由哲学的看法转向了教义学的，由教义学的看法转向了历史的。即便是声称"罗马人如此理解法律问题"的历史报道者，也会令这种体系化的关联继续存在。他不过是于内心中适应了这种"报道"。他并不是由此才成为历史学家的：尝试去说明罗马人为什么刚好获得了他们那种罗马人的特殊性。他能够去额外地完成这项工作。然而，就在他打算去报道的时候，他对于罗马法思想持续不断的体系化阐述已然是历史性的了。即便他想要探究这种法律思想在历史上可被追溯的发展，他也不会忘记，那些东西是法律思想，亦即为法学逻辑所规定的体系化关联。

3. 由法哲学体系向教义学的转变仅仅是通过信条与信念的某

种变化而实现的——普适性的信条，而并非经由对某些特殊的演绎之理论必然性的拒斥才达成。准确说来，批判仅仅指向那些不再被相信的、或隐或显的公理，但却并不指向思维演绎的合逻辑性。

对于目前讨论过的精神科学中一系列纯粹方法论的工作方式，我们能够轻易为其补充上第四种类型，这一类型的态度让纯粹的逻辑学家与数学家感到亲切。人们原则上可以拟定这样一系列公理：倘若 R 公理（我以此来指称罗马法）适用，那么这一体系就内容而言，亦即就大量特殊的法学任务而言，便必然如此这般地展开。倘若 D 公理或 C 公理（我所想的是中国的法律）适用，那么合乎逻辑地，诸特殊概念间的内容性关联便必然是如此这般。比方说，马克斯·韦伯（Max Weber）就曾非常接近这样一种视角。

4. 法律概念间的体系性关联因而完整且封闭地保存于所有这三种被提及的体系中，我们由此认识到，教义学虽然"仅仅"是教义学，但它却绝没有被洞见了其立场的批评者或比较者所提出的批判揭示为不科学甚或是浅薄的。尽管如此，事后被揭示为教义学者的思想家仍可能完成了一项巨大的体系性与理论性工作，并且实际上是于古典情形中做完这件事的。这就是说，教义学思维乃是第一层级的研究方向，并具有持续性的科学收获。④

---

④ 出人意料地，重要且主要采取历史学态度的罗马法学家科夏克（Koschaker）在《欧洲与罗马法》（*Europa und das römische Recht*）一书的第 337 页处认为，事实情况有所不同。

就像罗马法学家凯尔苏斯（公元二世纪）已然将法定义为善与平等的技艺（*ars*）那样，科夏克在实际的法律应用与法律诉求（Rechtsfindung）中所看见的，并非某种"科学"，而是某种"艺术"。直到今天，这仍然符合罗曼语的语言使用，对我们来说也全不陌生。因为这种艺术对"科学研究的成果"加以使用，我便将其置于"应用理论"的标题下而进行处理。到此为止都是一致的。然而，在科夏克看来，仅仅对法律（接下页）

为了进一步对哲学、教义学与历史学的这种独特过渡加以阐明，我们也可以考虑一下海因里希·韦尔夫林（Heinrich Wölfflin）的《艺术史基本概念》（*Kunsthistorische Grundbegriffe*，1915年初版）。⑤

当韦尔夫林于1898年写作他那本《古典艺术》之时，他仍或多或少地处于古典主义美学的轨道上，他、他的老师雅各布·布尔克哈特（Jakob Burckhardt）与整个在他之前的时代一同分享了这种美学。这一时代是如此地忽略了巴洛克艺术，以至于人们将著名的建

（接上页）的内容加以"安排与体系化"（第337页注）的法律教义学是否成其为真正的科学，按照"现代科学概念"（第284页）的标准则是可怀疑的（第337页），因为教义学就像经院哲学那样，已然预设了适用的法律。也就是说，它"仅仅"按照权威去照本宣科，而并不是自由地去弄清"真理"。

法律科学（Rechtswissenschaft）的概念，也就是科学概念向教义学之上的延伸，乃是由萨维尼（Savigny）完成的。因为对每一种法学研究的科学性改进都浮现在他眼前（第210页、265页）。在国外，人们仅仅一贯地谈到"法学"（juris-prudenz）。美国的法学系完全叫作法律学院（Law-scouls）。与此相对，法律史乃是真正的科学。比较法也是。

此外，需要注意的是，与科夏克从外部搬到法律科学这里的所谓"现代科学概念"相应，除了法律史外，只有法哲学有资格要求科学的位次，因为它的确试图直接把"真理"弄清楚。

我很乐意向这位受尊敬的研究者提出如下问题：在他看来，某种来自19世纪60年代或温德夏特（Windscheid）那本彻头彻尾是教义学的《法学教材》（*Lehrbuch des Pandektenrechts*，1862—1870）的"法哲学"，是否是作为更大的"科学"成就而出现的。因此，与萨维尼（第267页）的观点与神学的语言使用相应，我想要为法学教义学要求一种科学的位次，虽然它仅仅是由权威而体系化的。此一位次刚好奠基于这种体系化的高度与深度中（亦参较第281页），并与此相应地同样为科学家们（教授们）所完成。这是因为，科夏克绝不否认，某种伟大的概念性工作在此得以完成——曾经是，现在也是。就此而言，他或许会在文本的末段下签字确认。唯有他那由外部带来的"现代科学概念"对此成为阻碍。不过，第338页关于学术协会的注释令人印象深刻。

⑤ 另参较我在《艺术学索引》（*Repertorium f. Kunstwissenschaft*，XLI，1919）中的评论。刊印于我的文集《人类与历史》（*Mensch und Geschichte*）中，第二版，1950年。

筑作品拆开来售卖，并且对建筑档案进行整箱整箱的销毁，因为大家以后是不会再对这种没落的艺术感兴趣的。当我的另一位艺术史老师，卡尔·诺伊曼（Carl Neumann）作为亨利·托德斯（Henry Thodes）的继任者而被任命去海德堡教书时，他对于为数众多的重要巴洛克作品尚不了解。这些曾是古典主义教义学的残余——在卡尔·诺伊曼这里尤其是悖论性的，但却在这一时刻才作为教义学而被认知：人们终于逐渐认识到了巴洛克艺术内在的伟大。

　　韦尔夫林在其青年时期曾像布尔克哈特一样粗暴地拒斥了伦勃朗，而当他也向这一新的洞见敞开自己时，便将第二部著作放到了对于古典艺术的美学招认之侧，也就是放到了某种真正的古典主义教义学之侧。这本书仅仅对古典艺术的教义学加以报道，但同时也将其与这种体系加以对照：每位巴洛克艺术家都曾以教义学的方式坚定不移地相信这一体系，也就是"绘画的、深刻的、形式开放的、整体聚合的、澄清现象的"美学。

　　此外，韦尔夫林还将巴洛克艺术的教义学美学与古典艺术中成熟的教义学美学（"线条的、平面的、形式封闭的、带有独立部分之整体的、对象明晰的"美学）作了比照，此一比照乃是某种理论性成果。进一步说，这同样是某种理论性成果：他试图建构某种风格之阶段性变化的历史哲学。然而，对古典艺术的说明——它在很久以前诞生于对其的真正信仰中，以及对巴洛克艺术内在逻各斯进行报道的分析性说明，这是对两种教义学的阐述。整体的成果在此获得了某种冷静的理论要旨。那种我刚刚提到过的理想的理论家会说："当你追逐这些目标时，你便必须如此绘画；而当你追逐那些目标时，情况便不同"。这是理论性的指向。它们是两种封闭的可能性。

然而在活生生的生命中，画家等人必须知晓，他们具体想要的是什么，并于随后展开某种唯有凭借教义学方式才能得以说明的风格。

教义学思维的不可或缺性

倘若如此便确保了教义学具有某种科学的位次——自然，这一位次首先保持为其他科学团体之外的某个科学团体的位次，那么，远远超出于此而对这一方法的不可或缺性进行理解，或许就要困难得多。这是无法避免的。然而，目前为止所赢得的对这一方法之特质的洞见仍须在本质上加以深化。

1. 首先，由所说的东西中已然可以引出这一结论，它对于诸门历史性科学的理解而言乃是基础性的。除却从方法论上对我们先前关于教义学与历史的断言之可转变性（Konvertierbarkeit）所能学到的东西加以利用以外，历史学家还有其他方式对罗马法、埃及建筑或中国绘画的历史进行研究吗？作为历史学家，他必须如教义学者一样，对这些巨大的精神创造物——它们具有如此简洁的外形——之内在逻各斯与基本意图进行探究。这些作品之关联的美与法学适用性向着教义学者敞开自身，他不得不于其直接意向（intentio recta）中对它们加以表明，而历史学家现在必须对这种东西进行说明性与报道性的阐述。教义学者所"招认"的东西，为历史学家所叙述。

相较于逻辑学和语言学目前为止所注意到的而言，招认与报道、（宛如抒情诗般的）"表达"与描述之间的这种转化要远远更为根本。倘若诗学非常清楚地明白"表达性的抒情诗"与"叙事的史诗"之间的差异,那么语言学也必须经常更深入地对语词使用的"抒情诗式"起源这一部分进行关注。仅仅在语词、句子及其上层建筑中承认感情的、情绪化的与音乐性的"表达"要素尚不足够,还要在缄默的意图中通过这种诀窍来理智地使语词的含义得到纯化。传统的理智主义(Intellektualismus),作为所有精神科学的一种坚决要去克服的层级,仍始终——尽管是尚不成熟地——保守了这一看法:抒情的讲话以某种逐渐与对象相似的形式"描述"了内在状态。然而,抒情诗人并不"描述",而是"表达"、言说、形成、表述那飘浮于主观情绪与相关的、以图像为内容的景象之间的中间之"物"。他既不"描述"情绪,也不"描述"景象的内容。他同时将二者带向表达。心理学也一样,尽管"描述的"这一术语在其中扮演了如此重要的角色,它在此也不得不时常修正自己。我可以尝试对自己的内在过程进行非常出色的描述。然而,这种描述在任何情况下都不能被当成,将我的意识内容传达给某位听众的唯一可能性。克劳迪乌斯(Claudius)的《夜曲》开篇处写道:"月升起来了",它既非某种确认,亦非某种断言,[⑥] 亦非对某种景象的描述,而是某种"抒情式表达",某种"主观"的感受性心境与正好经由质的图像——感受沉浸入对其的观看中——而产生的心境之间的独特综合。当某物攫住我时,在这一发生的结果处,这个某物便与感受性的情绪一道被分享了。不过,轻微的、内在的波动之可能性存在于椭圆的两极之间。不幸的是,我们的科学术语在此处千疮百孔、老旧过时,甚

---

⑥ 阿曼(H. Amann)《论语言形式的双重意义》(Vom doppelten Sinn der sprachlichen Formen, 1920)对此的看法是正确的。

至像"陈述"这样的表达也飘浮于抒情性与逻辑性陈述之间,很容易受到误解。而像"表达"(这里所说的乃是"他表达了某种景象"以及整个糟糕透顶的语言使用、言语和一般性的表达)这样的术语,在此处乃是于误解上再添一层误解。甚至在当今的哲学人类学中流传的诸如"自我释义"(Selbstdeutung)与"人的自我理解"之类的说法也可能是误导性的。人们在任何情况下都不能在我们本质的最初对象化之意义上提到它们。尽管如此,它们却能够合法地成为对象化陈述的基础。此外,同样存在着某位作者之于其自身的对象化"反思"之程度。然而,前面所提到的信徒对其信仰态度的反思,已经具有了某种异于对象化意图的意图。它近乎"自身沉思"。自我沉思乃是某种与心理学的"自我观察"截然不同的东西,我在自身沉思中试图将自己置入可能隐藏在我的行为中的"意义"里去。不过,这种意义内容绝非某种应当为心理学所描述的时间性进程。它只是一种内容。

在此意义上,抒情的"陈述"与教义学的招认之间关联紧密。理论在此无论如何都得去寻找进一步的澄清。然而,在任何情况下,描述、报道与叙事,史诗与历史记忆都处于不同的轨道上。

历史学家"报道"。他所报道的,乃是生活于罗马法教义学之直观世界中的法学家在被他深思熟虑的生命关联中所"看见"的东西,或者是同样为中国画家所"观看"的东西,也就是他由其绘画的(可以通过教义学方式加以表述的)精神中创造性地塑造的东西。然而对此,历史学家须得和教义学者一样对这种创造与行为的意义进行探究,后者凭着对真实性的感觉来进行绘画或评判。他相信其生产性创造的意义,而历史学家仅仅从外部对其进行观看与叙述。

而即便是从外部，历史学家也依然遵循着一部作品或某种时代的风格中最内在的逻各斯。他还必须使得自己及其读者能够透视这些风格趋势的内在必然性，能够在与时代之观看方式和行动的某种可信的关联中，看见一个时代的"世界图景"。

由此可见，人们激情地称之为"历史思想"，并将其看作与同样带着激情而被拒绝的"非历史思想"相反对的那种东西，其起源地位于精神史（文化史）领域中，而并非一开始就处于所谓的政治史书写中。真正的历史思想因而在语文学和与此相应的艺术史、法律史与宗教史领域中才算是本色当行，而非在那种为传统所称作"历史"的东西中。它首先绽放于这样的领域内：人们可以将其称作"连字符史学"（Bindestrichhistorie），而马克斯·韦伯在此全然错误地想要将其作为"形式的历史"挤进方法论讨论的背景中。⑦

人们将之称作"历史思想"——他们带着强调、满怀激情地使用这个语词——的那种东西，一开始的目的并非确定事实，而是对内在逻各斯的现象、对这些事实所归属的风格进行尽可能程度相当的理解。

倘若人们全然理解了此节，那么便可由此洞见出发，安全地进行如下的考虑：亚历山大与凯撒、查理大帝、大胆查理、腓特烈二世、拿破仑与俾斯麦等人，他们同样曾具有某种"风格"，某种政治的、战略的风格等——正是在米开朗基罗†、巴赫和歌德那种意义上，也在亚当·斯密和康德的意义上。

---

⑦ 参较亨利希（D. Henrich），《马克思·韦伯的科学学说之统一性》（*Die Einheit der Wissenschaftslehre Max Webers*），1952年，第68页。

† 米开朗基罗（Michelangelo Buonarroti, 1475—1564），又译为"米开朗琪罗"。——译者

经由德罗伊森(J. G. Droysen)的《历史学》(*Historik*)[8]，最终经由李凯尔特(Rikkert)的名作而蔓延开来的风气——首先借助于历史书写而对人文科学的本质进行举例说明——很容易造成误解。通过对发生的事件首先在其编织物(Verflechtung)中进行说明，历史书写将科学理论家们的视线过多地引向了"实在"的特殊变种。事实上，它乃是真实的时-空-历史事件，提出"因果性问题"的动机首先存在于其中。并不是说，好像不存在这种事件与行为之编织物的时-空-历史现实那样。然而，这一现实领域与自然科学所适用的"自然"现实过于相似了，以至于人们无力应付这种风险：将政治行为最初的意义特质与风格特质一并抛诸脑后。而当这些意义实现（它们的核心仍然是意义）果真如此露骨地与材料抵抗相争，以至于人们由于充满能量的印象而将整体的意向性心境以及有能量的张力之源泉抛诸脑后时，这还要更加危险。

关于教义学思维与理解之于历史学家（在最广泛的意义上，将语文学家也包括在内）的不可或缺性，我们零零散散地就说这么多。

2. 现在，我们转向这一思想方式之于我们对精神世界的系统性与理论性认识之不可或缺性。出于这一目的，我们首先回想一下第18页与第20页中提到的那种极端的可能性：将一切教义（正因为它们乃是系统而连贯地建立起来的）视作公理。

我们之前看到，这一可能性在理论上是存在的：将罗马法这样的体系追溯到确定的终极条件上面去，并由这些条件中将其推导

---

[8] 初版于1868年，随后是1875年版与1882年版。产生这种影响的是这些原始版本，而非我的新版(1925年)和由许布纳(R. Hübner)出版于1937年的德罗伊森历史学讲座的完整版。它们也影响到了李凯尔特本人。

14. 教义学思维形式概念

而出。理论的国民经济学家也使用相似的方法。人们随后对这些公理进行估算，并根据这一主导思想来进行争辩：当 R 公理适用时，便得出如下的法律准则；当 C 公理适用时（比如对于中国的法律），便得出别的法律准则。在所有其余的文化领域中，情况也是类似的。

纯粹的理论家可以凭借这种方式建构起划分繁多的各种"可能性"之体系。他可以塑造出存在的可能性所构成的整束光线。纯粹的思想本身永远并必然地运动于存在的诸可能性之领域中。它们的数量无穷无尽。当然，那些目前为止已经由人类实现了的可能性也隶属于其中。当它们成为实在时，同样也必须是可能的，否则它们便不具备由逻辑连贯性所负载的结构，我们可以将这些结构明确地归给它们。在它们那里，唯有实现的索引（Index）被加入其可能的结构中。

倘若人们将这一事实情况从头到尾地思考一遍，直至其最终结果，那么大约在公元 100 000 年左右，古代东方、希腊、中世纪与近代的一切艺术作品原则上便都已经可以为一位天赋异禀的可能性的研究者（Möglichkeitsforscher）所建构出来了。

尽人皆知，这种事情在实践中是不可能的，因为目前为止尚未有哪位可能性的研究者如我刚刚所表达的那样"天赋异禀"。他需要某种超过人类能力限度的幻想，来将伦勃朗的画作构想发明出来，直至其最精微的细节处。这意味着，他必须同时成为一位伦勃朗，而且不仅仅是根据天赋，还要根据他全部的体验、命运、传统与情况。毋庸置疑，这些东西必然全部存在于可能之物的领域中。

因而只有在伦勃朗作过画之后，我们才能对他的艺术进行实质性的谈论。这对伦勃朗本人也同样适用。然而，自伦勃朗拥有了他的风格之后，他在原则上也可以于某种美学之内将其展开。这些所谓的艺术家美学乃是教义学程序的范本，我在1926年的《精神科学的逻辑学与系统学》(Logik und Systematik der Geisteswissenschaften)一书中已然表明了这一点。它们说明了某种不仅是可能的，而且是同时已然在人类作品中具体实现了的形式与意义内容，或者说逻各斯。

然而现在，除去至少在勾勒性的幻想中变得具体的那些之外，我们根本不知晓任何旁的风格。所有曾经存在过并且能够存在的艺术作品与艺术风格、法律作品与法律风格、语言形式、宗教崇拜与理念、经济形式等，都是具体的，并因此都是可以直观方式想象的。

倘若事情的确如此，那么教义学方法便可能拥有其哲学的考虑。尽管如此，它事实上仍是我们整个精神性知识的唯一来源。一方面，它与给定的精神性实在"相连"；另一方面，无论是创造性的艺术家与法学家本身，还是后知后觉、从事说明工作的美学家与法学家，都不能谈论艺术与法律，都不能理解这些领域中的任何东西——除非是以教义学的方式。教义学乃是我们有内容的精神性知识的唯一源泉。

当人们考虑到，某种教义学的创造事实上如何能够作为教义学思想的基础而被驳倒时，那么这一点也就变得愈发清楚了。

人类无疑是某种始终在超越其自身的生物；他不断催迫自己去逾越、去赶超自己目前所能做到的事情。当然，作为这种超越性的代言人，哲学热切地进行着努力，想要将迄今为止的教义学甩在身后。尽管如此：假若没有旁的法学思想与艺术创造方法已然直观地，或是至少浮现在批评者眼前的话，那么罗马法思想与古典主义的艺术希冀就根本不会成为可批评的，甚至不会是作为其自身、作为某种特殊的东西而可识别的。这就是说，一种能以教义学方式得到表述的、具体的风格——所有文化分支在此意义上都具有风格——唯有经过另一种新的风格才能被赶超。然而，这另一种新的风格同样是某种具体的，也就是教义学的风格。十七世纪以降，当具体宗教的确定形式被自命在哲学上特出的所谓"自然宗教"加以批评，或是当具体法律的确定形式被所谓的"自然法"加以批评时，清醒地说，这要么仅仅意味着凭借对可有可无的附属品的抽象，而将迄今为止的形式缩减为基本上是底层或基础性的东西，要么便意味着某种新的具体法律或宗教系统，其伦理特质要胜过宗教崇拜的特质。

这是一条无疑是猜测性的，但却无法逾越的本质性法则：唯有具体事物能够真实存在，实在的东西永远是特殊的，而特殊化唯有以教义学方式才能得到说明。

简要言之：一切我们所知晓的法律、艺术与宗教体系都是教义学的。根本不存在其他的方法来发现具体的意义内容——除却教义学的方法之外。

现在，我们首先只是在法学与艺术方面阐明了这一点，而由此便得出了普遍的结果。一旦我们看到，这些东西如何与哲学的建构性趋向，乃至与一切科学的理念都进入了张力之中，它们登时便表明为成问题的。与其处于张力之中的乃是这个理念：克服一切相对性。由此我们便首次触碰到了已然受到广泛讨论的历史主义问题。

鲁道夫·布尔特曼

15. 诠释学问题 *

I

根据威廉·狄尔泰的看法，诠释学，也就是"对以文字形式固定下来的生命表现之理解的技艺学"，始终只是"在某种伟大的历史运动下"才获得关注。这样一种诠释学使得"对个体历史性此在的理解"，亦即"对个人，乃至对一般性的个体人类此在的伟大形式之科学认识"成为了某种"急迫的科学事务"。①倘若我们今日便处在"某种伟大的历史运动下"，那么对诠释学问题的讨论也就获得了理由。事实上，与历史传统的论争在今天构成了自身沉思（Selbstbesinnung）的一种本质性要素，这种自身沉思同时也就是对"个体人类此在的伟大形式"之沉思。

诠释学所研究的问题，按照狄尔泰的说法，乃是如下的设问：

---

* 鲁道夫·布尔特曼（Rudolf Bultmann）："诠释学问题"（Das Problem der Hermeneutik），引自《信仰与理解》（Glauben und Verstehen），载于鲁道夫·布尔特曼（Rudolf Bultmann）的《论文汇编》（Gesammelte Aufsätze）第二卷，图宾根，1952年，第211—235页。

① 威廉·狄尔泰,《诠释学的起源》（Die Entstehung der Hermeneutik），1900，带有手稿附录，收录于其《全集》第五卷，1924年版，第317—383页。——上面给出的引文来自第332页以下，以及第317页。

"这样一种认识(亦即对个体人类此在的伟大形式之认识)是可能的吗?我们可以经由何种方式抵达?"或者更准确地说:"对个体的理解能否被提升到普遍性的层面上?""个体性如何能将某种感性所予的陌生的个体生命表现带向普遍适用的客观理解自身?"[2] 这一问题因而是对可能性的追问:如何在对个体历史性此在,亦即对过去的理解中赢得客观性。从根本上说,此问题所追问的是理解历史现象的一般可能性,倘若这些现象乃是个体人类此在的见证。若果真如此,诠释学便会是关于历史理解的普遍科学了。事实上,狄尔泰将诠释学限定在了对"持续固定了的生命表现"之解释上,亦即对于文化遗迹——首要是文学类文献——的解释,而此外,艺术作品同样具有本质的重要性。[3]

II

自亚里士多德以来,已然有一些针对文学文本之解释的诠释学规则发展而出,它们成为了传统,并得到了全然自觉的遵奉。[4] 正

---

[2] 威廉·狄尔泰,《诠释学的起源》,第317、334页。

[3] 威廉·狄尔泰,《诠释学的起源》,第319页。

[4] 在海因里希(G. Heinricis)内容丰富的文章中(im 7. Band der Realenc. f. prot. Theol. u. Kirche, 1899, 第718—750页)形诸言语的对诠释学之介绍,局限于传统诠释学规则的发展。同样的情况也适用于托尔姆(Fr. Torm)的《新约诠释学》(*Hermeneutik des NT*, 1930),而法舍尔(Er. Fascherr)的《论新约之理解》(*Verstehen des Neuen Testaments*, 1930)则想要超出这一范围。当然,在我看来,他没有觅见这一道路的明确方向。约阿希姆·瓦赫(Joachim Wach)在他的巨著《理解》(*Das Verstehen*)中描绘了"一段19世纪诠释学理论之历史的基本特征"(三卷本, 1926/1929/1933);这是一份格外仔细的总结分析,在我看来他自己的立场取取还是太保守了,它本能地对历史进行批判性的透视。他在《圣经文学期刊》(*Journal of Bibl.* Lit. 55, 1, 1936, 第59—(接下页)

如亚里士多德已经看到的那样，第一项要求乃是对一部文学作品着眼于其结构与风格的形式分析。⑤ 解释必须对文本的编排进行分析，必须由整体理解部分，由部分理解整体。由此，这样的洞见便得以产生：每个解释都运动于某种"诠释学循环"(hermeneutischen Zirkel)当中。一旦人们对古代语言或外语文本进行解释，便会立刻意识到对语法规则解释的要求。在亚历山大诗体那里，对语言的语法知识之要求便已然经由对个体性的作者语言使用之知识而得以满足，以至于人们获得了在荷马解释中对真实性问题进行决断的标准。伴随着启蒙时代中历史学工作的发展，对个体作者语言使用的追问被进一步拓展为对文本各自的时代之语言使用的追问。然而，对普遍历史发展的知识——因而也就是对一切文学性档案在其时空背景下的历史条件之知识，与对语言之历史发展的洞见乃是携手

（接上页）63 页）中勾勒出的诠释学原则，也仅为古老的诠释学规则，不过是添加了"心理学理解之必要性"这一点而已。显然，施莱尔马赫的要求应当由此而生效，但这一要求却没有在狄尔泰之刺激的结果中获得进一步展开。可以理解，他的文章《理解》(in Rel. In Gesch. u. Gegenw. V, 1931, 第 1570—1573 页) 同样也保持为轮廓性的。与当代新教神学中诠释学问题之讨论的某种批判性争辩是由布里(Fritz Buri)于《瑞士神学展望》(Schweizerische Theologische Umschau，马丁·维尔纳 [Martin Werner] 60 岁生日纪念文集，1947) 中给出的。我知道，自己与他在其对历史批判学文本理解的抗争中是一致的，正如在他对某种"圣灵-超历史文本理解"与某种所谓的神学诠释学——人们凭借它来进行某种对旧约的"基督论解经学"之工作——的拒斥中那样。至于他未曾正确理解我的尝试这一点，原因当然部分地于此：我迄今为止尚未明确地将文本的科学理解与对福音传道的顺从进行区分。然而这首先是因为，他并未把握住"存在性的"(existentiell)与"生存性的"(existential)二者间的区分——就在他谈及我的某种"存在性解经学"之处，而对此我只能提出抗议。他引用了我的这样一句话(《启示与救恩的发生》[Offenbarung und Heilsgeschehen]，第 41 页)，那句话说新约神话学应当得到"生存性"的解释，可他写下的却是"存在性"！

⑤ 见狄尔泰，《诠释学的起源》，第 321 页；下文中的内容，见第 321 页以下。

共进的。从现在起,对前者的知识必然地成为了每种符合事实的解释之前提。

语文学乃是这样一种科学,它的对象乃是对文学性文本的解释,并为此而对诠释学进行运用。然而,我们可以于其发展过程中看见,对于将诠释学规定为科学性理解的技艺而言,传统的诠释学规则尚且绝非充分。哈拉德·帕策尔在不久前表明了,首先运用历史学来达成解释之目标的语文学,是如何逐渐开始为历史学服务的,也就是说,它如何成为了历史学的某个分支。对历史学而言,文本不过是"见证"与"来源"罢了,它要从这些东西中勾勒出一幅历史图景,亦即重构一个过去的时代。⑥ 这一进程很好理解,因为语文学与历史学认识之间无疑存在着某种循环。然而后果正在于,语文学丢掉了它实际的对象——以理解为目的而对文本的解释。不过,这种发展的更深层之原因,则在于理解的任务并未得到足够深入的领会,就好像只要遵循了那些诠释学规则便可以完成这一任务似的——施莱尔马赫曾为之煞费苦心的那种对于理解过程的洞见已然失落了。

施莱尔马赫已然看到,仅凭对诠释学规则的遵循,尚不足以赢得某种真正的理解。为之所引导的那种解释——在他的术语中称作"语法学"解释——必须为"心理学"的解释所补充才行。他看到,作品的编排与统一性无法仅仅通过某种形式逻辑的与文体学的分析所给出的范畴而得以把握。毋宁说,作品必须作为某一特定作者的

---

⑥ 哈拉德·帕策尔(Harald Patzer),《作为古典语文学方法问题的人道主义》(Der Humanismus als Methodenproblem der klassischen Philologie),载于 *Studium Generale* I,1948,第84—92页。

生命之要素而被理解。对"内在形式"的领会必须与对"外在形式"的领会相伴而行,这并非某种客观解释的任务,而是某种主观的、"预言性"解释的任务。⑦ 因此,解释乃是某种"模仿"(Nachbilden),某种在其与文学产品之过程的生命关联中进行的"模仿性建构"(Nachkonstruieren)。理解成为了"自己对活生生的思想联结的模仿性生产"。⑧ 然而,这种"模仿性生产"之所以是可能的,是因为"阐释者的个体性与作者的个体性并不作为两个不可比拟的事实而遥遥相对"。毋宁说:"二者都形成于普遍人性的基础上,人类之间言说与理解的共同性由此成为了可能"。⑨ 狄尔泰掌握了这些思想,并试图对它们作进一步的说明:"所有个体的区别最终都不以人与人之间质的差异为根据,而是仅仅以其灵魂过程间的程度区别为根据。而现在,阐释者仿佛是将其自身的生命试验性地置于某种历史氛围之中,从而能够暂时地对一些灵魂过程进行强调与增强,而使得另一些退居幕后,由此将对陌生生命的模仿引入自身。"理解的条件"存在于此:没有任何陌生的个体性表达中能够出现未曾同时包含于领会着的生命之内的东西"。就此可以说:"阐释乃是私人性技艺的作品,其最完满的操运(Handhabung)以阐释者的天资(Genialität)为根据。也就是说,它建基于亲缘性(Verwandtschaft)之上,通过与作

---

⑦ 除狄尔泰之外,尤其可以参较瓦赫,《理解》,第一卷,第 83 页以下、102 页以下、143 页、148 页以下。

⑧ 与狄尔泰之特质相连的诸表达,见狄尔泰,《诠释学的起源》,第 327 页以下;同时与其第 328、335 页作比较。

⑨ 狄尔泰,《诠释学的起源》,第 329 页。参较瓦赫,《理解》,第一卷,第 141 页:施莱尔马赫以此为预言性程序奠基:每个人,除却他自己乃是某个独特的人之外,都对所有其他的人具有某种"感受性"(Empfänglichkeit)。

者无微不至的共同生活和持续的研读而增强"。⑩

施莱尔马赫对理解的把握，自然与"温克尔曼对艺术作品的解释"及赫尔德的"对时代与民族之灵魂的设身处地之感受"存在历史性关联。⑪它指向对哲学与诗歌文本的解释。然而，它是否也适用于其他文本呢？对某个数学或医学文本的解释，同样从在作者中完成的灵魂过程内生长而出吗？记载了埃及国王们战事的碑刻、编年史性质的古巴比伦与亚述文本、安条克一世的墓刻与《奥古斯都神的功业》，这些文本也唯有通过将阐释者置于它们由以产生的内在创造性过程之中才能得到理解吗？

不！看上去并非如此！且事实上亦非如此，因为解释旨在对经由文本直接获得的事实情况进行理解——譬如说，对其数学或医学认识，或是对世界史事实与过程的报道进行理解。而那些阅读这些文本之人的初始兴趣正在于此。当然，它们也可以出于别的兴趣而被阅读。比方说，就像格奥尔格·米施（Georg Misch）对那些碑刻的解释那样，⑫作为"生命表现"，作为"个体历史性此在的形式"而被阅读，无论是作为个人的生命表现、"生命感受"的表达还是特定时代的此在之理解。由此表明，就其为某种特定的设问所引导而言，施莱尔马赫-狄尔泰一系的观点是片面的。

就此得出：一种理解、一种解释，始终遵循某种特定的设问，始终遵循某种"何所向"（Woraufhin）。但这也意味着，它永远不会是

---

⑩ 狄尔泰，《诠释学的起源》，第329页以下，第332、334页。
⑪ 狄尔泰，《诠释学的起源》，第326页以下。
⑫ 格奥尔格·米施，《自传史》（Geschichte der Autobiographie），第一卷，1907。

无前提的。更确切地说，它永远为对事情的前理解（Vorverständnis）所引导，它向着文本对这种事情加以问询。唯有基于这样一种前理解，某种设问与解释才是可能的。[13]

狄尔泰向文本问询之事，乃是"生命"，亦即历史-个人的生命，它作为"持续固定了的生命表现"而得以于文本中塑形。这种"灵魂的生命"应当通过解释而由"感性所予、感性可把握的表达"被带入客观认识之中。然而，它并不是解释所能以为根据的唯一事情。因此，由这一兴趣而得以刻画的理解过程，大概也就不是唯一能于解释中得以完成的过程了。毋宁说，依据解释的"何所向"之规定的差异，理解的过程也会有所不同。

显然，仅仅这么说是不够的：要根据文本的不同类型，也就是根据在文本中直接形诸言语的不同事情、根据其中起引导作用的不同兴趣。因为事实上，所有文本都能被置于狄尔泰式设问之下而得到解释，也就是作为历史-个人生命的档案而被理解。对文本的问询是遵照存在于其中的言说内、直接由之得以传达的事情而进行的，这一点当然是首先被给定的。比方说，我会按照这一问题来解释一段音乐史的文本：它为我对音乐及其历史的理解带来了什么，如此等等。

---

[13] 就此而言，"对作者及其作品的理解乃是解经学的真正目标"（Herm. Gunkel. Monatsschr. f. d. kirchl. Praxis 1904，第 522 页）这一公式乃是正确的，因为它对这一点表示拒绝：解经学应当（或可以）经由独断论或实践性兴趣而被引导。此外，它对于诠释学问题根本无所说明。因为问题现在才开始！被意指的究竟是对于作者的何种理解呢？心理学的？传记性的？如此等等！而作品又当如何被理解呢？问题史的？美学的？如此等等！

III

然而，此一设问是由某种奠基于发问者生命中的兴趣而生长出来的，而一切进行着理解活动的解释之前提在于，这种兴趣同样以某种方式活生生地存在于所要解释的文本中，并对文本与阐释者之间的交流形成促进。假如狄尔泰将作者与阐释者间的亲缘性刻画为理解之可能性条件，那么事实上，他便揭示了一切进行着理解活动的解释之前提。因为这一条件并非仅适用于特殊的施莱尔马赫-狄尔泰式设问，而是适用于每一种永远不能通过对传统"诠释学规则"的遵循而得以完成的解释。这不过是对那个前提加以更确切的规定而已。与其对作者与阐释者之个体性、对他们的灵魂过程、对阐释者的天资或其与作者之意气相投的反思，更有必要对这一简单事实进行沉思：理解的前提乃是解释者对于那种在文本中——直接或间接地——得以表达的事情之间的生命关联。⑭

解释并非由此而发生的："阐释者的个体性与作者的个体性并不作为两个不可比拟的事实而遥遥相对"，而是由此才能实现：二者对于在言说中、亦即在问题中的事情，具有同样的生命关联（也

---

⑭ "理解的观念论形而上学"中显然对这一洞见有所针对，"因此，历史理解唯有建基于人类精神在其不同的客观化中的同一性，及其与绝对精神间的同一性才是可能的"（布里，《瑞士神学展望》，第 25 页）。——然而，霍夫曼（J. Chr. K. von Hofmann）同样以他自己的方式看见了决定性的东西，当他这样说的时候：圣经诠释学不愿为了某种自立的、自身封闭的科学而给出自身，而是要对普遍的诠释学有所预设；然而，它不单单存在于这种诠释学对圣经的应用中，而是预设了某种与圣经内容间的关系（《圣经诠释学》(*Biblische Hermeneutik* 1880, S. 1ff.)）。关于霍夫曼，亦见瓦赫，同上，第二卷，第 365 页、第 369 页以下。

就是说，只要他们具有这关联的话），因为他们（也就是说，只要他们）处于同一种生命关联（Lebens zu sammenhang）之中。这种与事情之间的关系乃是理解的前提——文本对此事情有所关涉，并由此而被问询。[15]正是因此，这一点才成为可理解的：每种解释都为某种特定的"何所向"所引领，因为一个有指向性的问题唯有从某种生命关联的条件中才是可能的。同样由此而得以理解的是，每种解释都包含了某种特定的前理解，它刚好是由事情所归属的那种生命理解之中生长出来的东西。

对每一种解释而言，都有某种与文本所关涉、并由此而被问询的事情之生命关系（Lebens ver hältnis）作为其基础。我们可以借助对翻译外语作品之过程的沉思而轻易地说明这一事实。通常而言，此过程的意义仅仅是由此而被遮蔽的：对我们而言，自己文化圈中古代语言的知识乃是从传统中流传下来的，而不需要重新被获取。唯有当语词所刻画的事情（物体、行为等）为人们恰好由生活里的使用与交际中所熟知时，对于某种外语（倘若不是多语言文本的话）的新知才能被获得。某种在我的生命关联、我周遭的世界与生活方式中毫无意义的对象或行为，在其语言性的称名（Benennung）中也是不可理解和不可翻译的。抑或仅仅是如此：为相关物选择了某个针对外部观察而对其进行描述的语词，比方说，"吼板"（Schwirrholz）

---

[15] 威廉·冯·洪堡、伯克与德罗伊森那里对历史学家的"水平上旗鼓相当"之要求也是在此意义上被理解的。对此参较希尔德加德·阿斯特霍尔茨（Hildegard Astholz），《德罗伊森对"历史"问题的研究》（*Das Problem „Geschichte" untersucht bei Joh. Gust.* Droysen），1933。此外，它引用了德罗伊森的标志性语句："每个人都是历史学家。而谁将历史（ἱστορεῖν）作为他的职业，谁便不得不做些在特别的尺度上属人的事情。"（第97页以下）

一词乃是对大洋洲土著之"Tjurunga"的复现那样。⑯只要使用是可理解的,对使用的观察便能够导向更多的改写,以至于"Tjurunga"能够被描述为某种"强大的法器"†,因为对我而言,对法器的想象是可以由自身的生命关联去领会的。当文本在形象的说明中,或者凭借形象的说明而被给出时——在它们这一方面,这些说明可以由自身的生命关联而被理解——摆在面前的基本上是相同的过程。事实上,就连一岁小孩的理解与学语过程都是凭借对其周遭世界、对其环境的融入而完成的。简言之,也就是于他的生命关联中完成的。

因此,解释永远预设了某种与那种在文本中——直接或间接地——得以表达的事情之间的生命关联。唯有当我具备某种对音乐的关系时,我才能理解一段有关音乐的文本(因此在托马斯·曼(Thomas Mann)的《浮士德博士》(Doktor Faustus)中,有一些部分对一些读者而言是无法理解的);唯有当我具备某种对数学的关系时,我才能理解数学文本;唯有当我熟悉历史生活、当我由自身生命中知晓何为国家、何为国家中的生活及其可能性时,我才能理解对历史的阐述;唯有当我由自身生命而知晓比方说何为爱与友谊、家庭与职业时,我才能理解一部小说,如此等等。正因此,有些文学才会根据人们年龄与教育背景的不同,而不能为部分人所理解。

我之于事情的生命关系,当然可以是完全素朴与非反思的,而它能够在理解中、在解释中被提升至意识层面并得到说明。它可以

---

⑯ 纳坦·索德布洛姆(Nathan Söderblom),《上帝信仰的生成》(*Das Werden des Gottesglaubens*),1916,第41页以下。

† "Tjurunga"指大洋洲土著所使用的圣物,常为石制或木制。——译者

是某种肤浅与庸常的关系，可以经由对文本的理解而被变得深刻与丰富，得到调整与校正。在每一种情形内，某种与有关事情的生命关系总是前提条件，而这种认识一开始便排除掉了错误的问题，譬如对理解"陌生灵魂"的存在之可能性的问题。这便是在作者与阐释者之于不同事情的共同关系中所给出的。当狄尔泰将"普遍人性的基础"，亦即"没有任何陌生的个体性表达中能够出现未曾同时包含于领会着的生命之内的东西"这一事实确立为理解之可能性的条件时，这便可以就此而得到准确的表达：阐释的条件乃是这样的事实：阐释者与作者作为人生活于相同的历史世界中，在此世界中人类存在作为某种位于周遭世界中的、与对象和邻人在打交道的过程中相互理解的存在而活动。当然，诸如发问、问题、争斗与苦难、悦乐、放弃与逃避等，也隶属于这种理解性的交往。

IV

对事情的兴趣激发了解释，并赋予其设问（*Fragestellung*）与"何所向"（*Woraufhin*）。解释的定向是不成问题的，当它经由对这件事情的追问而被引导时——对其的传达即是文本的目的；比方说，某种对数学或音乐理论的解释，倘若我想要从中汲取关于数学或音乐的知识的话。对某种叙事性文本的解释也一样，倘若我想要对那于其中被叙述的东西有所认识的话；比方说，对编年史的解释，但也包括对希罗多德或修昔底德的解释，倘若我除去认识那些为他们所报道的历史关系与过程之外，不想再更进一步的话。同样的事情也适用于——比方说——某部希腊化时代的小说，它所记叙的虽然是虚构的过程,但我却将之当作消遣性的故事来加以阅读。在前面的情形中,理解的"何所向"乃是历史性的教导,在后面的情形中则是消遣。在所有这些情形中,设问都全然是素朴的。它的特质变得清晰起来,当涉及到对某部高贵的诗歌文本的理解——比如对荷马史诗的理解时,倘若这样的文本并非作为文学,而仅只作为叙事而被阅读的话;这甚至在很大程度上首先是这样一种情况,就像造型艺术的作品同样为素朴的,尤其是孩子们的观察就其所叙述的东西而加以问询那样。造型艺术甚至部分地具有这种作为插画艺术的意义,就像在"加了装饰的"圣经手抄本,或者像是蒙雷阿莱(Monreale)大教堂中的马赛克圆环(Mosaikzyklen)[†]那样。而在现代世界中,当一本歌德纪念册带着有关歌德生平的插图而被发行时,基本上也是同样的情况。

然而,事情当然立刻便复杂了起来:因为对文本的素朴问询并不会贯穿整个孩提阶段,即便这一阶段从未失去过它的权利,去追问文本想要直接传达的东西是什么。素朴的问询,尤其是在想要直接对认识进行传达的科学文本那里,始终存在。因为即便当问询进一步发展到,将文本作为相关科学的历史见证而进行理解时,某种对其想要直接传达给认识之物的先行理解都是无法排除的。通常而言,对数学史的兴趣也保持为面向数学认识自身的,亦即面向相关文本所意向的事情,并且不使其解释受到某种陌生兴趣的支配,比方说文化史的兴趣——这能够由此而得到说明:文化史学家可以在他们那一边忽视掉数学史,正如雅克布·布尔克哈特在他的《文

[†] 蒙雷阿莱大教堂位于意大利西西里岛,其具有标志性的装饰就是用各色马赛克拼接镶嵌的壁画圆环,呈现《圣经》及相关故事中的场景。——译者

艺复兴时期的文化》(*Kultur der Renaissance*)中所做的那样。无论如何，当人们将科学文本作为科学史的见证而进行阅读时，"何所向"便成为了某种别的东西。

某种类似的变形出现于对叙事性，尤其是对历史性文本所作的解释那里，并且是以双重的方式：1. 这些文本并不在一开始便被作为它们所报道之物的见证而被阅读，而是作为其自身时代的见证——它们便是由这些时代中进行报道的。那么，一开始令人产生兴趣的便不是被报道的东西，毋宁说是报道人。它还可以在报道人自身的意向之中运动，就报道人的历史认识提供了对其报道之理解的批判性标尺而言。2. 当历史文本被解释为史学——关于历史的科学——之历史的见证时。在这里，文本的意图完全被忽略了，因为它无意对历史科学进行传达，而是要叙述历史自身。现在，它自身被编排入历史之内，不再被解释为历史知识的中介者，而是被解释为其对象。

然而在小说那里，情况又是如何呢？素朴的读者或许便已经不仅仅是带着对所发生之事的好奇兴趣而去阅读了。在想要获悉下面会发生什么的急迫心情中，存在着超出好奇心之外的东西，亦即对主人公之命运的内在参与，读者将自己代入主人公之内。他不仅是获取知识而已，而是共同去体验；他被"攫住"(ergriffen)了，他的心境进入运动之中，他的激情得以激活。而作者的意图不也由此才得以实现么？

事实上，对于真正的文学作品而言，这条理解的途径乃是与事情相宜的。这种作品向着参与性的理解敞开，正如亚里士多德已然以他的方式，经由那种将畏惧与同情视作悲剧之效用的学说所表达出来的那样。它们朝着这种参与性的理解敞开了人类之存在——它处于这些作为理解者之自身可能性的可能性中。

然而，如此这般的不只是对文学的合宜理解与诞生于其中的文学之效用。一般而言的艺术都是如此。倘若人们能将美称作"可见事物中的真"，[17]并将"真"在某种极端的意义上把握为对人类之存在的揭示——通过艺术而揭示为在美中显示真的力量，那么解释便应当将把在文学与艺术中揭示出来的人类存在的诸多可能性带向理解。

倘若"真"在文学与艺术中被表现给直观，在此于被攫住的理解中为人们所占有，那么它作为反思与研究着的思想之客体，也就成了哲学的对象。因此，对哲学性文本的解释，倘若它想要真正有所理解的话，便必须由对真理的追问所推动；也就是说，它只能在与作者的探讨中运行。柏拉图只能被与他共同进行哲思的人所理解。当解释将文本对原理作为科学研究的结果而加以问询，并因此将不同文本作为"来源"视作哲学史的不同阶段，由此将这种历史把握为某种存在于过去之中的事件，而不是将其提升到当下时，它便会与真正的理解失之交臂。这是因为，对哲学史进行描述或许尚非对真正之哲学理解的背弃，但当存在理解与自身理解的问题在这种历史中变得清晰起来时，就定然会发生这样的事情：对哲学史的理解成为了对哲学本身的理解。

V

我们必须为了文学、艺术、哲学与宗教的文本与遗迹，重新赢

---

[17] 帕拉策尔，《作为古典语文学方法问题的人道主义》，第90页。

回解释的真正设问——在它们受到了于所谓的历史主义时代中占有了主导地位之设问的排挤时。狄尔泰的努力及其对施莱尔马赫的回溯恰好针对这种兴趣。在历史主义的主导下，文本与遗迹被以各种方式理解为"来源"，多半是可以使某个过去的时期或某个时代的图景由之而得以重构的来源。它们被解释为某个历史时期或者某个历史进程之部分或阶段的见证，至于这一历史进程是以何种方式被理解的，作为政治史还是社会史，作为精神史还是最广义的文化史，在此则基本上无足轻重。

并不是说文本与遗迹就不能同样作为"来源"而被理解，它们可以，并且也必定如此！事实上存在着一些这样的文本，就其内容而言，它们仅仅值得被看作来源而已。我们需要将"古典的"文本和遗迹与它们进行区别，即便其间的边界并不确定。倘若这样的文献被解释为来源，那么为此，它们便必须总是已然于其自身之意向的意义上被理解了——至少是暂时地，并且经常是以某种非反思的、肤浅的方式。譬如说，倘若柏拉图应当被用作研究公元前5世纪雅典文化的资料来源，那么其作品的内容必定已然以某种方式得到了理解，它由此方能作为来源而起作用。然而，那种就像指向某种文化史文献般指向它的问题，它所发出的问询与文献的真正关切失之交臂，很难于其整体性与深度中将之看见。这一设问将文本视作了来源，它仅仅在服务于某种真正的解释时才具有正当性。这是因为，每种解释都必然活动于某种循环之中：个别现象一方面由其时代（与环境）而得以理解，另一方面又令时代自身得以理解。根据柏拉图的时代而对他进行的理解，为某种真正的柏拉图解释而服务，它属于那些传统诠释学规则的领域。

类似地，其他形成于历史主义时期的提问方式，根据其合法的意义，也为真正的理解而服务，譬如海因里希·韦尔夫林对艺术作品的风格史解释，抑或他在文学与造型艺术领域对类型史与动机史（*Typen- und Motivgeschichte*）所作的大量研究。当然，所有这些研究也都可能会对解释的真正问题产生遮蔽。同样的情况也适用于对文学与艺术作品之形式的、以美学视角完成的分析。此一分析的完成尚未带来真正理解的完成，但理解却可以由之而获得准备，就像在卡尔·莱因哈特关于索福克勒斯的著作与保尔·弗里德兰德关于柏拉图的作品中那样。[18] 解释可能被对作品之形式的兴趣所引导，也可能被对内容的兴趣所引导，而对同一件艺术作品的解释可有何种差别，这于此时便会成为可见的：当人们将雅各布·布尔克哈特与约克·冯·瓦尔滕堡对米开朗基罗《最后的审判》的解释进行比较时，正如卡尔·洛维特（Karl Löwith）将它们并置在一起那样。[19] 埃里希·奥尔巴赫在他的著作《摹仿》中完全是以大师手笔，使得对文学作品的形式分析有益于对其内容的解释。[20]

根据狄尔泰的说法，如我们所见，对文学与艺术的真正理解，

---

[18] 卡尔·莱因哈特（Karl Reinhardt），《索福克勒斯》（*Sophokles*），第二版，1943。保尔·弗里德兰德（Paul Friedländer），《柏拉图 II，柏拉图的文本》（*Platon II, die platonischen Schriften*），1930。——我还要指出莱因哈特的报告与文章，它们于1948 年被冠以《论作品与形式》（*Von Werken and Formen*）之名而出版。

[19] 《神学评论》（*Theol. Rundschau*），N. F. II（1930），第 44—46 页。

[20] 埃里希·奥尔巴赫（Erich Auerbach），《摹仿论——西方文学中描述的现实性》（*Mimesis. Dargestellte Wirklichkeit in der abendländischen Literatur*, 1946）。——在他的《肖像研究》（*Bildnisstudien*, 1947）中，恩斯特·布绍尔（Ernst Buschor）尝试令文体学分析有益于某种可以说是生存性的解释，即便这在足够清晰的范畴中是颇为困难的。

正如对哲学与宗教作品的真正理解那般，面向对个体历史性此在之理解的追问，而所有历史文献都可受到此一设问的支配——无论是如何被显示出来的。这种解释意图还能够得到更确切、更恰当的把握吗？它已然受到了朝此方向的调整：关键在于阐明那些在文学与艺术中——对哲学与宗教文本也一样——被揭示的人类存在之可能性（第222页）。我尝试将之再表达得清楚些。

在一篇关于温克尔曼之希腊图景的论文中[21]，弗里茨·布莱特纳非常富有启发性地将对宗教艺术作品之接受中的"直接意向"（intentio recta）与"间接意向"（intentio obliqua）对立起来。前者预设了观察者的信仰，他在艺术品中将为自己所相信的神性之物看作某种被阐明的客观的东西；这种意向根本不将艺术品视为艺术品，对于它的需求而言，一幅圣母的油印像与一幅拉斐尔的画作或米开朗基罗的《哀悼基督》在功能上相差无几。与之相反，"间接意向"并不过问艺术品的对象性含义，"矗立在眼前的是一尊阿波罗还是圣巴斯弟盎，客观上被意指的是基督、摩西还是某位奴隶"，对它来说无甚分别；它所追问的乃是"人性"，乃是"艺术作品由之而产生，并成为了其见证的精神"。

这一说法是在温克尔曼那里完成的，他"赢得了这样一种目光，在客观的所指与所言之后识认出创造者及其民族的精神与天赋，并将其感受为作品中本质性的东西"（布莱特纳）。大语文学家弗里德里希·阿斯特与奥古斯特·伯克也如是追问作为整体的古代"精

---

[21] 弗里茨·布莱特纳（Fritz Blättner），《温克尔曼的希腊图景》（Das Griechenbild J. J. Winckelmanns），《"古代与西方"年鉴》（Jahrbuch „Antike und Abendland"），第一卷，1944，第121—132页。

神",个别的作品必须由这一整体出发而得到理解。[22] 这是为赫尔德所发展,并于浪漫派那里抵达了统治地位的理解方式。这种观察方式自然可以与历史主义联结起来,就像温克尔曼发现了希腊艺术史的诸时期那样,通过将其顺序看作是有规律的,他甚至可以被视为奥斯瓦尔德·斯宾格勒(Oswald Spengler)的前驱。在国家社会主义时期,这样一种设问——当然是为生物学主义(Biologismus)所影响——变得荒唐可笑,但它的基本思想还存活于赫尔曼·格林的艺术史随笔中,他的目的在于写作一部对民族有教育性的幻想之历史。[23]

当然,这种观察方式的正当性是有条件的,而它自己的相对主义(其背景可能在于某种对一切属人的东西中都存在神性事物的泛神论信仰)不需要获得统治地位(或者为人们所意识到)。就像精神之于温克尔曼——他发现它在希腊艺术中获得了形体,乃是普遍人类精神的典范代表那样,每个时代的人类都不得不由此形成。

狄尔泰的努力显然在于,要超越浪漫派那种终究是唯美主义的观察方式之范围。他无疑未能脱出这种方式的边界,当他将对"抱有同感于陌生之灵魂状态"的兴趣视为奠基于由此发源的幸运之中,并对"魔力"加以讨论时——那种超越其自身时代的一切界限而洞察过去文化的人"享有"它。然而,这种人不仅仅享有魔力,他们"同时也将过去的力量吸纳于自身之内"。通过"于所有历史中找见灵魂的历史",理解者凭借理解的直观而"充实"了其自身的

---

[22] 参较瓦赫,《理解》,第一卷,第106、185页。

[23] 参较莱因哈特·布赫瓦尔德(Reinh. Buchwald)为赫尔曼·格林(Hermann Grimm)那部以《德国艺术家》(*Deutsche Künstler*)为题而问世的文章集所作的前言。

个体性，并学着去"理解着来到他自己那里"。㉔ 这些语句表明，真正的理解并不从事于对某种陌生个体性自身的赋予幸运的直观，而是从根本上面向其中显示着自身的人类存在的诸可能性，这些可能性同样也是理解者的可能性，这位理解者正是于理解之中才对它们有所意识。因此，真正的理解乃是对在需要解释的作品中提出的问题、对在作品中照面的要求进行倾听，而自身个体性的"充实"便存在于自身可能性的更丰富、更深刻之敞开中，存在于经由作品为自己（亦即他那个未完成的、迟钝的、始终陷于固执之风险的自己）所实现的"被呼唤向前"（Fortgerufen-Werden）中。㉕

当约克伯爵在对兰克的历史书写之划界中写道"而倘若有的话，天与地在历史中便是一回事了"时，他兴许比狄尔泰看得更加透彻。因为在其背后存在着这样的观点：对历史的理解并不存在于美学直观中，而是某种宗教过程，因为历史的现实性对于个人未曾参与其中的观者而言完全是不可见的。"兰克是一个大目镜，对他而言，消失的东西绝不会成为现实"。㉖ 约克的这些话展现出，历史理解如何是对历史之要求的倾听与批判性的自我沉思："米开朗基

㉔ 这些表述可见狄尔泰，《诠释学的起源》，第 317、328 页；以及弗里茨·考夫曼的专题评论，《当代历史哲学》(Geschichtsphilosophie der Gegenwart)，《哲学研究报告》(Philosoph. Forschungsberichte 10), 1931, 第 109—117 页。

㉕ 参较考夫曼，《当代历史哲学》，第 54 页以下，与西美尔关于个体与历史之发生间的关联之争论。——关于德罗伊森那里对历史之要求的聆听，见阿斯特霍尔茨，《德罗伊森对"历史"问题的研究》，第 106 页；关于作为生命之诉求、作为行动的理解，见同上，第 120 页以下。

㉖ 《狄尔泰与约克之间的书信往来 1877—1897》(Briefwechsel zwischen Wilhelm Dilthey und dem Grafen Paul York von Wartenburg 1877–1897), 1923, 第 60 页。

罗以最强的片面性在西斯廷教堂宣说着道德的文艺复兴。那些基督徒们在马梅尔定监狱（carcer Mamertinus）的顽石上刻下的静默而简单的十字，它们在路德那里形诸语词。倘若有什么东西比米开朗基罗的《最后的审判》更加伟大，那便是那些十字、那些辉映于某座地下之天国中的明光、那些意识之超越性的符号"。㉗

海德格尔指出了理解所具有的某种存在主义特质，从而使理解问题获得了决定性的明晰——这也是通过对作为理解之形成的阐释进行分析，但首先是通过他对历史问题的分析与此在之历史性的解释而实现的。㉘在对海德格尔思想的追踪中，弗里茨·考夫曼对当代历史哲学给出了一个批判性的概览，对历史文献的进行着理解之解释的意义由此中清楚明白地显露出来。㉙

VI

让我们总结一下吧！

每种进行着理解的解释之前提都是与事情之间先行的生命关系，这件事情在文本中或直接或间接地得以表达，并且引领了问询的"何所向"。倘若没有这种文本与解释者于其中联结在一起的生命关系，某种问询与理解便是不可能的，问询也根本不会被引发。

㉗ 《狄尔泰与约克之间的书信往来 1877—1897》，第 120 页。

㉘ 马丁·海德格尔，《存在与时间》I，1927，尤其是 §1 31、32。关于海德格尔，见弗里茨·考夫曼，《当代历史哲学》，第 118 页以下。

㉙ 参较考夫曼，《当代历史哲学》，第 41 页：对一种历史性生命关联的理解乃是对此中理解："此在曾如何理解或误解其自身的问题，如何忍耐或逃避"。亦参较阿斯特霍尔茨，《德罗伊森对"历史"问题的研究》，第 121 页。

由此同样可以说，每种解释都必定为某种特定的前理解所承载，这种前理解从属于言谈或问题中存在的事情。

由对事情的兴趣中产生了设问的种类、问询的"何所向"以及每一项诠释学原则。问询的"何所向"可以与文本的意图相同一，文本便直接传达出被打探的事情。然而，它也可能由对事实情况的兴趣中产生，这些情况可以显现于任何可能的生命现象那里，因而便可以显现于任何可能的文本中。在此情形下，问询的"何所向"便不与文本的意图相重合了，文本间接地传达出被打探的事情。

因此，比方说，解释的"何所向"可以经由那种对已过去的历史关联的重构之关切而被给出——这种历史可以是政治史、社会生活的问题与形式之历史、精神史、最广义上的文化史等。与此同时，解释始终为解释者对于历史一般所具有的观点所规定。

解释的"何所向"可以由心理学的兴趣所给出，这种兴趣将文本置于个体心理学的、大众心理学的或宗教心理学的设问之下，置于对文学作品、技术等的心理学的追问之下。于所有这些情形中，解释都为某种预先设定的心理现象之前理解所引导。

解释的"何所向"可以由美学的兴趣所给出，它将文本置于某种形式分析之下，并将一部作品作为艺术品而问询其结构，问询其"外在的"或"内在的"形式。美学兴趣能够同某种浪漫主义-宗教性的兴趣相联结，但同样可以止步于某种文体学观察的领域中。

最后，解释的"何所向"还可以由对作为生命领域的历史之兴趣所给出，人类此在运动于此一领域之内，于其中赢得并发展其可能性，并且是在这样一种沉思之中：此在于此赢获了对其自身、对其属己的诸般可能性之理解。换言之："何所向"可以经由对作为本己之存在的人性之物的追问而被给出。对于这样一种问询而言，最切近的文本便是哲学、宗教与文学的文本，然而根本说来，一切文本（就像一般而言的历史那样）都可以被置于其下。这种问询永远为某种人类存在的暂时性理解、为某种特定的生存理解（Existenzverständnis）所引导。这种理解可以是非常素朴的，但总的来说，使得某种问询成为可能的诸范畴却是从此中才生长出来的——譬如说，对"解脱"，对个体生命或历史的"意义"，对行动的伦理规范，对人类共同体的秩序等事物之追问。离开这样的前理解与为其所引导的诸问题，文本便是静默的。要做的并不是消除掉前理解，而是将其提升入意识之内，在文本的理解中对其进行批判性的检验，将其带入风险之中。简言之：在对文本的问询中使其自身经由文本而被问询，并对它的诉求进行聆听。

凭借这样一种洞见，对这个怀疑性问题的答复也就得以觅见了：对历史现象之认识的客观性、解释的客观性，是否能被达到。倘若客观认识的概念是从自然科学那里拿来的（顺便一提，在如今的自然科学中，此概念在传统意义上可能同样是问题重重的），那么它便并不适用于对历史现象的理解，因为它们与自然现象属于不同的类属。作为历史现象，它们根本不会脱离于对它们加以把握的主体而存在。这是因为，只有当历史现象对于某个自身存在于历史内并参与其中的主体变得有意义时，只有当它们进行言说时——它们只为那把握它们的主体做这件事，历史现象才会成为过去的事实。这一主体自然不是按照主观偏好而把某种意义附加到它们之上，而是说，它们对于那在历史生命中与之有所联系的人而言，赢得了某种含义。因此，在一定的意义上，这人自己的未来从属于历史现象，历史现象于此中方才展现出自己之所是。

声称每个历史现象都是多义的，这可能会产生误解。因为，倘若它可以无保护地暴露于随意解释的肆无忌惮之下，那么对于科学理解而言，它基本上便是单义的了。然而，每一种历史现象都是多义的、复杂的，它为不同的设问所支配，无论是精神史的、心理学的、社会学的还是别的什么，只要它仅仅是从解释者与现象间的历史性联结中生长出来的。倘若解释在方法论意义上得以贯彻，那么每种这样的设问便都会导向单义的、客观的理解。当然，真正的理解是于探讨与观点的论争中形成的，这一点算不得什么非议。因为每个解释者都受限于其自身的主体性能力这一简单的事实，并不具备根本的重要性。

以方法论手段所赢得的认识乃是某种"客观的"认识，这仅仅意味着：在对象进入某种特定之设问时与其相应。将设问本身称作"主观的"是没有意义的。当人们注意到，它当然总是必须为某个主体所选择时，便可以如是称呼它。然而"选择"（wählen）在此意味着什么呢？[30]设问自身绝非从个体偏好中生长而出，而是自历史本身生长而出的，每种现象在其中都——与其复杂本性相应地——展现出不同的视角，亦即朝着不同的方向赢得了含义，或者不如说是要求含义。于历史之中，每位解释者，与在历史生命之多样性中产生着效用的诸动机相应，都赢得了某种设问。于他而言，现象正是在此一设问中对他进行言说的。

可以设想的最荒谬的要求便是这一种：解释者必须令其主观性

---

[30] 只要所关涉的不是某部博士论文之主题的窘迫选择或偶然选择。

沉默，消灭掉自己的个体性，从而达到某种客观的认识。唯有当人们以此想要表达的乃是以下内容时，这一要求才是合情合理的：有鉴于解释的结果，解释者必须令其个人愿望沉默而其愿望在于，文本应当对某种特定的（独断论的）观点加以确证，或是为实践提供行之有效的指南——毫无疑问，在解经学的历史中情况往往便是如此，而现在依然如此。当然！正如对所有科学研究一样，就结果而言，对无前提性（*Voraussetzungslosigkeit*）的要求在解释那里也是不言自明和绝对必要的。然而在其他情况下，那种要求却会完全错认真正之理解的本质，因为这种无前提性恰恰预设了进行着理解之主体的极强生命力，预设了其个体性的尽可能丰富之展开。正如只有那令自己被攫住的人才能完成对某部文学艺术作品的解释那样，只有为政治与社会生活的问题所驱动的人才能解释一段政治的或社会学的文本。同样的东西最终也适用于那种施莱尔马赫与狄尔泰的诠释学理论所指向的理解，它可以在最终与最高意义上被描述为对历史现象的理解，适用于对文本在作为本己存在的人性存在之诸可能性方面进行问询的解释。"最主观"的解释在此是"最客观的"，也就是说，唯有为本己生存之追问所驱动者能够听闻文本的要求。历史的遗迹"只有于此时才由其所产生的现实之深度中向我们言说：我们自己由本己的体验预备（Erfahrungsbereitschaft）而对问题、对最终无法克服的困苦与威胁有所知晓，它们构成了我们之在世存在的根据与离基深渊（Abgrund）"。㉛

㉛ 考夫曼，《当代历史哲学》，第41页。

VII

与任何其他种类的文献相比,对圣经文本的解释都不为任何别的理解之条件所支配。首先,语法学解释、形式分析、由当代史之诸条件而作的说明之古老诠释学规则,均毫无疑问地适用于它。随后这一点便很清楚了:理解的前提在此同样是文本与解释者间的联结,它经由解释者的生命关系、经由他与为文本所传达的事情间的先行关联而被引发。理解的前提在此同样是对事情的某种前理解。

此一论断在当今遭受了这样一种非议(*Wiederspruch*):神圣经文,尤其是新约所谈及的那件事情,乃是上帝的行动(Handeln),而对此根本不可能存在任何前理解,因为自然的人并不具备某种与上帝的先行关联,他唯有经过上帝的启示——也就是说,恰恰是经过他的行动,才能对上帝有所了知。

这种非议仅仅是看上去正确罢了。这是因为,相较于其余作为事件(Ereignis)的事件而言,人类能够对某种在事件中成为现实的上帝之行动所拥有的前理解当然同样少。在我从流传下来的说法那里听闻苏格拉底之死以前,我不可能知道关于他的任何事情;对于凯撒的暗杀或路德的《九十五条论纲》(*Thesen anschlag*)而言,情形亦是如此。然而,为了将这些事件作为历史事件,而非纯粹任意的轶闻来进行理解,我却必须拥有某种对于历史可能性的前理解,这些事件内在于诸可能性而赢得其重要性,同时也就赢得了它们作为历史事件的品性(Charakter)。我必须知道,什么是哲学性追问中的生命,什么使轶闻成为了政治事件,什么是作为可能性的天主教与新教之自我理解，人类存在于这些可能性中乃是某种为自身而决定自身的存在。（几乎不必注意到，这种知识当然不需要是明确的。）

对关于作为上帝之行动的事件之报道的理解同样以某种前理解为前提，也就是对那一般而言能够称作上帝之行动的东西——与人类行动或自然事件有别——的前理解。而倘若有人反驳道，人类同样无法先于上帝的启示而知道谁是上帝，由此也就不知道什么东西可以称作上帝的行动，那么我们便要回答，在对上帝的追问中，人类对谁是上帝知道得一清二楚。假使他的生存未曾（或有意或无意地）在奥古斯丁"你造我们是为了归向你，我们的心如不安息在你怀中，便不会安宁"[†]的意义上为上帝之问所驱动，那么即便是在上帝的启示中，他也无法将上帝认作上帝。在人类此在中，某种围绕上帝的存在性知识作为对"福祉"（Glück）、对"拯救"（Heil）、对世界与历史之意义、对每个本己存在之本真性的追问而充满生机。将这种追问称作上帝之问的权利，从对上帝之启示的信仰中才能被赢得——现象本身乃是与启示间的事情关联（Sachbezug）。

围绕上帝的存在性知识，在它进入意识的地方，存在于任何某种被阐释性（Ausgelegtheit）中。比方说，倘若它作为这一追问而进入意识中："我当怎样行才可以得救？"（《使徒行传》16：30），那么某种对于"永福"（Seligkeit）的想象（或者，倘若我们按照希腊语文本来的话，便是"拯救"）便已然在其中被预设了。此一指向新约的追问必须在对新约之言语的聆听中时刻准备着对随之而来的想象

[†] 原文为："Te nos fecisti ad Te, et cor nostrum inquietum est, donec requiscat in Te"，引自《忏悔录》1.1.1。——译者

进行修正，但却唯有当此时才能获得这种修正：于"永福"（或"拯救"）的概念中得以领会的追问之基本意图，与新约中所给出的答案之意图相合。

现在，至少是对于科学的解经学而言，具有决定性的乃是追问的与事实相符之被阐释性，而这同时意味着：人类生存（*Existenz*）的与事实相合之被阐释性。人类沉思的事务，或者更具体地说，人类存在的哲学性、生存性分析的任务便在于获取这种东西。不言自明的是，这样一种工作并非对新约的言说进行素朴聆听的前提：此种言说直接指向存在性的自我理解，而不指向某种生存性的知识。然而，当事情关乎对文本的科学解释时，情形便不同了。它在对于文本中形诸言语的人类生存之理解的追问中，觅见了它的"何所向"。因此，它必须费心于那些人类生存于其中能够得以言及的与事实相符的概念。

这些概念建基于释经者之于在文本中形诸语词的事情之生命关系中，并包含了某种对事情的前理解。这是一种谵妄：认为没有这种前理解以及从中流出的诸概念，便可以理解新约中的某个语词，倘若它应当被理解为上帝之圣言的话。解释者需要对符合事实的诸概念进行批判性的沉思，就在他并不想将圣经文本读作教条语句的某种提要或是"来源"，以此重构一段过去的历史，或是对一般而言的宗教现象与宗教之本质进行研究，或是对宗教体验的心理过程与理论性的对象化加以认识，而是意在将文本自身作为某种在当下、在当下的生存中进行言说的力量而带向言说时。倘若解释的"何所向"被称作对上帝、对上帝之启示的追问，那么这便意味着，它即是对人类生存之真理的追问。而随后，解释便必须致力于对生存的生存性理解之概念性了。

VIII

卡尔·巴特对下述意见加以抵制：一条神学语句只有在此时才能是有效的，当它能够将自身表明为人类生存之基督教理解的某个真正的组成部分时。[32] 在这里，只有就此而言才能如是说：神学语句乃是对文本之命题的解释。即是就此而言：巴特否定我对于文本的某种生存性解释之要求。他是以如下的说法（在与同基督教信仰表白之主要语句有所关涉的语词之关联中）来完成此事的："或许它们（这些语句）无不关涉到人类生存。它们使得其基督教理解成为可能并为之奠基，因而同样也成为了——经过修改后——人类生存的诸规定性。然而，它们并非本来便如此。它们原本上是规定了那与人类有所差别的、与人类照面的上帝——圣父、圣子与圣灵的存在与行动。因此，它们已然无法被还原为关乎人类内在生命的语句"。

最后一句话透露出对此的全然误解：什么是生存性解释，什么又是于生存性解释中被意指的生存之意义。这完全不是"人类的内在生命"——这种生命可以脱离于与之相异、与之照面的东西（无论它是周遭世界、旁人还是上帝），脱离于某种宗教心理学的观察而为人所照见，但无论如何都不能脱离于生存性的观察。因为这种观察想要照见并理解的乃是人类真实的（历史性）生存，他仅仅存

---

[32] 卡尔·巴特（Karl Barth）：《教会教义学》（*Die kirchliche Dogmatik*），Ⅲ, 2 (1948)，第 534 页。

在于同其"相异"之物的生命关联中,仅仅存在于照面中!生存性分析致力于这件事能于其中发生的符合事实之概念性。显然,巴特将自己对其的想象指向了某种由费尔巴哈那里引来的人类学概念,并已然将其转嫁于威尔海姆·赫尔曼(Wilhelm Herrmann)名下,而却未曾看到,赫尔曼的努力恰恰在于(即便是以不充分的概念性)将人类存在理解为历史性的存在。

要对巴特提出这样的要求,即为他的概念性(Begrifflichkeit)给出辩解。比方说,他向我承认,耶稣的复活并非历史事实,它无法为历史科学的手段所证明。然而——他意在表明,他由此并未得出结论说,这件事未曾发生过:"这样一段历史不也能真实地发生过,而对这样一段历史不也能存在某种合法的承认吗?人们已然出于良好鉴别力的缘由,放弃将那些'历史学家们'在现代意义上粗略地称作'传说'或'传奇'的东西称作'历史事实',因为它们实际上摆脱了历史学家的手段与方法,连同他们那些缄默无声的前提"。㉝

我问道:巴特在此是怎样理解"发生"与"历史"的呢?可以断言它们"相较于'历史学家们'能够确定的一切,还要远远更加真切地确实于时间中发生过"㉞的事件,乃是怎样的事件呢?以下这点是全然清晰的:巴特凭借某种相伴随的概念性,对文本中的话语进行解释。这种概念性的本原与意义又是什么呢?

进一步说!这对于某种"信仰赠予"的方法而言是什么呢,当信仰应当与对该当存在于时间与历史中的事件之断言相对而被推行,然而却无法凭借历史科学的手段与方法而得以确定时?这些事

㉝ 卡尔·巴特:《教会教义学》,第535页。
㉞ 卡尔·巴特:《教会教义学》,第535页以下。

件如何进入于信仰者的视野中？这种信仰如何凭借某种理智的牺牲（Sacrificium Intellectus）而与盲目的接受相区分呢？巴特在何种意义上呼唤某种真实性的戒律（Gebote），它高于另一种真实性的戒律并与之隶属于不同种类，且后者要求，不能将任何与诸真理相矛盾的东西看作真实的，这些真理乃是我那引领我的全部行动的世界理解之事实条件？㉟ 神话的世界图景究竟包含了哪些元素，我们虽然无需像固定在一个整体性的图景上那样将自己捆绑于其上，但却可以于折衷主义的程序中掌握其中的某些东西？㊱ 追问神话世界图景的某种有效意义，这刚好便是我对神话的生存性解释之意图；我于此中尝试取道方法论而进行处理，而在巴特那里却只能感受到各种武断的看法。他的选择之原理究竟是什么呢？

显然，在卡尔·巴特的意义上，瓦尔特·克拉斯㊲的这一论断对我提出了驳议："谁仅仅使文本作为宣告的尺度与准绳而存在（我在哪里否认此事呢？），谁事先知道并重复先知与使徒们的话语，就像他负责任地听闻了这话语一样，谁便是在从事文本之阐释。"这些言语仅仅表现出，说话者对于文本阐释的问题尚且全无了解。释经者应当对文本进行"阐释"，当他负责任地"听闻"了它的言语之后？若无理解，谈何听闻？而解释的问题也正是理解的问题！

㉟ 卡尔·巴特：《教会教义学》，第536页。
㊱ 卡尔·巴特：《教会教义学》，第536页以下。
㊲ 瓦尔特·克拉斯（Walter Klaas），《鲁道夫·布尔特曼神学中的现代人》（*Der moderne Mensch in der Theologie Rud. Bultmanns*），1947，第29页。这篇文本乃是对讨论的一份实事求是、令人欢喜的贡献。美中不足的只是，作者显然没有理解作为一种诠释学原则的"解神话化"（Entmythologisierung）之意义，并且不懂得于生存的与存在的理解之间作出区分。

Ⅳ 哲学诠释学

马丁·海德格尔

16. 存在与时间[*]

（存目）[†]

---

[*] 马丁·海德格尔(Martin Heidegger)：《存在与时间》(Sein und Zeit)节选，图宾根版，1906 年，142 页—160 页。

[†] 本章伽达默尔节选了海德格尔《存在与时间》(Sein und Zeit)§31—§33 的内容，因海德格尔对自己作品的版权限制，遗憾作存目处理。读者可参考〔德〕海德格尔：《存在与时间》(中文修订第二版)，陈嘉映、王庆节译，商务印书馆 2018 年版。——译者

汉斯·利普斯

17. 形式逻辑与诠释学逻辑[*]

§1. 标记性的言说
（ΛΟΓΟΣ ΣΗΜΑΝΤΙΚΟΣ）

1

"Ἐστι δὲ λόγος ἅπας μὲν σημαντικός."① 特伦德伦堡(Trendelenburg)如此翻译这句话："每段言说都服务于标记(Bezeichnung)"。"σημαίνειν"一词的真正含义在此并未正确地发挥作用。因为这意味着：为每个人标记某物——在这种意义上：它完全可以意指某种"对他下命令"(Ihm-Befehlen)。一般而言，符号乃是为了将某物给予某人去认识而存在的。比方说，经由一块告示牌，某人可以获得对此的标记：需要准备迎接某处未受保护的铁道交叉口。在此，告示牌

---

* 选自汉斯·利普斯(Hans Lipps)："形式逻辑与诠释学逻辑"(Formale und hermeneutische Logik)，引自《对一种诠释学逻辑的研究》(*Untersuchungen zu einer hermeneutischen Logik*)，法兰克福，1959，§1—4，第7—37页。

① 亚里士多德，17a1。

17. 形式逻辑与诠释学逻辑   323

的"含义"(Bedeutung)存在于它所给出的指令(Weisung)中。按照它来行动这件事意味着：对此做好思想准备，并且小心驾驶。然而，在于地图上"给出"——也就是象征着某个这样的铁道交叉口的符号那里，情况则有所不同。仅仅对这第二种并非指令的情形而言，"服务于对某物的标记"这一说法才适用。在这里，某物被标记为某种存在于任何操作手法中的东西，亦即为说明的目的所共同环绕的东西；也就是说，它作为事情而成为了可认识的。符号指向某物，人们应当实事求是地对其加以转换。

现在，于此范围内，每段言说显然都是标记：在每个被说出的语词中都有某物被意指。然而，当某人对另一个人言说某物时，这一被意指的东西是什么呢？这是否是说，语词意味着什么，某物在其中得到了指向，而它的直接指出兴许同样是可能的？好像某语词是一个"内在思想"的表达，这语词"在说出的话语中被实现"？[②] 然而——当需要确定任何某段话语的看法时，人们所追问的都并非某种"客观的"含义"内容"。毋宁说：当我们谈及话语的含义，亦即谈及语词意指这个或那个的时候，我们所指向的乃是：于某人给予别人去认识的东西，亦即他完全是从别人那里所欲求的东西中去理解这个人。比方说，某人所意指的东西可以是："……圆圈可能在哪里……"或者在命令中给予某人去认识，他不得不做什么。而"你当时这么做会更好"所意指的东西，并非于此中表达出自身的不满。语词给予我们去认识的东西，亦即在特别意义上被言说的东西，根本不能得到事实性的修正，也就是被表明为思想，而仅仅能够作为

---

② 比如，参较胡塞尔，《形式逻辑和先验逻辑》(*Formale und transzendentale Logik*)，1929，第20页以下。

暗示而被听闻，并在此范围内被接受：人们与这些话语相符合，思考它们、遵循它们的告诫、由此而受教，或对此作出回应等等。

唯有当人们在标记(σημαντικός)中使自身意味着"给出此物去认识"时，"并非所有言说都是象征性的，只有那些'为真'或'为假'于其中在场的言说才是(ἀποφαντικὸς δὲ οὔ πᾶς, ἀλλ' ἐν ᾧ τὸ ἀληθεύειν ἤ ψεύδεσθαι ὑπάρχει)"这个进程才是话语的某种真正限定着的规定性——鉴于它普遍地是标记。也就是说，只要它以此方式给出某物去认识时，即是象征：在这里由自身出发而展示自身。因此，当它就此而言是真实的时候：它使得事情被看见。指责(κατηγορεῖν)之作为"公之于众"(an-den-Tag-legen)的含义也存在于同样的已然在标记(σημαίνειν)内显出影响的方向中。然而，倘若人们没有注意到话语为亚里士多德经由标记而推入其中的视域，话语的真实性便进入了理论阐释的倾向中。随后，言说(Rede)的真理便失去了其特性。譬如说，人们将其歪曲为命题的特质，亦即事实性关系的在此中被描述的说明之特质。

2

语词将我带到事情之上，可它却不将之给予我。语词乃是某个思想的领会与彰-示(Aus-zeichnung)，这思想——这意味着理解语词——为另一个人在此范围内所接受：他由他那边而向其接近。作为某一思想而驱动人们的东西，在比如说一段讲话中变得愈发尖锐，而在问题之中已然设好了答案。

人们之于某物的印象能够压缩为一个思想。思想就如突然产生的念头般来到某人那里。作为态度与受动的思想变得生气勃勃。思想永远首先是某人的思想，人们能够分享它们、将它们据为己有。人们如此强烈地倾向于将自己与所思想的东西看作一致的，以至于人们试图在某种特定的、对人们而言陌生的思想面前实施自卫。存在着这样一些突然产生的念头，它们想出了(ausdenken)自身，这与我对某物思索着进行跟踪的情形相对。因为人们思想着研究某物。比方说，我凭借之而处于某物那里的那些思想，可以存在于担忧与畏惧的方向中。③人们在其思想中为自身提出根据。深思熟虑创造出实事求是的考虑所要求的距离。

---

③ 畏惧往往被当作纯粹的"感觉"。可是，我们的畏惧通常是某种在事实上有根有据的畏惧。人们在某物那里畏惧某物，这不多不少地意味着：意料到与我们着手做的事情相矛盾的诸可能性。人们在此担忧，某事如何或不如何。人们在此审慎地思考着各种可能发生的事情，试图抢先采取行动。某人面临某事而心生畏惧。某种畏惧可以作为无根据的而为人们所放弃。倘若另一个人发现，这种畏惧在我的境况中是可理解的，那么他便理解了它。畏惧被视作在事实上合理且适当的态度。在某种情况下完全可以存在某种如此如此的畏惧。另一方面，这种畏惧永远是某人的畏惧，正如某条猜测就此而言永远是某人的猜测那样：他要证明其合理性并对此负责。某人与另一个人关于同一件事情的畏惧可以像观点那样产生分歧。一种空间的广度属于这种事实性的畏惧，人们由此空间出发，于其可能性中将自己阐释为对于遭遇与逃离而言或近或远的决定因素。于现实性的领域中，某物作为危险而在其位置上得到评估与理解。Ταραχή 在此意味着优柔寡断、没头没脑与呆若木鸡。

这种于某人之中面对各种情况、作为思想而来临的畏惧将自己证明为符合事实的，而另一种畏惧却站在它的对立面：人们被作为某种冲动的它所击倒。惊骇与恐慌涌上某人的心头。在这里攫住我的全然是畏惧与恐慌，而非那种我由自身出发，在我的境况中作为某种思想而获得的"我的"畏惧。这里不存在那种人们之于某种确定之危险的自由关系。在可怕之物的印象中，某种不可安放的现实性宣告了自身。于此中被标记的乃是某种向可阐明的事实性之世界的突入。在这里，生存为自己创造并拓展空间的自由遭到了拒斥；这一印象对我进行了分隔。无人能够阻止这种畏惧，能够于其"正确的含义"中展示它——只要它根本什么都不意味：这种畏惧的阴森怪诞便存在于其中。（参较后文，第100页以下）

经由事物的"转去"(Hinwenden)与"转来"(Herwenden),人们试图得出某个结论。得出结论(schließen)意味着:将境况向自己敞开,亦即在流传下来的境况中自身敞开(erschließen)。这意味着某种进展(Weiterkommen)。结论乃是简洁有力的,倘若它们经由紧绷而使某种境况到达顶峰的话。把某种境况缠结为一个决议刚好意味着某种意欲的引入。而只要事物在思想中得以接受或勾勒,暂且仅仅是思想的东西随后便同样可以得到详尽的阐述。结论唯有经过事例才能被直观化地说明,但却不能像在模型(Modell)那里一样由形象而得以阐明。这种认识作为其辩护(Verantwortung)、作为朝向自身的脚步而发生。并不是说,人们在此只不过刚好把事情弄对了,也就是与事物亦即某种确定的企图相符合。毋宁说:每个结论都是某种自身-决-定(Sich-ent-Schließen),朝向-其-可能性-拟定-自身(Sich-auf-seine-Möglichkeiten-hin-entwerfen)。因此,一个结论也可以比方说是勇敢的,并使人们得以刻画。幽默可以于其中展现出来,就像品味与洞察力在判断中展现出来那样。正确性不存在于实事求是的一致性中;它在诸情况与本己的能力那里量度自身。

然而,人们以思考的方式自言自语。[④]正是这给出说明的介绍与展开之第一步于此中得以描述。也就是那使人们受动、作为思想而活跃于某人之中的东西之第一步。辩护(Λόγον διδόναι)意味着告知(redestehen)。辩护的意义圈子和于-某事-商量(Auf-etwas-hin-Angesprochensein)在此中得以描述。人类"知道,他的思想并不是他自己的,假若它并非至少按照可能性也是别人之思想的话"。唯有在此范围内,人类才能"自我满足,因为他知道自己是一

[④] 参较柏拉图,《泰阿泰德篇》,189e6。

个，将自身与自身区分，自身能够是他者"。⑤ 尽管如此——他知道这是限制。"我们唯有通过他者——当然不是这个或那个偶然的他者——才能对我们自身事情的真理有所意识并加以确信"。"言说是关于某物的（Λόγος ἐστὶ περί τινος）"意味着，它关涉到某物。也就是说，只要它被带向语言，只要它与此同时在其重要性中将自身表明并显示为在不同方面有口才的。在其对事物的视野中，人们互相传递自己的想法。唯有在详细的讨论中——在此，一个人对另一个人进行纠正，某种观点中的决定性之物才能表明自身，人们在此要求别人进行回答，也就是与他在其处境中照面。一个人可以为另一个分忧，但也可以消除这种忧愁。思想完全普遍地是某种能为旁人所接受、人们能于其中相遇并相互反驳的东西。

3

对人类的古典规定乃是"会言说的动物"（ζῶον λόγον ἔχον），†这一规定是在此意义上得以投入的：在言说中，某种一个生存之于另一个生存的自由关系被接受了。言说（Logos）并非理性那样的某种能力。在对言说的拥有中被规定的并非人类的本性，而是人类的生存。它的状态于此中被涉及：人类——刚好也是在比方说事物的视野中——对自身负有责任。

言说被托付给人，也就是说人于其中被托付给自身。然而，辩

---

⑤ 费尔巴哈（L. Feuerbach），《黑格尔哲学批判》（*Kritik der Hegel'schen Philosophie*），《全集》第二卷，第 198 页。

† 此希腊词组通常译作"有理性的动物"，但这里据利普斯的上下文语境，将 λόγον 译为"言说"。——译者

护（λόγον διδόναι）随后一开始便同样被指派给了哲学，只要它对于生存有所规定。与能够成为某一学科之引领性视角的理性不同：

因为诸思想驱动了人们，使人们进行思考，作为灵感而来到人们那里，但同样也可以为我所把捉，生存在其按部就班的完成中奠基于其与世界的关系中，并在其中与像它一样的东西照面——这些思想乃是某种异于推理思想的东西，人们试图在判断的形式或推论的形象中追踪这种推理思想的道路。对于概念归属与查明这样的程序，应当严格按规定地实施它们，并将之运用于事物之上。这样一种形式逻辑的目标在此曾经就像是在幕后那样得以安排的：人们如何着手于它，由此将像认识这样的东西作为持存而加以利用与结算，并能够在所有这一切中为自己确证某种占有物？在这些意图的过程中，研究的某个特定领域将自己剪裁而出。为了认识它，需要赢获专业人士与它的内部关系。在此，语词唯有在此范围内才能处于这些研究的开端处：它——被作为命题而采纳——将逻辑学曾致力于澄清的材料告知我们。⑥这种操作的独立性使得逻辑作为数学而出现。在这里，对所予之物的接受意味着：将其置于某种情形的视角之下，这一情形该当在批判性分析所发现的形式中得以介绍。然而，尚且在这种对于特定理论考虑中的本质性之物的检视一边——在压缩为结论、于对话中为旁人所接受的思想中，在某人所

---

⑥ 然而，在这些形式中——此处指向它们而于事后的对象化中进行了抽象，活动的诸思想关系与其说产生，毋宁说是被遮蔽了。人们需要技巧来应用这一逻辑。由事实性元素所进行的逻辑运算之建构才创造出因果性的关系。在此，操作性的含义摆在了说明面前；由它的形式中已然得出了某物。在这种逻辑中——与在数学中没什么两样，存在着某种对其应用之质料的持续回避。而某种减荷则意味着，人们在此能使自己成为某项技术的代理人。

形成的判断中——于此，对于人类的追问无处不在。唯有在向其生存状态的瞄准中，人们才能将问题的主要理由——譬如，什么"是"一个结论——看作有所保障的。唯有从此在的时间性出发才能理解推论的内在可能性。人类的边界在其中展现而出。客观性——如它在判断中被追寻的那样——唯有对于某种纠缠于事物中、试图获得与之的距离，并且于其所代表的立场中证实其脱离自身之能力的生命来说，才意味着某物。当言说被给予其位置时，这并不意味着相对化。当务之急乃是去解散某种判断的形态学，它在判断中使得某物"作为存在的而被设定"。应当以某种步骤的类型学将之代替，生存于这些步骤中自身完成，也就是规定着、判断着、推论着、证明着在其处境的表达中接受自身，与像它一样的东西论个清楚。要做的是对其简洁有力性进行把握，而非将这种阐释的足迹理想化为样板（Schemata）。然而结论、规定等便不再能够要求，作为某种投入领域而存在。在对其内在可能性的理解中，在对其本原的揭露中，观察立即向着海德格尔的生存论分析所勾勒之物的方向滑动。它们不具有自身的系统。而这一点刚好是鉴于，在作为认识之模态的它们之内，人们对整个超越性有所关注。

下面的研究开始于亚里士多德将言说作为某种标记的规定那里，也就是开始于安放在其中的真理概念那里。

§2. 真实性（Wahrheit）与正确性（Richtigkeit）

给予认识（*zu erkennen geben*）首先可以同教诲（Unterweisung）

的特定做法相联系。就像在军事教育中，一支步枪的结构与用法得到详细的讲解那样。另一个人应当在模型那里学到点儿什么。在大多数情况下，语词唯有刚好在此介入。它在描述的过程中接受了某些东西，以便随后重新使得比方说一幅插图得以说话。语言表达这个短语在此意味着某物依照目标而向另一个人被言说的方式。因为人们考虑到其理解天赋，等等。课程在这里进行教导。在各种介入等等之中实现自身的实践在此导向了目标。人们在此开始着手去处理诸事物。接下来，这种说明只能是正确亦即机智的，或是错误亦即不机智的。这个给出-去-认识乃是一种打算——无异于诸多规定或确证。然而，人们在此紧接着令其他人在阐述中学到某物，也就是注意到它。另一个人在此认识到的某物与他同样也由自身出发而能注意到的同一事物没什么两样。我仅仅是协助他赢获于这种把握中被描述的与事情之间内在于世界的关系，与此相应地行事。认识，也就是方向，在此被传授给别人。语词在这里仅仅是帮忙作了说明，代替了示意等。因此，它以此而言便也就位了。一段信口说出的讲话也是对的，无论是否恰当。这在此处是含混不清的。一段愚蠢的讲话乃是一段未被倾听的讲话。但它并不就是一段错误的讲话。当然——一段正确的讲话在特别的程度与意义上符合它被发出的目的。然而，想要接下来以它去衡量其他讲话则是颠倒混淆的。就像一段草率与肤浅的描述也可以是足够的，根据情况甚至可能是唯一正确的。因为每段描述也都是相称地（*verhältnismäßig*）进行的：它对描述的手段与目的进行考量，对这种描述而言，旁人的需要乃是具有决定性的。

一个在语词中给出的说明，首先——只要它指向某个目标——

被就此而检验其正确性(Richtigkeit)。"这是铁!"被理解为暗示,用于对一块供人检验的金属做些观察。在这里,无论是否合理,都将别人的研究转向了这一方向。这种符合目标的行为,是狭义上"正确"的。人们所着手进行的事情,乃是正确的。然而,某个描述是"对的"(stimmt),所意指的却比仅仅符合于目标要多。它与事实上的正确性相关,与描述与被描述者的符合相关。一个结论是"对的",并不是狭义上就此而归于它的"正确"性,它开辟了通往处境之解决的道路。然而语词——人们在此正是于其无所掺杂的现实性中把握它的——在此到处作为语词而就位;事物作为被安放在与他人之照面中的东西而为人们所关注。确证,作为科学的诉求,而变得闻名。语词不是对某物的纯粹再现,这种再现令它在那种作为单纯是刚好"被表达"而未有变化的东西那里保持原状。相反,语词恰恰对情况进行改变,只要它对其进行澄清。人们能够胜任这项使命:对某事发表一下"他的话"。

话语应当将某物带到他人的近处,为其带来知识,为其教会某物、说明某物,给他一个指引。比方说,一则报道的目标乃是对他人进行告知。所报道的东西作为对他人有所涉及的东西,被排除着规定于某种不明确的前理解中。然而,真正所报道的是"什么"呢?它被报道。毋宁说,报道进行居间转达(vermittelt),而非意味着对某物的"传"达("Über" mittlung)。报道将旁人置于某种知识中。他于对(改变了的)关系的转换中接受了报道。人们将一声呼喊引以为戒。而在急切的倾听、有所保留的自我聆听等等之中,不同的要求表达出来,它在一个定向的语词那里被同意给予某人。

就此而言,劝告、请求与追问被亚里士多德从逻辑中排除掉了:

它们不能是"真实的"(wahr)。然而——一个追问已然比方说能够是"给出的"与"正确的",因为它可以是更进一步的问题。再比如,一则劝告也可以是"对的"。人们将在此被要求的东西作为劝告。由更大的洞见出发,被提供给某人以作劝告之物的权威适用性在此受到要求。在此作为正确之物而被认识的东西,无疑首先存在于当前情况的进展中。然而——诸境况在此起决定作用。一则劝告由事物中表明自己正确与否,即便在这里无法寻觅某种"一致"。然而劝告符合于旁人的处境,这人在此言说某些东西,也就是说,他使自己自由地被规定为某物。这与那种命令有所区别:人们经由执行,但却并未在对作为正确者的某物之掌握中"自由地"与之相符。

在"是对的""是正确的"这种表达中不存在一致,所称谓的仅仅是某种协调(Akkordanz)。"火!"这声呼喊是正确的,只要它乃是某种现实之危险的表达。它仅仅是这种正确性的某个确定模态,当比如说某物在规定中事实上是对的时,也就是当于在此被接受的方向中已然与事实相符合时。比方说对一株植物的规定:"对某物种的偏离",这要与什么东西相一致呢?这一规定唯有在此情况下才是"对的":它符合于科学的状况、存在的划分、遗传实验,等等。在诸事物(πράγματα)中安放着"熟悉的事实"之视域。面对诸事物此时的状态,人们在其规定性中为自己说明理由,这一规定性在此被设置为暂时进展入语境中的经验。有远见的东西一并属于某一规定性的正确性。而譬如能够在某次军事教育中"一致"的东西,仅仅只能是——在所谓的方向之回转中——与当前的军事教育有关的步枪的操控。当然——在一条描述那里也存在某种像一致性那样的东西。与此相关的正是:它乃是正确地,亦即精确地被做出的。然而，在此作为事实的精确性而被渴望的"一致"却属于这一计划的特殊目标。

某种与这些步骤———一段讲话也可以是一个这样的步骤——的正确性不同的东西，乃是所说之物的真实性（*Wahrheit*）。然而，人们可能被迫地使"外面正在下雨"这段讲话不仅是正确的，而同样也是"真实的"。与此相对的可能是另一句话："也许不会……"也就是说，倘若一段讲话富有启发性，它便是真实的。就此也可以作为对某个真实语词的提醒而提醒注意某物。也就是说，只要在此中某物被委托给某人去开启。然而，有时候某个思想也可以完全被称作"某种真实性"。一个正确的思想这是这样一种开启一条人们能沿着它行进的道路之物。比如在对事物的理论性处理那里。人们在此接近某个目标。然而，我们把一个思想称为"真的"，是当在接受它和据为己有的过程中，在对这种思想的反照中，在它重现中某物揭示了自身。某物在此如何被说成为了重要的事情：思想如何被交付开启，它的丰满如何被概括、空间如何被勾勒。因为这些语词的真实性并非单纯可以得到事实性确证的东西。它想要被寻找。给出去认识并不就是展示而已。某个语词的真实性唯有在诸处境中才表明自身。然而，在它自身那里，被遮蔽之物得到揭示——与经由境况而仅仅被遮蔽、就此被搜寻与觅见的东西不同。当某物由自身出发而将自己如其所是地展现出来时，人们谈及真实性。"真"金就此与人造金相对立。然而，不存在"真实的"，而只存在"正确的"⑦塔勒，也就是说，这些在交易中被用于支付的东西。

---

⑦ 比方说，仅仅在无视"真实性"对其含义的完成所需要的东西时，人（接下页）

某个类比性概念是真实的，只要某个概念说出了真实性，也就是在其中敞开地表露出，它如何看待某物、它自身如何是真实的。

所说的东西是真实的或非真实的，倘若它被理解为关于某物亦即对于某物所说的。语词给出去认识，在此表明为语词的敞开之潜能；在命题（Aussage）中，某物在与其对象的关联中被作为揭-示性的（ent-deckend）而提供。知识的转达是某种别的东西，它意味着，某种将-他人-置-入-图像-中（Den-andern-ins-Bild-setzen），将知识带给他。说明与这种实践意图相吻合。然而，命题就此而言称为所说的东西，即某物在其中被作证。

然而，在此需要注意命题的概念或命题给出的证言，在流传下来的逻辑中所经历的转折。语词在这里被当作命题，只要它们仅仅刚好被带入与事情的关联中——人们于这一事情想要知晓些什么。

（接上页）们才能将毕达哥拉斯的这句话称作某种"真实性"。它仅仅是适用而已。也就是说，符合事实的关系是适用的，它们在其中得以强调，并被带入某条公式中。它们显示于人们在建构中所期待的结果那里。对于这样一种句子所能要求的，不过是精确性而已，亦即这些被认作具有决定性之关系的详尽性。然而，"适用性"这一表达仅仅与这种决定性而不与其他任何东西相关。对一株特定的植物适用的东西，应在其概念归属的规定性那里得到应用。适用性所意指的不过是这种约束力，就像某条论断也在某处适用，也就是应当作为重要的东西而被顾及那样。然而，法则永远在某地与某时适用。不存在绝对的适用性。于此中，没有任何限制应当被描述，而仅仅是对适用性的填充之必然性，这种适用性是对某物的适用性。比方说，事物的本性就其自在存在而言，在狭义上尚不是决定性的。人们考虑它、符合它，不能对它不予理睬。然而，只有作为表达或被觅见的断言而作为尺度产生的东西，也就是得到了精确划分的东西，才能是决定性的。举例而言，"关于某物的真实性"作为对其他命题的评价之尺度，乃是有约束力的。人们说：它作为真实性而适用，也就是说它被视作真实性——只要人们普遍地以此为方向：它就此而言作为决定性的东西而得到了普遍认同。在这里，事实上的正确性恰好仍能在很大程度上处于此中。适用性不可攀升到真实性的存在方式那里，并从每一种含义那里被排空。真实性并不"自在地"适用；某物作为真实性而适用，这刚好仅仅是说明了那被归之于某物的决定性含义。

就像某个确定的兴趣通常已然使自己成为紧迫的，并作为决定性的而加以贯彻，当任何某种报道、观察等完全被称作某人的命题时。比方说，在遇到有分歧的情况时，法庭上证人的意见会得到审问。与一个人之于旁人在言说中被接受的关系之草率性相对——在这里，每个语词都在与旁人的符合中减轻负担，耽搁在语词那里意味着不理解；是真实或非真实的东西则能够被记录为被披露的。在这里，证人之语词的相称性仅仅刚好被考虑到：命题得到了编辑。作为命题，语词仅仅观察了某种事实性的"内容"，它们可以指向它而被比较，彼此对照，互相量度。对在任何某处具有本质性的东西之审阅得出了任何某种语词的积极内容。需要将关于某物的"赤裸的真实性"查明为在不同命题中经由附属物被阻挡、歪曲或走样地包括于其中的。[8] 没有东西在此将自身揭-示为真实的——毋宁说它是一种被觅见的真实性。它不与某种尚-未-解蔽性（Noch-nicht-Entborgensein）相反，而是与某种不-再-不被隐蔽性（Nicht-mehr-Unverborgensein）相反。作为对某物的介绍，作为对……被保存的认识，真实性首先在判断中获得了它的位置。它仅仅作为如此被确定的东西，作为真实性而有效，它是其客观性在此意味着增强的可用性之尺度，只要这一交到手上的认识持存之适用领域由此而被拓展了。在这些关于……的真实性那里，同样存在着作为"物与理智之符合"（adaequatio rei ac intellectus）的一致。也就是说，倘若一个说明在此比另一个更加适用，使自己更好地被带入与……的一致

---

[8] 人们可能还说：朴素的诸事实——就像在意识的所谓"事实"中同样包含了特权那样：每种讨论都于此处，在简简单单地"被给予之物"那里找到其界限。

性中，诸命题接近或远离这一真实性。它们作为见证而生效，只要它们满足了这个要求：作为某个参与者的命题。关于某物的真实性乃是最终能对某物言说的东西：它作为这种东西被视作可支配的、变成可通达的。

所说之物就此而是真实的：它给出去认识。这里存在着：真实性并不附着于命题之上，就像比如一个说明刚好就其自身而言是正确或错误的，或者就像比如说毕达哥拉斯定理自身是一项认识，能够作为等式而被写下并于这种说明中被证明一样。然而，传统逻辑的命题正是朝向那里而被理解的：就仿佛在其格言中存在着某种认识持存，就仿佛事物在其中被利用并变得可以被结算那样。就好像人们在突出的仿效中——就此而言：物与理智之符合——追寻事物之关联的足迹那样。

当然——命题在形式逻辑中仅仅具有某种术语的含义。只要命题内容仅只在一个视角之下分界出来——相比于被观察，被说出的语词在其天下更少被聆听，道路对于阐明而言便也成为了自由的。⑨ 对于逻辑而言，关键在于由语词中抽出去作为真正主题的诸判断；直言判断（*Prädikation*）与断言（*Behauptung*）是对其的进一步描述。在作为术语的这些语词之选择中——尽管其含义存在差异，这种阐明的同义之物透露出来：判断给出某物的说明，直言判断解释某个对象，这一对象凭借其谓词而被"设定"——就此即是断言。这些是不同的轨道，在此人们试图强制作为表达方式而发生的事物之

---

⑨ 关键并不在于去驳倒形式逻辑，而仅仅在于将其在这种意义上进行校正：展现出其受限的正确性。在此中得以描述的仅仅是这种逻辑的某种原初掌握与解释的前提条件。

阐明进入它们之中——仅仅为对操作性样板的寻求所推动——对此无关紧要的是，判断等真正所是的东西在此是否也在现实中实现了。首先，除去这些在被设置给新解的任务之意义上的困难外，就像比如它们能够说明那些围绕存在性判断的努力那样——于这一在此起决定性作用的视角下，语词——如上所述——仅能作为记录性的表达而适用。它脱离了其于人类言说中的本原。正是其草率性在此成为了决定性的视角，倘若语词应当就其内在可能性而被问询的话。

言说的阐明作为进程而发生。与旁人的关系被"接受"。一个语词在对话中给出另一个。而像"但是""尽管"这样的语词——它们应当代表什么呢？但它们当然给出某物去认识。经由这东西在另一方那边的完成，语词完全解除了其自身的负担。

§3. 言说的超越性

1

形式逻辑来到它的"诸事例"那里，倘若它与熟悉之物相联系并使人们由其所知的东西在那里获得谓词："玫瑰是红的"。然而，严肃的理解事实上在此停滞了。在这些范例的陈词滥调中，显露出被建构的样板之事后填充的勉强-被想出之物。因为真正被言说的语词在这里只能拥有表达与美化的说明之情况的含义，这些情况能够偶尔经历到这些样板。它们除此之外不是任何其他意义上的事例：人们也可以为代数学的等式寻找实际的事例，它们可以据此而得到计算。然而，它们在此并不是作为真正意义上的事例，也就是作为对某物的说明而被理解的，作为某物，其命名足以立刻置入于某种自我理解的实现中。也就是说，根据其具体化的明确强制性之物——在此中，正好与范例的功能相反，在那里于具体化中刚好存在着故弄玄虚，并就此而言存在着理论应当在其解决那里经受考验的任务。然而，诠释学逻辑刚好在这种情况中介入，当它形诸语词的时候。对于学院逻辑而言，对于情况的知识仅仅应当为它说明这种东西的偶然脱落，也就是它试图作为"判断"而抽取，并作为缩减到其系统学与划分的本质之物上而缩减到其形式上的东西。真正被说出的语词要于其完成的自我理解中明确掌握自身。它成为事例，倘若它仅仅被当成事例，在这种东西那里使某人关涉到自身：它作为在幕后被理解的东西，当然并且惯常被草率的实践所超过与遮蔽。唯有经由其阻止，在其悬搁（ἐποχή）的结果中才产生经由事例的说明。一个真正的事例不仅仅是将我在那里看到的东西"给予"我而已。它于我之中将其唤醒，我在事例那里就像于一面镜子中那样觅见它。⑩

---

⑩ 譬如说，某人意识到了自己先前在特定意义上未曾意识到的某物。"未曾意识到"在此表达出的乃是归属于此的尚未明确被掌握的东西：此正是在它的引领下于此处理解了自身。真正哲学性的问题唯有在诸事例那里才能得以阐明。在柏拉图那里便已然存在着无路可走的疑难（ἀπορία）。比方说：某物具有很多属性；在每种属性中，它都以某种方式而"存在"，可没有属性是这事物自身。或者是笛卡尔的那个融化的蜡烛之事例；人们已然以某种方式理解了，这堆块块在不久前还是蜡烛，而无法对这一理解加以阐明。"如果有人问我，我是明白的；如果我想给问我的人解释，那么我就不明白了。"（奥古斯丁，《忏悔录》，第十一卷）

疑难性的东西刚好存在于此中：在此对于我自身是如何到处追问的。在（接下页）

17. 形式逻辑与诠释学逻辑 339

对于命题逻辑而言，所说之语词的境况关联性可以仅仅作为一些"含义"的偶因（Okkasionalität）而出现；然而，严格地讲，它在此乃是某种标记的偶因。比方说，"下雨了"意指某种事实情况，此事实情况的"此时此地"（hic et nunc）也可以客观地得到规定。

然而——"下雨了"是一段讲话。它是鉴于外面的雨而作出的。雨作为境况而被察觉，而人们之所以注意到它，是因为它对人们计划的阻碍性引起了注意。此时此地的静默-共同-被-意指（Stillschweigend-mit-gemeint-Sein）被承认——那在此时此地给出

（接上页）这种意义上：我的生存状态显现于这些阐释中。人们在此仅能于某种奠基那里关涉到自身——由此奠基中出发找到答案，在本质上乃是先行不可能的。人们永远纠缠于自身之内，陷入其理由的环绕中。在这里，正确的理解刚好于此中表现出来：人们仅仅保持在这种自我理解内，以期在他的本原中掌握自身。然而，人们放弃了在"诸问题"中开辟出一座波罗斯岛（Poros）的想法。这是因为，诸问题仅仅是人们能够战胜的事实性困难。

这样一种方式，进行哲思的人生存于其中，而没有对象排除哲学。在此，人们只能对别人进行告诫。苏格拉底的助产术面向此事：在某种更好知识的必要理由（ἐπακτικοὶ λόγοι）之结果中，学生得到了帮助；对他而言，这种知识在向外的观看中首先是遮蔽的。它被理解为在幕后起作用的，作为在它自己那里先行的东西，当然且必然首先被忽视了。另一个人在这里被从自身中的成见中释放出来。然而，他在某物那里被关涉到，意味着某种中断＝悬搁（ἐποχή）。而因为生存能够为其他的生存所体谅，哲学自身便根据其可能性而成为了问题，倘若辩证法实践（διαλέγεσθαι）的相称性应当被研究的话。哲思发生于某人之于另一个人间的自由关系中。引入到哲学之中是件困难的事情，因为哲学不是那种自然的、事实性的兴趣所顺应的领域。正如人们在形式逻辑那里同样可以唤醒亦即利用某种兴趣那样，一个学科只需刚好进入到运转中，而对于初学者而言可以采取"师傅领进门，修行在个人"的模式，这是多么普遍的事。然而哲学永远处于开端中。人们可以迷醉于某个学科的运行中，但却不能这样来研究哲学。哲学并不考虑自然的兴趣与冲动。科学永远是一种人们于其中自我松弛的开始，而哲学刚好与自然的实践处于张力中。

柏拉图令哲学在 θαυμάζειν 中开始，它意味着一种惊叹，这是对尚未眼见与耳闻之物的惊奇。人们为那不曾预料到的东西所关涉到。哲学的冲动于此中得以描述，当人们在无疑是先行引导着的东西那里被关涉，发现自己刚好被抛回到自己那里时。

去认识的东西，无法经由客观数据而被记录。也就是说，只是因为情况于此中被接受，它们便也可以在适当的境况中被用于对某种在时空中延展的客观现实之诸位置的简短而偶然的标记。在适当的境况中——也就是当在此被标记的领域乃是任何某种观察的主题时。然而，"下雨了"与此无关，而与人们所计划的事情，与我的准备有关。天气被标记于其中。一个像这样的断言："还很远"（*es ist noch weit*），唯有在朝向某地的道路上才有某种意义。而这个"es"†就此无法被缩减为路程。在"下雨了"等表达中形诸言语的，乃是某种唯有在情况中才能保持的认识。抛开其讲话的正确性不谈——这些语词只有当朝向其现实性中的实在性被理解时，才是真实的。"下雨了"所意指的东西无法被表明为持存。

言说在它与其相关的意义上所谈及的东西，乃是比方说每个给出的情况。然而，与对某物的提请注意相连，言说也可以被带到某物之上，作为主题而被处理。然而，言说的这一永远完全无法被称说的对象——其当下存在乃是其被理解的条件，它并不是言说于其中觅见其明确开端，比如说其直言判断之主词的东西。处于言说之视野中的，也仅仅保持于其视野之中。因为那些就此而变得尖锐的问题得以被接受。它们可以存在于不同的方向中。正是那无法化约为任何某种意向性的言说之超越性于此中显露：事物如何被推入、拖入视野内，也就是如何于言说中被讨论。就像在此与旁人的诉求照面，它于其中被连带着关涉到或是直接被要求，如此等等。

形式逻辑以其事实性内容来审阅每一种所说之物，它无法立即

---

† 此句中"es"是无人称代词，代主语。——译者

17. 形式逻辑与诠释学逻辑

对那些它想要将其声明为存在性判断的东西变得公正。然而——"这把锁的钥匙存在"或"它在那儿",而"存在某些如此这般的情况"或"针对这种等式存在某种解答"也一样——所有这些都存在(gibt es),只要它们——作为现成的或者同样也是"发生着的"——要被一同置于考虑中的话。在这一把或某一把钥匙(这里归结为同一件事!)的现成存在中,人们使得旁人与所予之物——比如说所予的情况——熟识起来。也就是超出了它首先于其中对旁人在场的那些界限之外。在语词"存在这样的情况"中,一个人在另一个人那里——为了应付产生的怀疑——自愿成为这些情况之现实性的证人。或者,他明确给予旁人那种同样不为他所怀疑的某物之现实性,就此去思考,他没有在对乌托邦式目标的远眺中忘记它。因此,他两次将旁人带回到与现实的关系之中。这在此意味着,给他某物去认识。然而,一种这样的旁人之保证根本无法被布置为与某种特定处境解绑了的"判断"。

2

情况永远是每个人的情况。情况并非事实性的状况(Konstellation),它无法在普遍者的形式中被阐明。无疑存在着典型情况。然而,典型情况作为典型明确地与典型的生命关系,如命运等相关。比方说,某个情况是"在大街上"。"在大街上"并不仅仅是方位性地被意指的。作为情况,它刚好于此中规定自身:生命在交通的模态中于大街上反照自身,我的道路与大街相连,我在此对旁人来说自身可见,但同样也能无拘无束地与熟人相遇,如此等等。情况也不能还原为处境(*Lage*)，这种处境可以作为战略的或某个企业的处境而得到事实性的描述，并可以在事物的状况中被评价为好的或坏的。每一个人都能进入这种或那种处境中。每个人的处境按照与很大程度上事实性地被确定的实践相关的诸状况而被量度。比方说，我的处境是公司领导。在"来到这种处境中"、"觅见机会"等说法中，关涉到内在于世界的诸可能性，它们是我的计划之实现的条件之事实性满足。处境是清晰的，也就是说，它们能够被清晰地展现给某人，于其要素中说明或论证给某人。然而，情况不具备这种它能够被朝向之被观察或判断的"状况"。而尽管对此的诸细节可以由状况、偶然性等得到说明，整个情况的整体仍保持为——作为在核心中非事实性的东西——本质上深不可测的。在其中，作为明确的经验，生存的每一步都是作为某种操劳而发生的。人类的边界于此中得以勾勒：他不支配自己的开端，而只能在某种情况中未经寻求地觅见自身、遇见自身。

被给予我的情况为我所接受。我已然于此作为这种情况的主体而对其有所反应：我对此去改变，让别的东西保持原样。更多地、具有决定性的是：情况唯有作为我的或某个人的，才是这个情况。在情况的所予之物中，被标记的并非某个说明的不可动摇之尺度——即便就此刚好是认识将所予之物与某种作为首先被扣留者的未被给予之物加以比照。

毋宁说，在情况的"所予之物"中被标记的约束性与此相关：人们由此发现自己是被设定的。人们在此凭借"接受"而与所予之物相符。然而，他的确证已然在某种方向下，也就是在对某种计划的测度(Anmessung)中发生。对情况的认识同包括于其中的诸可能性有关。在情况的敞开之不确定性中，并未指向某种于我而言部分地被扣留之认识的不完全性。因为情况无法还原到此在的诸状况上。人们不过是考虑到作为个别情况的诸情况而已。而只要我将情况看在眼里，诸状况就要被认识为有益的或有阻碍的。情况唯有在我的决断之光亮中才展现自身。我将自己朝着它敞开，只要我就此而接近了我自身。唯有从那里，它才获得了外形及其含义的尖端。"感知"（wahrzunehmen）情况意味着实际的完成。而这种感知的某种力量存在于此中：已然作为可能性而对胆怯者保持为封闭的东西如何在此于展望中被发现。与滑向其处境之纯粹客体的灰心丧气者相反，人们在对情况的认识中作为主体而起作用。唯有冒险的着手行动才创造出这种优势。人们"站立"在诸情况中。对悬而未决的踌躇之克服已然于这种"站立"中表达了自身。唯有某种站立的活动为鸟瞰与自由的距离作出担保。

人们由情况中制成某物。人们塑造了它，而它先前几乎还是无。它根据其所落入的诸决断之力场，五花八门地改变着自己的形象。正是作为未–完成地（aus-ständig）与经由标–明（Aus-zeichnung）而首先要被形构的东西，情况在人类生存的反照中展现出来。

情况的首先未被提出之物在情况之接受中表达自身。它作为视角而发生。正是所予之情况的被规定之物在问题的尖锐性中显露而出。[11] 这样一个问题的表达乃是澄清的最初一步。事实整体作

---

[11] 然而，在狭义上的问题之前，人们便经由比方说某种科学的状态而被设定了。就像测量之于现代物理、某个问题的可判定性之于数学而成其为问题那样。唯有仅仅是刚好为人们所代表，但却并不——像给出的情况那样——于其事实性中受到约束的立场那里，才会在其确定与安排中出现问题。

为问题而被切分。"问题在于……""问题可想而知……""在此给出的亦即正确的问题是"这些说法指出，问题是如何由情况的急迫性⑫中生出的。然而，接下来的总是这个问题："是否"、"是否不"。"是否也许"或"是否根本"，等等。犹豫的批判性之物、检验着的查看之物、谨慎的急切之物、某个开始的方向与存放，都在其中展现自身。在这里，草率之物与这些为率先行动所引导的注意力的观看与查看相向而立，这注意力作为某种态度而持续对能够由自身而展现自身的东西有所预期，它使得事物自身接近。

接受意味着对情况的某种转变。因为观察意味着：在某一个的考虑中使另一个有所转变地存在。然而，每个概念都指明这些准备性的决定。

情况的开敞在某物之为某物的认识与规定中实现。人们对事物进行了解。因而，了解之作为停留之规定的意义在此起了作用。被认识的不是对象与客体，而是某把椅子的、铁的现成存在。人们在规定性中接近了被-提供给-检验（Zur-Prüfung-Vorgelegtsein），而这种规定性的对象首先于此中被记录。将某物作为在那里的这个（dies da）而看在眼里，不外乎向前挺进的第一步。了解意味着概括与划分。与此同时，情况获得了浮雕般的（reliefhaft）的特征。

情况总是这样一种东西，像我这样的人始终可以来到其中。

---

⑫ 某人将另一个人的问题，亦即这一摸索着开始对某种境况进行说明的尝试，在他那方面加以接受，也就是加以检验与查看等。他已然在此中于另一个人相合了。然而，在回答中，人们返回到另一个人的语词那里，但却不必然返回到某个问题或对出路的渴望那里。最后，在人们对某人"提出"的问题中，存在着另一个问题：有关者是否也知道它。

正如情况不能被解释为人们在其中操劳的命运（Schicksal）那样，它也不能作为处境而被事实化。人们处于情形中并落入其中，这是由偶-然之物（das Zu-fällige）对此表达出来的。偶然与运数（Geschick）一样，普遍地意味着不幸。人们遭受了某种运数；人们可以抢在情况之前而采取行动。某个人的能力在此得到量度：他如何克服诸情况。聪慧、审慎、愚蠢与鲁莽在其中表明出来：危险如何被战胜，情况如何被掌握。人们由不幸中有所收获。人们预料运数，考虑到偶然性——就像在相反方面考虑到某物的派上用场。然而，正是鉴于其时间性，鉴于它由世界之中偶然落-到（zu-fallend）某人头上，运数与命运被区分而开。因为某物是命运性的，意味着它要作为流传下来的东西而被承担。在运数那里——这正是在其含义的锋锐中——人们令他者负有责任。情况产生于偶然事件的效用中。情况的散播于其中显露出来，与如下相反，即人们于其命运中被流传给自身，在命运的概念中刚好表达出某种压缩：人们不得不负责任地来到人们已变得朝向的东西那里。某个人的命运——它就是他，他的历史。然而，运数与偶然事件在其后果中展现出来。它们是某种内在于世界中的东西，与命运相反，它作为每一种命运都无法被理解为某种普遍的东西。某人的运数是一种刚好偶然与他相遇的东西，而某人的命运则刚好只能由他自身而被理解。当然——存在着典型的命运，但在其中表达出来的无非是特殊的人的生命。然而，当然且刚好存在着某种命运共同体（Schicksals*gemeinschaft*）一样的东西，与另一种相反，即人们兴许能够分享运数，也就是在不受约束的意义上经历到同一种运数，但在其中没有某种实存的共同体建构而成。运数可以重复，而就像每个偶然事件都能同样好地与另一个相遇那般,同样存在着对某人而言如此具有标识性的不幸,以至于如人们所言,这唯有对 X 才能发生:永远来得太迟,永远押错牌,等等。在这里的是一种在不足中被作为自然的禀赋而标记的内在于世界的因素,它对这种运数的反复负有责任。然而,命运无法被如此——事实性地——加以论证与说明。因为一种运数可以成为命运,某人的经验可以改变人,其原因都在于相关者的特质、不可出让的自我之中。对于运数而言,需要实施自己的意图,需要凭此而由情况中抽身,即成功地以策略对付各种事物;而命运则是人们无法脱离,毋宁说只能承担的东西。在这里,于这种命运的承负中,对此-做好准备(Damit-Fertigwerden)的活动凸显而出——与听天由命的安于现状相反,后者——我自身并不是——想要对仅仅是刚好扣留于我之中的机会做出新的解释,在自我欺骗中将最本己的可能性作为不容改变的加以接受,那么刚好要去接受尖端首先给予它的东西。人们在其命运中与自身相关涉——而在诸情形中唯有就此而言才发现自己被投入,即比方说它们是危险的。然而,某种改变被给予了诸情况,只要它们一般而言总是在变化的。某个情况总是每个当下的情况。然而,一个特定的偶然事件现在可以与某人相遇,这断言了某种与此不同的东西:每个人都可以来到处境之中。因为在每个来到这种或那种处境内的人中,诸境况的一个特定领域得以标记。人们断言,某物对于这一领域而言是普遍地还是受限地适用。根据前面关于情况与处境之差异所谈到的东西,此一领域乃是某种事实性的领域。与此相对,在"每个人都能为某种特定的偶然事件所关涉,每个人都能落入我的情况内"这条意见中,指出了生活的典型格局。

3

　　情况乃是这样一种东西，某人在其中与旁人照面，他能够于其中作为在他的情况之中而同他攀谈，在他的存在中遇见他。正是这一点在"你是……"中变得明确起来。对于事物而言的差异，在此中形诸语词。⑬

　　因为对于逻辑来说，事物的存在之意义是未被认出地规定性的，这些事物并非同样且在实际上是它们仅仅刚好被规定与确定的那种东西——比方说大约 1.82 米高，这是我的尺寸。毋宁说：一根杆子长 1.82 米。† 所予的诸关系在此被规定，在这里一种关系被安排为对于另一种关系而言独立自存的东西。唯有概览使得事物被遇见，在以下这种程度上：人们在此将它们打包为其决定性的一面。人们将事物作为什么而谈起，这意味着某种阐明，它试图一步步地为自己提供理由。然而，人们在此必须面临这些问题：人们凭借这些问题仅仅是刚好与事物相关。因为我能够让它们所是的东西存在于我这里。

　　"我是"（bin-）与"你是"（bist-）句型的特别之物将此显露出来：言说的"事实性"如何不仅仅是存在于某种与事实内容（Sachverhalte）的"意向性"关联中而是意味着某种特定的关系，且应当被一同安放于言说的超越性中。

---

　　⑬　海德格尔：《存在与时间》，第 54 页。

　　† 原文使用了无人称代词"es"作主语，并加了表示强调的斜体："*es* mißt eine Stange 1.82"。——译者

我言说着称谓或报道我自己。⑭或者说，我将自己置于其中，接近我自己。在"我不"(ich nicht)这样的话语中，人们拒绝某种无理的要求，等等。与此相应，就像在"你"中指向回答而谈及的东西被遇见，在某种共同存在的方向中被要求、设定，或者也被谴责。你所说的东西，并非它在此程度上所适用的。对于"我"与"你"而言的代-词这个头衔导致了刚好是颠倒的理解：在其中某个名词被代表了。⑮然而，"我"与"你"是它们所是的，只存在于其言说的联结中。"我"首先在这个语词中产生并实现。这个语词的实存之效绩，比方说"你"-言说的有约束力之物是不可被忽视的。这个在"我"中说出自身的指回-自身(Auf-sich-Zurückweisen)亦即某个说明的自身传递(Sich-Zuspielen)等被某段对话的伙伴或闲聊的参与者直接跟进着理解，因此与为另一个未参与谈话的第三者所理解不同。他仅仅辨认出讲话者。然而，未参与的第三者之立场也正是逻辑的立场，它就其客观的命题内容而对语词加以审视。

当然，"我有"(ich bin) 1.82 米高乃是为旁人的了解而设的陈述。人们在此与事实内容相关联。就此而观察，第一人称也是非本质性的、仅仅是偶然的。然而，陈述作为陈述而免除了的东西，刚好在言说中被接受。因为我在此说某些关于我的东西，是在将其作为我发现我是的东西而加以谈论的。

"我有 1.82 米高"是一则答复，它所针对的是关于我的事实性知识之问询。然而，我在此并非自身被问询者，就像我为旁人所处

---

⑭ 施蒂恩(G. Stern)：《论拥有》(Über das Haben)，1928，第 160 页以下。

⑮ 艾伯纳(F. Ebner)：《语词与诸精神实在》(Das Wort und die geistigen Realitäten)，1921，第 18 页。

理，而在我行为的责任中与他的呼吁相符合那样。人们在此为某些东西辩护，它对于旁人而言兴许依然是熟识的，或已然在事实上证明的。毫无保留，开诚布公，无所逃避——经由以下这种尝试：将其推到别的东西那里……。这种将-自身-置入-言说(Sich-zur-Rede-Stellen)的真实性⑯乃是某种异于事实的正确性之物，且与在陈述中对事实的符合不同。执拗的否认是某种异于说谎的东西。因为一条谎言如此确定地尚未在所说之物的不-正确中被给出，只要人们可能弄错的话——它是事实性的。它缺少抵抗之物。因为言说作为朝向自身的步伐而发生：在其伪装的破裂中，人们将自身认作那人们所是的。而只要某种东西在此形诸表达，它便首先成为某种招认。招认意味着某种危机，只要人们被置于谈话中而被带回到自身那里。然而，人们在此并不谈论关于自身的东西。存在于此中的距离、未被参与的事实性，刚好是实际的招认之反面。在招认的情形中，这种可能性立即脱落了：就像要找到某种"判断"那样。

§4 言说的相称性

言说的相称性首先于其目标与实践中展现出来。借助这些实践，这一目标作为信息、指令等而被达到。一个人想从另一个人那儿获取的东西，在此与另一个人相符合，只要他接受这些语词，并于其实践中按照它们行动。另一个人——指挥着他——被转达了

---

⑯ 信仰表白的明确之物并非诚实。因为诚实是人们对于其他人的，人们诚实地"意指"它。比方说，某段作为说明的供词可以是诚实的，只要没有人们对自己或对某物所知的东西被隐瞒。

比如说某种知识。而第二个人与第一个人相符合，只要他跟随他，比方说将他的语词视作教诲，也就是语词相应地去行动。给出语词去认识的东西得到执行。然而，这种相称性尚非言说的特殊相称性。这样一种教导是相称地发生的，只要在此比方说仅仅考虑到了旁人的理解之可能性，人们就此向他迎面而来，等等。语词在这里是对某物进行说明的中介。然而在这里，一个人使另一个人言说某物，他的反驳在此范围内保持为不被允许的：这已经同样规定了前者的措辞；他可以回到另一个人的语词上，在反诘中批判性地接受它。然而，人们所说的东西并不需要回应。比方说在对话中，某人与另一个人才相符——在这个词的真正意义上，只要这种对话的过程意欲这一点：某人的语词要为另一个人所接受、延伸与答复，就像某个请求或追问经由答复而被符合，在此中仅仅是另一个人的意图与要求被接受那样。

1

因为对话中某人经由另一个人而被提及这件事所跟随的，首先仅仅是他的回答。[17]这尚还不是反驳，只要对话在其中被给予了某种另外的改变。回答的自由限制于此上：在对另一个人语词的接受中在此范围内与他相符——他语词的负担得以减轻。

在此，一个语词给出另一个。尚未到来的回答使得一个语词已然作为不被理解的而被接受。对话被双方相互地承担。一段对

---

[17] 以下参较卡尔·洛维特(K. Löwith)：《旁人角色中的个体》(*Das Individuum in der Rolle des Mitmenschen*)，1928，第106页以下。

话被接续起来。所谈及的事情可以是无关紧要的。因为在对话中，相比于针对某事取得一致而言，人们更想获得普遍的相互理解，也就是在尝试确定人们与旁人相遇的路线，某段闲聊部分地被争论，诸角色在那里互相传递，它的非约束性之物创造了社会共在(Zusammensein)的中立土壤。人们可以在对话中互相认识。当人们有机会与某人讲话(sprechen)时，便首先认识了他。与此相反，想要与某人谈话(reden)则往往具有一种目的，以为其背景。也就是说，经由人们对他的理性等东西的呼唤，探究旁人的观点、他对于某事的立场，也就是通过使理由适用来以讨论或说服的方式影响他。或者，人们讨论比方说一个开始、一个计划，只要人们在此对角色进行分配，安排着对于某事变得一清二楚，在协定中达成一致。然而，言说总要被事实性地接受，这种中立性刚好给出了一致，其目的在比方说对-某事-避而不谈(über-etwas-Hinwegreden)中被给出。而当人们对某人讲话时，他们获得了某种对彼此的印象。[18] 人们经验到一个人的力量与魔力，但同时也经验到他的劣势。对所说之物所作的第一次无意识的立场采取(Stellungnahme)由此而被规定。比如说，当人们不再处于旁人的魔力中时，才会忽然想起在事实上与他的断言背道而驰的东西。人们目前为止视作有保障的思想可能变得问题重重，当它们为某个人们所拒斥的人表达出来时。人们以别的方式被包括入一段对话中，这与他们同某人谈话时不

---

[18] "有口才的"(Beredt)一词描述这样一种能力：能在语词中使得某物变清晰。人们过分详细地对事物喋喋不休。然而，人们将某物翻译入另一个人的语言中(Sprache)，当人们以他观看并把握事物的方式而对其进行改写时。每个语词都属于某种特定的语言，只要其构想的特征透露出某种特定的精神。

同。在对话中，人们将自己带入与第二个人的关系中，亦即将他朝向自身而带入某种理解内。人们彼此互相认识。人们在对话中相互敞开。人们在此中将自己展现为开放的、封闭的、执拗的，等等。旁人如何接受我的发言，他在何种层面上回应我，他与此同时采取了何种强调等，正是这些东西标识出人的特质，尚在他于此中向我展示自己之前：他在狭义上是什么。因为人类实存由自身出发而敞开或封闭自己——与事物相反，它们的阐明只是将我带回我自身那里去。我仅仅能够理解它们，也就是从它们那里赢获一些侧面。然而，另一个人则被"设定"于我的发言中。将他带向语言这件事首先意味着，在此范围内将他带向其自身：他对于所说之物的探讨意味着某种视角的选取。然而，回应也可以采取某种方向，经由这方向而被某人自身完全引开。某种安置于对话本身中的趋向于此中得以贯彻。

只要回应是旁人于其后被谈及的那个东西，便可以保障对话仅仅由此而具有某种特定的方向：人们已然先行符合于旁人的回应。比方说，"尽管……"在此中，人们抢先于旁人的某个抗议或对话的某个变化本身而采取了行动。这样的语词不具有某种事实性内容，使得命题逻辑可以将每个语词都缩减到其上。对话的相称之物存在于此中：每个语词的原则如何存在于旁人的语词那里。然而，只要某段对话的每个语词都具有多义性，普遍地朝向回应而被讲出，就像与事情相关一样，只要对话于这里一再落入自身之中，那么在这里，相较于某种思想与意见的交换而言，更多关涉到某个视角的具体化，它事实上并不属于这两者的任何一个。因为没有人在此到来，并将旁人于其独立性中带向语言："……我对中间人（Zwischenmenschen）有一种迷信。我也不是他，你也不是，但在我们之间出现了某个对我而言叫作你，对另一个人而言叫作我的东西。如此，每个人与每个人之间都有另一个中间人，它拥有某种互相的双重名字，而这百分之百的中间人中——我们中的每个人都以百分之五十的份额参与其中，没有一个与另一个相同。然而他思想、感受并讲话，这便是中间人，思想属于他……"[19] 在对前者之话语的接受中，对话得到进一步的编织，而听者与说者的责任性正好与对话的进程相关，与负担的减轻相关——在此每个人都对另一个负有这种责任。[20]

2

在对话中，这个与那个被略微提及，而人们却无需于在此所谈及的所有东西处找到多于某种联结的东西。在回应中，这里并未明确回到旁人的话语上。就像当某人对某物所说的东西为另一个人在此范围内所接受那样：他更正它、反对它，等等。在此，旁人的话语在抗议中被接受，接近了他对约束性的要求。然而，反驳仅仅动摇了某个立场，它对于贯彻的要求乃是某种异于约束性的东西。

在人们对某物所说的每个语词中，人们都进入与在另一边对此所说之物的关联内。在科学的每个定理中，其状态亦即这门科学的诸匿名定理都被先行符合。也就是说，符合于由那里出发而可以

---

[19] 威勒斯（A. v. Villers），《书信》（*Briefe*），莱比锡，1920 Ⅰ，第 231 页。可参阅 a. Ⅱ. 第 415 页。

[20] 卡尔·洛维特，《旁人角色中的个体》。

被说出的东西，由科学如今所代表的这一立场出发而要被说出的东西。人们可以与科学进入矛盾中，使得这一点显露出来：在每个语词中，别的东西如何未被呼唤地为人所接受。研究-检验性的观察收集那些为其辩护或向其抗议的东西：它应当使得这些要针对事实而说的东西变得显而易见。诸状态、诸事实论证，亦即支持某种理解。因为人们鉴于某物而为自己制作它们，鉴于在此意义上与此相反对的东西而变得犹豫不决：好像我的理解不得不一同延伸到那上面去。然而——我首先于我的视角中保持为拘束的。产生了这样的问题：我于其中在此令事情向我敞开的那个侧面，是否也就是其决定性的侧面。客观性要求对事情公平。客观性——其中不存在任何关于事情之自在的事先意见，更不消说关于在其自在中认识事情之可能性的了。正好相反：人们只是在某种正确性的意义上处理好客观性就行了，这种正确性于某种对作为与旁人分享的世界之现实的阐释中觅见其尺度。正是这种对客观性的前理解成为了引导性的，当人们为了符合事实地认识某件事情而试图比方说与另一个人谈起它时。[21] 因为另一个人首先可以为其正确地进行担保，而这在此意味着：没有片面、偏颇、走样地认识它。唯有对某件事情的共同讨论创造出使某物显露的谨慎：它由不同的侧面对其进行辩护或反对。"……人类唯有由此而理解自身：他将其话语的可理解性在旁人那里尝试性地进行检验……清晰而直接地仅仅感受着他可变的局限性，人类便必须将真理视作某种外在于他的东西；而接

---

[21] 与真正的"你"间的关系将成为了语词的思想变成"客观的"真理。（艾伯纳，《语词与诸精神实在》，第48页）

近它、测量与其之距离的最有力之手段之一，便是与旁人的社交通讯。一切讲话，由最简单的开始，都是个别地被感受之物与人类之普遍本质的联结"。[22] 只是，不受打扰地，我的认识始终处于纠缠于自身之中的危险内。然而，辩证法实践（διαλέγεσθαι）的开放性站在这种在某处仅仅刚开始的、封闭的思想之单义的前后一致性的对立面。唯有在一个人之于另一个的自由关联中，也就是在与旁人的照面中，我才找到那些我的视角之决定性的正确性可于彼处得到检验的反对。他的抗议的未被预见之物将我指向我的理解之局限。只要某人在此反驳性地打断了旁人的说话，且使得其观察的方向成为了问题，那么一个观点的被证成之物便在检验中产生了。事情经由它于其中被谈及的诸视角而被更正。所说之物的客观性增强了。它于其中为自己作证：一个人的认识与另一个人的相符。

然而在此，另一个人仅仅在其于事情的自由中被要求，而非指向这一点：这作为他的观点，也只能由他自己出发而得到证成。因此，我也可以与我自己讲话。我可以摆脱某种已然发生的指责，并于新的问询中致力于处理事情，检验着回到已经发生的要求那里，因为生存拥有于其自身的自由，它自身能够是旁人。然而——每种视角都于态度中被联结。而因为我必须考虑到我自然的偏见，旁人在此便作为担保人与法官而被要求。这种辩证法实践是批判性的，只要它将旁人作为可能的事实性抗议之承载者而预见，并且对他加以考虑。

---

[22] 洪堡：《论人类语言结构的差异》（*Über die Verschiedenheit des menschlichen Sprachbaues*），柏林，1836，第 53、54 页。

3

站在这种彼此对话、这种对某一事情之共同商讨之对面的,乃是议论(*Diskussion*)。存在于这里的是某个立场(*Position*)的扩充,言说的相称性于此中变得尖锐。

议论经由断言而引入自身,某人凭借这种断言而挑衅性地进入公共视野。人们于此中代表某个论题、某一立场的权利。人们将自己变为其所担保之事的正确性之代理人。某个特定的理解在此被制为人们所代表并意欲为其辩护的事情。断言(*Behauptung*)并不简单意味着某个事实内容的设置,理论朝向之而对命题进行解释。毋宁说,在作为某个与命题同义之术语的断言之选择中,视角无意识地形诸表达,所说的话在此视角下于逻辑中被观察:断言乃是某种开始,它需要对手来完成。它不得不首先展现给自身,人们凭借它而断言着登场的东西,是否在事实上也能够被"断言",也就是被坚守到底。正如存某种对回应的要求,在断言那里存在着这种要求,严肃地说,也就是作为对手而被认识。在每条断言中,诸要求都关涉到某件事情而被提出,其他的要求站在其对立面。对手在此由事情中产生,只要他在他那边要对此断言些什么的话。每条断言都试图作为决定性的理解来起作用。对于我的某种特定立场之概念而言,已然有其他与之反对的立场属于这一概念。被议论的事情联结并且分离。议论可以意味着争吵,但也可以意味着斗争。它于第一种情况下是事实性的,也就是可以通过某位第三者而被判定到在理的一方那里去。而在斗争的情况下,不存在这样的共同基础:

事情在此只是决出更深层的、也就是实存性对立之胜负的诱因。议论是争斗的言说：战斗性的诸理由、论证出现，等等。这种言说的相称性在此不与某种互相接近与认识相关，而是与此相关：某人在此与另一个人较量。也就是说，他的理解可以抵达多远的地方，它于什么之中被限制。与旁人争论在此意味着互相分隔开。人们在此以争吵、斗争的方式由彼此那里脱落。人们检验自身，亦即经由对手而检验其立场的承载能力。议论可以完全被安放到自我说明之上。

议论的争斗性之物安放于此中：对手的挑战如何经由对他的断言而具有某种吸引人的、完全是尝试性的东西。这取决于，为旁人确定斗争的速度、形式与层面，将之强加于他。一个人始终陷于更强者的魅力中，就此而言将自己转换到他的于他陌生的层面上。正是这种言说的相称性于此中展现自身：在这里，在议论的进展中，考虑到其对手，战线如何移动，立场如何重新组合，论题如何被转换，一个人如何撤回到妥协背后，凭借回避而抢在对其的进攻之先，以便随后从另一个侧面刚好去接近对手。首先关涉到的事情如此强烈地在议论的过程中产生了滑动，以至于说它是主题，还不如说它仅仅刚好标记了诸言说能够于其中交叉的那个点。我的断言之要求被对手于其反驳中刚好接受。他在他那边经由我的断言而被设置到言说那里。二者中的每一个都在此对言说负责地将自身转交给另一个……一段对话的伙伴在自由选择中作为"你"而被谈及，而议论的自由选择却与对手由其中不可避免地产生的事情相关。比起在这里结识对手，人们更想刚好向自己——也就是于其事情的强度中担保其自身。

汉斯-格奥尔格·伽达默尔

18. 20世纪的哲学基础[*]

[[†]如果我们今天提出一个类似于以前19世纪末(张伯伦[††])对他那个世纪提出的问题的话,那么很显然,我们有理由回顾某种东西。20世纪——从历史的眼光来看——确实并非是一个按时间计算来规定的伟大世纪。正如19世纪事实上是从歌德和黑格尔的逝世一直延续到第一次世界大战的爆发一样,20世纪同样也在当时开始的,更确切地说,是作为世界大战的时代和世界战争的时代而开始的。如果我们今天提出一个回顾我们世纪这一时代的问题,那么这就意味着,某种像时代意识这类东西将我们与世界战争时代分隔开来。看起来,年轻一代人的生活感情好像不再被那种恐惧所严重支配,这种恐惧等待着那种作为当今的历史复杂性的不可避免之结果的可怕灾难。这是现在支配所有人的期望,即人们可以学会去

---

[*] 汉斯-格奥尔格·伽达默尔(Hans-Georg Gadamer):"20世纪的哲学基础"(Die philosopischen Grundlagen 20. Jahrhunderts),选自《短篇著作集》(*Kleine Schriften*),第1卷,图宾根,1967年,第140—148页。

[†] 由于苏尔坎普所出版的此研讨课教程中仅摘录了《20世纪的哲学基础》(Die philosophischen Grundlagen des zwanzigsten Jahrhunderts)的部分段落,为向读者展示本文的全貌,特以方括号的形式补齐全文,并补充该版本提供的作者注释。补充部分译自《伽达默尔著作集》第4卷,补充的正文译自该卷的第3—13页。——译者

[††] 张伯伦(Chamberlain H. St.),伽达默尔这里指张伯伦那本著名的著作《19世纪的基础》(*Die Grundlagen des neunzehnten Jahrhunderts*,慕尼黑,1899)。——译者

18. 20世纪的哲学基础

适应那些以相互毁灭来威胁他们的强大统治工具，并且一种对现实的清醒估价和合理妥协的准备将打开通向未来之路。在这种期望的照耀下出现了这样一个问题，即什么是我们生活于其中并且对其延续充满信心的这个世纪的基础呢？

追问一个时代、世纪或时期的基础问题，其所追问的，虽然是某种并非显而易见的东西，但却标示出在我们周围作为直接在场的东西的统一特征。也许说20世纪的基础存在于19世纪，听起来是一种肤浅的回答。然而，这确实具有某种我们可以以之出发的真理，即以西欧迅速工业化为形式的工业革命时代开始于19世纪，并且20世纪只是继续那个时代所建立的东西。19世纪自然科学的伟大发展在本质上就包含有我们技术和经济的发展，因为我们只是更彻底地和更合理地利用那些由19世纪的科学发现所导致的实践的可能性。然而，伴随着第一次世界大战，也出现了一种真正的划时代意识，它把19世纪牢牢地归并入过去的范围之中。这不仅在于资产阶级时代——它把对技术进步的信仰和对稳定自由和完美文明的满怀信心的期待结合起来——已经走到了尽头，它不仅只是一个脱离时代的意识，而且首先是有意识地退出这个时代，并且是对这个时代最尖锐的拒斥。"19世纪"这一术语在20世纪最初十年的文化意识中获得了一种特有的意味。它听起来好像是一种耻辱性的语词，有如无真实性，无风格，无趣味诸概念——它是一种粗鄙的唯物主义和一种空洞的文化激情的结合。新时代的先驱们在对19世纪精神的反叛中团结在一起。我们只需想一想现代绘画，它在我们的世纪的前10年通过立体派对形式的摧毁找到其革命性的突破，我们也可以想一想建筑，它告别了过去世纪那种具有历史性特色的外墙装饰艺术，并将一种全新的生活情感以不断增加的明确性来加以表现，因为它没有房间留给密友和宠物，取而代之的是所有空间的透明性和概观性。我们也可以想一想小说，它不再叙述情节，或者想一想诗歌，它使自己的陈述神秘化，即使在对过去的文化世界具有极大的依赖性，我们也必须承认，在我们生活的实际形式中的所有这些改变——它的精神性的衰落和社会存在在一个匿名责任性的时代中的作用——都是"正确的"。这是很有征兆性的，即卡尔·雅斯贝斯早在1931年就用"匿名的责任性"这一概念描述这个时代的精神状况。在这一概念的特征中，对现实状况的无幻觉的认识和生存决断的文化批判的激情结合在一起。哲学通过依然保持科学世界定向在意识中的界限而与当代事件相伴随而存在。

如果我们在这里要谈论20世纪的哲学基础，那么我们并不是说哲学代表着这个世纪的真正基础，而是相反，因为哲学以前所是的东西是否在当代的生活整体中具有一席之地，这还是一个未决的问题。近代历史中哲学与科学之间旧有的对峙在我们这个世纪达到了顶点。问题还可以追溯得更远。因为近代科学并不是19世纪的发明，而是17世纪的发现。当时已经提出了为自然知识提供一个合理基础的任务，而且还提出了这样一个问题，即科学作为我们人类与世界关系的新基础怎样能与这种关系的传统形式，即与希腊哲学的传统（这是人们对上帝，世界，人生的所有认识的体现）以及与基督教会的启示统一起来。正是当时开始的启蒙运动赋予了近几个世纪整体以哲学的特征。因为，尽管近代科学的进军是如此高奏凯歌，以及对于今天每一个人来说，他的生存意识渗透了我们文化的科学先决条件是如此明显，然而，如此经常地支配着人类思想的问题仍然是科学所不能给予回答的。

在这种情况下,哲学找到了它的任务,这个任务直到今天依然未变。哲学在近三个世纪中所发现的对此问题的答案虽说听起来不一样,但它们却是对同一个问题的回答,而且没有以前的回答,就不可能有后来的回答,而且后来的回答必须经受以前的回答的检验。所以,20世纪基础这一问题,如果作为一个哲学问题提出来,那么它必然要同前几个世纪所给出的回答相联系。在18世纪,正是莱布尼茨首先发现了这个任务。他曾以其全部的天才把新的科学思想据为己有,但也正是他把古代的和经院哲学的实体形式的学说认为是不可或缺的,并作为第一个试图调解传统形而上学与近代科学的思想家。一个世纪之后,我们称之为德国观念论的哲学运动也试图完成这同一个任务。由于康德对独断论形而上学的批判,18世纪学院派形而上学以迅雷不及掩耳之势被摧毁,从而形成一种真正的革命。实际上,正是康德批判同卢梭对启蒙时代道德傲慢的批判,以及同法国革命的巨大社会变动的巧合,才保证了康德哲学的胜利。自此以来,对老问题作出一个新回答的要求就变得必不可少,而这个新回答是由黑格尔以一种最终的系统的尖锐形式所给出的。

在19世纪初,不仅存在有康德派批判的革命成就,而且还存在有黑格尔派哲学的全面综合,而19世纪的科学精神正是针对这种综合而贯彻执行的。黑格尔哲学表现了那种想把科学与哲学作为一个统一体来把握的最后的有力尝试,今天显然可以感觉到,这个尝试是无希望的,而且黑格尔的尝试事实上是这类尝试的最后一次。如果说,通过嘲弄德国观念论的自然哲学以证明自身的经验性的研究意义,是属于19世纪,至少是属于19世纪自然知识领域内的自我情感,那么我们还是有理由从我们自己世纪的观点出发提出这样一个问题,即19世纪的科学进步思想究竟在何种程度上具有与它本身所意识到的那些预设不同的预设。这个问题就是:与无情嘲弄黑格尔的科学相比,黑格尔是否更清楚地意识到这些不同的预设。

我们无法回避这一问题。因为当我们回顾19世纪时,这一世纪似乎只是以很有限的方式受到科学进步的影响。如果我们对比一下本世纪科学对生活所起的作用,那么这种区别就很明显。19世纪天真的特性也许就在于,它把对知识的巨大热情和对未来文明的信仰都建筑在社会确认的道德秩序这个稳固地基之上。尽管基督教会的传统形式,现代国家的民族意识以及私人的道德良知,无疑都是19世纪资产阶级文化的基础,而这个世纪的科学成就却是如此富有成果,甚至可以说是革命性的。然而在今天,对这些社会现实的稳定事物的意识却完全退到幕后了。我们生活在这样一种意识中,即这个世界以不可预见的方式发生改变,我们面对冲突和对峙而期望科学能从自身出发形成真正的决定性因素。只要科学能避免疾病和改善福利,我们便把希望寄托在科学之上。社会本身令人迷惑地顺从和依赖科学专门知识,并且自觉地制订计划和完美地进行管理的理想统治着生活的每一个领域,甚至达到塑造公众意见的程度。与此相应,内在精神性的文化,人类生活的个性冲突的强化,人类艺术作品的尖锐心理化及其拥集的表现力却渐渐变得陌生。社会秩序展现出如此强有力的形式,以致个人几乎根本意识不到可以按照自己的决定去生活,甚至在他自己个人生活的私人空间也是如此。所以，今天我们必须更尖锐化我们的问题，即在一个完全由科学支配的社会现实中我们如何能够理解自身。为了充分地准备我们自己的回答，我们有必要考察一下黑格尔的答复。因为黑格尔哲学通过对主观意识观点进行清晰的批判，对人类社会现实开辟了一条自我理解的道路，而我们今天还处于这条道路之中。

因此，当我介绍黑格尔对主观精神所作的批判时，同时也要提出这一问题，即本世纪以同一目的在哲学上被思考的东西如何同对这种主观精神的批判——我们是从德国观念论，首先从黑格尔那里继承了这种批判——的首次伟大运用相区别。

众所周知，黑格尔的思辨观念论最有特色之处是他对反思哲学所作的最尖锐的批判，他把反思哲学理解为一种浪漫主义精神及其虚弱内在性的病态表现。我们一般所使用的反思概念，例如当我们说某人正在进行反思或某人是一个反思型的人诸如此类时，其所意味的是黑格尔称为"外在反思"的东西，门外汉根本不知道其他的反思概念。对于门外汉来说，正如黑格尔所说的，反思就是那种忽此忽彼的推理能力（das hin- und hergehende Raisonnement），它不会停留在某个特定的内容之上，只知道如何把一般的观点运用于任何内容之上。黑格尔把这种外在反思行为认为是诡辩派的现代形式，因为它任意地把给定的事物纳入一般的观点中。黑格尔对这种过于轻易和过于灵活地使给定事物一般化的做法的批判具有积极的一面，这在于他要求思想应该使自己完全进入事物的客观内容并抛弃自己所有的幻想。但正是这个要求首先在道德哲学方面获得其根本意义。从黑格尔对康德道德哲学所作的批判，以及对康德在道德反思现象中赋予伦理原则的最高根据所作的批判出发，黑格尔发展了他对主观的"外在的"反思的批判和他的"精神"概念。

　　康德的道德哲学是建立在所谓的"绝对命令"基础之上。很显然，这种绝对命令的"公设"——例如康德说，我们的行为准则在任何时候都应被视为某种普遍立法规律或自然的规律——并不表现一种能够取代十诫那样实质性要求的道德戒律。相反，这种公设符合于黑格尔所称之为检验规则的理性的东西，它并不是说，实际现实中道德生活在于遵从这一戒律。毋宁说，这是对每一种应当的约束力作检验的最高当局，它应当对于道德反思给予那种旨在确证其道德意愿纯粹性的指导。

　　很显然，这种批判是由黑格尔尖锐地进行的，道德行为的情境通常并不是这样给予我们的，以致我们具有进行这样一种反思的内在自由。例如，当康德在其对道德哲学的奠基[†]中论证说，一个想自杀的人只要保持足够的反思意识去问自己，如果生命转向反对自身，这样一种行为是否符合生命的规则，那么我们就可以简单看到，只要这个人想自杀，这就表明他不再具有如此足够的反思意识。能使一般道德反思出现的情境，总已经是一种例外的情境，是义务与爱好冲突的情境，是道德严肃性和远距离自我检验的情境。我们不可能再用此方法去认识道德现象整体。伦理性（Sittlichkeit）必须被看作另外不同的东西，正如黑格尔曾经以一种令人恼火的简单公式所表达的：伦理性就是按照其国家的习俗生活。

　　这句话含蓄地包含着客观精神概念。一个国家的习俗、法律制度、政治宪法所表现的，是一种特定的精神，这种精神在任何个别

[†] 原文泛指康德对道德哲学的奠基，疑指康德的《道德形而上学奠基》（Grundlegung zur Metaphysik der Sitten）。——译者

的主观意识中没有正确的反映。就此而言，它确实是客观精神；这是一种围绕着我们所有人，但我们中谁对它都不具有一种反思自由的精神。这个概念的含义对黑格尔具有根本的意义：道德精神和民族精神概念，以及黑格尔的整个法哲学都依赖于这种对存在于人类社会秩序中的主观精神的超越。

客观精神概念在基督教传统的精神概念中有其根源，那就是新约中的普纽玛概念（Pneumabegriff）、圣灵概念。青年黑格尔用以解释耶稣的普纽玛爱的精神、和解的天才，正好表明了这种超越特殊个体的共同性。黑格尔引用了一句阿拉伯人的话："一个来自远古的人（ein Mann des Stammes Ur）"这个东方短语，它表明，对讲这话的人来说，特定的人绝不是个体，而是其部落的一员。

这个客观精神概念其根源可以追溯到远古时代，它在黑格尔那里通过如下事实找到其真正的哲学证明，即客观精神本身被黑格尔称为绝对精神的东西所超越。所谓绝对精神，黑格尔指的是一种精神形式，在这种精神形式中根本不包含异己的，其他的，处于对立面的内容，例如，可以作为限制我们的东西而与我们对立的习俗，或者通过发布禁令限制我们意志的国家法律等等。即使我们一般地承认法律制度是我们日常社会存在的表现，这种制度也仍然以一种禁令的形式阻碍我们。黑格尔看到了艺术、宗教和哲学的与众不同的出色之处，就在于在它们之中我们经验不到任何这样的对立。在这些形式中我们具有一种最终的正确的方式，使精神认识自己是精神，使主观意识和负担我们的客观实在相互渗透，以致我们不再遭遇任何陌生的东西，因为我们把所遭遇的一切东西都认识和承认为我们自己的东西。众所周知，这正是黑格尔自己的世界史哲学的要求——他的精神哲学正是在这个世界史哲学里完成——即在事件的内在必然性中去认识和承认那种似乎作为陌生命运发生在个人身上的东西。

然而，这样一种要求本身又引起这样一个批判的问题，即我们应如何构想出个人的主观精神和经常把自身展现在世界历史中的客观精神之间复杂而有疑问的关系。

这个问题就是：个人如何同世界精神发生关系（如黑格尔），个人如何同作为历史生活实在真正支柱的道德力量发生关系（如德罗伊森），或者个人怎样面对作为人类社会基本结构的生产关系（如马克思）。这三个问题可以统一于一个问题，即主观精神同客观精神的和解将于何处产生，在黑格尔哲学里是否产生于绝对知识，在德罗伊森那里是否产生于新教伦理个体无休止的劳作，在马克思那里是否产生于社会制度的改变。

谁这样追问，谁实际上就放弃了黑格尔的概念立场，在此立场中，和解作为实在中的理性就早已发生了。在19世纪末，黑格尔对主观精神的批判中仍然具有生命力的东西，并不是他的那种认识和把握一切异己东西、客观东西的和解信念，而相反是异己性、客观性，其意思指与主观精神相对物的对象性和他在性。在19世纪的科学思想中，黑格尔称作客观精神的东西被设想为精神的他者，并且按照自然知识的模式创造一种统一的方法论意识。所以，正如自然在黑格尔那里早已表现为精神的他者，对于19世纪的积极的动力来说，全部的历史和社会实在不再表现为精神，而是处于它的顽固的事实性中，或者如果我用一个日常的词汇说，是处于它的不可理解性中。我们可以想一下货币、资本这些不可理解的现象，以及由马克思提出的人的自我异化概念。社会-历史生活的不可理解性、异己性和不透明性不再被主观精神作为不同于自然的东西（自然对于主观精神来说是对立的）来经验。因此，自然与历史被认为是同样意义的科学研究的对象。它们构成认识的对象。

这里产生了马堡学派新康德主义那种发展，即把认识对象变成一种无限的任务。这关键在于对无规定物的规定（die Bestimmung des Unbestimmten），在于它在思想中的创造；新康德主义先验思想的模式是用无穷小方法去规定一个运动的轨迹和进程。它的格言是：一切知识均完成于对象的科学的"创造"。但是，正如在18世纪莱布尼茨就力图用他的新单子论体系克服新科学的片面性，在19世纪初黑格尔把他的绝对精神哲学的伟大综合与反思哲学相对立一样，我们20世纪同样也感觉到这种科学方法论主义的片面性。我们当然可以提出这样一个怀疑论问题：以"生命"和"生存"概念所导向的对新康德主义统治哲学的批判，本质上不就是浪漫主义的批判吗？不管这种批判是通过狄尔泰，柏格森或西默尔，或者通过克尔凯郭尔以及存在主义哲学所表现，还是像斯蒂芬·乔治那样以文化批判主义激情所承担的。在此我只是提出少数几位代表性的作者，其实所有作者的哲学或作品都包含对20世纪的批判。他们的努力除了重复浪漫主义时代对启蒙运动所作的批判外还有什么呢？所以这些批判尝试不正包含着文化批判主义那种不可解决的辩证法吗？它高度评价他们所谴责的东西，以致我们可以把同样的批判运用于他们自身。要是在本世纪这个哲学运动的后面没有出现尼采，我们实际上就可作这样的判断，尼采作为伟大的命运宠儿，他使我们世纪对主观精神的批判成为一项本质上发生改变的任务。

我不想回答这一问题，即哲学自身在多大程度上永远只是一种新的社会和人类的生活情境的表达，或者哲学作为意识在多大程度上能改变这种情境。如果我们考虑尼采对这些问题的整个关系所具有的真正划时代的意义，那么我们就不必决定哲学究竟是对一个事件的表达还是一种引导的表达。因为尼采的批判针对的是从我们自身降临到我们身上的最终最彻底的异化，即意识本身。意识和自我意识并不给出确切的证明说，它们所意指的东西是对真正处于其中的东西的伪装或歪曲，这种观点被尼采装进现代思想之中，以致我们现在到处都可以再认识它，不仅是认识到它过度的、自我破坏的幻觉方式，尼采用这种方式从自我身上剥去一张又一张的面具，直到最后再也没有任何面具，但因而也就不再有自我。我们不仅思考由伪装之神狄奥尼修斯神秘地表现的伪装多元性，而且也同样思考意识形态批判，有如它自马克思以来越来越频繁地运用到宗教、哲学和世界观等被人无条件地接受的信念之上。我也主要想到了弗洛伊德的无意识心理学，他的心理现象解释完全由这样一种观点支配，即在人类的精神生活中可能存在着有意识的意向和无意识的欲望与存在之间的巨大矛盾，并且在任何情况下，我们相信要做的事与事实上发生在我们人类的存在中的事，根本不是同一回事。这里有一个词可以给我们以正确的暗示，使我们认识到这种对主观意识的有效性范围的研究到底深入到何种程度。这就是解释(*Interpretation*)概念，一个哲学-人文科学概念，它在近代开端曾以一种完全天真的方式作为对自然的解释(interpretatio naturae)被运用于自然科学，如今它却获得了一种极高的(很难驾驭的)反思意义。自尼采以来，与此概念相联系的是这样一种主张，即解释以合法的认知目的和解释目的去把握超越一切主观意见的真实的东西（das Eigentliche）。当尼采写道："根本没有道德现象，只有对现象的道德解释"之时，我们可以想一下他的解释概念在心理学领域和道德领域所起的作用。①

这个思想在我们这个世纪才开始完全被感觉到。如果说解释在以前无非只想阐释（Auslegung）作者的真实意图（我有自己的理由相信这总是某种过于狭窄的自我主张），那么现在这是完全明确的，即解释应当把握真正在意见主观性后面的东西。我们必须学会返回到所指东西表面的后面。无意识（弗洛伊德），生产关系及其对真正的社会现实的决定性意义（马克思），生命概念及其"思想构造的工作"（狄尔泰和历史主义），以及克尔凯郭尔用来反对黑格尔的生存概念——所有这些都是本世纪提出的解释观点，即一种走到主观意识所意指的东西的后面的方式。

在本世纪德国哲学中，这一点特别明显，即在新康德主义时期还作为基础学科，而且每一个想进入哲学的人都必须首先要研究的认识论，正在消失。认识论探究依据于康德哲学并自问：我们有什么权利可以真正使用我们为认识事物和描述经验而创造的那些概念？这个合法性的问题，这个源自笛卡尔传统的法权问题（die quaestio iuris），在我们世纪通过现象学而获得一种新面貌，或者说它已名誉扫地。

胡塞尔在其于1907年以及随后年代中写成的《现象学的观念》

---

① ［尼采，《善恶的彼岸》（*Jenseits von Gut und Böse*），第四部分，第108节。——原注］（†加方括［］并落款原注处，为《伽达默尔著作集》第4卷中对该篇的注释。——译者）

初稿中，越来越有意识地把现象概念和对现象纯粹描述的概念追溯到相关关系概念，也就是说，他总是提出这一问题，即被意指的东西是如何为什么样的意识如此这般展示的。胡塞尔从一开始就不再从这样一个主体出发思考，这个主体作为自为存在把自身选择为它所意指的对象，他不研究所意指东西的现象性对象，而是研究相关意识态度，或如他所称的，研究意向性行为。意向性并不指在一种主观注意活动意义上的"意指"，而是在有意识的活动意义上的引向（Hinzielen）。如胡塞尔所称呼的，存在有诸视域意向性（Horizontintentionalitäten）。如果我把我的注意力指向一个确定的对象，譬如指向后面墙上的这两个正方形，那么一切在场的东西和整个大厅就像一种意向性的王宫同时呈现在我的眼前。事后我甚至可以记得，当时我所意指的只是两个正方形，但所有这一切都出现并被一起意指了。——这种意向性视域，这种经常一起被意指的东西，本身并不是一种主观意指行为的对象。因此胡塞尔把这种意向性称之为匿名的意向性。

同样，舍勒以他那种几乎是煽动性的激情描述了意识的入迷状态，因为他指明意识并不是一种自我封闭的盒子。这种意象的怪诞性显然应是以漫画的方式勾勒出自我反思运动的错误实体化。舍勒强调说：我们不认识我们的观念，我们只认识事物。在我们的意识中根本不存在我们"真正地"思维着并以任何一种方式同"外在世界"事物相联系的事物意象。所有这一切都是神话。我们总是在我们意指的存在者那里。海德格尔曾经把这种对实体化了的"意识"的批判彻底化为一种对相应于这种"意识"的存在理解的本体论批判。这种对意识的本体论批判在下面的表述中找到了它的口号：此在是

"在-世界-中-存在"。自那时以后，许多人都开始认为追问主体如何达到对所谓外在世界的认识，乃是一种荒谬的、完全陈腐的提问，海德格尔把坚持这种提问的做法称之为真正的哲学"丑闻"。

现在我们必须追问：]†本世纪哲学状况——这最终可以追溯到对意识概念的批判，有如尼采所进行的——如何有别于黑格尔所作的对主观精神的批判？此问题并不是一个容易回答的问题。我们可以尝试在这里作以下论述：没有什么比德国观念论更好地知道意识和它的对象并非两个互相分离的世界。德国观念论甚至还杜撰了"同一哲学"（Identitätsphilosophie）这个术语来说明这种情况。它表明，意识和对象实际上只是同一整体的两个方面，任何把它们区分为纯主体和纯客体的做法都是一种思想的独断论。构成黑格尔《精神现象学》之内容的饶有兴趣的发展系列直接依赖于对如下事实的意识，即每一个认识对象的意识都改变了自身并因而也必然地又同时改变它的对象，以致只有在"绝对"知识里，在完全删去了所思对象的对象性的绝对知识里真理才被认识。我们的世纪试图进行的对主体概念的批判不正是重复德国观念论所成就的东西吗？实际上，我们不是应该承认这种重复只有非常狭窄的抽象力并缺少这个概念本来具有的直观力吗？情况并不是如此。我们世纪对主观精神的批判在许多决定性的方面具有完全不同的特性，因为它根本不再能否认尼采的问题。首先，在以下三点上当代思想揭露了德国观念论的天真假设，这些假设不再能被认为是正确的：断言（Setzen）的天真性；第二，反思的天真性；第三，概念的天真性。

首先是断言的天真性。自亚里士多德以来，整个逻辑学都以命

---

† 根据《伽达默尔著作集》第4卷第3—13页补充的正文在此结束。——译者

题概念、直谓逻辑（Apophansis），亦即以判断陈述为基础。亚里士多德在一段经典的话中[②]强调说，他只讨论"直谓"逻各斯，即只讨论那种以真或假断言为主的话语模式，而撇开了那些像请求、命令甚或疑问的现象。当然这些现象也是话语模式，但它们显然不只是存在物的揭示，亦即不只是涉及存在物的真。因此亚里士多德建立了"判断"在逻辑学中的优先地位。以这种方式为特征的陈述概念在现代哲学中是与知觉判断概念相联系的。纯粹的陈述对应于纯粹的知觉，但这两者在我们这个被尼采导致怀疑的世纪里却被证明是不可容许的抽象，它们经受不起现象学的批判。既不存在纯粹的知觉，也不存在纯粹的陈述。

正是许多研究的相互作用，首先摧毁了"纯粹知觉"概念。在德国，这首先是通过马克斯·舍勒以其现象学直观力运用这些研究的成果而发生的。舍勒在其《知识形式与社会》一书中指出[③]，一个对应刺激的知觉乃是一种纯粹的人为的抽象产物。我所感知的东西绝不对应于实际发生的感性的心理学的刺激。毋宁说，知觉的相对适合——我们看到，这里不再是实际存在于那里的东西——乃是一种强有力的清醒过程的最终产物，是控制我们所有观看的过剩想象力的最终构造。纯粹知觉乃是一种抽象。这也同样适合于纯粹陈述，正如汉斯·利普斯[④]特别指出的。也许我们可以引用法律的

---

② ［《解释篇》4，17a6。——原注］

③ ［舍勒，《知识形式与社会》(Die Wissensformen und die Gesellschaft)，慕尼黑1925。参阅：其著作集现在的第8卷，慕尼黑1960，第315页以下。——原注］

④ ［利普斯，《对一种诠释学逻辑的研究》(Untersuchungen zu einer hermeneutischen Logik)，法兰克福1938，现在著作集的第2卷，法兰克福1976，第121页以下。——原注］

陈述作为这方面一种特别的讲话现象。在那里表明，要使一个陈述人在法庭关于他的证词的记录中认识它所意指的全部真理，哪怕只有一点也是非常困难的。如果通过省略、概括等，把陈述从当时直接问答关系中分离出来，这种重新组织的陈述就好像一个人在不知道这个问题为什么被提出的情况下，必须作出的一个回答一样。这种情况绝非偶然。而公认的证词的理想，而且无疑是一切证据的本质因素，正在于不知道自己陈述究竟"意指"什么。这情况也存在于考试中，当一位教授向应试者提出一个任何有理性的人都不能回答的编造的问题，情形也必须如此，正如人们必须承认的。——海因里希·冯·克莱斯特（Heinrich von Kleist）是一位通过普鲁士国家考试的学者，他曾在他的卓越的论文"论话语中思想的逐渐形成过程"中讨论了这个题目。海德格尔的先验本体论探究使对陈述的抽象和纯粹知觉的抽象的批判达到了极端。我首先回想到，那种与纯粹知觉概念和纯粹陈述概念相对应的事实概念，曾被海德格尔揭示为是一种本体论的偏见，这种偏见也使价值概念受到损害。所以海德格尔曾经指出，事实判断和价值判断之间的区别是有问题的——就好像可能存在一种纯粹的事实规定。我想把这里所揭露的向度刻画为诠释学的向度。

　　这里是一个海德格尔曾经以诠释学循环为名分析过的著名问题，即那种主观意识的令人吃惊的天真性，这种主观意识在理解一个文本时说：这不是就在这里吗！海德格尔曾经指出，这种反映是很自然的——而且这种反映经常具有最高自我批判的价值——但事实上并不存在简单就在那里的事物，而是一切被说的东西和一切写在文本里的东西都处于预期支配之下。从积极方面看，这就意味着，只有处于预期支配下的事物才能一般地被理解，而当我们目瞪口呆，单纯凝神某些不可理解之物时，我们就不能理解它们。从预期中也会产生出错误的解释，那种使理解可能的前见同样也开启误解的可能性，这些事实也许正是有限的人类本性进行活动的方式。这是一种必然的循环运动，即我们试图阅读和想理解的东西是存在于那里的东西，但我们却是用我们自己的眼睛（和自己的思想）来注视存在于那里的东西。

在我看来，以上考察还必须进一步彻底化，在我自己的探究中，这种彻底化直达到以下论点：我们必须理解作者"在他的意思（Sinn）中"意指的东西，这虽然是正确的，但是"在他的意思中"并不是指他自己所意指的，它毋宁是指，理解还可以超越作者主观的意指活动，而且也许根本就必然地和永远地超越作者的主观意指活动。在我们称之为历史主义的心理学转向出现之前的早期诠释学阶段，人们一直意识到这种情况，只要我们考虑到一种合适的模式，如对历史活动、历史事件的理解，我们就都会同意以上说法。没有人敢认为，活动者的主观意识和事件参与者的主观意识是与他的活动和事件的历史含义相当的。对我们来说，这是不言而喻的，即要理解某个活动的历史含义，就要预先假设我们并不把自己局限于活动者的主观计划、主观意图和主观思考。至少自黑格尔以来我们就很清楚，所谓历史就在于，它总是以这种方式超出个体的自我认识而走自己的路。这一点同样也适用于艺术经验。我认为，这种观点甚至也必须运用于文本解释，对文本的信息意义显然不能像艺术作品那样作不确定的阐释。正如胡塞尔对心理主义的批判所指明的，在那里"所意指的"不是主观内在性的一个成分。

我想说明的第二点，我称之为反思的天真性。在这里20世纪有意识地使自己同思辨唯心主义对主观精神的批判相区别，现象学运动对此做出了决定性的贡献。

这里的问题在于：首先，反思的精神好像是绝对自由的精神。精神在返回到自身过程中完全是自由自在的。事实上，德国观念论——例如在费希特的行动概念中，甚或在黑格尔绝对知识概念中——把精神的这种自由自在的过程看作是此在的最高方式、在场的最高方式。但是正如我们所看到的，如果断言（Setzen）概念被现象学批判所驳倒，那么反思所具有的核心地位也就从根被挖掉了。这里所涉及的认识论表明，并非所有反思都行使客体化功能，也就是说，并非所有的反思都使其所指向的东西成为对象。我们毋宁说，存在有一种反思活动，它在执行一种"意图"时似乎又返回到反思这个过程本身。让我们举一个大家熟悉的例子：当我们听到一个声音时，我所听到的最初对象显然就是这个声音，但我对这个声音的倾听本身显然绝不是随后反思的对象。在听的时候总是有一种相伴随的反思，声音总是被听到的声音，我对声音的倾听总是内在于其中。我们在亚里士多德那里⑤读到过这种观点，亚里士多德早就对这种现象作过完全正确的描述：一切aisthesis都是aishesis aistheseos。一切知觉都是对知觉活动和被知觉东西合一的知觉，它根本不包含现代意义下的反思。亚里士多德认为，现象是作为统一体向他显现的。亚里士多德的注释者首先系统化，并把知觉的知觉活动同亚里士多德在另一个地方使用的koine aesthesis（常识）概

---

⑤ ［《论灵魂》(De anima)，β5, 417b19—23; Γ2, 426b7ff.。——原注］

念联系起来进行概括⑥。

胡塞尔的老师弗朗兹·布伦塔诺曾把他的经验心理学特别建立在亚里士多德所描述的现象之上。他曾经强调，我们对自己的心灵活动具有一种非对象化的意识⑦。我还记得，当我们在海德格尔那里第一次听到这个方面的一种经院派区别时，这对我们这一代——要知道我们这些在新康德主义重镇马堡的年青一代人对经院哲学是毫无所知的——具有何等重大的意义，这就是 actus signatus（指称行为）与 actus exercitus（履行行为）的区别。在说"我看到某物"，或说"我说，我看到某物"之间就存在这种区别。但是"我说……"的意义并不是对行为的意识。自我完成的行为早已是这样一种行为，但也就是说，它早已就是我自己生动意识到的履行行为(Vollziehen)——向"意义"(Signierung)的转变就建立了一种新的意向性对象。

从这些早已被人遗忘的现象学研究的观点出发，也许我能忆起这个问题在今天我们这一世纪的哲学中所起的作用。在阐述这一点时，我把自己限制于雅斯贝斯和海德格尔。

雅斯贝斯曾把他称为"世界定向"(Weltorientierung)的那一令人信服的知识概念，与那种在知识的界限情况——即科学的和所有人的知识能力的界限情况中产生的存在阐明(Existenzerhellung)，加以对比。按照雅斯贝斯的观点⑧，界限情况是当人被匿名的科学

---

⑥ [《论记忆》(*De memoria et reminiscentia*), 450a10—12。——原注]
⑦ [布伦塔诺：《经验观点的心理学》(*Psychologie vom empirischen Standpunkt*), 2卷本，莱比锡 1874 (²1924)。——原注]
⑧ [雅斯贝斯：《哲学》(*Philosophie*), 柏林 1932, 第 201 页以下。——原注]

力量引导的可能性突然丧失因而人只能依靠自身时的人类存在状况，在此状态中，从人本身产生出某些东西，这些东西在科学为了统治世界而纯粹功能性的应用中原本是被掩盖着的。存在有许多这样的界限情况。雅斯贝斯早已指出了死亡状态以及有罪状态。当某人有过错时，他就出现这种有罪状态，在这里他被设立在其过错中，由那里产生了——存在。他的行为方式是这样，以致他陷入这种状态中。这就是雅斯贝斯用以接受克尔凯郭尔的存在概念的模式。存在就是当某种匿名的本质的引导力量突然丧失而在某人身上有某种东西的出现（Heraustreten）。这里具有决定性意义的是，这种产生（Herauskommen）绝不是一种模糊的情绪性的事件，而是一种敞亮（Hellwerden）。雅斯贝斯称之为存在阐明，也就是说，以前是隐藏在人之中的东西被提升到一种生存的责任性（Verbindlichkeit）的光照之下，这种责任性使他对自己决定做的事情承担起责任。这绝不是一种对象化的反思。情况——即使界限情况——所要求的知识无疑不是一种对象化的知识，因此就不可能被科学的匿名的认识可能性所取消。

然后海德格尔又把这一主题吸收在他关于存在意义的基本思考里：此在的向来我属性（Jemeinigkeit des Daseins），有罪感（das Schuldigsein），趋向死亡（das Vorlaufen zum Tode），诸如此类就是《存在与时间》一书讨论的主要现象。遗憾的是，在对海德格尔最初十年工作的接受中乃是这些概念的道德化做法，仿佛它们与雅斯贝斯的存在概念相对应，但这些概念当时在海德格尔的《存在与时间》里已经扩大到本真性（Eigentlichkeit）概念上了。此在在界限情况，在趋向死亡状态中的本真性，同琐碎的无思想生活的非本真性，同公众性，同"常人"，同闲聊，同猎奇等，以及同一切沦为社会及其均衡力的牺牲品的种种形式相区别，简言之，此在的本真性是作为人的有限性出现的。我们必须承认，所有这些都是由某种克尔凯郭尔的继承人的激情，克尔凯郭尔对我们这代人所产生的巨大影响所造成的。但这种影响与其说是对海德格尔思想意向的真正理解，毋宁说是掩盖了他的真实目的。

对于海德格尔来说，重要的是不再把有限性的本质设想成一种令我们想成为无限的愿望落空的界限，而是把有限性积极地认识为此在的本真的基本状况。有限性就是时间性，因此此在的"本质"就是他的历史性：这就是海德格尔那些服务于他提出存在问题的众所周知的论题。被海德格尔描述为此在的基本运动性的"理解"，决不是主体性的"活动"，而是一种存在的方式。从对传统进行理解的特殊情况出发，我本人已经指出过，理解总是一个事件[9]。其中关键并非仅在于，随着理解过程总伴随有一种非对象化的意识，而是在于，理解根本就不宜于被认为是对某物的意识，因为理解的整个过程自身就包括在事件内，它是由事件造成，并被事件所渗透。反思的自由，这种被认为自在的存在（Bei-sich-selbst-sein）在理解中根本不出现，因此理解在任何时候都受我们存在的历史性所制约。

最后第三个因素，即对概念的天真性的洞见，它也许是对我们今天的哲学最深邃的规定。

我认为，在这里，当前的问题状况一方面受德国现象学发展

---

[9] [《真理与方法》，第 250 页以下。《著作集》第一卷，第 270 页以下。——原注]

的制约，但是有趣的不仅在此，而且它还同样受到虽然起源于德国，但却流行于盎格鲁萨克森的哲学发展的制约。如果某个外行想问哲学究竟为何许物，那么他会想到，搞哲学就是下定义，考虑所有人得以进行思维的那种对概念下定义的需要。因为我们通常看不到这种情况，所以我们就借用一种隐含的定义学说来帮助自己。但这样一种"学说"真正说来只是咬文嚼字。因为称一个定义为隐含的显然就表明，我们根据语句的关联最终注意到，那个说语句的人是在某个他使用的确切概念下思考某种明确东西。就这点而言，哲学家与其他人没有什么很大区别；因为这些人也都同样习惯于思考确定的东西并避免矛盾的东西。上面提到的外行意见其实是由最近几个世纪的唯名论传统所支配的；这种传统把语言的复制现象看成一种符号的运用。很清楚，人工符号需要一种排除一切含糊性的安排和组织。从这里就产生一种要求，即通过建立单义的人工的语言去揭露"形而上学"的假问题，这个要求特别自维也纳学派以来在盎格鲁撒克逊各个国家引起了一个广泛发展的研究方向。我们可以在维特根斯坦的《逻辑哲学论》(*Tractatus logico-philosophicus*)中找到这种方向的最为彻底和最为成功的表述之一。但是今天维特根斯坦却在其后期著作中指出，人工语言的理想本身是自我矛盾的，这虽然不只是人们经常引用的那种理由，即任何人工语言都需要另一种早已在使用的语言对它进行指导，因而最终又在需要某种自然语言。其实，对于维特根斯坦的后期思想具有决定性的认识是，语言总是正确的(in Ordnung)，也就是说，语言是在相互理解过程中才具有其真正的作用，因此哲学的虚假问题其实并非产生于语言的缺陷，而是产生于一种错误的形而上学的独断论思想,即把起作用的语词实体化。语言就像一种游戏。维特根斯坦谈论语言游戏,以便坚持语词的纯功能意义。只有当语言是纯粹的履行行为(actus exercitus)时,语言才是语言,也就是说,只有当语言使所说的话成为可视的,而自己本身却似乎消失时,语言才是语言。

语言是一种世界阐释(Weltauslegung)方式,这种方式先行于一切反思行为,但正是这一点被海德格尔和海德格尔所启发的哲学家的现象学思想的发展引导到一个新的洞见,这新的洞见尤其从历史主义那里引出哲学结论。一切思维都被录制在语言的规轨上,它既是一种限制,又是一种可能性。这也是一切本身具有语言特性的解释的经验。凡在我们不理解一个文本的地方,某个个别语词的含糊性以及对其进行解释的可能性无疑地都意味着是语言相互理解过程中的一种干扰。当最初出现的含糊性最后因为阐明(有如读文本)不再是可兑现的时,我们就确切知道已经理解了。在我看来,一切对于语言文本的真正解释,而非仅仅语法解释,似乎都规定要以此种方式消失。[⑩] 解释必须是玩游戏,这就是说,它必须进入游戏,以便在它进行的过程中抛弃自身。以下的表述可能是不完善的,但它至少是清楚的,即维特根斯坦对盎格鲁撒克逊语义学的批判与语言的自我批判(由诠释学意识给出的)对现象学的非历史描述艺术的批判两者之间正发生着某种汇合现象。我们今天对概念的使用追溯到它们的语词史以便唤醒它们真正的、生动的、唤起的语言意义,这种做法在我看来同维特根斯坦对生动的语言游戏的研究,以

[⑩] 〔我在后来论诗学的研究中(《著作集》第2卷,第276页以下,以及第8卷)已经说明,这一点不能完全适用于"文学文本"。——原注〕

及同一切向着这一方向发展的人似乎都在进行汇合。

这里也包含了一种对本世纪的主观意识的批判。语言和概念显然是如此紧密地相互结合在一起，以致认为我们可以"应用"概念，例如当我们说"我如此这般地称呼它"，就总是已经在破坏哲学思维的制约性。当个人的意识想进行哲学思维时，它是根本没有这种自由。它被语言所束缚——不仅是说话者的语言，而且还有事物同我们进行的对话的语言：今天，科学与人生存的世界经验在语言的哲学主题里照面。

在我看来，这些考察可以得出如下结论，在当代哲学中有三个经过许多世纪流传下来的伟大对话者处于我们意识的突出地位：一是当代思想中的希腊在场。希腊人首先认为，语词与概念处于直接的生动的交往之中。柏拉图在《斐多篇》（Phaidon）用以开创西方形而上学真正转向的"遁入逻各斯"（Flucht in die logoi），同时也是把思维与语言的整个世界经验靠拢的过程。希腊人对于我们是如此卓绝的，因为他们抵制了概念的独断论和"体系的强制"。正是由于这种抵制，他们才能去思考那种支配着我们同自己传统争辩的现象，例如自我和自我意识的争论以及道德-政治存在整个巨大领域，而不陷入近代主观主义的窘境。这场经历数世纪对话的第二个对话者，我认为始终就是康德，因为他一劳永逸地把思维自身与认识区分开来，并像我认为的那样，又使它们互有联系。尽管知识所包括的内容很可能比康德所想到的那种数学自然科学认识方式及其对经验的处理要丰富得多，然而知识仍然不同于关于自我的一切思考，经验对自我的思考不再能提供一种论证基础。我认为康德已经指出了这一点。

我认为，第三个对话者是黑格尔，尽管黑格尔以思辨-辩证的方式提升了康德派的有限性及其对我们依赖于经验的强调。因为黑格尔从基督教唯灵论传统接受而来并赋予了新生命的精神概念，仍然是对主观主义精神的所有批判的基础，这种批判被后黑格尔主义时代的经验作为任务提供给我们。这种超越自我主观性的精神概念在语言现象中——语言现象今天正日益占据当代哲学的中心地位——具有它真正的对应部分，并且其原因是，同黑格尔从基督教传统中吸取的精神概念相比，语言现象具有更适合我们的有限性的优点，它既像精神一样是无限的，但又像一切事件一样是有限的。

如果说在现代科学信仰时代我们不再需要这些老师，这可能是一种错误。他们为我们这个已完全科学化的世界所标明的界限，根本不是我们必须首先设立的——这个界限在这里就像总是先于科学而发生的东西。在我看来，我们这一世纪最为隐秘的但同时也最为强大的基础就是它对一切独断论，也包括对科学独断论所持的怀疑主义。

汉斯-格奥尔格·伽达默尔

19. 诠释学的应用问题 *

即使在后期浪漫主义科学学说的历史自我意识已完全忽视的古老的诠释学传统中，应用（Anwendung）这一问题仍具有其重要的位置。诠释学问题曾按下面方式进行划分：人们区分了一种理解的技巧（subtilitas intelligendi），即理解（Verstehen），和一种解释的技巧（subtilitas explicandi），即阐释（Auslegen），并在虔信派里，人们又添加了应用的技巧（subtilitas applicandi），即应用，作为第三种要素（例如在 J. J. 兰巴赫那里①）。这三种要素应当构成理解的执行方式。所有这三个要素很有意义地被当然的人们称为"技巧"（subtilitas），也就是说，它们与其说被理解为我们可以支配的方法，不如说被理解为一种需要特殊优异精神来造就的能力（Können）。②

---

* 汉斯-格奥尔格·伽达默尔（Hans-Georg Gadamer）："诠释学的应用问题"（Das hermeneutische Problem der Anwendung），选自《真理与方法》，图宾根，1975，第290—295页。

① 兰巴赫的《神圣诠释学引论》（Institutiones hermeneuticae sacrae, 1723）深受奥廷根（Oetinger）强烈影响，参阅 P. Herbers 的海德堡博士论文（1952）。（†参见本书第3篇。——译者）

② 我认为兰巴赫的《神圣诠释学引论》是通过莫鲁斯的概述而为人知晓的。那里有这样的话："Solemus autem intelligendi explicandique subtilitatem (soliditatem vulgo vocant)[理解和解释的精巧性（通常称为坚固性）]。"这里人文主义的技巧从启蒙运动的方法理想（Methodenideal）来看被误解了。

正如我们所看到的，诠释学问题是因为浪漫派认识到理解（intelligere）和阐释（explicare）的内在统一才具有系统重要性的。阐释（Auslegung）不是一种在理解之后的偶尔附加的行为，正相反，理解总是阐释，因而阐释是理解的表现形式。与这种观点相联系，进行阐释的语言与概念同样也要被认为是理解的一种内在构成要素，因而语言的问题一般就从它的偶然边缘位置进入到哲学的中心。对此我们以后还将要加以考察。

但是，理解和阐释的内在结合却导致诠释学问题里的第三个要素、即应用却从诠释学关联中完全脱离出来。教导性的应用，例如《圣经》在基督教福音宣告和布道里所具有的应用，似乎与历史地和神学地理解《圣经》是不同的东西。如果我们反复思考一下，我们将达到这样一种观点：即在理解中总是有某种这样的事情出现，即把要理解的文本应用于解释者的当前境况。这样，我们似乎不得不超出浪漫主义诠释学而向前迈出一步，我们不仅把理解和阐释，而且也把应用认为是需要在一个统一的过程中加以把握。这倒不是说我们又回到了虔信派所说的那三个分离的"技巧"的传统区分。正相反，因为我们认为，应用，正如理解和阐释一样，同样是诠释学过程的一个不可或缺的组成成分。

由于迄今为止的诠释学讨论的状况，我们突出强调了这一观点的根本含义。我们首先可以诉诸已经被遗忘的诠释学的历史。早先，人们认为，诠释学具有一种使文本的意义适合于其正在对之讲述的具体境况的任务，乃是一件理所当然的事。那位能够解释奇迹语言的上帝意志的翻译者是执行这一任务的原始典范。而直到今天，每一位翻译者的任务就不只是重新给出他所翻译的那些讨论对手所真正说过的东西，而是必须用一种在他看来对于目前谈话的实际情况似乎是必要的方式去表现这个人的意见，在这种谈话里，翻译者只把自己处理为两种讨论语言的认识者。

同样，诠释学的历史也教导我们，除了语文学的诠释学外，还有一种神学的诠释学和一种法学的诠释学，这两种诠释学与语文学诠释学一起构成了诠释学概念的全部内容。只是由于18和19世纪历史意识的发展，语文学诠释学和历史学才解除了与其他诠释学学科的联系，而完全自为地把自己确立为精神科学研究的方法论。

但是，语文学诠释学与法学的和神学的诠释学原先所形成的共属一体关系依赖于这样一种承认，即承认应用是一切理解的一个不可或缺的组成要素。不仅对于法学诠释学，而且对于神学诠释学，在所提出的文本（不管是法律文本，还是福音布道文本）这一方和该文本被应用于某个具体阐释时刻（不管是在判决，还是在布道）所取得的意义这另一方之间，都存在一种根本的张力。一条法律将不能历史地被理解，而应当通过阐释使自身具体化于法律有效性中。同样，一份宗教布道文也不能只被看成是一份历史文件，而应当这样被理解，以致它能发挥其拯救作用。在这两种情况里，都包含这样的事实，即文本——不管是法律还是布道文——如果要正确地被理解，即按照文本所提出的要求被理解，那么它一定要在任何时候，即在任何具体境况里，以不同的方式重新被理解。理解在这里总已经是一种应用。

我们现在的出发点是这样一种认识，即在精神科学里所进行的理解，本质上是一种历史性的理解，也就是说，在这里仅当文本每次都以不同方式被理解时，文本才可以说得到理解。这正表明了历史诠释学的任务,即它必须深入思考存在于共同事情的同一性和理解这种事情所必须要有的变迁境况之间的对立关系。我们已经说过,被浪漫主义诠释学推到边缘的理解的历史运动,表现了适合于历史意识的诠释学深究的真正中心问题。我们关于传统在历史意识里的重要性的思考,是依据于海德格尔关于实际性诠释学所做的分析,并且试图把他这种分析有效地应用于精神科学的诠释学。我们已经指出:理解与其说是认知意识借以研讨某个它所选择的对象并对之获得客观认识的方法,毋宁说是这样一种以逗留于某个传统进程中为前提的活动。理解本身表明自己是一个生发事件。从哲学上看,诠释学的任务就在于探究,这样一种本身是被历史变化推着向前发展的理解活动究竟是怎样一门科学。

我们完全知道,我们这是在要求现代科学的自我理解所完全陌生的东西。整个来说,我们的想法是力图通过证明这一要求是大量问题会聚的结果而使这一要求易于实现。事实上,迄今为止的诠释学理论都土崩瓦解于它自身也不能维护的各种区分之中。凡在力求一种一般的解释理论的地方,这一点都是明显的。如果我们区分了认知的、规范的和再现的阐释,有如贝蒂在他那部基于值得赞赏的认识和洞见而撰著的《一般解释理论》里所做的那样,③那么我们在按这种划分对现象进行整理时将遇到重重困难。这首先表现在科学中所进行的阐释上。如果我们把神学的阐释与法学的阐释加以结合,并相应地赋予它们一种规范的功能,那么我们对此一定

---

③ 参见上面第 246 页所引的贝蒂(E. Betti)的论文以及他的纪念碑式的代表作《一般解释理论》(*Teoria generale della interpretazione*),两卷本,1956 年。

19. 诠释学的应用问题

要回忆起施莱尔马赫,这个人与此相反地把神学的阐释同一般的阐释——这种一般的阐释对于他来说就是语文学-历史的阐释——最紧密地结合起来。事实上,认知的功能和规范的功能之间的裂缝贯穿于整个神学诠释学,并且可能很难通过区分科学认知和随后的教导性的应用而被克服。显然,这同样的裂缝也贯穿于整个法律的阐释,因为对一条法律原文的意义的认识和这条法律在具体判决事件里的应用,不是两种分离的行为,而是一个统一的过程。

但是,甚至那种似乎与我们迄今所讨论的各种阐释距离最远的阐释,我意指再现的阐释——这种阐释表现在戏剧和音乐中,并且只有通过被演出才有它们的真正存在——④也很难是一种独立的阐释方式。这种阐释也普遍存在有认知功能和规范功能之间的裂缝。如果不理解原文的本来意义,并且在自己的再现和阐释中不表现这种意义,那么没有人能演一出戏剧、朗诵一首诗歌或演奏一曲音乐。但同样地,假如在把原文翻译成可感的现象中没有注意到那种由于他自己时代的风格愿望而对风格上正确再现的要求加以限制的另外的规范要素,也就没有人能实现这种再现的阐释。如果我们完全想到,陌生语言的文本的翻译,它们的诗意的模仿,或者甚至正确地朗诵原文,都像语文学阐释一样,本身都包含了同样的说明成就,以致两者彼此互补,那么,我们就不能避免下面这一结论,即在认知的阐释、规范的阐释和再现的阐释之间所强加的这种区分是毫无根据的,这种区分只能表明这三者乃是一个统一的现象。

如果情况正是这样,那么我们就有了从法学诠释学和神学诠

---

④ 参阅我的著作第一部分对艺术作品的本体论分析(第97页以下)。

释学来重新规定精神科学的诠释学这一任务了。对此当然需要一种从我们的探究中得出的认识,即浪漫主义诠释学和它在心理学阐释里所取得的辉煌成就(即揭示和探究了他人的个性)太片面地处理了理解的问题。我们的思考阻止我们用解释者的主观性和要理解的意义的客观性去划分诠释学问题。这样一种划分来自于一种错误的对立,而这种对立是不能通过承认主观性和客观性的辩证关系而消除的。在规范的功能和认知的功能之间做出区分,完全就是分割那种显然是共属一体的东西。法律在其规范应用中所表现的意义,从根本上说,无非只是事实在文本理解中所表现的意义。把理解文本的可能性建立在那种所谓统一——部作品的创作者和解释者的"同质性"(Kongenialität)这一前提上,这是完全错误的。假如情况是这样的话,精神科学就会非常糟糕。理解的奇迹其实在于这一事实:为了认识传承物里的真正意蕴和本来的意义,根本不需要同质性。我们可能开启文本的高一级要求,并在理解上符合文本告诉我们的意义。一般来说,语文学和历史精神科学领域内的诠释学并不是"统治知识"(Herrschaftswissen),即作为占有的据为己有(Aneignung),而是屈从于文本统治我们心灵的要求。但是,法学诠释学和神学诠释学对此是真正典范。阐释法权意志,或者阐释上帝的预言,显然就不是一种统治的形式,而是服务的形式。在为有效的东西的服务里,它们就是阐释,而且是包含应用的阐释。我们的论点是:即使历史诠释学也有一种去履行的应用任务,因为它也服务于意义的有效性。在这方面,它明显而自觉地在消除那种分离解释者和文本的时间间距,并克服文本所遭到的意义的疏异化(Sinnentfremdung)。

诠释学重要文献列表

(此为原书提供的重要文献列表)

I 诠释学文献目录

Ebeling, G., Artikel >Hermeneutik< in: *Die Religion in Geschichte und Gegenwart*("诠释学"词条,见《历史与当代的宗教》), Tübingen ³1959

Gadamer, H.-G., Bibliographie in: *Kleine Schriften,* Band Ⅲ(《短论集》第三卷"文献索引"), Tübingen 1972, S. 261-271

Henrichs, N., *Bibliographie der Hermeneutik und ihrer Anwendungsbereiche seit Schleiermacher*(《诠释学文献目录及其自施莱尔马赫以来的应用领域》), Düsseldorf 1968

Herrmann, U., *Bibliographie Wilhelm Dilthey*(《威尔海姆·狄尔泰文献目录》), Weinheim/Berlin/Basel 1969

Saß, H.-M., *Heidegger-Bibliographie*(《海德格尔文献目录》), Meisenheim am Glan 1968

Saß, H.-M., *Materialien zur Heidegger-Bibliographie 1917-1972* (《海德格尔1917—1972文献目录资料集》), Meisenheim am Glan 1975

II 一般论述

Apel, K. O., *Die Idee der Sprache in der Tradition des Humanismus von Dante bis Vico*(《从但丁到维柯的人文主义传统中的语言观念》), Bonn 1963

Ast, G. A. F., *Grundriß der Philologie*(《哲学基础》), Landshut 1808

Bea, A., Artikel >Biblische Hermeneutik< in: *Lexikon für Theologie und Kirche*("圣经诠释学"词条,见《神学与教会辞典》), Hrsg. von J. Höfer und K. Rahner, Freiburg 1958

Bialoblocki, S., Artikel >Hermeneutik< in: *Encyclopedia Judaica. Das Judentum in Geschichte und Gegenwart*("诠释学"词条,见《犹太文献百科全书:历史与当代的犹太教》), Berlin 1931

Dilthey, W., *Gesammelte Schriften,* Band V: *Die Entstehung der Hermeneutik*(《狄尔泰全集》第五卷:《诠释学的兴起》), S. 317-338, Göttingen/Stuttgart 4 1957

Dilthey, W., *Gesammelte Schriften,* Band XIV, 2: *Leben Schleiermachers*(《施莱尔马赫传》), hrsg. von M. Redeker, Das hermeneutische System Schleiermachers in der Auseinandersetzung mit der älteren protestantischen Hermeneutik(《施莱尔马赫诠释学体系与后期新教诠释学的争辩》), S. 595-787, Göttingen 1966

Ebeling, G., Artikel >Hermeneutik< in: *Die Religion in Geschichte und Gegenwart*("诠释学"词条,见《历史与当代的宗教》), Tübingen ³1959

Gadamer, H.-G., *Wahrheit und Methode*(《真理与方法》), S. 162-250, Tübingen 1960

Gadamer, H.-G., Artikel >Hermeneutik< in: *Historisches Worterbuch der Philosophie*("诠释学"词条,见《哲学历史词典》),Hrsg. von J. Ritter, Basel/Stuttgart 1974

Gadamer, H.-G., "Hermeneutik" in: *Contemporary Philosophy. A Survey*(《诠释学》,见《当代哲学：一项研究》), hrsg. von R. Klibansky, S. 360-372, Firenze 1969

Heinrici, G., Artikel >Hermeneutik< in: *Real-Encyclopädie für protestantische Theologie und Kirche*("诠释学"词条,见《新教神学与教会实用百科全书》), hrsg. von A. Hauck, Leipzig [3]1899

Jaeger, H.-E. H., "Studien zur Frühgeschichte der Hermeneutik", in: *Archiv für Begriffsgeschichte,* Band XVIII(《诠释学前史研究》,见《概念史文献》第十八卷), S. 35-84, 1974

Landerer, Artikel >Hermeneutik< in: *Real-Encyclopädie für protestantische Theologie und Kirche*("诠释学"词条,见《新教神学与教会实用百科全书》), hrsg. von Herzog, Stuttgart/Hamburg 1856

Pöggeler, O., "Einführung", in: *Hermeneutische Philosophie*(《诠释学哲学》的"导论"), S. 7-71, München 1972

Sulzer, J. G., Artikel >Theologische Hermeneutik< in: *Kurzer Begriff aller Wissenschaften und anderer Theile der Gelehrsamkeit worinnen jeder nach seinem Inhalt, Nutzen und Vollkommenheit kürzlich beschrieben wird*("神学诠释学"词条,见《按其内容、

用处及完满性对一切科学及其余学识部分之概念所作的简短说明》），S. 214-223, 2. verm. Aufl., Frankfurt/Leipzig 1759

Wach, J., *Das Verstehen. Grundzüge einer Geschichte der hermeneutischen Theorie im 19. Jahrhundert*, 3 Bde.(《理解：19世纪诠释学理论历史的基本特征》三卷本），Tübingen 1926, Reprint Bildesheim 1966

Wolf, Fr. A., *Vorlesungen über die Enzyklopädie der Altertumswissenschaften*(《古典学百科全书讲演录》），hrsg. von J. D. Gürtler, 1831

III 关于诠释学的历史性与系统性文献

Apel, K. O., *Einführung zu den Schriften von Charles S. Peirce*, 2 Bde(《查尔斯·S. 皮尔士著作导论》两卷本），Frankfurt am M 1967 und 1970.

Apel, K. O. u. a., *Hermeneutik und Ideologiekritik*(《诠释学与意识形态批判》），Frankfurt am M 1971

Apel, K. O., *Transformation der Philosophie* (Gesammelte Aufsätze), 2 Bde.(《哲学的转变》两卷本），Frankfurt am M 1973

Berger, J., "Historische Logik und Hermeneutik" in: *Philosophisches Jahrbuch* 75（《历史上的逻辑学与诠释学》，见《哲学年鉴》75），S. 127-151, Jg. 1967/1968

Betti, E., *Die Hermeneutik als allgemeine Methode der Geisteswissenschaften*(《诠释学作为精神科学的普遍方法》），Tübingen

1962

Betti, E., *Allgemeine Auslegungslehre als Methodik der Geisteswissenschaften*(《作为精神科学的方法论的普遍阐释学》), Tübingen 1967 (德文译自 *Teoria generale della interpetazione,* Milano 1955)

Birt, Th., Kritik und Hermeneutik in: *Handbuch der klassischen Altertumswissenschaften* Ⅰ 3. Abt.(《批判与诠释学》, 此为《古典学手册》系列第一卷第 3 册), München 1913

Biser, E., *Theologische Sprachtheorie und Hermeneutik*(《神学语言理论与诠释学》), München 1970

Bollnow, O. F., *Das Verstehen. Drei Aufsätze zur Theorie der Geisteswissenschaften*(《理解：精神科学理论三论》), Mainz 1949

Bollnow, O. F., "Zum Begriff der hermeneutischen Logik" in: *Argumentationen. Festschrift für J. König*(《论诠释学逻辑学概念》, 见《论证：J. 柯尼希纪念文集》), S. 20-42, Göttingen 1964

von Bormann, C., *Der praktische Ursprung der Kritik*(《批判的实践起源》), Stuttgart 1974

von Bormann, C., *Die Zweideutigkeit der hermeneutischen Erfahrung,* in: Apel, K. O., u. a., *Hermeneutik und Ideologiekritik* (s. o.)(《诠释学经验的歧义性》, 见阿佩尔等：《诠释学与意识形态批判》)

Bubner, R./Cramer, K./Wiehl, R. (Hrsg.), *Hermeneutik und Dialektik. H.-G. Gadamer zum 70. Geburtstag*(《诠释学与辩证法：H.-G. 伽达默尔 70 寿辰文集》), mit Beiträgen zut Hermeneutik von L. Krüger,

R. Wiehl, M. Riedel, W. Schulz, H. Kuhn, H. Fahrenbach, H. Braun, L. Pareyson u. a., Tübingen 1970

Bubner, R., "Transzendentale Hermeneutik?" in: Simon-Schäfer/Zimmerli (Hrsg.), *Wissenschaftstheorie der Geisteswissenschaften* (《先验诠释学?》，见西蒙-舍费尔/齐默里编：《精神科学的科学理论》), S. 56-70, Harnburg 1975

Bubner, R., "Über die wissenschaftstheoretische Rolle der Hermeneutik" in: *Dialektik und Wissenschaft*(《论诠释学的科学理论作用》，见《辩证法与科学》), S. 89-111, Frankfurt 1973

Blass, Fr., "Hermeneutik und Kritik" in: *Handbuch der classischen Altertumswissenschaften,* hrsg. von Müller, Bd. I (《诠释学与批判》，见《古典学手册》系列第一卷，穆勒编), S. 127 ff., 1866[†]

Boeckh, A., *Enzyklopädie und Methodologie der philologischen Wissenschaften* (《哲学科学方法论百科全书》), Leipzig 1877, [2]1886, Reprint Darmstadt 1966

Buck, G., *Lernen und Erfahrung. Zum Begriff der didaktischen Induktion*(《学习与经验：论教学法归纳概念》), Stuttgart 1967

Coing, H., *Die juristischen Auslegungsmethoden und die Lehren der allgemeinen Hermeneutik*(《法学阐释方法与普遍诠释学学说》), Köln/Opladen 1959

Coreth, E., *Grundfragen der Hermeneutik. Ein philosophischer*

[†] Blass 的《诠释学与批判》与 Birt 的《批判与诠释学》并不相同。虽同收入《古典手册》系列第一卷，Blass 此文是介绍性文章，而 Birt 的著作属收入第一卷作为第 3 部分的单行本。——译者

Beitrag(《诠释学基本问题：一篇哲学文章》)，Freihurg/Basel/Wien 1969

Dilthey, W., *Gesammelte Schriften,* Leipzig/Berlin 1914 ff, später Göttingen/Zürich/Stuttgart besonders: Bd. V, Ⅶ, Ⅶ, *Das Leben Schleiermachers* (s.o.)(《狄尔泰全集》，特别是第五卷、第七卷，《施莱尔马赫传》)[†]

Dilthey, W. /Graf York von Wartenburg, *Briefwechsel* 1877-1897 (《狄尔泰与约克伯爵往复书简：1877—1897》), hrsg. von J. von der Schulenburg, Halle 1923

Ehrenforth, K. H., *Verstehen und Auslegen. Die hermeneutischen Grundlagen einer Lehre von der didaktischen Interpretation der Musik*(《理解与阐释：一种音乐教学解释学说的诠释学基础》)，Frankfurt am M/Berlin/München 1971

Ebeling, G., "Die Anfänge von Luthers Hermeneutik" in: *Zeitschrift für Theologie und Kirche*(《路德诠释学的开端》，见《神学与教会期刊》), S. 176 ff, Tübingen 1951

Ebeling, G., *Wort und Glaube,* 2 Bde.(《语词与信仰》两卷本)，Tübingen 1960 und 1969

Ebeling, G., *Einführung in die theologische Sprachlehre*(《神学语言学导论》)，Tübingen 1971

Fichte, J. G., *Über Geist und Buchstab in der Philosophie. In einer Reihe von Briefen,* in: *Sämtliche Werke* 3. Abt. 3. Bd.(《论哲学中

[†] 原书此条"Ⅴ, Ⅶ"后又重复"Ⅶ"，疑误。又，《施莱尔马赫传》在《狄尔泰全集》卷十三和卷十四。——译者

的精神与字母：系列书简》，见《全集》第三卷，第 3 部分），hrsg. von J. H. Fichte, S. 270-300, Berlin 1846

Fuchs, E., *Zum hermeneutischen Problem in der Theologie,* in:*Gesammelte Aufsätze* Bd. Ⅰ（《论神学的诠释学问题》，《全集》第一卷），Tübingen 1959, 2 1965

Fuchs, E., *Hermeneutik*（《诠释学》），Bad Cannstatt 1954, ³1963

Fuchs, E., *Marburger Hermeneutik*（《马堡诠释学》），Tübingen 1968

Gadamer, H.-G., *Wahrheit und Methode*（《真理与方法》），Tübingen 1960

Gadamer, H.-G., *Kleine Schriften,* 3 Bde.（《短论集》三卷本），Tübingen 1967 und 1972

Gadamer, H.-G.,*Hegels Dialektik. Fünf hermimeutische Studien*（《黑格尔辩证法：五项诠释学研究》），Tübingen 1971

Gründer, K., "Hermeneutik und Wissenschaftstheorie" in: *Philosophisches Jahrbuch* 75（《诠释学与科学理论》，见《哲学年鉴》75），S. 152-165, 1967/68

Geldsetzer, L., Einleitungen zu den Ausgaben von（对以下著作的导言）：

  Chladenius, J. M., *Einleitung zur richtigen Auslegung vernünftiger Reden und Schriften*（克拉登尼乌斯的《理性言说与著作之正确阐释的导论》），Leipzig 1742, Neudruck Düsseldorf 1969

  Flacius Illyricus, M., *De vera ratione cognoscendi sacras Literas* (1567)（弗拉齐乌斯的《神圣文本的认识合理

性》), Lat.-deut., Düsseldorf 1967

Thibaut, H. F. J., *Theorie der logischen Auslegung des römischen Rechts*(蒂鲍特的《罗马法的逻辑阐释理论》), Altona 1806, Neudruck Düsseldorf 1966

Habermas, J., *Der Universalitätsanspruch der Hermeneutik,* in: Bubner/Cramer/Wiehl, *Hermeneutik und Dialektik,* s.o. und Apel, K. O. u. a., *Hermeneutik und Ideologiekritik,* s. o.(《诠释学的普遍性要求》,见布伯纳/克拉默/威尔:《诠释学与辩证法》,以及阿佩尔等:《诠释学与意识形态批判》)

Habermas, J., *Zur Logik der Sozialwissenschaften*(《社会科学的逻辑学》), Tübingen 1967, erw.Aufl., Frankfurt am M 1970

Habermas, J., *Erkenntnis und Interesse*(《认识与兴趣》), Frankfurt am M 1968

Heidegger, M., *Unterwegs zur Sprache*(《在通向语言的途中》), Pfullingen 1959

Heidegger, M., *Phänomenologie und Theologie*(《现象学与神学》), Frankfurt am M 1970

Hirsch, E. D. jr., *Validity in Interpretation*(《解释中的有效性》), New Haven/London 1967(德文: *Prinzipien der Interpretation,* München)

Ihde, D., *Hermeneutic Phenomenology. The Philosophy of Paul Ricoeur*(《诠释学现象学:保罗·利科的哲学》), Evanston 1971

Jonas, H., *Gnosis und spätantiker Geist,* Bd. Ⅰ und Bd. Ⅱ, 1(《灵知与古代晚期的精神》第一卷、第二卷,1), Göttingen 1934 und 1954

Kimmerle, H., *Die Hermeneutik Schleiermachers im Zusammenhang seines spekulativen Denkens*(《施莱尔马赫的诠释学与其思辨思想的关联》), Heidelberg 1957

Lipps, H., *Die Verbindlichkeit der Sprache*(《语言的约束力》), Frankfurt am M ²1958

Lipps, H., *Die Wirklichkeit des Menschen*(《人的现实》), Frankfurt am M 1954

Lorenzmeier, B., *Exegese und Hermeneutik. Eine vergleichende Darstellung der Theologie R. Bultmanns, H. Brauns und G. Ebelings*(《解经与诠释学：对 R. 布尔特曼、H. 布劳恩与 G. 艾伯林神学的一项比较性阐述》), Hamburg 1968

Loretz, O./Strolz, W. (Hrsg.), *Die hermeneutische Frage in der Theologie*(《神学中的诠释学问题》), Freiburg 1968

Marlé, R., *Das theologische Problem der Hermeneutik*(《诠释学中的神学问题》), Mainz 1965

Marrou, H.-I., *De la connaissance historique*(《历史知识》), Paris 1956

Misch, G., *Lebensphilosophie und Phänomenologie*(《生命哲学与现象学》), Leipzig/Berlin ²1931, Reprint Darmstadt 1967

Palmer, R. E., *Hermeneutics. Interpretation Theory in Schleiermacher, Dilthey, Heidegger and Gadamer*(《诠释学：施莱尔马赫、狄尔泰、海德格尔与伽达默尔的解释理论》), Evanston 1969

Pannenberg, W., "Hermeneutik und Universalgeschichte" in: *Grundfragen systematischer Theologie*(《诠释学与普遍历史》，见《系

统神学基本问题》), S. 91-122, Göttingen 1961

Pareyson, L., *Verità e interpretatione*(《真理与解释》), Milano 1971

Patsch, H., "Friedrich Schlegels 'Philosophie der Philologie' und Schleiermachers frühe Entwürfe zur Hermeneutik. Zur Frühgeschichte der romantischen Hermeneutik" in: *Zeitschrift für Theologie und Kirche,* 63. Jg. (《弗里德里希·施莱格尔的〈语文学哲学〉与施莱尔马赫的早期诠释学提纲：论浪漫派诠释学的早期历史》, 见《神学与教会期刊》卷63), S. 434-472, 1966

Perelmann, Ch., *Le champ de l'argumentation*(《论证的领域》), Bruxelles 1970

Pöggeler, O., *Der Denkweg Martin Heideggers*(《马丁·海德格尔的思想之路》), Pfullingen 1963

Ricklefs, U., Artikel >Hermeneutik<, in: *Fischer-Lexikon Literatur* 2/1 ("诠释学"词条, 见《费舍尔文学辞典》2/1), Frankfurt 1965

Ricoeur, P., *Die Interpretation. Ein Versuch über Freud*(《解释：试论弗洛伊德》), Frankfurt am M 1969

Ricoeur, P., "Qu'est-ce qu'un texte?" in: Bubner/Cramer/Wiehl, *Hermeneutik und Dialektik,* Bd. 2(《什么是文本?》, 见布伯纳/克拉默/威尔:《诠释学与辩证法》第二卷), S. 198 ff (s. o.)

Ricoeur, P.,*Hermeneutik und Strukturalismus. Der Konflikt der Interpretationen* I (《诠释学与结构主义：解释的冲突 I》), München 1973

Ricoeur, P., *Hermeneutik und Psychoanalyse. Der Konflikt der Interpretationen* II (《诠释学与精神分析：解释的冲突 II》), München

1974

Robinson, J. M./Cobb, J. B. jr. (Hrsg.), *Die neue Hermeneutik*, mit weiteren Beiträgen von Ebeling, Fuchs, Funk u. a.(《新诠释学》,附有艾伯林、福赫斯、丰克等人的文章), Zürich 1965

Rodi, F., *Morphologie und Hermeneutik. Zur Methode von Diltheys Asthetik*(《形态学与诠释学：论狄尔泰美学的方法》), Stuttgart 1969

Rothacker, E., *Logik und Systematik der Geisteswissenschaften*(《精神科学的逻辑学与方法论》), München/Berlin 1927

Sandkühler, H. J., *Praxis und Geschichtsbewußtsein. Studien zur materialistischen Dialektik, Erkenntnistheorie und Hermeneutik* (《实践与历史意识：唯物辩证法、知识论与诠释学研究》), Frankfurt am M 1974

Seebohm, Th. M., *Zur Kritik der hermeneutischen Vernunft*(《诠释学理性批判》), Bonn 1971

Schlier, H., "Was heißt Auslegung der Heiligen Schrift?" in: *Besinnung auf das Neue Testament, Exegetische Aufsätze und Vorträge*, Bd. II (《何谓神圣经文之阐释？》, 见《对新约、解经学文献与讲演的沉思》第二卷), S. 35-62, Freiburg/Basel/Wien 1964

Spranger, E., "Zur Theorie des Verstehens und zur geisteswissenschaftlichen Psychologie" in: *Festschrift J. Valkelt zum 70. Geburtstag*(《论理解理论与精神科学的心理学》, 见《J. 瓦尔克特70寿辰纪念文集》), S. 357-403, München 1918

Spranger, E., "Der Sinn der Voraussetzungslosigkeit in den Geisteswissenschaften" in: *Sitzungsberichte der Preußischen Akademie der Wissenschaften, philosophisch-historische Klasse*(《精神科学中无前设性的意义》,见《普鲁士科学院哲学-历史班会议报告》), S. 2-30, 1929, I

Stachel, G., *Die neue Hermeneutik. Ein Überblick*(《新诠释学概要》), München 1968

Wellmer, A., *Kritische Gesellschaftstheorie und Positivismus*(《社会批判理论与实证主义》), Frankfurt am M 1969

Westermann, C. (Hrsg.), *Probleme alttestamentlicher Hermeneutik* (《旧约诠释学问题》), München 1960

重要人名对照表

（此表为译者所制）

Amann, H.　阿曼
Apel, K. O.　阿佩尔
Aristoteles　亚里士多德
Ast, F.　阿斯特
Astholz. H.　阿斯特霍尔茨
Auerbach, E.　奥尔巴赫
Augustin　奥古斯丁

Bach　巴赫
Barth, K.　卡尔·巴特
Baumgarten, S. J.　鲍姆加通
Bayle, P.　拜勒
Bea, A.　贝阿
Becher, E.　贝歇尔
Berger, J.　贝格尔
Betti, E.　贝蒂
Bialoblocki, S.　比亚洛布洛克
Biser, E.　比塞尔
Bismarck　俾斯麦
Blass, Fr.　布拉斯
Boeckh, A.　伯克

Bollnow, O. F.　波尔诺
Bratuscheck　布拉图歇克
Brentano, F.　布伦塔诺
Bubner, R.　布伯纳
Buchwald, R.　布赫瓦尔德
Buck, G.　布克
Bultmann, R.　布尔特曼
Burckhardt, J.　布尔克哈特

Calvin　加尔文
Celsus　凯尔苏斯
Chamberlain, H. St.　张伯伦
Chladenius, J. M.　克拉登尼乌斯
Coing, H.　科英
Coreth, E.　柯莱特
Cramer, K.　卡拉默

Descartes　笛卡尔
Dilthey, W.　狄尔泰
Droysen, J. G.　德罗伊森

Ebeling, G. 艾伯林	Hieronymus 希罗尼穆斯
Ehrenforth, K. H. 艾亨佛特	Hobbes 霍布斯
	Hölderlin 荷尔德林
Feuerbach 费尔巴哈	Holl, K. 霍尔
Fichte, J. G. 费希特	Homer/Homeros 荷马
Flacius Illyricus, M. 弗拉齐乌斯	Hume, D. 休谟
Francke, A. H. 弗兰克	Husserl 胡塞尔
Freud 弗洛伊德	
Friedländer, P. 弗里德兰德	Jaeger, H.-E. H. 耶格尔
Friedrich der Große 腓特烈二世	Jaspers, K. 雅斯贝斯
Fuchs, E. 福赫斯	Jonas, L. L. 约纳斯
	Jonas, H. H. 约纳斯
Gadamer, H. -G. 伽达默尔	Junilius 尤尼利乌斯
Garve, C. 加尔弗	
Geldsetzer, L. 盖尔德赛策	Kant 康德
Misch, G. 米施	Karl der Große 查理大帝
Gierke, O. v. 基尔克	Karl der Kühne 大胆查理
Goethe 歌德	Kaufmann, F. 考夫曼
Graf Yorck von Wartenburg 约克·封·瓦尔滕堡伯爵	Kepler 开普勒
	Kierkegaard 克尔凯郭尔
Grimm, H. 格林	Kimmerle, H. 基默勒
Gundling, N. H. 贡德灵	Klaas, W. 克拉斯
	Kleist, H. v. 克莱斯特
Hegel 黑格尔	Köhler, J. B. 科勒尔
Heidegger, M. 海德格尔	Koschaker, P. 科夏克
Heilmann, J. D. 海勒曼	
Henrich, D. 亨利希	Leibniz 莱布尼茨
Henrichs, N. 亨利希斯	Lessing 莱辛
Herder, J. G. 赫尔德	Lipps, H. 利普斯
Herrmann, W. 威尔海姆·赫尔曼	Lorenzmeier, B. 洛伦兹迈尔

Lotze　洛采
Löwith, K.　洛维特
Ludovici, C. G.　路多维奇
Luther　路德

Marrou, H.-I.　马胡
Mascov, J. J.　马斯可夫
Meier, M. F.　迈尔
Meiners, C.　麦纳斯
Michaelis　米开里斯
Michelangelo　米开朗基罗
Moritz, K. P.　莫里茨
Moses　摩西

Napoleon　拿破仑
Neumann, C.　诺伊曼
Newton　牛顿
Nietzsche　尼采
Novalis　诺瓦利斯

Origen　奥利金

Palmer, R. E.　帕尔默
Pannenberg, W.　潘能伯格
Papst Alexander Ⅲ　教宗亚历山大三世
Pareyson, L.　帕黑桑
Patsch, H.　帕施
Patzer, H.　帕策尔
Paul, J.　让·保尔

Paulus　保罗
Perelmann, Ch.　佩赫尔曼
Pindaros　品达
Platon　柏拉图
Pöggeler, O.　珀格勒

Rambach, J. J.　兰巴赫
Ranke　兰克
Reinhardt, K.　莱因哈特
Rickert　李凯尔特
Ricoeur, P.　利科
Robinson, J. M.　罗宾森
Rodi, F.　罗迪
Rothacker, E.　罗特哈克
Rousseau　卢梭

Sandkühler, H. J.　桑德科勒
Saß, H.-M.　萨斯
Schelling, F. W. J.　谢林
Schiller　席勒
Schlegel, F.　施莱格尔
Schleiermacher. F.　施莱尔马赫
Schlier, H.　施里尔
Semler　塞姆勒
Simmel, G.　西梅尔
Simon, R.　理查德·西蒙
Smith, A.　亚当·斯密
Söderblom, N.　索德布洛姆
Spann, O.　施帕恩

Spengler, O. 斯宾格勒	**Troeltsch, E.** 特勒尔奇
Spinoza, B. 斯宾诺莎	
Spranger, E. 斯普朗格	**Wach. J.** 瓦赫
Stachel, G. 施塔赫	**Weber, M.** 马克斯·韦伯
Steinthal, H. 斯坦达尔	**Wellmer, A.** 韦尔默
Strolz, W. 施托尔茨	**Westermann, C.** 韦斯特曼
Sulzer, J. G. 苏尔策	**Wiehl, R.** 威尔
	Winckelmann, J. J. 温克尔曼
Teubner 托伊布纳	**Wittgenstein** 维特根斯坦
Thibaut, A. F. J. 蒂鲍特	**Wolf, F. A.** F. A. 沃尔夫
Thode, H. 托德	**Wolff** 沃尔夫
Trendelenburg 特伦德伦堡	**Wölfflin, H.** 韦尔夫林

重要术语对照表

（此表为译者所制）

Abgrund 深渊
Allegorie 譬喻
Analogie 类比
Anschauung 直观
Anweisung 指引
Ästhetik 美学
Auffassen 把握
Auffassung 理解 / 观点
Aufklärung 启蒙
Auslegung 阐释
Aussage 陈述

Bedeutung 含义 / 重要性
Befindlichkeit 境缘性
Begreifen 领会 / 理解
Besorgen 烦忙
Bildung 教化 / 形塑 / 构成

Dasein 定在 / 此在
Dialektik 辩证法
Disposition 编排

Dogmatik 教义学 / 独断论
Dogmatismus 独断论

Eine 太一
Einheit 统一性 / 单元
Entscheidung 决断
Entwurf 筹划
Erkenntnis 认识
Erklärung 说明
Erleben/ Erlebnis 体验
Erscheinung 现象
Exegese 释经、解经
Exegetik 解经学
Existenz 实存 / 生存

Faktizität 实际性
Fülle 丰盈 / 丰富性
Fürsorge 烦神

Ganze 整体
Gefühl 感受 / 情感

Gegenbild　对像
Gegenwart　当下 / 现在
Geisteswissenschaft　精神科学
Gemüt　性情 / 心境
Genius　天才 / 天资
Geschehen　事件
Geschichtlichkeit　历史性
Gesetze　规律 / 法律
Geworfenheit　被抛状态
Grammatik　语法
Grund　根据 / 基础

Handlung　行为
Hermeneutik　诠释学
Herrlichkeit　荣耀
Historismus　历史主义
Horizont　视域

Idealismus　观念论 / 唯心论
Identität　同一性
Individualität　个体性
Individuum　个体
Innewerden　内觉察
Interpretation　解释

Kausalität　因果性
Komposition　组合
Konstitution　构造
Konstruktion　建构
Körper　物体 / 躯体 / 躯干

Kraft　力
Kritik　批判 / 考证
Kunst　艺术 / 技艺
Kunstlehre　艺术学

Lebensäußerung　生命表现
Lebensverlauf　生命过程 / 生命进程 / 生命行程
Leib　身体

Materie　物质 / 质料
Mechanismus　机械论
Methodologie/Methodik　方法论
Monade　单子

Naturphilosophie　自然哲学
Neukantianismus　新康德主义

Offenbarung　启示
Ontologie　本体论 / 存在论

Phänomenologie　现象学
Phantasie　幻想
Philologie　语文学
Präsenz　在场
Praxis　实践
Prinzip　本原 / 原则
Produktivität　生产力
Protestantismus　新教
Psychoanalyse　精神分析

Realität 实在／现实
Rede 言说
Reflexion 反思
Regel 规则／法则
Rhetorik 修辞学
Romantik 浪漫派

Schrift 文字／经文
Seele 灵魂
Seiende 存在者
Sein 存在
Seinkönnen 能在
Selbstbesinnung 自身沉思／对自身意义的思索
Selbstbiographie 自传
Setzen 设定
Sinn 意义
Sittenlehre 道德学说
Spekulation 思辨
Stoff 材料

Technik 技术
Theologie 神学

Transzendental 先验的

Unendlichkeit 无限／无限性

Verbindlichkeit 约束性
Vermögen 能力
Verständnis/ Verstehen 理解
Vorgeschichte 前史
Vorhandenheit 现成在手状态
Vorstellung 表象
Vorurteil 前见

Wahrheit 真理／真实性
Weltbild 世界图景
Wille 意志
Wirklichkeit 实在／现实
Wissen 知／知识
Wissenschaftstheorie 科学理论

Zeichen 符号
Zuhandenheit 使用上手状态
Zusammenhang 关联

译 后 记

《哲学诠释学研讨课教程》(*Seminar: Philosophische Hermeneutik*)一书是我在20世纪80年代末于德国杜塞尔多夫大学读到的,当时深感到真正要理解西方诠释学的发展,此书是一部不可缺少的史料经典。这里我要特别感谢我的挚友杜塞尔多夫大学哲学教授卢茨·盖尔德赛策(Lutz Geldsetzer, 1938—2019),正是他的推荐,我才得知此书。盖尔德赛策教授精通十余种语言,他的早期诠释学研究深受伽达默尔赞赏。伽达默尔在《真理与方法》中曾三次提到他的学术成就,并说:

> 自从卢茨·盖尔德赛策重印了一系列诠释学的新材料之后,我们就可以用另外的方式来讲授以往的诠释学历史。除了迈尔之外还有一个出自弗兰西斯卓越的蒂鲍特(他的东西如今已很容易阅读)以及其他一些人——例如受到我们高度重视的克拉登尼乌斯等——的重要的理论阶段。盖尔德赛策对这些材料加上非常仔细、令人叹为观止的博学的导言。(《真理与方法》第Ⅱ卷,商务印书馆2010年版)。

正如我们在此书中所看到的,前浪漫主义诠释学部分有很多珍贵资料就是源自于盖尔德赛策的翻译。

当然，也正如伽达默尔所说，盖尔德赛策对诠释学的看法与伽达默尔自己的观点有所不同。盖尔德赛策主张诠释学只有两种，一是独断型（教义学）诠释学（die dogmatische Hermeneutik），一是探究型诠释学（die zetetische Hermeneutik）。独断型诠释学的任务是把卓越文献中早已众所周知的固定的意义应用于我们所意欲解决的问题上，即将独断的知识内容应用于具体的现实问题上。它的前提就是文献中的意义是早已固定和清楚明了的，无须我们重新加以探究，我们的任务不过是把这种意义内容应用于我们当前的现实问题中。神学诠释学和法学诠释学是它的典型模式。前者阐释《圣经》的教义以便回答人们宗教信仰的问题和良心问题，后者则是阐释法律条文的意义以便按法律条文对个别案例进行裁决。在独断型诠释学里，任何独断的解释不是真与假的问题，而是好与坏的问题，这种诠释学是实践性的，而不是理论性的。反之，探究型诠释学是以研究文本的真正意义为根本任务，其重点在于：我们为了获得真正的意义而必须有哪些方法论准备。因为时间的距离和语言的差别，过去文本的意义对我们而言变得陌生了，因而我们需要把陌生的文本的语言转换成我们现在的语言，把其陌生的意义转换成我们所熟悉的意义。语文学诠释学是探究型诠释学的主要模式，其对象是古代作家如荷马和其他诗人的作品。与独断型诠释学不同，这些作者不是神，而是人，因而没有那种我们必须绝对信仰和服从的神性灵光。探究型诠释学就是重构作品的意义和作者原初所想的意义，这种重构可能正确也可能不正确，因此相对于独断型诠释学，任何探究型诠释学都有真或假，这种诠释学不是实践性的，而是理论性的。

按照盖尔德赛策的看法，独断型诠释学与探究型诠释学的区别在今天已发展成两种对作品意义不同理解的诠释学观点，一种认为作品的意义是永远固定不变的和唯一的所谓客观主义的诠释学态度，按照这种态度，作品的意义只是作者的意图，我们解释作品的意义只是发现作者的意图；作品的意义是一义性，因为作者的意图是固定不变的和唯一的，由于时间距离和语言差别，我们需不断对作品进行解释，也就是不断趋近作者的唯一意图。这种诠释学态度的主要代表人物是施莱尔马赫，他认为理解和解释的方法就是重构或复制作者的意图，而理解的本质是"更好理解"（besserverstehen），因为我们不断地趋近作者的原意。反之，另一种认为作品的意义只是构成物的所谓历史主义的诠释学态度，按照这种态度，作品的意义并不是作者的意图，而是作品所说的事情本身的真理内容，而这种真理内容随着不同时代和不同人的理解而不断改变。作品的真正意义并不存在于作品本身，而是存在于对它的不断再现和解释中。这种诠释学态度的主要代表人物是伽达默尔，他认为理解和解释的方法是过去与现在中介，或者说，作者视域与解释者视域的融合，理解的本质不是"更好理解"，而是"不同理解"。

* * *

我是在1983年作为德国洪堡研究资金获得者去德国作为访问教授而结识盖尔德赛策教授的，这应当要感谢王玖兴教授，正是他的介绍，我才认识了这位当代德国哲学的少壮派。我与盖尔德赛策同年生，因而我们有共同的兴趣和爱好，我们在德国合作出版了中德文对照的《中国哲学辞典》(*Chinesisch-deutsches Lexikon der chinesischen Philosophie*, Scientia Verlag Aalen, 1986, 1991, 1995) 三卷，包括哲学概念卷、哲学家卷和哲学著作卷，每卷含 108 个词条，另外还合作撰写了《中国哲学基础》(*Grundlagen der chinesischen Philosophie*, Reclam, 1998, 2008) 一书。1987 年盖尔德赛策受邀到我国山东大学作关于哲学概念史短期讲座，他还参加了我国该年于深圳大学召开的第一次诠释学会议并在会上作了"何为诠释学"的专题讲演。1993 年他又再一次带夫人来北京参加分析哲学与诠释学研讨会，会后我与他们夫妇同游泰山。2001 年盖尔德赛策还陪同我去海德堡大学拜访伽达默尔。不幸的是，盖尔德赛策已于 2019 去世，我痛失一位真诚的好友。

本书系我与青年学者高语含先生翻译，我负责的部分是伽达默尔的《导论》、斯宾诺莎的《论经文阐释》、阿斯特的《诠释学》、狄尔泰的《历史理性批判草稿》、伽达默尔的《20 世纪的哲学基础》以及《诠释学的应用问题》，其余部分均为高语含翻译。高语含虽然年轻，但懂希腊文、拉丁文、德语和英语，现正在德国学术深造，未来将是一位前途无量的哲学工作者。全书由郝琛宠博士校对，他对全书做了不少更正和修改，另外，责任编辑龚李萱精心整理译稿，并提出宝贵修改意见，在此对他们深表谢意。

洪汉鼎
北京怡斋 2023 年冬

图书在版编目（CIP）数据

哲学诠释学研讨课教程/（德）汉斯-格奥尔格·伽达默尔，（德）戈特弗里德·伯姆编；洪汉鼎，高语含译.—北京：商务印书馆，2025.—ISBN 978-7-100-24906-5

Ⅰ. B516.59

中国国家版本馆CIP数据核字第2025R9E588号

权利保留，侵权必究。

哲学诠释学研讨课教程

〔德〕汉斯-格奥尔格·伽达默尔　编
　　　戈特弗里德·伯姆
洪汉鼎　高语含　译
郝琛宠　校

商　务　印　书　馆　出　版
（北京王府井大街36号　邮政编码100710）
商　务　印　书　馆　发　行
北京中科印刷有限公司印刷
ISBN 978-7-100-24906-5

2025年4月第1版	开本 880×1230　1/32
2025年4月北京第1次印刷	印张 14$^1/_2$

定价：78.00元